Nazigold für Portugal
Hitler & Salazar

HOLZHAUSEN

Die portugiesische Originalausgabe erschien erstmals unter dem Titel
Hitler e Salazar – comércio em tempos de guerra, 1940-1944
bei Terramar – Editores, Distribuidores e Livreiros, Lda., Lissabon, Portugal.

Für die Veröffentlichung im deutschsprachigen Raum nahm der Autor auf eigenen Wunsch an der Originalfassung eine Reihe von Ergänzungen und Kürzungen vor.

Aus dem Portugiesischen übersetzt und bearbeitet von Ilse Dick

Die Deutsche Bibliothek - CIP-Einheitsaufnahme
Ein Titeldatensatz dieser Publikation ist bei
Der Deutschen Bibliothek erhältlich

Copyright © Terramar – Editores, Distribuidores e Livreiros, Lda.
Copyright © 2002 der deutschen Ausgabe Holzhausen Verlag GmbH
Umschlag und Graphische Gestaltung: Róbert Kaitán
Druck: Adolf Holzhausens Nfg., Wien
Printed in Austria
ISBN 3-85493-060-7

António Louçã

Nazigold für Portugal

Hitler & Salazar

Mit einem Vorwort von Jean Ziegler

Übersetzung von Ilse Dick

Holzhausen Verlag · Wien 2002

Vorwort	7
Einführung	11
1. Kapitel:	
Deutsche Kriegswirtschaft und portugiesische Lieferungen	19
Rohstoffe: Abhängigkeit vom Ausland und die Illusion von der Autarkie	19
„Großraumwirtschaft" – ein Allheilmittel ohne Wirkung	22
Der „totale Krieg" und seine Engpässe	26
Ein fataler Mangel an Arbeitskräften	33
Wolfram in der deutschen Kriegswirtschaft	40
Die Clearing-Ära und der deutsch-portugiesische Handel	45
Anmerkungen zu Kapitel 1	52
2. Kapitel:	
Ware gegen Ware	61
Das Abkommen „Konserven gegen Waffen" von 1941	61
Der Übergang zum Wolfram-Zyklus	65
Das Abkommen „Wolfram-Eisen-Waggons" von 1942	72
Der Mangel an deutschen Gegenlieferungen	75
Spezielle Kompensationen in Form von Waffen und Schiffen	79
Auf dem Weg zum Wolframembargo	86
Waffen, Gold und Manipulationen in der Buchführung	90
Der Schleichhandel im „Neuen Europa"	93
Anmerkungen zu Kapitel 2	99
3. Kapitel:	
Gold und Franken gegen Ware	115
Schweiz und Portugal: die Zentralbanken und ihre Führungstroikas	115
BIZ und Geschäftsbanken im Escudohandel	118
Das Dreieck Berlin-Bern-Lissabon	123
Gold gegen Franken. Das Depot B	123
Gold gegen Escudos. Das Depot A	126
Blockiertes Gold gegen freies Gold	127
Das Abkommen für direkte deutsch-portugiesische Transaktionen, Mai 1942	131
Die Banken und ihre Sorge um den Klassenkampf	135
Die Deponierung der Reserven – eine weitere Sorge der Banken	138

Der Besuch Gautiers und das Ende der schweizerischen Vermittlung	139
Transaktionen mit der Reichsbank bis zum letzten Moment	142
Die Banco de Portugal: Autonomie und Neutralität	146
Anmerkungen zu Kapitel 3	150

4. Kapitel:
Die Banco de Portugal und die Herkunft des Reichsbankgoldes — 159

Die Quellen des Reichsbankgoldes	159
Die Verwendungskanäle des Reichsbankgoldes	163
Die Haltung der Zentralbanken zur Frage der Herkunft des Goldes	167
Die Banco de Portugal und die Frage der Herkunft des Goldes	171
Von vertraulichen bis zu öffentlichen Warnungen	177
Vom Druck der Alliierten zu Gegenmaßnahmen	180
Nachkriegsoperationen zum Goldabfluß	185
Portugal und die Konfiskation von Privatgütern. Die Affäre Lippmann-Rosenthal	192
Anmerkungen zu Kapitel 4	202

Schlußbetrachtung — 221

Nachwort: Portugal und die Polemik um das Nazigold — 231

Quellen und Bibliographie — 245

Anhang

Anhang I:	Abbildungen, Graphiken und Diagramme	255
Anhang II:	Zeittafel	267
Anhang III:	Die wichtigsten Abkürzungen	275

Personen- und Sachregister — 277

*Eines steht für uns fest:
Wir werden aus dem Krieg kein Geschäft machen.*

Salazar vor der portugiesischen Nationalversammlung,
9. Oktober 1939

*Zweifelsohne wird durch den Zufluß von Gold
und Golddevisen ein enormes Währungspotential
geschaffen, das den Empfängern
außerordentliche Kaufkraft einräumt.*

Bericht der Banco de Portugal, 1942

Vorwort

Beihilfe zum Massenmord

António Louçã hat ein für die Geschichte des Zweiten Weltkrieges entscheidend wichtiges Werk geschrieben. An Hand des akribischen Studiums bislang völlig unbekannter Quellen durchleuchtet er die Hehlertätigkeit der Salazar-Diktatur zugunsten der Massenmörder in Berlin während der Zeit von 1940 bis 1944.

Gegenüber der portugiesischen Originalausgabe aus dem Jahr 2000 enthält die vorliegende deutschsprachige Ausgabe wesentliche, neue Kapitel, so zum Beispiel jenes über Portugal und die Konfiskation von Privatgütern (4. Kapitel, *Portugal und die Konfiskation von Privatgütern. Die Affäre Lippmann-Rosenthal*). Eine faszinierende Lektüre bietet ebenfalls das eigens für die deutsche Ausgabe verfasste Nachwort über die von der Erstausgabe des Buches in Portugal ausgelöste vehemente, öffentliche Diskussion.

António Louçã ist nicht nur einer der bedeutendsten lebenden europäischen Wirtschaftshistoriker. Er ist auch ein kluger, gesellschaftspolitischer Analyst. *Nazigold für Portugal* ist ein brillanter, höchst lehrreicher Essay über die komplexen Mentalstrukturen der portugiesischen Herrschaftsklasse zur Zeit der Salazar-Diktatur.

Herzstück des Werkes ist die Goldwaschpraxis Portugals während der Jahre 1940 bis 1944. Louçã durchbricht jedoch immer wieder diesen selbstgesetzten engen Rahmen. Sein eindrückliches Buch ist voller lebendiger Exkurse in die düstere Welt zweier vom Herkommen zwar verschiedener, von der Technik der Machtausübung aber verwandter Diktaturen.

Das Buch gibt Einsicht in ein bis dahin völlig unbekanntes, für den militärischen Ausgang des Zweiten Weltkrieges entscheidendes Kapitel des geheimen Wirtschaftskrieges, den die Alliierten gegen Hitlers Makler und Agenten in der ganzen Welt geführt – und schließlich gewonnen – haben.

Der Senat und das Repräsentantenhaus der Vereinigten Staaten faßten am 3. Januar 1996 einstimmig jene berühmte Resolution, welche die vollständige Offenlegung der gesamten Kriegsvergangenheit forderte. Ich zitiere: „... 1996 begehen wir den 30. Jahrestag der Annahme des Freedom of Information Act ... Behörden der amerikanischen Regierung besitzen Informationen über Personen, welche Nazi-Kriegsverbrechen befohlen, angestiftet oder sonstwie unterstützt haben ... Einige dieser Behörden haben routinemässig den Freedom of Information Act verletzt und es abgelehnt, Informationen über Personen, die Nazi-Kriegsverbrechen begangen haben, herauszugeben".

Nichts ist wirksamer im amerikanischen politischen System als ein sogenannter „Bi-partisan-plea", eine von den beiden großen Parteien einstimmig unterstützte Forderung. Trotz stärkster Opposition von Großbanken und mächtigen Wirtschaftskreisen in den USA und anderswo unterschrieb Präsident Clinton den War Crimes Disclosure Act. Dieses Gesetz öffnete nicht nur die letzten Geheimarchive des Zweiten Weltkrieges, es schuf auch einen effizienten Forschungsapparat, bewilligte Stellen und ein Budget. Die neu veröffentlichten Dokumente betrafen vor allem den bisher fast unbekannten Wirtschaftskrieg, den die Alliierten weltweit gegen die Nazi-Kriegsmaschinerie geführt hatten. Der Hauptstratege dieses geheimen, auf allen Weltmeeren und allen Kontinenten geführten Wirtschaftskrieges war ein intimer Freund von Präsident Roosevelt, der Finanzminister Henry J. Morgenthau. Es ging darum, die Massenmörder aus Berlin von den Weltmärkten abzuschneiden. Ihre Kriegsmaschinerie brauchte dauernd strategische Rohstoffe – Wolfram für die Granathüllen, Chrom für die Panzerrohre, Industriediamanten, Vanadium, Nickel, Kupfer, Zink, Aluminium, Magnesium, Blei, Molybdän etc. –, die aus Übersee kamen (Katanga, Angola u.a.).

Der amerikanische OSS, Vorgänger der CIA, von Bern aus geleitet vom erstaunlichen Allen Dulles, organisierte in Europa diesen unsichtbaren Krieg: deutsche oder neutrale, für Deutschland arbeitende Frachtschiffe flogen in die Luft; in Shanghaier Luxushotels starben deutsche Geschäftsleute eines mysteriösen Todes; andere wurden in Istanbul, Léopoldville oder Luanda ermordet. Viele deutsche Mittelsmänner verendeten durch Gift. Morgenthau und Dulles gewannen den Wirtschaftskrieg – wenn auch erst zu Beginn des Jahres 1945.[1]

In diesem Wirtschaftskrieg kam dem Nazi-Raubgold eine entscheidende Rolle zu: Die Reichsmark war kein international taugliches Zahlungsmittel. Die legalen Goldreserven der Reichsbank waren bereits vor Kriegsbeginn aufgezehrt. Der Präsident des Reichsbankdirektoriums, Hjalmar Schacht, überbringt die Hiobsbotschaft am 7. Januar 1939 in einem Brief an den Führer. Paranoide Tyrannen sind gefährliche Briefempfänger. Schacht schreibt vorsichtig.[2] Die Botschaft ist dennoch klar: Deutschland ist bankrott, es gibt keine Gold- oder Devisenreserven mehr. Und das trotz dem Wiener Goldraub von 1938! Beim Anschluß hatte Hitler die Überführung des Goldschatzes der Österreichischen Nationalbank nach Berlin verfügt.

Was tun? Der Zweite Weltkrieg kann als Raub- und Beutekrieg begriffen werden. Das Raubgold hatte einen dreifachen Ursprung: Zuerst wurden die Goldreserven der Zentralbanken in elf besetzten Staaten geplündert; dann bildeten die SS und die Gestapo die sogenannten „Devisenschutzkommandos", welche die Gold- und Devisenbestände der privaten Unternehmen, der Familien und auch der Kirchen raubten; schließlich führte Himmlers

SS-Wirtschaftshauptamt von Berlin aus einen Raubzug eigener Art: Die Konzentrationslager-Kommandanten mußten wöchentlich die den KZ-Insassen gestohlenen Eheringe, Schmuckstücke (auch Goldzähne der Ermordeten) zur Degussa-Einschmelzungsstätte nach Berlin überführen.[3]

Für bestorganisierte Schwerverbrecher, wie es die Nazis waren, stellen Raubzüge kein Problem dar. Schwierigkeiten verursacht jedoch die Verwertung des Raubgutes. Wie und von wem kann das Raubgold gewaschen, das heißt: in weltmarkttaugliche Devisen verwandelt werden? Hier bietet António Louçãs hervorragendes Buch historisch bedeutsame Einsichten. Die Schweizer Nationalbank, die Salazar-Diktatur und auch die Staatsbank in Madrid haben Hitler geholfen, den Zweiten Weltkrieg zu verlängern.

Am 3. Juni 1943 – zu einem Zeitpunkt also, in dem sich das Nazireich (nach den verlorenen Schlachten von El-Alamïn und Stalingrad) bereits in der Defensive befindet – schreibt der Berliner Ministerialdirektor Karl Clodius sein Memorandum über die Devisengeschäfte mit dem „neutralen" Ausland. Er schreibt (an Ribbentrop, dann an den Führer): „.... Reichsminister Funk, den ich auch noch persönlich über seine Stellungnahme gefragt habe, hat die Erklärung des Vertreters des Reichsbankdirektoriums in vollem Umfange bestätigt und hinzugefügt, er könne nicht einmal für zwei Monate auf die Möglichkeit verzichten, in der Schweiz Devisentransaktionen, vor allem Umwandlung von Gold in freie Devisen, durchzuführen."[4]

António Louçãs Werk beweist: Funk hätte ebenso gut von Portugal reden können. Auch die Salazar-Diktatur – genau wie die eidgenössische Republik – gehörte bis April 1945 zu den Hehlern des SS-Staates. Die Lissaboner-Zentralbank war genau wie die Schweizer Nationalbank eine für Adolf Hitler und seine Kumpanen überlebenswichtige Edelmetall- und Geldwaschanstalt.

Das Nazi-Raubgold erreichte Lissabon häufig über die Schweiz (in sogenannten Dreieckabwicklungen). Transportiert wurde es ab der Genfer Grenze mit Lastwagen. Geschützt durch deutsche Freibriefe und die Schweizer Fahne durchquerten die Lastwagenkolonnen regelmäßig das besetzte Südfrankreich, dann Nordspanien. Die meisten Goldbarren waren umgeschmolzen und mit dem Eichzeichen (Schweizer Kreuz) der helvetischen Nationalbank versehen.

Durch einen merkwürdigen Zufall schreibe ich dieses Vorwort am 13. August 2002, also auf den Tag genau 60 Jahre nach der Publikation des Flüchtlingsdekretes des Eidgenössischen Justiz- und Polizeidepartmentes. Die Departmentsverordnung am 13. August 1942 riegelte die Schweizer Grenze für sämtliche Asylsuchende hermetisch ab. Im Westen hatte Eichmann mit der Juden-Deportation begonnen. Zehntausende verzweifelter

Frauen, Kinder und Männer suchten Zuflucht in der Schweiz. Von einem verblendeten Bundesrat (die Schweizer Regierung) und einer unmenschlichen, arroganten Armeeführung wurden sie allesamt abgewiesen. Die Verordnung verlangt insbesondere – ich zitiere – die „Rückweisung all' jener, welche ihrer Rasse wegen auf der Flucht sind, die Juden zum Beispiel".

Zwischen 1938 (Fluchtversuch vieler österreichischer Juden in die Schweiz) bis Anfang 1945 wiesen Schweizer Soldaten und Polizisten rund 110.000 jüdische Menschen an der Grenze ab. Die meisten unter den zurückgewiesenen Frauen, Kindern und Männern wurden von den Nazis ermordet. Seit Frühling 1942 waren der Bundesrat und die Armeeführung über die Nazi-Vernichtungsmaschine in Zentral- und Osteuropa bestens informiert.

Das Werk von António Louçã ist ein entscheidend wichtiger Beitrag zur europäischen Wirtschaftsgeschichte. Das Buch ist brillant geschrieben. Der Leser vergißt keinen Moment, daß hinter den Transferstatistiken, den Saldo-Zahlen und Transportkosten-Aufstellungen Menschen stehen. Täter des Massenmordes, willige Helfer der Mörder und eben auch, und vor allem, Hunderttausende von Opfern, von gefolterten, geknechteten, ermordeten Menschen aus ganz Europa.

Die Schweizerische Eidgenossenschaft hat durch ihre Hehler- und Flüchtlingspolitik Verbrechen gegen die Menschlichkeit begangen. Portugal ebenfalls. Diese Verbrechen verjähren nie.

Genf, 13. August 2002

Jean Ziegler

---

1 Peter Grose, *Gentleman spy, the life of Allen Dulles*, Verlag André Deutsch, London, 1995.
2 Text des Briefes in Jean Ziegler, *Die Schweiz, das Gold und die Toten*, Verlag Bertelsmann, München, 1997, S. 50 ff.
3 Über die Strategie des SS-Wirtschaftshauptamtes, Annie Lacroix-Riz, *Industriels et banquiers sous l'occupation, la collaboration économique avec le Reich et Vichy*, Verlag Armand Colin, Paris, 1999.
4 Clodius-Memorandum, in Jean Ziegler, op. cit, S. 58 und 59.

Einführung

Die Persönlichkeit von António de Oliveira Salazar hatte mit der Hitlers nur wenig gemein. Es trennte sie weitaus mehr als die tiefe Kluft zwischen der Großmacht Deutschland und dem kleinen Land auf der Iberischen Halbinsel, das von Ländlichkeit und Analphabetismus geprägt war. Ideologisch war Salazar vom Guru der extremen Rechten Frankreichs, Charles Maurras, inspiriert. In der politischen Praxis stand er dem österreichischen Bundeskanzler Engelbert Dollfuß näher als dem Nationalsozialismus. Er selbst war eine Person ohne Charisma. Konservativ wie er war, hielt er starr an Paragraphen und Vorschriften fest. Seine Träume von imperialer Größe verband Salazar mit einer übertriebenen Kleinlichkeit und Sparsamkeit in Geldangelegenheiten. Seine öffentliche Darstellung des plurikontinentalen Vaterlandes, das mit seinen Kolonien Afrika und sogar den Fernen Osten erreichte, widersprach seinem Desinteresse, sich selbst diese Welt anzusehen. Der gestrenge und provinzielle Diktator betrat kein Schiff und auch kein Flugzeug, stattete weder den portugiesischen Kolonien noch dem Ausland jemals einen Besuch ab und machte nur einmal eine Ausnahme, als er von Lissabon zu einem Gipfeltreffen mit Franco nach Sevilla reiste. Die Massen vermochte er mit seinen monoton vorgetragenen Reden nicht mitzureißen, und er distanzierte sich schon bald vom Bad in der Menge, das den Faschistenführern seiner Zeit so großen Genuß bereitete. Der Personenkult um den portugiesischen Diktator drehte sich um den Nimbus der Zurückgezogenheit und Weisheit, mit dem er sich umgab.

Salazar stammte aus einer bescheidenen Bauernfamilie. Nach sieben Jahren in einem Priesterseminar gab er seine Pläne für eine künftige kirchliche Laufbahn auf und absolvierte an der altehrwürdigen Universität von Coimbra das Studium der Rechtswissenschaft. Er blieb sein Leben lang unverheiratet. 1928, im Alter von 36 Jahren, wurde der damalige Universitätsprofessor zum Finanzminister der seit kurzem bestehenden Militärdiktatur berufen, die im Chaos zu versinken drohte. In den darauffolgenden vier Jahren kamen und gingen in der Regierungsführung Generäle und Oberste, Salazar blieb. In den diversen Ministerien wurde nicht eine Ausgabe ohne die Zustimmung des „Finanzdiktators" getätigt. 1932 wurde er Ministerpräsident. In den Jahren darauf schaltete er die letzten anarchosyndikalistischen Gewerkschaften der Linken aus, und die rechten „Blauhemden" der angehenden nationalistischen Strömung. Er legte eine Verfassung zur Volksabstimmung vor, die vom Korporationssystem Mussolinis inspiriert war, und vermochte sich die Unterstützung der allzeit einflußreichen Britischen Botschaft zu sichern. 1936 war er bereits Regierungschef und Inhaber von drei Ministerämtern, wobei er gleichzeitig dem Kriegs-, Finanz- und Außenministerium vorstand.

Mit dem Spanischen Bürgerkrieg erhob Salazar zum ersten Mal Vorbehalte gegen den traditionellen britischen Einfluß und den Nichteinmischungsausschuß, hinter dem London stand. Er verfolgte eine Politik der klaren Gleichrichtung mit Franco. Das ging so weit, daß er in der Anfangsphase des Konflikts als eine Art Außenminister der Regierung von Burgos bezeichnet wurde. Um das Waffenembargo für Spanien zu durchbrechen, arbeitete er eng mit den faschistischen Mächten zusammen. In seinem Inneren konsolidierte der „Estado Novo", der Neue Staat, sein Einparteiensystem, schuf eine paramilitärische Organisation, eine neue politische Polizei und eine regimekonforme Jugendorganisation. Das als Lager des „Morte Lenta", des langsamen Todes, bekannte afrikanische Konzentrationslager von Tarrafal füllte sich mit politischen Häftlingen. In dieser Phase setzte Salazar vermehrt äußere Zeichen einer Identifizierung mit dem europäischen Faschismus. Beim Ausbruch des Zweiten Weltkriegs hatte er ein Bild Mussolinis mit einer freundschaftlichen Widmung auf seinem Schreibtisch stehen. Zu Kriegsende ordnete er aus Anlaß von Hitlers Tod Staatstrauer an und ließ die Fahnen auf halbmast setzen.

Trotz all dieser gesetzten Zeichen soll dieses Buch kein Plädoyer für die Deutschfreundlichkeit des Salazarismus sein. Salazar mißtraute dem deutschen Faschismus, den er als zu unberechenbar und zu heidnisch erachtete. Ohne sichtliche Regung pflegte er die Tiraden des britischen Diplomaten David Eccles zur Kenntnis zu nehmen, der ihn zu Zeiten des Deutsch-Sowjetischen Paktes vor der Gefahr warnte, ein NS-Sieg würde einen „Sieg des internationalen Proletariats" mit sich bringen. Objektiv gesehen wurde die portugiesische Neutralität weitaus stärker von ihrer wirtschaftlichen und geostrategischen Abhängigkeit vom britischen Imperialismus bestimmt als vom deutschen. Als Mutterland seiner Kolonien hing Portugal fortgesetzt vom Wohlwollen der großen Seemächte ab, um sich den Zugang zu seinen Überseegebieten zu erhalten. Als kleiner Nachbar Spaniens benötigte es weiterhin die Bindung an Großbritannien, um den paniberischen Gelüsten Francos entgegenzuwirken, und im besonderen jenen des Falange-Führers Serrano Suñer.

An dieser Stelle ist es auch nicht angebracht, an die Reihe von Gefahren zu erinnern, denen Salazar in den Nachkriegsjahrzehnten zu entrinnen vermochte – die 1942 ins Rollen gekommenen Arbeiterstreiks, die politischen

Anfechtungen im Zuge des Sieges der Alliierten, die Palastverschwörungen und die aufgeheizte Stimmung bei den Präsidentschaftswahlen von 1958, der Ausbruch des angolanischen Befreiungskriegs im Jahre 1961 sowie die Studentenproteste ab 1962. Aus all diesen Gefahren und noch etlichen mehr ging Salazar unbeschadet hervor, Überlebenskünstler, der er war. Als er 1968 von einem Stuhl stürzte und ab diesem Zeitpunkt außerstande war, seinen politischen Geschäften nachzugehen, war er nach vier Jahrzehnten an der Macht der älteste Diktator Europas. Der Diktatur waren bis zu ihrem politischen Ende nur mehr sechs weitere Jahre beschieden.

Ziel dieses Buches ist festzuhalten, wie diese Überlebenskunst sich in der portugiesischen Außenhandelspolitik während des Zweiten Weltkriegs äußerte und insbesondere, wie dabei mit der heiklen Frage der Zahlungen in Reichsbankgold umgegangen wurde. In diesem Fragenkomplex, mit dem wir uns auseinanderzusetzen haben, gilt es, als erstes klarzustellen, wie in der Praxis die Beziehung Portugals zu den kriegführenden Staaten ablief, wie sich das kleine neutrale Land verhielt, als es sich in der ungewöhnlichen Lage als Gläubiger der großen Mächte fand und diese sich plötzlich gegenseitig einige seiner Exportartikel in fieberhafter Nachfrage streitig machten.

Die feierliche Verkündigung Salazars schon im September 1939, in der er unterstrich, die portugiesische Neutralität würde mit dem alten britisch-portugiesischen Bündnis vollkommen in Einklang stehen, ging in die Geschichte ein. Neben den rein formellen Worten, die zu solch einer Gelegenheit gesagt werden, gab es noch das britisch-portugiesische Zahlungsabkommen vom 21. November 1940. Bei seiner Unterzeichnung bestätigte die portugiesische Zentralbank Banco de Portugal bis zu einem gewissen Grad die Erklärung des Diktators und eröffnete der britischen Zentralbank einen unbegrenzten Kredit – eine Art „lend-lease" nach portugiesischem Maßstab. Wie bedeutsam diese Geste war, die viele Verwicklungen nach sich zog, wurde in Büchern zu dieser Thematik verschiedentlich hervorgehoben. Einige Autoren sahen darin nahezu einen Akt getarnter Kriegführung an der Seite Großbritanniens. Später machten jedoch die Eröffnung der internationalen Debatte über Nazigold und die Aufdeckung seiner verzweigten Wege nach Portugal auf die Zahlungserleichterungen aufmerksam, die dort auch Deutschland eingeräumt wurden. Eine neue Frage kam auf: War die Annahme von Reichsbankgold ein Mechanismus, der über gleichwertige Konzessionen an die Reichsbank einen Ausgleich zur großzügigen Einräumung von Krediten an die englische Zentralbank, die Bank of England, schaffen sollte? Der Hintergrund dieser Frage ist in der deutschen Vormachtstellung in Europa seit dem Sommer 1940 zu finden. Selbst ein traditioneller Verbündeter Englands mußte die Auswirkungen zu spüren bekommen. Die herrschenden Umstände begünstigten den Trend zu einem Ausbau der Beziehungen mit der Achse, den der Spanische Bürgerkrieg bereits eingeleitet hatte.

Anhand eines Beispiels läßt sich anschaulich aufzeigen, wie das weiterhin eng mit Großbritannien verbundene Portugal Deutschland weitere Fazilitäten hätte einräumen können. Jüngste Untersuchungen zeigen, daß die Niederlassung der Firma Ford in Köln während des ganzen Krieges hindurch Fahrzeuge für die Wehrmacht produzierte, sich dabei der Sklavenarbeiter bediente, die ihr von den NS-Behörden zur Verfügung gestellt worden waren, und damit Gewinne einstrich, die nach dem Krieg flüssig gemacht werden konnten und dem multinationalen US-Konzern gutgeschrieben wurden. Eine Untersuchung der fragwürdigen Geschäfte von Ford in Köln bedeutet nicht, daß nahegelegt werden soll, der Konzern habe in seinem Mutterland als prodeutsches trojanisches Pferd fungiert. In Wirklichkeit befand sich der harte Kern von Ford weiterhin in Detroit und hatte jeden Grund, einen Sieg der Alliierten vorzuziehen. Über die deutsch-portugiesischen Geschäfte Untersuchungen anzustellen, ist ebenso legitim, wie dies über die Ford-Niederlassung in Köln zu tun – sofern man nicht verallgemeinert und aus den Schlüssen über diesen speziellen Fall andere weitreichendere zieht.

Da nun die Gefahr einer falschen Auslegung der Thematik umrissen ist, kommen wir zu den Fragen, die hier behandelt werden sollen. Im ersten Kapitel wird von bereits bestehenden Untersuchungen ausgegangen und beschrieben, woran die deutsche Kriegswirtschaft Mangel hatte und an welchen Exporten aus neutralen Ländern sie interessiert sein würde – im allgemeinen handelte es sich um kriegswichtige Rohstoffe und im speziellen um portugiesisches Wolfram. Besondere Aufmerksamkeit wird dabei den Punkten gewidmet, die wesentlich erscheinen, um die Schnittstelle zwischen dieser Kriegswirtschaft und den verfügbaren portugiesischen Exporten zu verstehen.

Im zweiten Kapitel wird auf den Tausch von Waren zwischen Portugal und Deutschland eingegangen und gezeigt, daß dieser Tausch in erster Linie infolge der Exporte von Wolfram und Fischkonserven zunehmend asymmetrisch ausfiel. Dabei stellt sich zunächst einmal die Frage, ob sich diese Tendenz zur Asymmetrie in einem Handelsdefizit abzeichnete, oder ob die portugiesische Seite ihre Forderungen nach Gegenlieferungen in Naturalien von deutscher Seite her befriedigt sah. Im Falle eines hohen Defizits wäre bereits die halbe Erklärung dafür gefunden, aus welchem Grund Deutschland an Portugal umfangreiche Goldzahlungen leistete. Bei einem entgegen allen bisherigen Annahmen niedrigen Defizit hieße es hingegen, für die Goldzahlungen eine andere Erklärung zu suchen. In diesem Fall führte kein Weg daran vorbei, verschiedene andere Hypothesen zu prüfen, unter anderem die Bedeutung des Schmuggels in den Handelsbeziehungen zwischen Portugal und Deutschland.

Im dritten Kapitel beschäftigen wir uns mit den wesentlichen Zahlungsmechanismen im legalen beziehungsweise illegalen Handel zwischen den beiden Ländern, nämlich, wie Escudos und Schweizerfranken angekauft wurden, um die Defizite mit Portugal auszugleichen, welche Rolle das Gold bei diesen Ankäufen spielte und welche Wege es ging, bis es in den Depots der Banco de Portugal einlangte. In diesem Zusammenhang wird die Funktion des Dreiecks Berlin-Bern-Lissabon dargestellt. Ebenso werden die Gründe angeführt, wie diese Funktion zum Erliegen kam und durch Transaktionen zwischen der Banco de Portugal und der Reichsbank ersetzt wurde.

Durch das dritte und vierte Kapitel zieht sich die Frage, wie diese Goldtransaktionen getarnt wurden. Dabei muß zwischen den verschiedenen Manövern unterschieden werden, angefangen von der Benutzung der Schweiz als Drehscheibe bis zur Umschmelzung der Goldbarren. Und es müssen auch die möglichen Gründe für diese Tarnungsmanöver auseinandergehalten werden, vom Bestreben, die Verletzungen der Blockaderegeln zu verdecken, bis zum Bemühen, den Handel mit Vermögenswerten unlauterer Herkunft im verborgenen zu betreiben. Danach wird man sich eingestehen müssen, daß eine Reihe wesentlicher Fragen weiterhin offen bleibt. Zwei Fragestellungen, die im vierten Kapitel behandelt werden, sind von noch größerer Bedeutung: Ist nun in Portugal Gold eingegangen, das von den Nationalsozialisten geraubt wurde, und wußten die portugiesischen Politiker und Zentralbankiers, woher dieses Gold kam? Was die Herkunft der Güter angeht, die von den Nationalsozialisten in andere Länder geschafft wurden, stellt vom juristischen Standpunkt aus die Konfiskation der Vermögenswerte von Privatpersonen den heikelsten Punkt dar. In einem Unterkapitel, das für die deutsche Ausgabe geschrieben wurde, wird auch darauf eingegangen. Es geht dabei um Kreditpapiere, die in Holland geraubt und auf dem Schwarzmarkt in Portugal verkauft wurden. Schließlich sollen noch die Reaktionen der portugiesischen Zentralbank auf die Aufrufe der Alliierten beschrieben und erläutert werden, die diese 1943 und 1944 an die neutralen Länder richteten und sie davor warnten, geraubte Vermögenswerte anzunehmen.

Der Zeitraum der hier vorliegenden Untersuchung beschränkt sich auf die Jahre von 1940 bis 1944. Die französische Kapitulation im Sommer 1940 öffnete von neuem die Landverbindungen zwischen Deutschland und der Iberischen Halbinsel, und der Vormarsch der alliierten Truppen im Sommer 1944 schloß sie wieder. Die Probleme, die sich zwischen diesen beiden Eckdaten ergaben, sind relativ einheitlich, auch deshalb, weil in diesem Zeitraum der vom britischen Minister Hugh Dalton initiierte Wirtschaftskrieg von größter Relevanz für die Iberische Halbinsel war.

Für die beiden Kapitel über den deutsch-portugiesischen Handel wurde in erster Linie auf das Dokumentationsmaterial des Auswärtigen Amtes in Form von Mikrofilmen des Bundesarchivs Berlin zurückgegriffen. Da mir ein Aufenthalt in Koblenz und eine persönliche Einsichtnahme in die Protokolle des Handelspolitischen Ausschusses (HaPol) nicht möglich war, mußten sie leider im Rahmen dieser Arbeit außer acht gelassen werden. Glücklicherweise wurde dieses Dokumentationsmaterial erschöpfend von Willi Boelcke analysiert, dessen Arbeiten wichtige Informationen über Portugal enthalten. Wer sich mit der portugiesischen Wirtschaftsgeschichte während des Krieges auseinandersetzen möchte, wird in den Arbeiten dieses Autors einen anregenden Ausgangspunkt finden, und in den Protokollen des HaPol mit Sicherheit eine schier unerschöpfliche Quelle. Die deutschen Quellen für diese beiden Kapitel ergänzten sich mit dem Dokumentationsmaterial, das im Lissabonner Salazar-Archiv sowie im Historisch-Militärischen Archiv von Lissabon eingesehen wurde.

Im dritten und vierten Kapitel stützte ich mich in erster Linie auf das Dokumentationsmaterial der Schweizerischen Nationalbank (Korrespondenz und Protokolle des Direktoriums) sowie der französischen Zentralbank Banque de France, das dann mit der aufschlußreichen Dokumentation der Banco de Portugal zusammengeführt werden konnte (Protokolle des Verwaltungsrates, des Generalrates und der Stabilisierungs-Kommission sowie das gesamte Dokumentationsmaterial unter dem Titel „Bewegungen der Goldwährung"). Die Nachkriegsverhandlungen mit der Tripartite Gold Commission (TGC) erregten zwangsläufig meine Aufmerksamkeit, auch wenn sie außerhalb des in dieser Arbeit behandelten Zeitraums abliefen. Über sie wurde es möglich, teilweise zu verstehen, was sich während des Krieges abspielte. Das im Historisch-Diplomatischen Archiv des portugiesischen Außenministeriums (Lissabon) befindliche Dokumentationsmaterial war für das Studium dieser Verhandlungen äußerst wertvoll. Für das vierte Kapitel wurde bezüglich der Beschreibung des oben erwähnten Falles von portugiesischen Kreditpapieren, die in Holland geraubt wurden, auf das

Dokumentationsmaterial im Yad Vashem Archiv in Jerusalem sowie auf das Gerichtsarchiv Boa-Hora und das Archiv des Institutes für Öffentliche Kredite, beide in Lissabon, zurückgegriffen.

Auch wenn ich die Verantwortung für eventuelle Irrtümer oder Auslassungen der vorliegenden Untersuchung, an der ich mit einigen Unterbrechungen sechs Jahre lang gearbeitet habe, voll und ganz allein übernehme, ist es angebracht zu erwähnen, daß sie unverwechselbar von Rui Araújo geprägt wurde – einem Journalisten von großer Intuition, der zusammen mit mir sieben Monate lang anläßlich einer Reportage im portugiesischen Staatsfernsehen RTP über einen Teil der vorliegenden Themen Nachforschungen anstellte.

Kapitel 1

Deutsche Kriegswirtschaft und portugiesische Lieferungen

Rohstoffe: Abhängigkeit vom Ausland und die Illusion von der Autarkie

Will man den Entwicklungsprozessen einer Kriegswirtschaft auf den Grund gehen, dann muß man sich mit der damit eng verbundenen Kernfrage ihrer strukturellen Verwundbarkeiten auseinandersetzen. Dies trifft nicht nur auf kleine, zurückgebliebene oder an der Peripherie gelegene Länder zu, sondern auch, und dies möglicherweise noch viel mehr, auf die am stärksten von anderen abhängigen – auf die großen Mächte. Wie es in Portugal heißt: großes Schiff – große Seenot, veranschaulicht und bestätigt sich dies auch am Beispiel NS-Deutschlands mit seiner permanenten Abhängigkeit von Arbeitskräften sowie vom Import diverser kriegswichtiger Rohstoffe. Die Durchführung von Infrastrukturprojekten und die Wiederaufrüstungskampagne wirkten sich von Anfang an verstärkend auf diese Abhängigkeit aus. Je mehr die deutsche Wirtschaft produzierte, desto mehr mußte im Ausland zugekauft werden.

1933 und 1934 hatte die Wiederaufrüstungspolitik anfänglich noch die Wirtschaftskonjunktur auf ihrer Seite. Die Arbeitslosigkeit war noch nicht zur Gänze überwunden, und der Industrie standen Arbeitskräfte in Hülle und Fülle zur Verfügung. Problemlos konnte man am internationalen Markt die wichtigsten Exportgüter absetzen. In den ersten Jahren des Nationalsozialismus zogen die Preise für hochwertige Exportgüter wie Werkzeugmaschinen und einstweilen noch getarnte Waffenlieferungen kontinuierlich an, und die Importpreise für Rohstoffe waren immer noch am Fallen. Die Handelsbilanz zeigte erfreuliche Überschüsse, und wie in der letzten Phase der Weimarer Republik waren die Reserven der Reichsbank weiterhin am Ansteigen. In der Erfolgsspirale des Wirtschaftsaufschwungs führte die von der Konjunktur begünstigte Wiederaufrüstung zu Gewinnsteigerungen in entscheidenden Industriesektoren. Dazu kam die Förderpolitik von Infrastrukturmaßnahmen, die unter der Leitung von Fritz Todt beim Autobahnbau einen guten Teil der Arbeitslosen auffing.

Die Überhitzung der Schwerindustrie sollte jedoch schließlich dafür sorgen, daß immer mehr importiert werden mußte, und das zu einem Zeitpunkt, zu dem der Tausch von industriellen Fertigwaren gegen Rohstoffe sich nicht mehr zum Vorteil Deutschlands weiterentwickelte[1]. Bis 1936/ 1937 verfolgten die verantwortlichen Nationalsozialisten keinerlei Politik der Vorratshaltung von Wolfram, Molybdän, Chrom und Eisen[2]. Abgesehen davon fehlten Devisen, und die Handelsdefizite zehrten erneut die Reserven der Reichsbank auf. Angesichts dieses komplexen Szenarios begannen sich innerhalb des Regimes Vorbehalte gegen den Rüstungstaumel abzuzeichnen, vertreten vor allem durch den Bankier Hjalmar Schacht, der schon in der Weimarer Republik der Reichsbank vorstand und nun von den Nationalsozialisten erneut in dieses Amt berufen wurde. Schacht haftete seit den 1920er Jahren der Ruf an, selbst für schwierigste Probleme Lösungen zu finden: 1929 war er es, der vorschlug, die Bank für Internationalen Zahlungsausgleich (BIZ) ins Leben zu rufen, um eine Lösung für die kritische Frage der Reparationszahlungen zu finden, die Deutschland als Folge des Ersten Weltkriegs auferlegt worden waren. In den darauffolgenden Jahren näherte er sich allmählich dem Nationalsozialismus an. Zusammen mit anderen Bankiers und Industriellen unterzeichnete er im November 1932 einen Brief an Generalfeldmarschall Hindenburg mit der Empfehlung, Hitler mit einer neuen Regierungsbildung zu beauftragen. Sobald diese Regierung gebildet war, wurde Schacht erneut zum Reichsbankpräsidenten berufen. In der Ausübung seines Amts verstand es der Bankier, seinem Ruf gerecht zu werden. Er wahrte sein Prestige und bewahrte Freundschaften auf internationaler Ebene, suchte Konkurrenzmächte auf und beruhigte die kleinen Balkanländer hinsichtlich der Absichten des NS-Regimes, indem er eine Reihe von Handelsabkommen mit ihnen unterzeichnete. Bei seinesgleichen, wie dem Gouverneur der englischen Zentralbank Bank of England, Montagu Norman, erfreute er sich nach wie vor großer Wertschätzung: Dieser hielt ihn „für den einzig vernünftigen Menschen in einer Partei von gefährlichen Totalitaristen"[3]. Gleichzeitig klügelte Schacht jedoch die berühmt berüchtigten Mefo-Wechsel aus. Mit diesen Wechseln, benannt nach der 1934 zu diesem Zweck gegründeten Metallurgischen Forschungsgesellschaft mbH, der vier große Rüstungsbetriebe angehörten, wollte er kurzfristige Bankgelder der Privatwirtschaft zur Finanzierung der Wiederaufrüstung heranziehen. Dieser geschickte Schachzug trug ihm den Beinamen „Hitlers Zauberer" ein.

Mit dieser Vorgeschichte und seiner inzwischen erfolgten Bestellung zum Reichswirtschaftsminister ging Schacht in das Jahr 1935. Das Modell der beiden vergangenen Jahre griff nun nicht mehr richtig. Die NS-Größen, die sich an die Erwartung gewöhnt hatten, Schacht würde wie Midas unter seiner Berührung alles zu Gold verwandeln und somit sämtliche Liquiditätsengpässe überwinden, warnte er davor, in ihm ein „Dukatenmännchen"[4] zu sehen. Es wäre ihm unmöglich, nach Belieben die nötigen Devisen zur

Finanzierung der industriellen Vorhaben herbeizuschaffen. Außerdem schlug Schacht Alarm, da es keinerlei Strategien zur Schaffung von Vorräten der wichtigsten Rohstoffe gab[5]. Er trat für eine Produktionsminderung auf den kriegsrelevanten Sektoren ein. Auf diese Weise sollte genügend Aktionsspielraum gewonnen werden, die Reserven der Reichsbank aufzufüllen und gleichzeitig ausreichend Vorräte an kriegswichtigen Rohstoffen anzulegen. Bei der Wehrmacht tendierte der Chef des Wehrwirtschafts- und Rüstungsamtes (WiRüAmt), Generalmajor Georg Thomas, zu der von Schacht empfohlenen Vorgangsweise, und ebenso tat man dies in der Hüttenindustrie[6]. Eine Verlangsamung des Tempos der Wiederaufrüstung hätte wiederum der Option einer Abwertung der Reichsmark Tür und Tor geöffnet, um die Exporte anzukurbeln. Doch solange eine fieberhafte Aufrüstung weiterhin umfangreiche Importe bedingte, wäre eine Abwertung auf eine Verteuerung der Importe hinausgelaufen und daher auf jeden Fall ein zweischneidiges Schwert gewesen, das niemand zu zücken wagte[7].

Eine andere Möglichkeit wäre die Drosselung des Imports von Nahrungsmitteln gewesen. Hitler mochte nicht von einer im Eilmarsch betriebenen Wiederaufrüstung ablassen, aber ebensowenig wollte er sich unpopulär machen, weil lebenswichtige Güter knapp wurden. Den Ausweg aus diesem Dilemma suchte er in einer heimischen Produktion von Roh- bzw. Ersatzstoffen wie synthetischem Kautschuk und synthetisch produzierten Treibstoffen[8]. Auch ordnete er eine Intensivierung des gesamten in Deutschland möglichen Bergbaus an[9]. In der NS-Führung wußte man, daß der Eigenbedarf an Kupfer, Zinn und Lebensmitteln nicht selbst gedeckt werden konnte, aber man hegte Erwartungen, dies im Fall von Eisen und Aluminium sowie von sämtlichen, von Kohle abhängigen Produkten zu erreichen (Gummi, Kunstfasern, technische Fette und Treibstoffe)[10]. Zu jener Zeit wurde der Vierjahresplan angekündigt. Gestützt von einer mächtigen Industrielobby mit der IG-Farben an der Spitze, konzentrierte Göring in seinen Händen die tatsächliche Führung der Wirtschaftspolitik. Schacht verlor an Terrain und mußte schließlich sein Amt als Reichswirtschaftsminister niederlegen.

Die Erfolge der deutschen Rohstoffproduktion sollten unterschiedlich sein. Kautschuk stellte 1940[11] einen erheblichen Engpaß dar, aber die Fabrikation von synthetischen Ersatzstoffen wies einige Erfolge auf[12]. Die Kautschukversorgung verbesserte sich von da an nach und nach, bis sie sich 1941 als ausreichend erwies und 1942 sogar einen Überschuß verzeichnete[13] – stets mit hohen Kosten verbunden und von zweifelhafter Sinnhaftigkeit. Kupfer wurde knapp und behinderte bis Ende 1941 die Herstellung von U-Booten. Danach gab es jedoch Phasen, in denen es relativ reichlich vorhanden war[14]. Kohle war anfangs der Rohstoff, mit dem Deutschland seinen Eigenbedarf am besten decken konnte, stellte sich jedoch gegen Kriegsende aus mehreren Gründen als Achillesferse der deutschen Kriegswirtschaft heraus[15]. Die Produktion synthetischer Treibstoffe wurde zwischen 1936 und 1939[16] auf das Doppelte erhöht, glich zum Teil den durch die Unterbrechung russischer Exporte und durch anfängliche Unregelmäßigkeiten rumänischer Lieferungen[17] verursachten Erdölmangel aus und sicherte bis 1942[18] eine ausreichende Versorgung. Zu Kriegsende sollte jedoch die Knappheit an flüssigen Treibstoffen, insbesondere an Flugbenzin, erneut zu einem Engpaß in der deutschen Wirtschaft führen[19]. Die Stahlproduktion, mit der Deutschland den anderen Ländern gegenüber von der Startphase an im Vorteil war, entwickelte sich trotz des statistisch gesehenen Zuwachses durch die Produktionsstätten in Österreich und der Tschechoslowakei nur langsam[20]. Zu Kriegsende sollte der Mangel an Stahl einen der unmittelbaren Gründe für den Zusammenbruch darstellen[21].

Alles in allem bewahrte der Vierjahresplan Deutschland nicht vor seiner Abhängigkeit von der Weltwirtschaft. Solange Güter importiert werden konnten, deren Preise niedriger waren als die der heimischen Produktion, ließ es sich nicht vermeiden, daß im Spannungsfeld zwischen den rigoros verfochtenen Autarkiebestrebungen der NS-Führung und den wirtschaftlichen Interessen häufig letzteren nachgegeben werden mußte.

„Großraumwirtschaft" – ein Allheilmittel ohne Wirkung

Hätte Hitler lediglich darauf gesetzt, Rohstoffe für die im Vierjahresplan dargelegte Selbstversorgung zu produzieren, dann ließe sich seine starre Haltung gegenüber dem Druck der von Schacht und Thomas vertretenen Gruppe nur schwer erklären. In seiner Denkschrift vom Sommer 1936 räumte Hitler ein, der Vierjahresplan würde lediglich eine Übergangslösung darstellen, eine echte Lösung würde von der Erweiterung von „Lebensraum"[22] abhängen. Die Vorstellung eines „europäischen Großraums" war bereits zuvor in der Außenhandelspolitik Schachts erkennbar gewesen, der sie als Netz von bilateralen Abkommen verstand, mit deren Hilfe im Südosten Europas eine deutsche Vormachtstellung nach Art des Neokolonialismus errichtet werden könnte. In der nunmehrigen Phase der Diskussion verband Hitler jedoch die wirtschaftliche mit einer militärischen Expansion.

Im Bewußtsein, daß der Kurs bereits vorgezeichnet und die Entscheidung für den Krieg nicht mehr rückgängig zu machen war, suchten einige NS-Strategen den Abenteuerdrang des Führers mit einer Minimalversion des Schachtschen Programms zu mäßigen. So auch Georg Thomas, der nichts davon hielt, Gold und Devisen zu horten, sondern für die Vorratshaltung von Rohstoffen eintrat. In diesem Sinn sollte sein Mitarbeiter Tomberg später bedauern, daß man unmittelbar vor Kriegsausbruch nicht weitaus mehr Gold geopfert hatte, um eine weitaus größere Menge an Rohstoffen auf Vorrat zu legen. Tomberg teilte in diesem Punkt nicht Schachts Auffassung, es bestünde ein Mangel an Gold und Devisen, sondern er vertrat die Meinung, man wäre mit den diesbezüglichen Reserven viel zu sparsam umgegangen[23]; den Rohstoffen hätte Priorität eingeräumt werden müssen. Nach seinem Dafürhalten hätte die Hälfte der Reichsbankreserven kurz vor dem Krieg in Stahlveredler investiert werden sollen, zu einem Zeitpunkt, zu dem die Lieferanten Goldzahlungen noch den Vorzug zu geben pflegten. Seiner Berechnung nach hätte man sich auf diese Weise für die nächsten drei Jahre mit Rohstoffen versorgen können[24]. Aber auch diese abgespeckte Version wurde von Hitler zurückgewiesen, der in der Lagerung von Rohstoffreserven nur die Gefahr sah, die Kriegsindustrie würde nicht schnell genug produzieren[25]. Er fürchtete, ein längerer Aufschub der militärischen Provokation würde es Frankreich und Großbritannien erlauben, den Rückstand in ihrer Wiederaufrüstungskampagne aufzuholen. Alles, was den Beginn des Krieges hinauszuzögern bedeutete, wurde zurückgewiesen.

Der Konflikt mit Schacht sollte im Januar 1939 seinen Höhepunkt erreichen, als der noch amtierende Reichsbankpräsident und seine acht führenden Mitarbeiter schriftlich gegen die Politik protestierten, durch die Deutschland mit praktisch leeren Tresoren und Staatsfinanzen am „Rand des Zusammenbruchs"[26] in den Krieg getrieben wurde. Hitler entließ sie unverzüglich und setzte Walther Funk, einen seiner bedingungslos ergebenen Gefolgsmänner, an die Stelle von Schacht. Der neue Reichsbankpräsident übernahm auch das Amt des Wirtschaftsministers, das Göring in der Zwischenzeit zu einem erheblichen Teil seiner Kompetenzen beraubt hatte. Funk trank, war homosexuell, vernachlässigte seine Pflichten und führte ein ausschweifendes Leben. Somit war er leicht unter Druck zu setzen[27]. Bis es soweit kam, machte ihn all dies jedoch noch geeigneter für einen Posten, bei dem nun blinder Gehorsam gefragt war. In den folgenden Jahren sollte Funk blind auch jenem Mann gehorchen, der theoretisch sein Untergebener war, nämlich Emil Puhl, der Schachts Schreiben zwar unterzeichnet hatte, seinen Posten aber dennoch behalten konnte. Puhl war NSDAP-Mitglied, ließ sich von keinerlei Skrupel plagen und verfügte über das nötige Profil, um der Reichsbank die Rolle zukommen zu lassen, die Hitler ihr in dieser neuen Phase zugedacht hatte[28].

Neben der Reorganisation der Bank half der gesamte Verlauf der Ereignisse Hitler, die „Meuterei" Schachts ohne größere Aufregungen zu überstehen. Die Fakten zeigten schon bald, daß die Kritiker die Bedeutung von Gold- und Devisenreserven in einem dermaßen aufgeheizten historischen Moment überschätzt hatten. Weitaus gewagter als ein Krieg mit leeren Tresoren ist ein Krieg mit schlecht gefüllten Lagerhäusern. Und ein solcher begann in den Bereich des Möglichen zu rücken. Die Anfangserfolge des Blitzkriegs sollten es NS-Deutschland erlauben, in den besiegten Ländern Bestände an Gütern und Reserven der Zentralbanken in seinen Besitz zu bringen. In Frankreich erlaubten sie zum Beispiel, bedeutende Vorräte an Wolfram zu erbeuten[29]. Diese Erfolge verhalfen Deutschland in Kontinentaleuropa zu einem weitaus günstigeren Kräfteverhältnis und machten den neutralen Ländern eine intensive wirtschaftliche Zusammenarbeit plausibel. Außerdem sorgten sie dafür, daß die Landverbindungen zur Iberischen Halbinsel wieder geöffnet wurden. Und sie erlaubten Deutschland, den Bergbau und die verarbeitende Industrie der besetzten Länder in den eigenen Dienst zu stellen, wodurch es bei der Beschaffung von einigen spezifischen Rohstoffen weniger vom Ausland abhängig war. Als Kehrseite der Medaille führten diese Erfolge zu einer britischen Blockade. Durch einen vom Minister für wirtschaftliche Kriegführung, Hugh Dalton, mit aller Härte verhängten Maßnahmenkatalog wurde ab dem Sommer 1940 die Versorgung mit Produkten aus den diversen Kolonien stark beeinträchtigt.

Im ursprünglichen Begriff „Großraumwirtschaft" sah man den Aufbau eines Kerns moderner verarbeitender Industrien am Kontinent, wobei die belgischen, holländischen und besonders die französischen Industriegebiete an Deutschland angegliedert werden sollten und das restliche Europa auf die Rolle eines Rohstoff- und Nahrungsmittellieferanten an der Peripherie reduziert wäre[30]. Diese Vision sollte teilweise durch die Kriegsrealität Wirklichkeit werden. Im Jahre 1942 leistete Frankreich bedeutende Lieferungen an die deutsche Kriegswirtschaft und erzielte in seiner Handelsbilanz mit dem Nachbarn jenseits des Rheins einen Überschuß von 858 Millionen Reichsmark[31]. Der Großteil der französischen Züge transportierte Waren von beziehungsweise nach Deutschland[32]. In Belgien produzierte die Hälfte der Industriebetriebe für Deutschland. Einige entscheidende Sektoren wie die Hüttenindustrie waren vorwiegend oder zur Gänze mit deutschen Bestellungen ausgelastet. 1942 beliefen sich die Handelsüberschüsse von Belgien und Holland gegenüber Deutschland auf insgesamt beinahe eine Milliarde Reichsmark[33]. Die deutschen Defizite erreichten ein solches Ausmaß, daß sie nur über die Erhebung der berühmt berüchtigten „Besatzungskosten" ausgeglichen werden konnten.

Die Industrieländer des Kontinents hatten nicht nur auf dem Produktionssektor einen Beitrag zur deutschen Kriegswirtschaft zu leisten, sondern sie blieben auch nicht davor bewahrt, daß der Besatzer aus dem Bereich Bergbau abzog, was für ihn von Interesse war. Auf diese Weise gelangte zum Beispiel ein beträchtlicher Teil der in Frankreich geförderten Kohle nach Deutschland, obwohl in Frankreich selbst nicht einmal der Eigenbedarf gedeckt war[34]. Im Zuge von Annektierungen beziehungsweise Vernunftverbindungen schlossen sich weitere, vergleichsweise moderne Industrien Mitteleuropas mit diesem harten Kern der Großraumwirtschaft zusammen. So geschah es mit der tschechischen Rüstungsindustrie und der ungarischen Flugzeugproduktion. Und auch in diesem Fall entband das von Škoda produzierte Rüstungsmaterial den tschechischen Bergbau nicht davon, seine Kohleförderung zu steigern, um den Invasor zu versorgen[35], wie auch die von der Rüstungsfirma Manfred Weiß erzeugte Munition den ungarischen Bergbau nicht davor bewahrte, seine Bauxitproduktion zu verdoppeln, um die deutschen Aufträge zu erfüllen[36]. Norwegen wurde dazu gezwungen, den Besatzer mit Fisch zu versorgen, und dazu angehalten, auch elektrische Energie sowie Aluminium für den Flugzeugbau zu erzeugen[37].

Im Osten waren infolge der Intensität des Krieges längst nicht so viele Rohstoffe zu holen, wie man erwartet hatte. Das Eisen- und Manganerz, das man sich auf russischem Boden verschaffen konnte, beschränkte sich auf relativ bescheidene Mengen. Die Okkupation im Osten erwies sich schließlich als wenig rentabel, zum einen, weil es sich um ärmere Gebiete handelte, und zum anderen, weil dort im Gegensatz zum Westen die deutsche Herrschaft zu keiner Zeit auch nur einigermaßen friedliche Phasen durchmachte und dies auch nicht konnte, war doch die Wirtschaftspolitik von Anfang an auf die nationalsozialistische Absicht ausgerichtet, „minderwertige Völker" auszurotten[38].

Walther Funk und die Sektoren des NS-Apparates, die ihn stützten, hatten auch noch weitere Produzenten von kriegswichtigen Rohstoffen im Visier. Ab dem Zeitpunkt der Kapitulation Frankreichs wurden Formeln dafür ausgearbeitet, wie die „Neuordnung Europas" funktionieren sollte. Man dachte dabei insbesondere an eine Freihandelszone. Funk schwebte eine Union zwischen den Zentren West- und Mitteleuropas vor, die mit rumänischem Erdöl und türkischem Chrom versorgt werden sollte. Noch war es nicht so weit, daß auch das iberische Wolfram ähnliche Begehrlichkeiten geweckt hätte. Wie Milward beobachtet, war jedoch sämtlichen Rohstoffen und ihren Erzeugern eine Art koloniales Schicksal vorgezeichnet. Im Namen eines höheren Wertes – eines „Neuen Europa" – sollte ihnen der internationale Markt verwehrt werden[39].

Die Erweiterung des „Lebensraums" war jedenfalls weit davon entfernt, den durch die NS-Ideologie gesäten Erwartungen zu entsprechen. Zusammen mit Lösungen für Engpässe brachte sie auch neue Probleme mit sich und verschärfte einige der bereits vorhandenen Schwierigkeiten. Die kriegführenden Verbündeten der Achsenmächte stellten häufig einen wirtschaftlichen sowie militärischen Ballast dar. Bereits 1942 verschlangen sie offensichtlich Waffen und andere Fabrikate in Werten, die weitaus höher waren als die der gelieferten Rohstoffe. Allein gegenüber Italien, Rumänien und Finnland bewegte sich der deutsche Handelsüberschuß in der Größenordnung von 200 Millionen Reichsmark. Die deutschen Kohlenexporte nach Italien verschärften die Versorgungsschwierigkeiten im eigenen Land[40]. Mit der Kapitulation Italiens im Jahre 1943 sollte Hitler, einerseits wohl um die bittere Pille zu versüßen, andererseits mit einigem guten Grund, die Tatsache begrüßen, daß damit eine Erleichterung der Kohleversorgung Deutschlands einträte[41]. Von den Kriegswirren relativ unbetroffen, hatten die neutralen Länder weniger Ausgaben und waren stattdessen Nettoexporteure. Aber sie ließen sich für ihre strategisch wichtigen Exporte bezahlen, und zwar teuer. Auf diese Ausnützung von Vorteilen der Neutralität wird später noch eingegangen.

Bei der Lösung der strukturellen Wirtschaftsprobleme war der territorialen Expansion Deutschlands jedenfalls nicht mehr Erfolg beschieden als dem alchimistischen Fieber der IG-Farben. Auch wenn die Mängel einmal da und einmal dort auftraten und sich somit verteilten, waren sie insgesamt nicht aus der Welt zu schaffen. Ein dritter Lösungsansatz lag im Versuch, mit dem Mangel zu leben und den Konsum in den Bereichen zu drosseln, in denen er sichtlich zu hoch war. Dieser, ab Februar 1942 maßgeblich von Albert Speer beschrittene Weg sollte überraschende Ausmaße annehmen, bei den Alliierten für Verblüffung sorgen und entscheidend zur Verlängerung des Krieges beitragen.

Der „totale Krieg" und seine Engpässe

In den ersten beiden Kriegsjahren war die Führung der Wirtschaftspolitik einem starken militärischen Einfluß ausgesetzt, wobei vornehmlich die Luftwaffe unter ihrem Chef Hermann Göring das Sagen hatte. In dieser Phase variierten die Ziele von Rohstoffankauf und -eigenproduktion gemäß den verschiedenen Anforderungen. Einige dieser Ziele stellten sich als vollkommen irreal beziehungsweise geradezu absurd heraus: Das WiRüAmt arbeitete eine Schätzung aus, in der es für die Wehrmacht mehr Kupfer pro Monat beanspruchte, als weltweit pro Jahr produziert wurde[42]. Man lieferte sich einen erbitterten Kampf um die Zuteilung von Kontingenten. Die Unternehmen tendierten dazu, überhöhte Bestellungen vorzulegen. Dann erhielt jede einzelne Firma zwar weniger, als sie angefordert hatte, jedoch mehr, als sie benötigte. Verschwendung gehörte zu den festen Gewohnheiten der NS-Planung unter der Militärüberwachung[43].

Der Krieg im Osten sollte die Sachlage radikal verändern. Im Sommer 1940 entschied man sich für einen Angriff auf die UdSSR und setzte auf einen fulminanten Sieg. Im übrigen den einzig möglichen: Es würde einen schnellen Sieg geben oder gar keinen. Das Ende September genehmigte „Rüstungsprogramm B" sollte die Voraussetzungen für einen Erfolg dieser militärischen Operation unter dem Codenamen „Unternehmen Barbarossa" schaffen. Innerhalb von sechs bis acht Monaten sollte das Heer um 50 % aufgestockt werden. Im Juni 1941 führte der Überraschungseffekt, der aufsehenerregende Erfolg der deutschen Offensive und die damit verbundene Euphorie der NS-Spitze dazu, daß 24 Stunden nach der Attacke das sogenannte „Göring-Programm" ausgerufen wurde. Die Ziele des „Rüstungsprogramms B" wurden für erreicht angesehen und die wichtigsten Bedürfnisse des Heeres als gedeckt erachtet – mit Ausnahme der Produktion von Panzern, die unvermindert fortzusetzen war. Im übrigen war es die Luftwaffe, der für ihre Bestellungen bei der Kriegsindustrie eine Vorrangstellung eingeräumt wurde. Speziell der Bau von Bombenflugzeugen mußte im Hinblick auf das strategische Ziel der Expansion im Nahen und Mittleren Osten beschleunigt werden, die vorgesehen war, sobald man den sowjetischen Widerstand gebrochen hatte[44]. Man erwartete, mit der Eroberung von Moskau schon bald ein neues Kriegskapitel aufzuschlagen. Anfang Oktober 1941 gab Hitler den Befehl zum großen Vorstoß auf die russische Hauptstadt[45].

Die Ereignisse nahmen jedoch einen unerwarteten Verlauf. Die Verluste der Wehrmacht an Menschen und Material erreichten noch nie dagewesene Ausmaße. Bis Ende November 1941 waren 750.000 Mann zu beklagen, das heißt in weniger als einem halben Jahr acht mal mehr als insgesamt in den beiden Kriegsjahren an der Westfront[46]. Bis Anfang September 1941 verlor die Wehrmacht an der Ostfront mehr als die Hälfte ihrer Panzer. Die Industrie, die dazu angehalten war, für Göring Bombenflugzeuge zu produzieren, war in Wirklichkeit intensiv damit beschäftigt, die Materialverluste der geschwächten Panzerdivisionen von General Heinz Guderian auszugleichen. Anfang Dezember 1941 startete die Rote Armee eine Gegenoffensive[47]. Auch wenn Hitler noch so sehr an der Vorstellung eines Blitzkriegs im Osten festhielt, so bedeutete das Scheitern des Überfalls auf Moskau doch die Wende vom „Blitzkrieg" zu einem lang anhaltenden Krieg.

Im Kreuzfeuer zwischen einer Land- und einer Seefront sollte die NS-Führung von nun an gezwungen sein, Panzer für den Krieg im Osten und U-Boote für die Schlacht im Atlantik produzieren zu lassen. Es gab keinen Spielraum mehr, zwischen diesen beiden Prioritäten zu wählen. Mit seinem Erlaß vom 10. Januar 1942 befahl Hitler, die Heeresrüstung erneut zu intensivieren[48]. Aber das militärische Scheitern des Blitzkriegs an der Ostfront sollte sich noch tiefgreifender auf die Organisation der Kriegswirtschaft auswirken. Es ist an dieser Stelle unangebracht, eine Meinung zur Grundsatzdebatte bezüglich der Existenz oder Nichtexistenz einer charakteristischen Blitzkriegswirtschaft abzugeben. Bekanntlich ist an diese Debatte eine weitere gekoppelt, die darauf abzielt, ob von Anfang an im Namen des Krieges der deutschen Bevölkerung große Opfer abverlangt wurden oder ob diese Wende erst im Winter 1941/42 eintrat[49]. Hier soll lediglich festgehalten werden, daß die Schlacht um Moskau mindestens zwei markante Umschwünge in der Wirtschaftspolitik bedeutete: Im Apparat der Kriegswirtschaft wurde ein Teil der Schlüsselpositionen neu besetzt, die Frage der Ressourcen wurde anders behandelt.

Görings Stern begann zu verblassen, ohne daß deshalb Georg Thomas das vorübergehende Machtvakuum in der Schaltstelle für die Wirtschaftskoordination ausfüllen hätte können. Irgendwie hatte Thomas nun lediglich die richtigen Antworten auf die falschen Fragen parat. Es war zu spät, die Breitenrüstung durch eine Tiefenrüstung zu ersetzen. Die Empfehlungen, Vorräte anzulegen und weniger Divisionen auszurüsten, das heißt, diese mit einer soliden Basis und durchführbaren Plänen auszustatten, um auf Dauer ihre regelmäßige Wiederversorgung zu garantieren, waren einfach in den Wind geschlagen worden[50]. Die einzige Möglichkeit schien die Flucht nach vorne zu sein. Es war die Stunde derer, die eine verschärfte Gangart der Industrieproduktion befürworteten – zuerst Fritz Todt, bis zu dem umstrittenen Unfall, bei dem er ums Leben kam, und danach Albert Speer.

Das Reichsrüstungsministerium hob sich von den anderen Ministerien merklich ab und wurde, von Hitler praktisch bis zum Ende protegiert, zum großen Entscheidungszentrum der Wirtschaftspolitik. Das nun eingeführte System der industriellen Selbstverantwortung förderte wirksam die praktische Zusammenarbeit zwischen dem deutschen Bürgertum und der NS-Bürokratie. Es wurden Unternehmen privatisiert, die bis dahin im Reichskonzern Montan GmbH integriert waren[51]. Maßnahmen zur Rationalisierung der Kontingentzuteilungen von kriegswichtigen Rohstoffen wurden eingeführt, und wer falsche Angaben über Vorräte oder den Bedarf dieser Rohstoffe machte, wurde drakonisch bestraft, bis hin mit dem Tod[52]. Der Ausstoß von Panzern war indessen im Jahre 1943 doppelt so hoch wie im Jahr davor[53]. In der Munitionsproduktion wurde ein ebenso hoher Anstieg verzeichnet[54]. Und ungeachtet des sprunghaften Anstiegs der Produktionszahlen ab 1942 brachten die Kontrollmaßnahmen bezüglich des Verbrauchs unerwartete Erfolge. Als Propagandaminister Goebbels ein Jahr später in seiner berühmt berüchtigten Rede im Sportpalast zum „totalen Krieg" aufrief, gab er den damaligen Gegebenheiten lediglich einen Namen. Die Philosophie des „totalen Krieges" sollte von der NS-Führung bis zum Ende ihrer Herrschaft beibehalten werden.

Um dem schlimmsten aller Mängel, dem Fehlen von Arbeitskräften, zu begegnen, kam der Rüstungsindustrie eine Reihe von umwälzenden Produktionsverbesserungen zugute. Ab 1942 wurden die Geschützrohre in einem Schleuderverfahren hergestellt, wodurch die Hälfte der Arbeitszeit und beträchtliche Mengen Stahl eingespart wurden[55]. Im Verlauf des Krieges gab es dann noch weitere Beispiele dafür, wie etwa das Nibelungenwerk in Linz, das seinen Panzerausstoß mit einem Personalzuwachs von nur 20 % verdoppeln konnte[56]. Wo sich diese technischen Großtaten nicht bewerkstelligen ließen, erlegte der Mangel Opfer auf. Die Flak 8,8-cm 41 war das beste Flakgeschütz des Krieges, und doch mußte die Produktion eingestellt werden, da sie zu viele Arbeitsstunden und im Vergleich zu ihrem Vorgänger von 1936 zusätzlich eine halbe Tonne Stahl verschlang[57].
Im Kampf der Unternehmen um die Zuteilung von Arbeitskräften kristallisierten sich Interessensblöcke heraus. Ein heimlicher Krieg wurde im Namen der Prioritäten Rüstung, Infrastruktur und Abbau wesentlicher Erze angezettelt. Speer entschied über diese Diskrepanzen ohne langes Federlesen. Er zog freie Arbeiter und Sklaven vom Bau ab und steckte sie in die Lokomotivfabriken[58]. Von der Landwirtschaft zog er russische Zwangsarbeiter ab und schickte sie in die Ruhrminen zum Kohleabbau[59]. Mit Hitler vereinbarte er, den Generalbevollmächtigten Krauch und seinen Chemiesektor gegen andere Industrien zu verteidigen, die ihm Arbeitskräfte[60] abspenstig machen wollten, und er verteidigte ihn abermals, indem er vordringlich Arbeiter dazu einsetzte, die von Bombenangriffen zerstörten Raffinerien wiederaufzubauen[61]. Speers Entscheidungen in der wesentlichen Frage der Arbeitskraftverteilung bestätigten mehr als deutlich, über welche Macht er als der wirkliche „Rüstungsdiktator"[62] verfügte.

Die Wirtschaft, die sich in einem Belagerungszustand befand, beseitigte eine Reihe von Engpässen. Andere wiederum hielt sie nur mit Mühe unter Kontrolle. Der Kampf um Kupfer verlor zu keiner Zeit an Relevanz. Im April 1942, als die Waffenexporte auf ein Minimum reduziert waren, machte Deutschland der Türkei gegenüber eine Ausnahme und lieferte Waffen gegen 3.000 Tonnen Kupfer[63]. Um Kupfer zu beschaffen, wurde noch eine ganze Reihe von anderen Mitteln ausgeschöpft: Man testete Aluminium als alternativen elektrischen Leiter[64], deutsche Kirchenglocken wurden eingeschmolzen, und man zählte schon insgeheim die der französischen Kirchen, um damit ebenso zu verfahren[65]. In Deutschland, wo man auf Handelspartner Druck ausübte, Kupfer zu liefern, kam dann zur Sprache, dieses gegen Erze anzubieten, die inzwischen noch dringender benötigt wurden – zumindest im Fall Portugal wurde jedoch allem Anschein nach dieses Geschäft nie konkretisiert[66]. Aluminium wiederum war für den Flugzeugbau unverzichtbar. Als es zu Kriegsende rar zu werden begann, wurde es aus elektrischen Drähten entfernt und wie zu Beginn gegen Kupferleiter ausgetauscht. In diesem Hin und Her wurden Unsummen von Geld ausgegeben[67], ein wesentliches Versorgungsproblem war damit aber erst einmal entschärft.

Die Kohleversorgung betraf sämtliche entscheidenden Sektoren der Kriegswirtschaft und war umgekehrt von Schwankungen auf diesen Sektoren betroffen[68]. Als der Plan, den Kaukasus zu besetzen, scheiterte und damit auch die Rechnung nicht aufging, sich der kaukasischen Erdölförderung zu bemächtigen, wurde binnen kurzem der Druck auf die Hüttenindustrie verstärkt, die Kohleförderung zu steigern. Die Rolle der synthetischen, mit Hilfe von Kohle produzierten Treibstoffe gewann erneut an Bedeutung. Zugleich beklagten sich die zuständigen Schießpulver- und Sprengstoff-Produktionsbetriebe über unzureichende Kohlelieferungen. Der zunehmende Kohlemangel wirkte sich vor allem auf die Politik der Zuteilung von Arbeitskräften aus. Am Höhepunkt der Krise einigten sich Hitler und Speer darauf, ein Kontingent von 70.000 russischen Kriegsgefangenen pro Monat festzulegen. Alle, die in der entsprechenden Verfassung waren, sollten vordringlich in die Kohlegruben geschickt werden. Diejenigen, die dieser körperlichen Anstrengung nicht gewachsen waren, sollten in der Hüttenindustrie, der Rüstung beziehungsweise in den Zulieferindustrien Verwendung finden[69]. Als mächtiger Kohleproduzent fand sich Deutschland darüber hinaus mit einer ständigen Nachfrage der Kriegspartner und Neutralen konfrontiert. Obwohl es selbst Mangel an Kohle hatte, mußte es dann und wann als Gegenleistung für andere unverzichtbare Güter eigene Kohle abtreten. Die NS-Besatzer bemächtigten sich belgischer, französischer und polnischer Kohle und lieferten andererseits Ruhrkohle an Italien, Rumänien, Spanien und an die Schweiz.

Trotz einiger Erfolge in der synthetischen Treibstoffproduktion und der Erwartungen bezüglich des Erdöls, das man im Kaukasus zu erobern hoffte beziehungsweise in Österreich zu finden suchte[70], blieb die Versorgung von flüssigen Treibstoffen auch weiterhin von den Importen aus Rumänien abhängig. Im April 1942 führte die Nichterfüllung der deutschen Kohlelieferungen praktisch zur Einstellung der rumänischen Erdöllieferungen[71].

Andere Schwierigkeiten hatten mit dem Transport zu tun: Im Gegensatz zur UdSSR unterschätzte NS-Deutschland lange Zeit die Nützlichkeit von Pipelines und ließ einen Großteil seiner Importe auf der Donau transportieren. Ab 1944 zwangen die Minen im Fluß die Deutschen dazu, das Erdöl in Tankfahrzeugen bis Budapest zu befördern. Erst ab dort konnte es dann auf dem Flußweg nach Wien beziehungsweise Linz gebracht werden[72]. Die geradezu größenwahnsinnige Leidenschaft Hitlers für große Panzer und verstärkte Panzerungen trug zum Erdölmangel bei, denn die schweren Panzer verbrauchten sehr viel Treibstoff[73]. Speer traf auf erhebliche Schwierigkeiten, den Verbrauch von flüssigen Treibstoffen zu kontrollieren. Sein erfolgreiches Vorgehen, wieder auf gasgetriebene Fahrzeuge umzustellen, sparte zu wenig ein, um das grundsätzliche Problem zu lösen[74].

Die synthetische Gummiproduktion, die auch auf Kohlebasis lief, half, Versorgungsschwierigkeiten zu bewältigen. In der ersten Kriegshälfte hielten sich die Vorräte für gewöhnlich auf einem zufriedenstellenden Niveau. Doch selbst in dieser Phase wurde weiterhin emsig danach getrachtet, Gummi zu importieren. Im August 1942 bemühte man sich ohne Erfolg, über Lissabon an Gummi aus den portugiesischen Kolonien heranzukommen[75]. Im Dezember verringerten sich die Gummivorräte deutlich und erreichten von neuem ein besorgniserregend niedriges Niveau[76]. Die im Jahr darauf getätigten Versuche, in Japan angekauften Naturkautschuk durch die Seeblockade zu bringen, zeitigten lediglich bescheidene Erfolge. Gummi wurde von neuem knapp und sein Verbrauch in der Industrie abermals gedrosselt[77]. Um in diesem Bereich einzusparen, wurden ständig neue technische Kunstkniffe versucht, wie die Laufrollen des russischen Panzers „KW I" zu kopieren[78]. Aber erst im Juni 1944 sollte ein neues, von Otto Ambros erfundenes Verfahren die Importe von Naturkautschuk praktisch überflüssig machen und die Kosten von LKW-Reifen drastisch senken[79].

Von seiten der Alliierten konzentrierte man sich im Luftkrieg soweit wie nur irgend möglich auf die Engpässe in der deutschen Kriegsproduktion. In den zwölf Monaten bis zum April 1944 wurden laut Speer unterirdische Bunker mit einer Gesamtfläche von vier Millionen Quadratmetern gebaut, um die Luftfahrtindustrie unterzubringen[80]. Im Juni war dieser Industriezweig in der Lage, der Luftwaffe mehr Flugzeuge als je zuvor zu liefern. Der Verbrauch von Flugbenzin war hingegen auf ein Drittel reduziert[81]. Für die Strategie der Alliierten hatte die Zerstörung von Anlagen für die Treibstoffproduktion und -lagerung natürlich Priorität vor der Zerstörung von Flugzeugen, die auf den Pisten stillstanden. Die Bombenangriffe auf die synthetische Treibstoffproduktion Deutschlands stellten einen der größten Erfolge des alliierten Luftkriegs dar[82]. Im September 1944 war die

Treibstoffproduktion für die Luftwaffe schließlich lahmgelegt, wenn auch nur vorübergehend. Die Bombardierung und die Unterbrechung der Transportwege hatten jedoch nicht wieder gutzumachende Folgen. Innerhalb von sechs Monaten mußte der Treibstoffverbrauch um circa 80 % gedrosselt werden[83]. Eine grundsätzliche Ursache der deutschen Niederlage sollte aber alles in allem der ständige Mangel an Arbeitskräften in der Industrie darstellen[84]. Dieser Sachverhalt fand auch in die unerbittliche Planung des alliierten Luftkriegs Eingang, die aus den Arbeiterwohnvierteln Zielscheiben für ihre Bombardements machte[85].

Gegen Ende des Krieges führte der allgemeine Produktionsrückgang zu einem Stau unbenützbarer Güter, das heißt, er schuf auf einigen Gebieten „Überschüsse" beziehungsweise tote Reserven. Im Bereich der Stahlveredler häuften sich die Vorräte, mit Ausnahme von Vanadium, am Anfang einer Produktionskette, die an anderen Punkten gedrosselt war[86]. Auch an Gold sollte sich kein erneuter Mangel bemerkbar machen. Seitdem die Reichsbank im Besitz der Reserven der besetzten westlichen Länder war, konnte sie die düsteren Prophezeiungen Schachts bezüglich eines Krieges mit leeren Tresoren ad acta legen. Den ganzen Konflikt hindurch bezahlte Deutschland seine neutralen Lieferanten vorzugsweise mit Gold. Diese wiederum wollten stets lieber in Gütern bezahlt werden[87].

Es stimmt, daß im alliierten Wirtschaftskrieg zu einem späteren Zeitpunkt das Reichsbankgold ins Visier genommen wurde. Aber dies geschah nicht, weil es inzwischen knapp geworden war und man nach der allseits bekannten Regel das schwächste Glied in der Kette anvisierte. Ganz im Gegenteil. Gerade weil es noch ausreichend zur Verfügung stand, wurde es zu einem immer wichtigeren Instrument, andere Engpässe auszugleichen. Im Außenhandel standen Deutschland immer weniger Güter zur Verfügung, die es liefern konnte, und es hatte immer größere Schwierigkeiten, den Handelspartnern seine Exportwaren zukommen zu lassen. Je deutlicher sich am Horizont die Niederlage abzeichnete, desto mehr versiegten die Kreditquellen. Im Sommer 1944 brach die Türkei mit Deutschland. Rumänien und Bulgarien kapitulierten im August beziehungsweise September 1944 vor der Roten Armee und gingen dazu über, den ehemaligen Verbündeten zu bekämpfen[88]. Schweden räumte Deutschland keine neuen Kredite mehr ein. Die Schweiz, die dies weiterhin tat, verzeichnete ein Handelsdefizit gegenüber Deutschland. Die Finanzierung dieser Kredite war daher für neue Ankäufe von Waren aus der Schweiz von wenig Nutzen.

Wie zu erwarten war, intensivierten die Alliierten ab Anfang 1943 den Druck gegen die Goldzahlungen. Sie hatten es darauf abgesehen, sämtliche Transaktionen zu unterbinden, die von einer solchen Zahlung abhingen und nur mit ihrer Hilfe durchgeführt werden konnten. Die Erklärung der Alliierten vom Januar 1943 kündigte bereits diese harte Linie an. Ein Jahr später, im Februar 1944, kamen die Alliierten mit einer neuen Erklärung im selben Sinn darauf zurück, wobei sie eigens auf das Raubgold und die Sanktionen hinwiesen, mit denen diejenigen belegt würden, die es annehmen sollten. Der Goldtransfer von der Reichsbankfiliale in Konstanz an die Schweizerische Nationalbank war faktisch die letzte Zahlung in Gold, von der man Kenntnis hat[89]. Es ist fast als symbolisch anzusehen, daß der Krieg mit bedeutenden, nutzlosen, in der Merkers-Mine vergrabenen Reichsbankgoldreserven endete. Deutschland hatte den Kampf in einer sehr starken Position begonnen, mit beinahe leeren Tresoren, wie Schacht zu verkünden pflegte, und ihn völlig zerstört beendet, allerdings mit Tresoren, die nun recht ansehnlich gefüllt waren[90].

Ein fataler Mangel an Arbeitskräften

Ganz allgemein kann man sagen, daß die deutsche Kriegswirtschaft von Anfang an unter einem entschiedenen Mangel an Arbeitskräften litt. Dieses Handicap sollte bis zum Schluß auf ihr lasten – weit über das bittere Ende des Vierjahresplans hinaus.

Aus den zuvor genannten Gründen war noch vor Kriegsausbruch die Vollbeschäftigung erreicht worden[91]. Im Sommer 1938 belief sich laut Hans Mommsen die Zahl der zugewanderten Arbeitskräfte in der deutschen Wirtschaft auf circa 300.000. Zu jener Zeit wurden italienische Arbeitskräfte ins Land gerufen, um am ehrgeizigen Projekt der Errichtung des Volkswagenwerks mitzuarbeiten[92]. Keineswegs überraschend verschärfte sich der Mangel an Arbeitskräften exponentiell, als die Arbeiter zur Wehrmacht einberufen wurden[93] und parallel dazu die Anforderungen an die Industrie stiegen. Bereits Ende 1939 scheiterte ein Versuch, in den Munitionsfabriken einen Drei-Schicht-Betrieb einzuführen, da nicht genügend Arbeiter zur Verfügung standen[94]. Und selbst dort, wo solche Schichten bereits bestanden, mußten bisweilen unpopuläre Änderungen eingeführt werden. So ging man in der chemischen Industrie, in der in drei Schichten zu je acht Stunden gearbeitet wurde, auf zwei Schichten zu je zwölf Stunden über[95].

Schon bald wurde vehement administrativer Druck ausgeübt, die Wochenstunden zu erhöhen. Dieser Druck zeigte schließlich Erfolge, jedoch ebenso gelegentliche Rückschläge, wenn die körperliche Erschöpfung der Arbeiter den Ertrag und die Arbeitsqualität beeinträchtigte. Im März 1941 gab es noch eine annähernde 50-Stunden-Woche[96], 1942 sollte Speer jedoch in einer Reihe von entscheidenden Sektoren die 72-Stunden-Woche einführen[97]. Obwohl die offiziellen Statistiken bis Kriegsende an einer wöchentlichen Arbeitszeit von knapp 50 Stunden festhielten[98], waren sie de facto dadurch verzerrt, daß die Arbeiter über lange Phasen zur Untätigkeit gezwungen waren. In der Konsumgüterindustrie fehlten häufig Rohstoffe, die für die Rüstungsproduktion abgezogen wurden[99]. Mit der Zeit sollten auf Grund der Blockade und des Luftkriegs der Alliierten diese Rohstoffe auch in vorrangigen Sektoren fehlen. Die Frauen, die man für die Industrie mobilisierte, wurden wiederum bei den Löhnen, vor dem Gesetz und der Ideologie benachteiligt, was nicht gerade zur Vollzeitarbeit ermunterte. Die halbe Million Frauen, die schließlich halbtags arbeiteten, verzerrte natürlich zusätzlich die Statistik[100].

Sieht man von Zwangspausen und Teilzeitarbeit ab, wurden grundsätzlich lange Schichten gefahren. Im Labyrinth von Anordnungen und Gegenanordnungen, die für die NS-Bürokratie charakteristisch waren, wurden die offiziellen Arbeitszeiten aufgeweicht und ihre Festlegung dem jeweiligen Arbeitgeber überlassen. Beunruhigend modern variierten die Schichteinteilungen unter dem Nationalsozialismus je nach Auftragslage und Lieferterminen der einzelnen Fabrikanten. In Spezialbereichen wie dem Transportwesen und in Extremfällen wie der Donauschiffahrt waren bereits im Februar 1940 die 24-Stunden-Arbeit ohne Unterbrechung und bis zu 98 Arbeitsstunden pro Woche gesetzlich zugelassen[101]. Auf anderen Sektoren existierte nicht einmal ein Limit. Im Mai 1942 sollte Gauleiter Bürkel darauf aufmerksam machen, daß von Bergarbeitern und Eisenbahnern, die ohne Unterbrechung 40 Stunden lang arbeiteten, kaum noch irgendeine Einsatzsteigerung zu erwarten sei[102].

Hitler selbst machte sich Gedanken über das Maß der Anforderungen, die an die Arbeiter gestellt wurden, da ab einem gewissen Punkt die Rentabilität nicht mehr gewährleistet war. Als Alternative zu einer kontraproduktiven Erhöhung der Arbeitszeit ordnete er eine Zuweisung zusätzlicher Lebensmittelrationen für die Arbeiter an, die entscheidende Waffen herstellten, um auf diese Weise den Ausstoß zu erhöhen[103]. Später, im Dezember 1943, sah Speer in der von den Nationalsozialisten praktizierten Nichtachtung der Grenzen der körperlichen Belastbarkeit die Hauptursache für den Einbruch in der Kohleförderung[104]. Abgesehen von den physischen Grenzen kam auch psychischer Widerstand auf: Die Bergarbeiter setzten sich einer Erhöhung der Arbeitszeit mit dem Argument zur Wehr, die durch Stromausfall oder andere Probleme häufig auftretenden Stillstände würden die tote Zeit am Arbeitsplatz damit nur noch ausweiten[105].

Der fortwährende Aderlaß der Arbeiterklasse zur Befriedigung der unersättlichen militärischen Rekrutierung erreichte Dimensionen, die keine verlängerte Arbeitszeit mehr kompensieren konnte. Von 1939 bis 1942 verlor die Wirtschaft acht Millionen Mann an die Wehrmacht. Von da bis 1944 sollte sie nur mehr weitere 2,2 Millionen bereitstellen können[106]. Die zahllosen von der NS-Führung geschlagenen Teilschlachten, aus einem erschöpften und immer kleineren Proletariat immer mehr Arbeitsstunden herauszuholen, waren zum Scheitern verurteilt.

Es galt, andere Maßnahmen zu ergreifen. Die in Deutschland fehlenden Arbeitskräfte mußten von außerhalb geholt werden. In den letzten Friedensjahren und in sämtlichen Kriegsjahren ließ man freiwillige Arbeiter aus Ländern der Achsenmächte beziehungsweise aus neutralen Ländern nach Deutschland kommen, und aus den besetzten Regionen wurden gefangengenommene Sklavenarbeiter in die Herzregion der Reichsindustrie deportiert. Die Anzahl der italienischen Emigranten war am höchsten und stach besonders hervor, da sie im Mai 1943, kurz vor dem Sturz Mussolinis, noch leicht anstieg. Diese Emigranten wurden allerdings nur gegen den Willen des bereits ins Wanken geratenen italienischen Diktators bereitgestellt[107]. Die spanischen Obrigkeiten gaben ebenfalls im Mai 1941 ihre grundsätzliche Zustimmung zu einer zeitweiligen Emigration von 100.000 freiwilligen Arbeitern[108]. Die Rekrutierung von Arbeitskräften auf freiwilliger Basis war hier noch weniger ertragreich als im Fall Italiens. Insgesamt konnte man zu keiner Zeit mehr als ein Zehntel der vereinbarten Zahl anwerben[109]. Und die sich anwerben ließen, waren von den vorgefundenen Bedingungen enttäuscht, gerieten in Streit und wurden häufig in ihre Heimat zurückgeschickt oder benützten ihren Urlaub in Spanien, um den Vertrag zu brechen[110].

Die Anzahl der Zwangsarbeiter stieg indessen ständig an. Tausende von spanischen Republikanern, die bis zum deutsch-französischen Waffenstillstand von 1940 von der französischen Regierung interniert waren und danach den Nationalsozialisten ausgeliefert wurden, sollten zum Bau des Atlantikwalls[111] herangezogen werden. Franco wurde um weitere gefangengenommene Republikaner für die Arbeit in der „Organisation Todt"[112] gebeten. Hitler war ungehalten, weil dieser sie verweigerte[113]. Nach dem Bruch Italiens mit der Achse wurden 300.000 italienische Soldaten als feindliche Kriegsgefangene behandelt und dazu gezwungen, für die NS-Häscher zu arbeiten. Die Ergebnisse blieben allerdings hinter den Erwartungen zurück[114].

Im Osten begann im Februar 1942 die Jagd auf die Sklavenarbeiter. Von damals datiert der erste formelle Befehl an den Generalbevollmächtigten für den Arbeitseinsatz, Fritz Sauckel[115], „Untermenschen" zusammenzuscharen und sie für den Sieg des Reichs arbeiten zu lassen. Bereits im August stellte Hitler an ihn die Forderung, bis Oktober eine Million Russen bereitzustellen[116]. Im April 1944 fixierte er das Ziel von nicht weniger als drei Millionen, die aus dem abgefallenen Italien zur Arbeit für Deutschland herausgeholt werden sollten[117]. Der italienische Anteil war völlig unrealistisch, doch 1944 erreichte die Gesamtheit der ausländischen, durch NS-Deutschland versklavten Arbeiter tatsächlich sieben Millionen[118]. Die auf ihrem Höhepunkt befindliche Rekrutierung von Arbeitskräften erwies sich jedoch als immer noch unzureichend. Und die Zahlen sagen nur einen Teil aus. Nicht alle Gefangenen konnten zu jeder beliebigen Arbeit gezwungen werden. Als die Nationalsozialisten in Frankreich, Belgien und Holland die Dienstpflicht[119] einführten, wollten sie diesen dienstverpflichteten Arbeitern einreden, sie hätten einen besseren Status als die Kriegsgefangenen. Unter diesen gab es auch hierarchische Abstufungen: Ganz oben waren die Engländer eingestuft, ganz unten die Juden und die Russen, auf die man das Rezept der „Vernichtung durch Arbeit" anwendete. Die Kriegsgefangenen aus dem Westen durften weder der SS[120] ausgeliefert noch im mörderischen Bau von unterirdischen Werken[121] beziehungsweise in Bauprojekten wie Auschwitz-Birkenau eingesetzt werden, wobei 90 % der russischen Sklavenarbeiter nach fünfmonatiger Arbeit starben[122]. Seitens der Industriellen beeilte sich jeder, der nur irgendwie konnte, die gesetzlich viel zu geschützten britischen Zwangsarbeiter gegen russische oder solche auszutauschen, die der grenzenlosen Willkür ihrer Arbeitgeber ausgeliefert waren[123].

Eine weitere Schwierigkeit im Einsatz von Kriegsgefangenen und festgenommenen Zivilisten hatte mit dem Ort des Geschehens zu tun. Es ergaben sich die unterschiedlichsten Probleme: Wie später noch zu sehen sein wird, suchte man in Frankreich zu einem bestimmten Zeitpunkt damit zu beginnen, die Arbeitskräfte an Ort und Stelle einzusetzen, um zu verhindern, daß die Arbeiter sich der Rekrutierung entzogen. Im besetzten Italien setzte man sie ab 1943 hingegen nicht vor Ort ein, da man der Auffassung war, dies könnte für Feindseligkeiten gegen das Besatzungsregime sorgen und die Beute versprengen, die noch von den Anwerbern nach Deutschland geschafft werden sollte[124]. Vom Osten wurden Männer und Frauen zur Arbeit in der Landwirtschaft deportiert beziehungsweise zum Kohleabbau in Deutschland. Dies war auch anfänglich den in Auschwitz Internierten bestimmt, die von dort aus zum Arbeitseinsatz im Zentrum des Reichs weitergeleitet werden sollten. Noch im September 1942 hielt Speer daran fest, diese Lösung zu vertreten, zumindest in einzelnen Fällen der Rüstungsindustrie, die das immens große Humanreservoir nicht vor Ort ausnutzen konnte. Bisweilen erlangte er noch Hitlers Zustimmung, aus den Konzentrationslagern Arbeiter zu holen[125]. Als der Plan der „Endlösung" immer mehr Formen annahm, verwandelte sich der Komplex von Auschwitz mit den Dutzenden seiner Nebenlager jedoch zunehmend in eine Endstation. Nicht einmal dann verloren die nach Arbeitskräften gierenden Unternehmen ihr Interesse an solch einer ausbeutbaren Ader. Aber sie sollten es sein, die sich in der Nähe des Lagers anzusiedeln hatten.

Unter den verschiedenen Industriegiganten und den circa 200 mittleren Unternehmen, die sich in Auschwitz installierten[126], war die IG-Farben als erstes und bereits von der Planungsphase des Lagers an dabei. Carl Krauch, der Chef des großen Chemiekonzerns, schickte den bereits erwähnten Otto Ambros nach Polen, um bei der Auswahl des geeignetsten Standortes Beihilfe zu leisten[127]. Auf Krauchs Initiative wurde anschließend die IG-Auschwitz geschaffen, die zwei der vier Sektionen des Lagers (Auschwitz III und IV)[128] innehatte und beabsichtigte, die verfügbaren Arbeitskräfte bei der Herstellung von synthetischem Gummi und synthetischem Petroleum einzusetzen. Die Arbeiter wurden ihr von der SS gegen eine Miete zugeteilt, die zwischen drei bis sechs Reichsmark pro Tag lag[129]. Man berechnete bereits im voraus, daß sie durchschnittlich circa neun Monate überleben würden[130]. Das Arbeitersterben ging im großen Rahmen vor sich, die Produktion von synthetischem Petroleum durch die IG-Auschwitz überstieg jedoch nicht einmal mittelmäßige Werte, und die synthetische Gummierzeugung scheiterte vollkommen[131]. Von der Bauphase an beklagte sich die Firma häufig über den „schlechten Zustand", in dem ihr die SS das „Menschenmaterial" vermietete. Diese Klage resultierte nicht etwa aus dem Anliegen, auf das Wohl der Menschen bedacht zu sein, und verbesserte auch keineswegs das Schicksal der Arbeiter. Die schnelle Lösung der Kerkermeister bestand darin, die Rotation zu beschleunigen. Diejenigen, die am meisten geschwächt waren, gingen in die Gaskammer und wurden von denjenigen ersetzt, die noch unverbrauchter waren[132].

Diese Rotation hing jedoch vom Nachschub an Arbeitern ab, dem wiederum Grenzen gesetzt waren – durch wechselndes Waffenglück, die Ausdehnung des kontrollierten Gebiets, den aktiven beziehungsweise passiven Widerstand der Bevölkerung und die für die Gefangenen verfügbaren Transportmittel. Da nicht jeder Sklavenarbeiter, der verhungerte, sofort ersetzt werden konnte, gab Hitler dann und wann den Befehl, die Ernährung der Gefangenen zu verbessern. Er tat dies im Fall der „Rotspanier"[133] und auch der Serben, die zum Arbeiten nach Norwegen geschickt wurden. Auf diese Weise erhoffte er sich, sie zur doppelten Arbeitsleistung zu bringen und somit die Hälfte des vorgesehenen Kontingents einzusparen[134]. Bei einem anderen Transport nach Norwegen sollten Juden, Kriegsgefangene und im Zuge einer Strafaktion in Holland von der SS festgenommene Personen vor der Einschiffung „aufgepäppelt" werden[135].

Unterdessen erlitten Sauckels Anwerbungen im zweiten Halbjahr 1943 einen empfindlichen Einbruch[136]. In der Endphase des Krieges sollten sie Höhen und Tiefen mit einer allerdings allgemein fallenden Tendenz aufweisen. Der Nationalsozialismus lebte den Widerspruch, im Wettlauf um die Zeit den Genozid massiv voranzutreiben und gleichzeitig den größtmöglichen Nutzen aus den bereits festgenommenen, zur Verfügung stehenden Arbeitskräften zu ziehen. So beklagte sich Speer im Juni 1944 über den Zustand der aus Ungarn deportierten Neuankömmlinge, die nur zum geringen Teil zu irgendeiner Arbeit zu gebrauchen waren[137]. Im August wurden die Überlebenden des Aufstands von Warschau nicht durch eine ansonsten übliche Massenhinrichtung getötet, da man sie für dringende Arbeiten einzusetzen suchte[138]. Und sogar die verhaßten russischen Gefangenen waren Gegenstand von Führer-Befehlen für größere Lebensmittelzuteilungen[139] – was offensichtlich nur begrenzte Erfolge hatte, wurde doch schließlich mehr als die Hälfte der gefangenen russischen Soldaten vernichtet[140].

In den besetzten Ländern trieben Sauckels Methoden die Arbeiter in den Untergrund und Widerstand. Umgekehrt wiederum war es ihrem wirksamen Widerstand gegen die Aushebung von Sklavenarbeitern zuzuschreiben, daß die russischen Partisanen ihrer Stellung gerecht wurden, bei den Nationalsozialisten ganz besonders verhaßt zu sein[141]. Selbst wenn die Rekrutierung erfolgreich verlief, ergaben sich dadurch neue Probleme. Die deutschen Arbeiter, die das Heer mit sich nahm, waren nicht ohne weiteres durch ausländische Gefangene zu ersetzen, die das Heer brachte. Die Arbeitsmoral war gleich null, und die Widerstandshaltung verursachte der NS-Führung Kopfzerbrechen. Als man während der Schlacht von Stalingrad feststellte, daß eine sprunghaft angestiegene Zahl von Granaten nicht zur Explosion kam, befahl Hitler, den Anteil an Ausländern in den entsprechenden Fabriken zu reduzieren und den verbliebenen anzudrohen, er würde im Fall von Sabotage jeden zehnten Mann willkürlich erschießen lassen[142]. Sabotageakte nährten auch die NS-Paranoia und führten zum Verzicht auf Ressourcen, die womöglich wertvoll waren. So ordnete Hitler an, jüdische Arbeiter vom Rüstungssektor abzuziehen, auch wenn sie noch so qualifiziert waren[143]. Es war jedoch nicht einfach, Ersatz zu finden, und ein halbes Jahr nach Stalingrad war der Führer noch immer über die in seinen Augen zu vielen „Ausländer" besorgt, die in der Fertigung von Zeitzündern tätig waren[144]. Im unterirdischen Flugzeugwerk Nordhausen mußten noch im April 1944 die Geheimnisse der jüngsten Messerschmitt in die Hände einer stattlichen Anzahl von Ausländern gelegt werden, für die kein Ersatz zu finden war[145].

Die Schwierigkeiten bei der Beschaffung von genügend Arbeitskräften brachten die deutschen Behörden dazu, jeden einzelnen Schritt danach zu berechnen, wie viele Arbeitskräfte aufgewendet beziehungsweise eingespart würden. Georg Thomas war keine Ausnahme. Im Namen einer erwarteten Einsparung von Arbeitskosten ließ sich der Chef des WiRüAmts vom „Unternehmen Barbarossa" begeistern und vergaß beinahe seine sattsam bekannten Bedenken hinsichtlich der magischen Wirkung eines Blitzkriegs. Auf diese Weise fand er kurz vor dem Angriff gegen die UdSSR Gefallen an dem Gedanken, unermeßliche Reichtümer an Bodenschätzen könnten dort mit weniger Mannstunden im Handstreich erbeutet werden, als für die Produktion der synthetischen Ersatzstoffe in Deutschland über Jahre hinweg nötig wären[146]. Schon bald sollte sich zeigen, daß diese Rechnung nicht aufging. Es handelte sich eben um eine Rechnung, die der in der NS-Spitze allgemein gebräuchlichen Konstatierung entsprach, die Arbeit wäre das knappste Gut.

Der Mangel an Arbeitskräften zog sich wie ein roter Faden durch die deutsche Ankaufsstrategie von Rohstoffen und die gesamte Handelspolitik. So wie Invasionen geplant wurden, so wurde jeder Import nach den eingesparten und anderswo in der Produktionskette verwendbaren Arbeitsstunden bewertet, und genauso bewertete man jeden Export nach den zusätzlich aufzuwendenden Arbeitsstunden, die man dann mit einer entsprechend hohen Einwanderung zu kompensieren trachtete. Auf dem Bergbausektor – der an dieser Stelle wegen der Rolle, die Wolfram dabei spielte, von besonderem Interesse ist – findet sich ein gutes Beispiel dieser beiden Mechanismen: Anfang 1942 gab Deutschland dem portugiesischen Druck nach, einen Teil des Wolframs mit Kohle zu kompensieren, da die Wolframproduktion auf dem von den Deutschen kontrollierten Gebiet zu viele Arbeitsstunden kostete. Kurz danach suchte Deutschland jedoch nach einem Weg, Bergarbeiter aus Spanien kommen zu lassen, die beim Abbau dieser zusätzlichen Kohlemengen eingesetzt werden sollten, und nützte die Gelegenheit, viel mehr Arbeitskräfte anzufordern, als für den Abbau der vorgesehenen Kohle vonnöten war[147].

Die mit der Einfuhr von Arbeitskräften verbundenen Schwierigkeiten veranlaßten die NS-Behörden dazu, Alternativstrategien zu entwickeln, um ausländische Arbeiter unter der Anleitung deutscher Techniker in den jeweiligen Herkunftsländern zum Einsatz zu bringen. Portugal schien dafür eine geeignete Adresse zu sein – ein Land, aus dem niemand nach Deutschland oder ins restliche von Deutschen besetzte Europa[148] und auch kaum anderswohin ging. Die portugiesische Emigration war auf ihrem tiefsten Stand seit Beginn des Jahrhunderts[149]. Angesichts dieser Lage traf Hermann Sabath vom Auswärtigen Amt im August 1942 mit einem Maßnahmenkatalog zur Erhöhung von Wolframlieferungen in Lissabon ein. Unter anderem schlug er die Anwerbung von portugiesischen Arbeitslosen vor, die unter Anweisung deutscher Techniker beim Abbau dieses Erzes arbeiten sollten[150]. Man schien von diesem Vorschlag angetan zu sein, da er offenbar mit den Plänen der Regierung übereinstimmte, Mittel- und Arbeitslose unter Polizeigewalt zur Arbeit zu zwingen[151]. Doch die dadurch heraufbeschworenen Gefahren stellten sich mitunter als schwerwiegender heraus als die scheinbaren Vorteile. Noch im November 1941 waren 600 bewaffnete Bergarbeiter in schwere Tumulte in den unter deutscher Leitung stehenden Gruben verwickelt, und sie klagten die Betriebsführung an, sie mit Falschgeld zu entlohnen[152]. In einer dermaßen explosiven sozialen Situation mußten die riskanten Vorschläge Sabaths reiflich überlegt werden. Der abwegige deutsche Plan sollte daher ohne Antwort der portugiesischen Regierung bleiben.

In anderen Ländern wandte man in größerem Rahmen eine Strategie an, die der Portugal von Sabath unterbreiteten ähnlich war. In Polen sagten die deutschen Behörden den Arbeitern, die in für die Kriegswirtschaft relevanten Industriebetrieben arbeiteten, eine Freistellung von der Zwangsrekrutierung zu. Lediglich im Kohleabbau zeigte dieses Zugeständnis Resultate und führte zu einer effektiven Senkung der Arbeitsfluchtrate[153]. In Frankreich kam Speer mit Minister Jean Bichelonne überein, im September 1943 die Deportation von Arbeitern nach Deutschland einzustellen, wenn die französische Industrie dafür deutschen Bestellungen Priorität einräumte[154]. Diese Lösung, Gipfelpunkt des nationalsozialistischen paneuropäischen Gedankens, wies überdies einen praktischen Vorteil auf: Mit der Verlegung von bestimmten Produktionszweigen brachte man diese aus dem Kreuzfeuer der schwersten alliierten Luftangriffe[155].

Doch selbst die findigsten Lösungsversuche entschärften lediglich fürs erste ein Problem, das sich eigentlich nur verschärfen konnte. Die anzuwerbenden Arbeiter wußten nämlich, was sie erwartete. Da nicht genügend Arbeitskräfte rekrutiert werden konnten, erkannten die NS-Wirtschaftspolitiker wiederum, daß sie dringend bestimmte Rohstoffe importieren mußten. Und besonders dringend benötigten sie jene wie Wolframerz, dessen Abbau in den von Deutschland kontrollierten Gruben zu viele Arbeitsstunden bei zu magerer Ausbeute kostete.

Wolfram in der deutschen Kriegswirtschaft

Seit dem Ersten Weltkrieg war die Bedeutung der Sondermetalle unaufhörlich gestiegen (Mangan, Nickel, Chrom, Wolfram und weitere, weniger gebrauchte, wie Molybdän, Vanadium, beziehungsweise solche, die noch spezifischer eingesetzt werden, wie Titan, Beryllium und Kobalt). Wolfram, um das es hier in erster Linie geht, verleiht Stahl eine höhere Hitzebeständigkeit und ist ein unentbehrlicher Bestandteil sowohl für Maschinen- als auch Waffenteile, die bei intensiver Benützung hohen Temperaturen ausgesetzt sind[156]. Es wird für jede Art moderner Waffenproduktion als unverzichtbar angesehen. Ahlfeld betrachtet es als das „wichtigste Kriegsmetall"[157]. Wheeler sieht in ihm das „lifeblood" für die deutsche Kriegsanstrengung[158]. Kurz vor dem Ausbruch des Zweiten Weltkriegs war Deutschland weltweit der größte Konsument, mit einem Verbrauch, der in etwa einem Viertel des globalen Gesamtkonsums entsprach.

Die deutsche Eigenproduktion war jedoch unbedeutend[159]. Theoretisch betrachtet, hätte diese Produktion nahezu unbegrenzt erweitert werden können, bis der Bedarf der verarbeitenden Industrie gedeckt war. In der Praxis war der Wolframgehalt in deutschen Minen jedoch so gering, daß sich die Gewinnungs- und Trennungskosten als exorbitant erwiesen. Man wollte diese nicht auf sich nehmen, solange man Wolfram aus Ländern importieren konnte, in denen diese Arbeitsgänge billig waren, wie dies in erster Linie auf China, dann Portugal und schließlich Spanien zutraf. Weitere europäische Produzenten waren Österreich, Frankreich und Schweden[160]. Bolivien befand sich ab 1941 für deutsche Importeure außer Reichweite, wogegen Birma seit Anfang 1942 nicht an die Alliierten liefern konnte. Die japanische Besetzung von Korea, Birma und Teilen Chinas führte zu Verhandlungen Deutschlands mit Japan sowie zu Zugeständnissen von Lieferungen, die schließlich aber nur zu einem geringen Teil die Blockade zu passieren vermochten[161]. Die Verfügbarkeit dieser externen Quellen vor dem Krieg und über längere Zeiträume hinweg auch während des Krieges ist die Erklärung dafür, daß die heimische Produktionssteigerung so lange hinausgezögert wurde. Vor dem Krieg mag bisweilen der Sparkurs in bezug auf Devisenausgaben dazu geführt haben, daß Deutschland Wolfram nicht in so großen Mengen importierte, wie von einigen zuständigen Stellen gefordert wurde. Aber wenigstens bis 1943 kam es nie dazu, daß auf Grund von Restriktionen für Kompensationslieferungen Wolfram in Deutschland gewonnen und getrennt wurde, was man als kostspieligere Methode ansah.

In Anbetracht der Möglichkeit, Deutschland könne nicht mehr ausreichend von China oder der Iberischen Halbinsel versorgt werden, wurden einige Vorkehrungen getroffen. Der Historiker Jörg-Johannes Jäger konstatiert bei der NS-Führung eine krasse Unwissenheit über die Bedeutung der oben genannten Legierungsmetalle. Nun, diese Unwissenheit kam bei verschiedenen Gelegenheiten unterschiedlich zum Ausdruck. In der bereits erwähnten Denkschrift vom August 1937 sprach Hitler über den Mangel an Blei, Aluminium, Zink und Kupfer, schien jedoch von dem an Chrom,

Molybdän und Wolfram keine Ahnung zu haben. In der Planung von 1937 für die Eigenproduktion im Kriegsfall wurden Magnesium, Chrom und Vanadium übersehen, während die allgemeinen Vorgaben und Ziele für die Produktion von Molybdän, Nickel und Wolfram grob umrissen wurden[162]. Die festgesetzten Produktionsziele am heimischen Markt sollten von der realen Produktion weit entfernt bleiben. Das Amt für Deutsche Roh- und Werkstoffe forderte für 1937 eine Produktion von 22,4 Tonnen Wolfram, man erreichte jedoch nicht einmal ein Viertel dieser vorgegebenen Menge. In den beiden darauffolgenden Jahren sollte dieses Amt weder daraus lernen, realistischere Ziele festzustecken, noch imstande sein, die Produktion zu steigern. Seine Ziele für diese beiden Jahre gingen lediglich als Denkmal für die willkürliche Schizophrenie der NS-Planung in die Geschichte ein[163]. Weitere administrative Meßlatten wurden nach und nach erhöht, aber die Produktion stagnierte auf einem bescheidenen Niveau. Immer weiter klafften Realität und Verordnungen auseinander.

Mit Kriegsbeginn machten Deviseneinsparungen immer mehr den Rentabilitätsprioritäten der Produktionsfaktoren Platz, an denen der meiste Mangel herrschte. Wie Milward beobachtet, stellte sich der Mangel an Arbeitskräften als größte Hürde für die deutschen Kriegsbemühungen heraus[164]. Über den ganzen Konflikt hinweg zwang dieses ernsthafte Hindernis die NS-Spitze ständig dazu, bei jedem Produkt an die dazu nötigen Mannstunden zu denken. Solange es möglich war, *manpower* für andere Zwecke einzusparen, indem man an ihrer Stelle Gold, Devisen oder weniger knappe Güter aufwendete, sollten jegliche Pläne für eine heimische Wolframproduktion zum Scheitern verurteilt sein. So beobachtet Jäger, daß „die zusätzlichen Mehrkosten nicht nur in Geld, sondern auch in Form zusätzlich benötigter Produktionsfaktoren anfielen. Hierbei spielte die Knappheit an Arbeitskräften und an Hüttenkoks eine entscheidende Rolle"[165].

In diesem Sinn schreibt auch der Techniker Ferdinand Friedensburg[166], ein begeisterter Anhänger des Nationalsozialismus, über dieses Thema – vom landläufigen Denken geleitet und nicht von Hitlers Anweisungen –, die Erzförderung müsse „ohne Rücksicht auf die Kosten" gesteigert werden[167]. Friedensburg zeigt am Beispiel Wolfram auf, wie der Mangel an Rohstoffen letzten Endes immer aus dem Mangel an Arbeitskräften resultierte. Im Gegensatz zu Friedenszeiten könne sich im Krieg in vielen Fällen die Ausbeutung bestimmter Rohstoffgruben, zum Beispiel Wolframgruben, egal zu welchem Preis, als notwendig herausstellen. Aber selbst in diesen Fällen müsse sorgfältig geprüft werden, ob die Ausbeutung gerechtfertigt sei, gerade unter dem Gesichtspunkt der Kriegswirtschaft. Gewiß trete unter Kriegsbedingungen die Kostenfrage in den Hintergrund, wenn es darum geht, einen dringenden Rüstungsbedarf zu decken. Wie die Erfahrungen aus den beiden großen Kriegen unserer Zeit wiederholt bewiesen hätten, lägen auf alle Fälle die Engpässe bei der Produktion von Kriegsmaterial weitaus weniger an den jeweiligen Rohstoffen, sondern vor allem an der Verfügbarkeit von Arbeitskräften und Transportmöglichkeiten. „Geldliche Selbstkosten, die den friedenswirtschaftlichen Rentabilitätsmaßstab bestimmen, sind ja letzten Endes doch nur der Ausdruck für den erforderlichen Aufwand an Arbeitsstunden, Hilfsstoffen, Transportleistungen usw., also an denjenigen Leistungen, die im Krieg eher noch dringlicher und knapper werden als die Versorgung mit einzelnen Rohstoffen"[168].

Die Explosion der Kosten auf Werte, die 3.000 % höher lagen als vor dem Krieg, sollte natürlich ganz einfach die Kostenschwelle erhöhen, auf der es sich lohnte, in Deutschland beziehungsweise in französischen[169] oder tschechischen[170] Bergbaugebieten Wolframerz abzubauen. Abgesehen davon stachelten die exorbitanten Preise die Erfindungskraft der deutschen Techniker an. Sie betrachteten es als Herausforderung, bei verschiedenen Metallegierungen mit dem wertvollen Erz sparsamer umzugehen beziehungsweise bereits vor dem Krieg erforschte Verfahren anzuwenden, bei denen es ersetzt werden konnte, nämlich durch Molybdän[171], Nickel-Aluminium und selbst durch Vanadium[172], bis auch dieses wie Wolfram, oder gar noch mehr als dieses, rar zu werden begann. Im Juni 1942 begrub man die letzten Erwartungen, mehr oder weniger kurzfristig eine deutsche Atombombe[173] herzustellen, und der Weg schien frei zu sein, für die Hartkerngeschosse der Pak-Munition Uran anstatt Wolfram zu verwenden[174]. Das technische Verfahren war ausreichend erforscht und erprobt. Aus unbekannten Gründen kam es allerdings nicht zur Serienproduktion. 1944 erreichte man eine wesentliche Verbrauchseinsparung, indem die Produktion der gesamten Panzerabwehrmunition außer der 5-cm-Pak gedrosselt wurde, wozu kein Wolframkarbid benötigt wurde und bei der es sich um ein Kaliber handelte, das die Sowjetpanzer gerade noch durchdringen konnte. Mit dem auf diese Weise eingesparten Wolframkarbid ließ sich der vordringlichste Produktionsbedarf von Werkzeugmaschinen decken[175]. Alles in allem, und obwohl die großdeutsche Kriegsproduktion von Kriegsbeginn bis 1944 schwindelerregend zunahm, reduzierte sich in diesem Bereich der Wolframverbrauch im Jahr 1944 auf ein Drittel des Verbrauchs von 1938[176].

Wie der portugiesische Historiker Avelãs Nunes beobachtet, übten die Alliierten schon ab 1941 massiven Druck aus, die Wolframexporte nach Deutschland zu drosseln[177]. In Wirklichkeit hatten die Alliierten auch höchstes Interesse daran, die iberischen Lieferungen zu behindern, bevor im besetzten Europa Alternativlösungen gereift waren. Der zweite Eizenstat-Bericht vertritt die Meinung, daß die Alliierten im Jahre 1943 ihre Politik auf der Vermutung aufbauten, die Deutschen würden weitaus mehr Wolfram verbrauchen, und daß sie glaubten, die deutsche Industrie könne keine drei Monate mehr überstehen, würde man ihr die iberischen Lieferungen streichen[178]. Im Verlauf der Zeit wurde die Kluft zwischen dieser Prognose und der Realität immer größer. Als die Alliierten im Juni 1944 in der Normandie an Land gingen, war die deutsche Kriegswirtschaft immer näher daran, durch andere Mängel geknebelt zu werden, und immer weiter davon entfernt, durch die Verknappung an Wolfram gelähmt zu sein.

Kläglich scheiterten sämtliche Versuche, Einrichtungen zu bombardieren, in denen man Wolfram oder Industriediamanten vermutete. Die Ausbreitung des Schmuggels verteilte die Importe und machte es der Spionage zunehmend schwerer, sie zu orten und die Bomber entsprechend zu dirigieren[179]. Im April 1944 wurde in einem Bericht des Auswärtigen Amtes an Hitler die Berechnung aufgestellt, der Wolframvorrat würde noch für mindestens 15 Monate reichen, auch wenn die ungleiche örtliche Verteilung sowie die Transportprobleme innerhalb von neun Monaten unter Umständen auf Grund mangelnder Versorgung zum Stillstand einiger Unternehmen führen könnten[180]. Unter Androhung drastischer Maßnahmen seitens der Alliierten erklärte Salazar sich schließlich damit einverstanden, den Export des umstrittenen Erzes zu unterbinden. Mit den Vorräten von 1.240 Tonnen, die sich zu jenem Zeitpunkt in deutschen Händen befanden, verfügte Deutschland jedoch über viel mehr Wolfram, als von seiner Industrie bis zum Tag der Kapitulation verbraucht sein würde. An jenem Tag sollte Deutschland Überschüsse gelagert haben, die noch für ein ganzes Jahr gereicht hätten. Die Alliierten hatten bereits im Juni 1944 den Krieg um Wolfram verloren.

Zu Beginn des Sommers 1944 schlugen sich die Sachzwänge, die eine Produktionssteigerung im eigenen Land forcierten, in Entscheidungen der NS-Spitze nieder. Eine Woche, nachdem Salazar den Export unterbunden hatte, befahl Hitler eine Produktionssteigerung von Wolfram mit allen verfügbaren Mitteln, mit der ausdrücklichen Empfehlung, sämtliche Kriterien wirtschaftlicher Rationalität außer acht zu lassen[181]. In einer Besprechung im Reichsrüstungsministerium wurde im Juli 1944 beschlossen, der Förderung von Wolfram, Nickel, Chrom und Molybdän Priorität einzuräumen. Bei der Zuweisung von Bergarbeitern und der Zuteilung von Werkzeugen sowie Materialien für die Arbeit in den Gruben hatte somit die Förderung dieser vier Metalle Vorrang[182]. Als im August die Transportwege über Land von den vorrückenden alliierten Truppen bereits abgeschnitten waren, wurde Deutschland von der Einstellung der intensiven Schwarzlieferungen von der Iberischen Halbinsel keineswegs völlig überrumpelt. Im September stellte der für die Panzerproduktion zuständige Walter Rohland die Berechnung auf, daß die vorhandenen Wolframvorräte bei einem Verbrauch von 125 Tonnen pro Monat bis Februar 1946 reichen würden. Entgegen der Vorgangsweise zu Kriegsbeginn plante man nun, bei verschiedenen Verfahren das inzwischen knapper gewordene Molybdän durch Wolfram zu ersetzen[183].

Die deutsche Wirtschaft war am Ende, gezeichnet von Schwachstellen wie dem Mangel an Arbeitskräften, flüssigen Treibstoffen, Stahl und Kohle[184]. Obwohl Schweden bis Anfang 1945 fortfuhr, etwas Eisenerz zu liefern, machte sich der Mangel daran weitaus drastischer bemerkbar als der an Wolframerz, dessen Quellen schon seit dem Sommer 1944 versiegt waren. Und unter den importierten Metallen sollte das Ausbleiben von Chrom vom Balkan beim endgültigen Kollaps der Kriegswirtschaft eine wesentlich erwähnenswertere Rolle spielen als der Mangel an Wolfram[185]. Wenn das Ausbleiben von Wolfram plötzlich irrelevant war, dann hatte dies zweifellos mit dem allgemeinen Zusammenbruch der deutschen Kriegswirtschaft zu tun. Ungeachtet dessen wurden die iberischen Lieferungen so lange aufrechterhalten, bis die Alliierten die deutsche Kriegswirtschaft über andere Schwachstellen zum Erliegen brachten.

Im Rahmen des Wirtschaftsrückganges, der sich gegen Kriegsende auf der ganzen Linie abzeichnete, verfügte NS-Deutschland jedenfalls über mehr Wolfram, als es tatsächlich benötigte.

Die Clearing-Ära und der deutsch-portugiesische Handel

Bei Unterzeichnung des deutsch-portugiesischen Handelsabkommens im Jahre 1935, das bis Kriegsende Gültigkeit haben sollte, waren bereits einige Richtlinien des Welthandels für das folgende Jahrzehnt definiert. Die Goldwährung war vier Jahre zuvor von der Bank of England abgeschafft worden, wodurch eine Kettenreaktion ausgelöst wurde. Es gab Länder, die diesen Schritt nicht mitmachten. Andere hoben die Konvertibilität ihrer Währung auf und führten ein Devisenkontrollsystem ein. Im Prinzip konnten die Importeure eine bestimmte Devise zum Ankauf ihrer Ware in einem anderen Land grundsätzlich nur bis zu der Höhe erwerben, in der die Zentralbank über diese Devise verfügte. Die Zentralbank ihrerseits verfügte darüber nur in dem Maß, in dem Gegenverkäufe abgewickelt wurden. Auf diese Weise wurde das Gleichgewicht, das für gewöhnlich in einem weiten Kaleidoskop von internationalen Handelspartnern angestrebt wurde, nun im engen Bereich bilateraler Beziehungen gesucht.

Zwei Handelspartner stimmten üblicherweise untereinander Ankäufe und Verkäufe zu annähernd gleichen Werten ab. So geschah es auch zwischen Deutschland und Portugal. Dem Abkommen von 1935 entsprechend wurde in der Deutschen Verrechnungskasse ein Konto der Banco de Portugal eingerichtet. Über dieses Konto bezahlten die deutschen Importeure die portugiesische Ware in Reichsmark. Dafür mußten sie eine Devisenbescheinigung vorlegen, die bewies, daß der Ankauf genehmigt war und im Rahmen des vorgesehenen Kontingents für Importe portugiesischen Ursprungs lag. Die Banco de Portugal zahlte den Exporteuren den Gegenwert der Summe, die auf ihrem Konto bei der Deutschen Verrechnungskasse deponiert worden war, in Escudos aus und verfügte nun über Reichsmark, die lediglich für bestimmte Importe deutschen Ursprungs ausgegeben werden konnten. Um nicht Gefahr zu laufen, mit diesen gebundenen Reichsmark nichts anfangen zu können, sicherte sich die Banco de Portugal das Recht, portugiesischen Importeuren jedweden Ankauf von Reichsmark zu verwehren, sofern er nicht über ihre Bank lief. Der portugiesische Importeur, der Reichsmark kaufte, bekam diese nie zu Gesicht. Er bezahlte sie in Escudos, und die Banco de Portugal folgte diese der Deutschen Verrechnungskasse aus, die ihrerseits dem deutschen Lieferanten den entsprechenden Gegenwert in Reichsmark bezahlte. Laut einer Klausel des Vertragstextes waren „jedwede eigenständigen Verrechnungen beziehungsweise jedweder direkte Warentausch ohne vorherige Genehmigung der Banco de Portugal sowie der Deutschen Verrechnungskasse untersagt"[186]. Somit lag dem deutsch-portugiesischen Abkommen der Geist der Devisenkontrolle zugrunde.

Doch nur selten ergeben sich im real existierenden Handel die besten Bedingungen für die Abwicklung von Abkommen dieser Art. Das berühmte Schachtsche Motto „Kaufe bei deinem Kunden"[187] ist nicht immer mit dem gesunden Hausverstand vereinbar, der eingibt, dort zu kaufen, wo die beste Ware beziehungsweise der beste Preis oder das beste Preis-Leistungsverhältnis geboten wird. Ein Land wie Deutschland verfügte für ein Land wie Portugal über ein verlockendes Angebot an Waren, konnte sich aber beim besten Willen nicht dazu entschließen, sämtliche Rohstoffe zu kaufen, die ihm der kleine Partner anbieten konnte. Die deutschen Firmen vermieden es offensichtlich, Ankäufe auf dem Prinzip einer Gegenseitigkeit zu tätigen, die jedes grundlegende Kriterium der freien Marktwirtschaft als absurd verurteilt. Ungeachtet der inhaltlichen Ausgewogenheit von Abkommen wie dem von 1935 sollte mit ihrer Unterzeichnung klar werden, daß in der Realität die Gewichte ungleich verteilt blieben. Bis beinahe kurz vor Ausbruch des Krieges sollten die portugiesischen Unterhändler stets Schwierigkeiten haben, in Deutschland oder Italien für mehr als 60% der entsprechenden, diesen Ländern schuldigen Warengegenleistungen Akzeptanz zu finden.

Und sie mußten sich verpflichten, die restlichen 40% in freien Devisen zu begleichen[188]. Bei der Verrechnung beziehungsweise dem Clearing zwischen dem Reichsmark-Betrag, den die Banco de Portugal für portugiesische Exporte erhielt, und dem, der für Importe aus Deutschland bezahlt werden mußte, gab es daher eine „Spitze", die von der vorläufig defizitären Seite, das heißt Portugal, in Devisen saldiert werden mußte. Beziehungen dieser Art waren im deutschen Außenhandel der Vorkriegszeit häufig anzutreffen: Bis 1935 belief sich der über Clearingkonten laufende Handel auf 83% des gesamten deutschen Außenhandels. Lediglich die restlichen 17% wurden gänzlich in Devisen beglichen und entschlüpften somit dem Verfahren, das Boelcke als „bilateralen Pendelverkehr" bezeichnete[189]. Als man sich dem Kriegsausbruch näherte, sollten sich jedoch verschiedene signifikante Aspekte dieses vorherrschenden bilateralen Systems ändern.

In erster Linie zeichnete sich sowohl in neutralen als auch in kriegführenden Ländern – in letzteren noch viel mehr – die Tendenz ab, das Augenmerk mehr auf die Sicherstellung unersetzlicher Importe als auf den Absatz von Exportprodukten zu richten. Anstatt eine aggressive Politik zur Eroberung ausländischer Märkte zu betreiben, setzte man aus Angst vor dem Krieg auf eine Politik, die unentbehrliche Vorräte garantierte. Es gab Versorgungsprobleme, die keinen Aufschub duldeten und nur durch den Import der nötigen Güter gelöst werden konnten[190]. Mit dem Ausbruch des Krieges nahm dieser Wandel noch drastischere Formen an. Man ging dazu über, sich gegenseitig den Import von Rohstoffen streitig zu machen und zu versuchen, diese in Devisen, in Gold und – nur, wenn es nicht anders möglich war – in Gütern zu bezahlen. Über den künftigen Wert von Devisen herrschten ebenso viele ängstliche Zweifel wie über den Ausgang des weltweiten Konflikts. Sämtliche Regierungen umgingen es, Zahlungsmittel zu akzeptieren, von denen niemand wußte, was sie in den nächsten Monaten oder Jahren wert sein würden.

In diesem Zusammenhang überrascht es keineswegs, daß das deutsch-portugiesische Abkommen von 1935, trotz seiner formalen Gültigkeit bis Kriegsende, immer weniger als wirklich maßgebend für den Handel zwischen den beiden Ländern angesehen werden kann. In der Praxis wich dieser Handel von den Vertragspunkten in dem Maß ab, in dem die wechselhafte Kriegsrealität von den Gegebenheiten abwich, die zum Zeitpunkt der Unterzeichnung des Abkommens gültig waren. Wie auch im übrigen Europa wurden im deutsch-portugiesischen Handelsverkehr Gegenlieferungen in Gütern mit der Zeit lieber gesehen als Devisen. Im Februar 1939 drückte sich diese Tendenz sehr beredt im Vorschlag aus, den der Sofindus-Chef[191] Johannes Bernhardt der Regierung in Lissabon unterbreitete: Portugal würde davon befreit werden, das bestellte Kriegsmaterial im voraus in Devisen zu bezahlen, wenn es ab sofort Harzprodukte an Deutschland lieferte[192]. Zwischen September 1939 und Juli 1940 war der Trend, Güter mit Gütern zu begleichen, vorübergehend rückläufig. Der Landweg war zehn Monate lang durch den Krieg unterbrochen. Da Deutschland während dieser Zeit nicht mit portugiesischen Waren rechnen konnte, bestand es nun von neuem auf Devisenzahlungen. Aber sobald die Niederlage Frankreichs die Landwege wieder öffnete, beeilte sich der deutsche Legationsrat Odal von Knigge anzukündigen, die inzwischen an Portugal gelieferten deutschen Maschinen[193] könnten über das Clearingkonto bezahlt werden, da „Deutschland schon kein Interesse mehr daran habe, freie Devisen zu erwerben". Damit gab er die neue Situation der Beziehung zwischen den beiden Ländern wieder. Von deutscher Seite wußte man, daß man sich am Beginn eines Wettlaufs um verschiedene portugiesische Güter befand und man keine Schwierigkeiten haben würde, sämtliche, durch den Export nach Portugal erworbenen Beträge einer Verwendung zuzuführen. Diese konnten Deutschland in gebundenen Escudos auf dem Clearingkonto gutgeschrieben werden, und mit Sicherheit würde man sie über kurz oder lang für portugiesische Güter ausgeben.

Deutschland räumte auf diese Weise von neuem bestimmten Importen höchste Priorität ein und zählte darauf, wie Knigge selbst zu verstehen gab, daß die in Berlin eingerichtete Kompensationskammer, unter dem Anschein der Wiederbelebung des innereuropäischen Marktes, die eigenen Zahlungen erleichtere. Die besetzten Länder sollten dazu übergehen, ihre Abrechnung in Reichsmark über diese Verrechnungsstelle[194] vorzunehmen, wobei sie dem Besatzer zwangsweise Kredite einräumten und sich Wechselkursen unterwarfen, die der reinste Wucher waren[195]. Von deutscher Seite erwartete man sich, daß die Zentralisierung in Berlin auch für die neutralen Länder einen unumgänglichen Anziehungspunkt schaffen würde.

Diese Erwartung hatte einiges für sich. In jener Phase brachte der Chef der schwedischen Diplomatie, Gunnar Hägglöf, seine Erwartungen an die NS-Pläne bezüglich der Reorganisation des Clearingsystems auf europäischer Ebene zum Ausdruck und schlug darüber hinaus einen „freien Markt der Clearingüberschüsse" vor. Der schwedische Minister führte als Beispiel an, Schwedens Handelsüberschüsse mit Dänemark würden bereits über Importe aus Deutschland ausgeglichen werden, die keineswegs schwedischen Exporten nach Deutschland die Waage hielten[196]. Das Funktionieren dieses Schemas setzte natürlich voraus, daß das besetzte Dänemark einen positiven Saldo mit Deutschland aufwies, und daß Deutschland bereit war, diesen mit Dänemark auszugleichen, sei es direkt oder über ein Dreieck mit Schweden.

In jener Phase äußerte Salazar gegenüber dem Chef der Deutschen Gesandtschaft in Lissabon, Oswald von Hoyningen-Huene, sein „Bekenntnis zur Neugestaltung Europas betonter als je zuvor", konkreter noch, sein Interesse für die „zukünftige wirtschaftliche innereuropäische Zusammenarbeit", und erkundigte sich eingehend nach den bisherigen Erfahrungen, vor allem in der Frage eines Zentral-Clearings[197]. Aber im Gegensatz dazu, wie er im Jahr davor mit Österreich, dem Sudetenland und dem „Böhmisch-Mährischen Protektorat"[198] umgegangen war, entschied sich Hitler nicht dafür, die Bestimmungen, die im Handel mit Deutschland in Kraft waren, auf Dänemark, Norwegen, Belgien und Holland auszudehnen[199]. In den geheimen deutsch-portugiesischen Zusammenkünften sollten noch vage Überlegungen über belgische Kohlelieferungen an Portugal angestellt werden, um die deutschen Defizite des Clearingkontos zu senken[200].

Das Scheitern des Blitzkriegs im Osten kündigte jedoch inzwischen eine Intensivierung und Verlängerung des Krieges auf unbestimmte Zeit an. Die Exportkapazität der von Deutschland besetzten Industriemächte war auf Grund der deutschen Kriegsanstrengung erschöpft. Das kleine Dänemark mußte Deutschland einen Kredit eröffnen und ihm große Mengen von landwirtschaftlichen Produkten liefern. Als Gegenleistung erhielt es so gut wie nichts, und vor allem keinen Scheck, um weiterhin in Schweden die Güter ordern zu können, die es benötigte. Der Handel zwischen den besetzten und neutralen Ländern wies eine rückläufige Tendenz auf – und die Kompensationskammer in Berlin war somit längst nicht mehr so attraktiv, wie sie es in den Augen von Hägglöf beziehungsweise Salazar zunächst gewesen war. Als im Mai 1942 die nach Lissabon entsandten deutschen Unterhändler die Dienste der Reichsbank anboten, in besetzten Ländern Abschlagszahlungen für Portugal durchzuführen, sollte dieser Vorschlag kaum Resonanz finden[201].

Ein weiteres Merkmal des Handels zu Kriegszeiten bestand darin, daß die Kriegsparteien, ob Alliierte oder Faschisten, sich nicht darauf beschränken konnten, dem potentiellen Lieferanten eines kriegswichtigen Rohstoffes mit Gold zu winken. Sie mußten ihm die Güter anbieten, die ihn tatsächlich interessierten. Und für eine bessere Garantie der gegenseitigen Bemühung um die Vertragseinhaltung mußten sie ihm bisweilen Güter anbieten, deren Fabrikation unmittelbar vom gewünschten Rohstoff abhing. Wollte also die italienische Regierung eine lange Liste von portugiesischen Produkten erwerben, mußte sie ihre Wünsche damit rechtfertigen, daß diese Produkte für die Ausführung einer Bestellung von Kriegsmaterial vonnöten waren, die Portugal an Ansaldo oder Fiat aufgegeben hatte[202]. Beabsichtigte Deutschland, in Portugal Zinn zu erwerben, so sagte es der portugiesischen

Konservenfabrik Weißblech zu, das mit Zinn beschichtet werden mußte. Um den Druck zu lindern, den die Deutschen bezüglich der Zinnlieferungen machten, hielten die portugiesischen Gesprächspartner wiederum dagegen, daß ohne Weißblech die von Deutschland geforderten Konserven nicht eingedost werden konnten. Die Verhandlungen waren verwickelt, denn die Deutschen verlangten mehr Zinn, als zur Beschichtung des von den Portugiesen gewünschten Materials nötig war, und diese wiederum forderten immer mehr Weißblech, als für die Herstellung der Dosen benötigt wurde[203]. Und wenn Deutschland Kupfer aus Portugal und Gummi aus den portugiesischen Kolonien erwerben wollte, so versuchte es, dies über die Zusage von Elektromaterial zu erreichen, das ohne diese Rohstoffe nicht hergestellt werden konnte – ein Unterfangen, das schließlich scheitern sollte[204].

War man umgekehrt von portugiesischer Seite wegen der Reduzierung englischer Kohlelieferungen beunruhigt, so setzte man entsprechende Zusatzlieferungen aus Deutschland am wirkungsvollsten über die Drosselung des Schienenverkehrs durch. Zu einem Zeitpunkt, zu dem die Portugiesische Eisenbahn ihren Verkehr bereits auf etwa die Hälfte reduziert hatte und die dem Handel mit Deutschland zur Verfügung gestellten Waggons nur mehr ein Zehntel des benötigten Transports abdeckten, war es nicht schwierig, damit Druck auszuüben[205]. Ohne Kohle – und ohne Waggons – würden die an Deutschland verkauften Güter in Erwartung einer Transportmöglichkeit in den Lagerhäusern liegenbleiben.

Bisweilen involvierte der Austausch von Gütern und Dienstleistungen Drittländer. Damit die Kohlelieferungen tatsächlich durchgeführt wurden, sollte Deutschland schließlich seinen Einfluß auf Spanien geltend machen und dafür sorgen, daß Portugal Kohle aus Asturien erhielt[206]. Anschließend sollte es die Schweiz auffordern, eine Ladung auszufolgen, die diese zufällig im Hafen von Lissabon zwischenlagerte[207]. In beiden Fällen würde der Alternativlieferant mit einer deutschen Kohlelieferung kompensiert werden. Und in beiden Fällen lag der Vorteil darin, sich den Abschnitt des Transports über das verstopfte spanische Schienennetz mit langsamen Zügen und den damit verbundenen Problemen verschiedenster Art zu ersparen. Es gab Güter, die beim Transport langen Wartefristen ausgesetzt waren, und es gab Tarife, die – an sich schon exorbitant – noch weiter angehoben wurden. Andere Varianten, die man in Erwägung zog, um den Landtransport durch Spanien auf ein Minimum zu reduzieren, sollten sich als undurchführbar erweisen. Die Schweiz erreichte über ein Abkommen, daß ihre Importe ab Februar 1941 für gewöhnlich auf spanischen Küstenschiffen von Lissabon bis Genua gebracht wurden[208]. Als haltlos erwiesen sich jedoch die deutschen Erwartungen, wenigstens ein Teil des Transports von in Portugal gekauften Waren könne über eine „stillschweigende Zustimmung des portugiesischen Ministerpräsidenten (...) herbeigeführt werden, der eventuell der Flotte des portugiesischen Großindustriellen Alfredo da Silva einen geduldeten Verkehr mit französischen Häfen gestatten kann"[209]. Dieser Güterverkehr wurde von den Blockadebehörden eben nicht „geduldet".

Wenn im Handel mit den Alliierten die Transporte auf hoher See ein großes Problem darstellten, so sollte im Handel mit Deutschland die Durchquerung Spaniens auf dem Bahnweg den ganzen Krieg hindurch ebenso höchst problematisch und somit Gegenstand von Verhandlungen und Kompensationen sein[210]. Im August 1942 ersuchten die portugiesischen Behörden schließlich Deutschland, den Spaniern mit wirtschaftlichen Vergeltungsmaßnahmen zu drohen, sollten sie darauf bestehen, die Preise für den Bahnverkehr anzuheben[211].

Trotz aller Bemühungen um Konzepte für den bilateralen Güteraustausch wies der Clearing-Mechanismus ständig Widersprüche auf: Er setzte voraus, daß die beteiligten Länder untereinander ausgeglichene Bilanzen aufwiesen. Ein drittes Merkmal des Handels zu Kriegszeiten stellte nun aber eine neue Art von Ungleichgewicht dar. Die kriegführenden Länder kauften mehr, gaben mehr aus, verschuldeten sich mehr. Obwohl die neutralen Staaten ebenso große Versorgungsschwierigkeiten hatten, verkauften sie mehr, und sie wurden gebeten, Kredite zu gewähren beziehungsweise Devisenzahlungen zu akzeptieren. Bisweilen verzichteten sie selbst auf lebenswichtige Güter, weil die Kriegsparteien allzu verlockende Angebote machten. Womöglich haben sie, wie im Fall von Portugal, nicht einmal höhere Gesamtvolumina an Gütern exportiert als unmittelbar vor dem Krieg. Das spielte kaum eine Rolle: Solange der Konflikt andauerte, sollten sie durch die Anhebung der Preise auf dem längeren Hebel sitzen, und diese Preisanstiege sollten auch dafür sorgen, daß sie zu jeder Zeit von den kriegführenden Ländern Ausgleichslieferungen zu erwarten hatten[212]. Deutschland, das zu Kriegsbeginn Handelsüberschüsse mit Portugal aufwies, sah schon binnen kurzem die Rollen vertauscht und befand sich nun in der Situation, die eigenen negativen Salden ausgleichen zu müssen. Natürlich versuchte man von deutscher Seite, die Defizite mit dem geringstmöglichen Aufwand an Gütern zu saldieren. Die Situation verschlechterte sich jedoch zusehends. Im Verlauf des Krieges zeigte schließlich jedes Abkommen, das mit Portugal unterzeichnet wurde, diesen Abwärtstrend auf. Die konkreten Zahlen drückten sich sowohl in beständig anwachsenden Gegenlieferungen in Naturalien[213] als auch in vergleichsweise kurzen, nämlich monatlichen Fristen für die Regulierung der Clearing-Niveauunterschiede[214] aus.

Anmerkungen zu Kapitel 1 – Deutsche Kriegswirtschaft und portugiesische Lieferungen

1 Petzina, 1968, S. 31.
2 Jäger, 1969, S. 113.
3 Zitiert bei Marsh, 1995, S. 134. In Wirklichkeit war Schacht zu keiner Zeit formales NSDAP-Mitglied.
4 Petzina, 1968, S. 34.
5 In einer Ministerratssitzung vom 27. Mai 1936 wies Schacht seine Amtskollegen auf einen wesentlichen Punkt hin, den sie vergessen zu haben schienen: „Gewisse Kriegsrohstoffe müssen bevorratet werden". Zitiert bei Jäger, 1969, S. 114.
6 Eichholtz, 1971, S. 15.
7 Darüber hinaus hätte das im Ausland hoch verschuldete Deutschland mit einer Abwertung der Reichsmark diese Verschuldung noch erhöht. Puchert, 1996, S. 17.
8 Petzina, 1968, S. 50.
9 Jäger, 1969, S. 103.
10 Jäger, 1969, S. 52.
11 Petzina, 1968, S. 35.
12 Friedensburg, 1943, S. 45.
13 Petzina, 1968, S. 191.
14 Milward, 1966, S. 29.
15 Unter anderem wegen des von seinen Handelspartnern ausgeübten Importdrucks, und ab einem gewissen Zeitpunkt infolge der alliierten Bombenangriffe auf das Verkehrsnetz. Milward, 1966, S. 145, 151.
16 Milward, 1966, S. 24 f.
17 Petzina, 1968, S. 39.
18 Petzina, 1968, S. 192.
19 Milward, 1966, S. 145.
20 Milward, 1966, S. 24 ff.
21 Milward, 1966, S. 145.
22 Jäger, 1969, S. 50.
23 Jäger, 1969, S. 124.
24 Jäger, 1969, S. 127.
25 Jäger, 1969, S. 114.
26 Marsh, 1995, S. 155 f.
27 Marsh, 1995, S. 161 f.
28 Marsh, 1995, S. 175 f.
29 Puchert, 1996, S. 431.
30 Milward, 1968, S. 20.

31 Milward, 1986, S. 176.
32 Zwei Drittel im Dezember 1941, 85% im Januar 1944. Angaben zitiert bei Milward, 1986, S. 173.
33 Milward, 1986, S. 176 f.
34 Laut Milward ca. 15%, 1986, S. 173.
35 Milward, 1986, S. 110 f.
36 Zwischen 1938 und 1943. Bauxit war für die Aluminiumproduktion unverzichtbar. Milward, 1986, S. 179.
37 Milward, 1986, S. 184 f.
38 Milward, 1986, S. 177 f.
39 Milward, 1986, S. 195.
40 Milward, 1986, S. 109.
41 Boelcke, 1969, S. 295.
42 Milward, 1966, S. 29.
43 Milward, 1966, S. 53.
44 Eichholtz, 1985, S. 4 f.
45 Eichholtz, 1985, S. 29.
46 Eichholtz, 1985, S. 41.
47 Eichholtz, 1985, S. 19 ff.
48 Eichholtz, 1985, S. 45.
49 Siehe dazu Overy, 1988. Milward, 1966. R.D. Müller, 1992.
50 Thomas, 1966.
51 Boelcke, 1969, S. 229.
52 Boelcke, 1969, S. 64 und 70.
53 Von der NS-Propaganda wurde dies als "Rüstungswunder" bezeichnet. Boelcke, 1969, S. 220 und 360.
54 Boelcke, 1969, S. 245.
55 Boelcke, 1969, S. 73.
56 Boelcke, 1969, S. 340.
57 Dasselbe geschah mit der Pak 7,5 cm 41 L55, die als beste Panzerabwehrkanone galt, jedoch zu viel Wolfram benötigte und schließlich beiseite gestellt wurde. Boelcke 1969, S. 84 und 100.
58 Boelcke, 1969, S. 67.
59 Boelcke, 1969, S. 267.
60 Boelcke, 1969, S. 360.
61 Boelcke, 1969, S. 383.
62 Eichholtz, 1985, S. 60.
63 Boelcke, 1969, S. 88.
64 Boelcke, 1969, S. 107.
65 Boelcke, 1969, S. 207.

66 Vermerk über eine Besprechung zwischen Pessoa, Eckert und Koppelmann, 12.5.42. AOS/CO/NE-2, Mappe 16, Blatt 350.
67 Boelcke, 1969, S. 237.
68 Sie bildete laut Hitler die Grundlage der gesamten Reichswirtschaft. Boelcke, 1969, S. 267.
69 Boelcke, 1969, S. 279.
70 Boelcke, 1969, S. 196.
71 Boelcke, 1969, S. 94.
72 Boelcke, 1969, S. 370 f.
73 Boelcke, 1969, S. 211.
74 In der Größenordnung von 1 Million Tonne pro Jahr. Boelcke, 1969, S. 196.
75 Der Leiter der Deutschen Gesandtschaft in Lissabon, Oswald von Hoyningen-Huene an den HaPol, 14.8.42. BA-B, Mikrofilm 17580, Bild E080426. Schüller an die Gesandtschaft in Lissabon, 14.9.42. BA-B, Mikrofilm 17580, Bild E080411.
76 Boelcke, 1969, S. 138.
77 Boelcke, 1969, S. 230.
78 Boelcke, 1969, S. 332.
79 Otto Ambros war Direktionsmitglied der IG-Farben und Vertrauensmann des "Munitionsdiktators" Carl Krauch. Boelcke, 1969, S. 383.
80 Boelcke, 1969, S. 361.
81 Milward, 1966, S. 109.
82 Milward, 1986, S. 351.
83 Von Mai bis Dezember 1944 fiel der Konsum von 195.000 auf 44.000 Tonnen. Milward, 1986, S. 368.
84 Milward, 1966, S. 145.
85 Milward, 1966, S. 105.
86 Jäger, 1969, S. 298.
87 Selbst die zuständigen sowjetischen Stellen sahen sich wenige Monate vor dem NS-Angriff im Osten mit einem Vorschlag konfrontiert, von einem bereits abgesprochenen Maschinenkauf in Deutschland Abstand zu nehmen und stattdessen als Gegenleistung eine Goldzahlung anzunehmen. Mikoyan konsultierte Stalin, und dieser ordnete an, der dringenden Bitte des deutschen Unterhändlers Karl Schnurre stattzugeben. Puchert, 1996, S. 446 f.
88 Boelcke, 1969, S. 344, 401.
89 Diese Zahlung hatte nichts mit dem Verkauf irgendwelcher Waren zu tun, sondern mit Finanzgeschäften. Sie galt der Liquidierung alter Schulden und interessierte vor allem die Lobby der schweizerischen

Versicherungsgesellschaften mit Filialen in Deutschland. Bergier, 1998, S. 125.
90 Johannes Bähr kalkuliert den Wert des Goldes, das sich im November 1944 im Besitz der Reichsbank befand, auf 472 Millionen Reichsmark – ein höherer Wert als der entsprechende zu Kriegsbeginn. Bähr, 1999, S. 20.
91 Eichholtz, 1971, S. 27.
92 Mommsen, Grieger, 1996, S. 290.
93 Eichholtz, 1971, S. 103.
94 Eichholtz, 1971, S. 105.
95 Overy, 1988, S. 419.
96 Kuzcynski, Band II, 1. Teil, 1953, S. 247.
97 Insbesondere in jenen Bereichen, die mit der Fabrikation von Jagdflugzeugen für die Luftwaffe zu tun hatten, Müller, S. 374.
98 Kuzcynski, 1953, S. 247 und 275.
99 Kuzcynski, 1953, S. 199.
100 Kuzcynski, 1953, S. 275.
101 Kuzcynski, 1953, S. 248.
102 Kuzcynski, 1953, S. 276.
103 Boelcke, 1969, S. 202.
104 Boelcke, 1969, S. 319.
105 Boelcke, 1969, S. 267.
106 Overy, 1988, S. 420.
107 Im Juli 1942 waren es 212.000 Mann. Aber bis zum Mai 1943, einen Monat vor dem Sturz Mussolinis, konnten noch zusätzlich 33.000 gewonnen werden. Boelcke, 1969, S. 269.
108 Pérez, 1994, S. 258.
109 Pérez, 1994, S. 352.
110 Pérez, 1994, S. 263.
111 Boelcke, 1969, S. 286.
112 Die Organisation Todt war die für Infrastrukturmaßnahmen der deutschen Kriegswirtschaft zuständige Abteilung. Ihre Anfänge hatte sie in den 1930er Jahren in der von Fritz Todt gegründeten technischen Spezialtruppe zum Autobahnbau. Sie behielt ihren Namen auch nach dem Tod ihres Gründers bei und verblieb im Zuständigkeitsbereich des Rüstungsministeriums, in dem Albert Speer Todts Nachfolger war. In seiner typischen Vorliebe für Superlative brüstete Hitler sich, mit der OT die Schaffung der "größten Bauorganisation aller Zeiten" erreicht zu haben. Boelcke, 1969, S. 352.
113 Boelcke, 1969, S. 157.
114 Boelcke, 1969, S. 310.

115 Boelcke, 1969, S. 77.
116 Boelcke, 1969, S. 171.
117 Boelcke, 1969, S. 348.
118 Overy, 1988, S. 431.
119 Boelcke, 1969, S. 111.
120 Boelcke, 1969, S. 339.
121 Boelcke, 1969, S. 353.
122 Piper, Swiebocka, 1996, S. 105.
123 Piper, Swiebocka, 1996, S. 118.
124 Boelcke, 1969, S. 379.
125 Boelcke, 1969, S. 187 f.
126 Piper, Swiebocka, 1966, S. 115.
127 Coordination gegen BAYER, 1995, S. 75.
128 Coordination gegen BAYER, 1995, S. 83. Bei Piper ist jedoch lediglich von der Existenz dreier Sektionen die Rede. Die beiden Sektionen der IG-Auschwitz werden zu einer zusammengefaßt, die ihren Standort in Monowitz und Filialen in Schlesien hatte. Piper, Swiebocka, 1996, S. 104.
129 Piper, Swiebocka, 1996, S. 117.
130 Coordination gegen BAYER, 1995, S. 78.
131 Coordination gegen BAYER, 1995, S. 86.
132 Coordination gegen BAYER, 1995, S. 83.
133 Boelcke, 1969, S. 218.
134 Boelcke, 1969, S. 178.
135 Boelcke, 1969, S. 234.
136 Boelcke, 1969, S. 324.
137 Boelcke, 1969, S. 347.
138 Boelcke, 1969, S. 407.
139 Boelcke, 1969, S. 86, 207.
140 Bartov, 1995, S. 128.
141 Boelcke, 1969, S. 198.
142 Boelcke, 1969, S. 220.
143 Boelcke, 1969, S. 189.
144 Boelcke, 1969, S. 281.
145 Es handelt sich um den modernen Düsenjäger Me 262, der im unterirdischen Bunker Mittelwerk hergestellt wurde. Boelcke, 1969, S. 345.
146 Eichholtz, 1971, S. 208.
147 Sabath an die Gesandtschaft in Lissabon, 20.2.42. BA-B, Mikrofilm 17580, Bild E080375.
148 Almeida, Barreto, 1976, S. 237. Auch wenn bei Sitzungen der leitenden Stellen der Banco de Portugal von einer Erhöhung der "Geldüberwei-

sungen von portugiesischen Arbeitern, die in diesem Land [Deutschland] arbeiten", berichtet wird. Vermutlich sind diese Arbeiter schon zu einem früheren Zeitpunkt abgewandert. Protokolle des Verwaltungsrats, Buch 109, Sitzung vom 15.9.42. AH-BP. Protokolle der Stabilisierungs-Kommission, Buch 6, Sitzung vom 21.11.44. AH-BP. Später wird auch über einen Fall von "jüngst über die Schweiz aus Deutschland in die Heimat zurückgekehrten Portugiesen" berichtet. Protokolle der Stabilisierungs-Kommission, Buch 6, Sitzung vom 17.1.45. AH-BP.
149 Almeida, Barreto, 1976, S. 297.
150 Vermerk von Francisco de Paula Brito über ein Gespräch mit Sabath, 6.8.42. AOS/CO/NE-7, Mappe 33.
151 Rosas, 1990, S. 344.
152 Dietmar an das AA, 17.11.42. BA-B, Mikrofilm 15224, Bild 236113.
153 Milward, 1986, S. 182.
154 Milward, 1986, S. 181 und 194. Albert Speer. *Erinnerungen.* 1969, Ullstein Verlag, Frankfurt/Main, S. 322 ff.
155 Milward, 1986, S. 181.
156 Friedensburg, 1943, S. 35.
157 Jäger, 1969, S. 20.
158 Wheeler, 1986.
159 1936 ca. 2,4 Tonnen. Jäger, 1969, S. 91.
160 Nunes, 1998, Fotokopie, S. 18.
161 Note an den Führer, ohne Unterschrift, vermutlich von Ribbentrop, 26.4.44, Mikrofilm 71899, Bild E487499.
162 Jäger, 1969, S. 77 f.
163 Die Zielsetzung lag bei 72,4 bzw. 102,4 Tonnen. Jäger, 1969, S. 91.
164 Milward, 1966, S. 99.
165 Jäger, 1969, S. 75.
166 Ferdinand Friedensburg war dann nach dem Krieg CDU-Bundestagsabgeordneter und Präsident des Deutschen Instituts für Wirtschaftsforschung. Pritzkoleit, 1957, S. 385.
167 Jäger, 1969, S. 103.
168 Friedensburg, 1943, S. 28.
169 Speer informierte Hitler bereits im August 1942 über die Fortschritte beim Ausbau der Wolframgrube von Montbelleux, Frankreich. Jäger, 1969, S. 278 ff. Boelcke, 1969, S. 167.
170 Im Sommer 1944 erreichte der Abbau im Sudetenland 14% des gesamten Abbaus in Deutschland sowie in den besetzten Gebieten. Jäger, 1969, S. 111.
171 Jäger, 1969, S. 22 ff.
172 Jäger, 1969, S. 159.

173 Über einen Bericht von Werner Heisenberg, der Zustimmung fand. Boelcke, 1969, S. 137.
174 Die Munitionen mit Wolframkarbid im Sprengkopf waren mit Aluminium ummantelt, wodurch ein Abprallen von der Panzerung verhindert wurde. Sie durchdrangen die Panzerverkleidung und explodierten im Inneren des Panzers. Der Wolframmangel hatte eine Produktionsminderung erfordert, und der Ersatz durch Uran schien eine bereits ausreichend ausgereifte Lösung zu sein. Boelcke, 1969, S. 212.
175 Milward, 1966, S. 95.
176 Jäger, 1969, S. 281.
177 Nunes, 1998, S. 18.
178 Eizenstat, 1998. Kapitel *Allied Relations and Negotiations With Portugal*, S. 4 f.
179 Milward, 1986, S. 350.
180 Note an den Führer, ohne Unterschrift, vermutlich von Ribbentrop, 26.4.44. BA-B, Mikrofilm 71899, Bild E478496-E478500.
181 Laut RWM mittels eines Telegramms an das Oberbergamt Freiberg, zitiert bei Jäger, 1969, S. 94. Siehe auch Telegramm des AA vom 24.6.44, zitiert bei Jäger, 1969, S. 279.
182 Jäger, 1969, S. 78.
183 Jäger, 1969, S. 282.
184 Milward, 1966, S. 145.
185 Milward, 1966, S. 158 f.
186 Abkommen zwischen Portugal und Deutschland vom 13. April 1935. *Banco de Portugal. Legislação própria* (Band 6). 1946: Banco de Portugal, Lissabon, S. 125 f.
187 Puchert, 1996, S. 396.
188 Übersetzung eines Schreibens der Reichskreditgesellschaft an die Banco de Portugal, 12.6.37. AOS/FI-18B, Mappe 16. Pläne seitens der Italiener, das Protokoll vom 17.10.38 bezüglich der Lieferungen von Kriegsmaterial auszutauschen, 8.12.39. AOS/CO/GR-3, Mappe 1.
189 Boelcke, 1994, S. 24.
190 Pérez, 1994, S. 105.
191 Wirtschaftsgruppe mit engen Verbindungen zum Vierjahresplan. Sie war zwecks Koordinierung der deutschen Interessen in Spanien gegründet worden und sollte die Versorgung mit Sondermetallen von der Iberischen Halbinsel sicherstellen.
192 Vermerk über ein Gespräch von Tovar de Lemos mit Huene und Bernhardt, 28.2.39. AOS/CO/NE-7, Mappe 15.
193 Es handelt sich um Maschinen, die von der Berliner Firma Fritz Werner geliefert wurden und für die Produktion von leichten Waffen in der

portugiesischen Waffenfabrik Braço de Prata in Lissabon bestimmt waren.
194 Vermerk von Tovar de Lemos über ein Gespräch mit Knigge, 5.11.40. AOS/CO/NE-7, Mappe 24.
195 Siehe dazu Kapitel 4, Schreiben von Armindo Monteiro an Salazar, 20.8.40, Dok. 321. *Dez anos...*, Band XIV, 1991.
196 Vortrag von Gunnar Hägglöf in der Börse von Göteborg, 7.5.41. AOS/CO/NE-2G, Mappe 18.
197 Huene an den HaPol, 15.5.41. BA-B, Mikrofilm 15255, Bild 474256.
198 Banco de Portugal. *Legislação própria...*, S. 185-196.
199 Banco de Portugal. *Legislação própria...*, S. 208-213.
200 Eltze an Unterstaatssekretär von Jagwitz vom RWM, 24.9.41. BA-B, Mikrofilm 15224, Bild 236090.
201 Vermerk des dritten Gesprächs zwischen Treue, Buchen, Álvaro de Sousa und Pessoa, 18.5.42. AOS/CO/NE-2, Mappe 16, Unterteilung 19, Blatt 362.
202 Auch wenn in einem Großteil der Fälle diese Verbindung sichtlich sehr weit hergeholt war: Die italienische Regierung forderte Kupfer, Zinn, Wolfram, Nickel, aber auch Rinderhäute. Im September 1941 wurde erneut eine Lieferung an Fiat diskutiert, und zwar über 12 Tonnen Gummi für Reifen, die dann an Portugal ausgeliefert werden sollten. Bova Scoppa an Salazar, 25.3.41. AOS/CO/NE-2F, Mappe 9, Unterteilung 2. Vermerk von Francisco de Paula Brito über ein Gespräch mit dem Handelsdelegierten der Italienischen Gesandtschaft, 24.9.41. AOS/CO/NE-7B, Mappe 18, Blatt 162 f.
203 Vermerk von Francisco de Paula Brito über ein Gespräch mit Weber, Eltze und Knigge, 23.3.41. Vermerk von Tovar über ein Gespräch mit Eltze, Weber und Knigge, 12.5.41. AOS/CO/NE-7, Mappe 28.
204 Huene an den HaPol, 14.8.42. BA-B, Mikrofilm 17580, Bild E080426. Schüller an die Gesandtschaft in Lissabon, 14.9.42. BA-B, Mikrofilm 17580, Bild E080411. Mit oder ohne Grund hegte die Britische Botschaft Mißtrauen gegen die seitens einer Schweizer Firma aufgegebene Bestellung über Kautschuk, Kupfer und Blei zur angeblichen Produktion von Kabeln für Kräne, die an den Hafen von Leixões geliefert werden sollten. Selbst detaillierte Erklärungen und eine sich über drei Monate hinziehende Korrespondenz konnten die Botschaft nicht davon abbringen, sich diesem Export mit dem Argument entgegenzustellen, diese Rohstoffe würden der deutschen Kriegsanstrengung dienen. Korrespondenz zwischen dem portugiesischen Außenministerium und der Britischen Botschaft, zwischen dem 4.10.42 und dem 22.1.43. AOS/CO/NE-2E3, Mappe 40.

205 Huene an das AA, 10.2.42. BA-B, Mikrofilm S 59345, Bild E082846.
206 Vermerk von Salazar über ein Gespräch mit Huene und Eltze, 31.10.41. AOS/CO/NE-7, Mappe 28. Huene an das AA, 10.12.41. BA-B, Mikrofilm 15224, Bild 236136. Sabath an die Gesandtschaft in Lissabon, 20.2.42. BA-B, Mikrofilm 17580, Bild E080375. Wiehl an die Direktion des HaPol, 22.2.42. BA-B, Mikrofilm 17580, Bild E080372.
207 Sabath an die Gesandtschaft in Lissabon, 20.2.42. BA-B, Mikrofilm 17580, Bild E080375.
208 Liechti, 1997, vervielfältigtes Exemplar, S. 10 f.
209 Vermerk von Huene, 1.12.41. BA-B, Mikrofilm 15224, Bild 236118.
210 Die Verträge zwischen den beiden Ländern folgten keinem einheitlichen CIF- bzw. FOB-Muster, sondern es wurde von Fall zu Fall neu verhandelt. Die portugiesische Seite hatte dabei stets im Auge, daß die Güter an der portugiesisch-spanischen Grenze ausgefolgt wurden, und die deutsche, daß ihre Übergabe an der französisch-spanischen Grenze erfolgte. Häufig diskutierte man Zwischenvarianten – Irún, Barcelona, Bayonne, Marseille. In zumindest einer Notsituation bot Salazar ausnahmsweise an, daß die portugiesische Seite die Verantwortung für den Transport bis zur französisch-spanischen Grenze übernehmen würde.
211 Ein Jahr später schien Hitler zu befürchten, es könne abermals Schwierigkeiten mit dem spanischen Eisenbahnnetz geben, und er spielte mit dem Gedanken, zwischen Portugal und Deutschland Flüge einzurichten, ähnlich wie einst Transporte mit der italienischen Luftlinie durchgeführt worden waren. Es sollten jeweils 20 bis 30 Tonnen Wolfram transportiert werden, zu einem Zeitpunkt, zu dem Portugal monatlich ca. 70 Tonnen lieferte. Huene an den HaPol, 13.8.42. BA-B, Mikrofilm 17580, Bild E080427. Boelcke, 1969, S. 247.
212 Rosas, 1990, S. 139.
213 Siehe Anhang, Tabelle IV.
214 Im Abkommen mit Französisch-Nordafrika, das am 2. Oktober 1943 unterzeichnet wurde, akzeptierte die Banco de Portugal, das Clearingkonto jeweils vierteljährlich zu überprüfen. Dagegen wurde im deutsch-portugiesischen Handel – und insbesondere im Wolframabkommen des Jahres 1943 – wegen des weitaus höheren Transaktionsvolumens ein monatliches Regulierungsschema festgelegt. Protokoll der Stabilisierungs-Kommission, Buch 5, Sitzung vom 6.10.43. AH-BP. *Dez anos...*, Band XV, 1993, Dok. 200. Über den Austausch von Noten am 21. April 1943 zwischen Deutschland und Portugal abgeschlossenes Wolframabkommen, § 5.

Kapitel 2

Ware gegen Ware

Das Abkommen „Konserven gegen Waffen" von 1941

Im Juni 1940 ermöglichte die französische Kapitulation die Wiederöffnung der Landwege sowie auch die Wiederaufnahme des Handels zwischen der Iberischen Halbinsel und dem restlichen Europa. Deutschland kaufte von Portugal in erster Linie Fischkonserven sowie Rohstoffe auf pflanzlicher Basis (Terpentinöl und Harzpech) beziehungsweise Erze (Zinn). Den Sommer und Herbst dieses Jahres verbrachten die NS-Größen noch in der Euphorie des siegreichen Blitzkriegs im Westen und verfolgten eine offensive Handelsstrategie. Sie benötigten die portugiesischen Waren, kauften sie jedoch auch mit dem Motiv, „die zunehmenden englischen Käufe der gleichen Rohstoffe zu stören"[1]. Schon bald sollte die Unterzeichnung des Zahlungsabkommens zwischen der portugiesischen und der englischen Zentralbank sie daran erinnern, daß die belagerte Insel noch über etliche Mittel verfügte, die kontinentaleuropäische Politik zu beeinflussen. Nach der Unterzeichnung dieses britisch-portugiesischen Abkommens galt es, auf diesem Gebiet den Einsatz zu verdoppeln. Zwischen der letzten November- und der ersten Dezemberwoche des Jahres 1940 erhielt Marschall Keitel von Hitler die Ermächtigung, Verhandlungen über seit langem von Portugal angestrebte Waffenlieferungen in Gang zu setzen – insbesondere über die Lieferung von Gewehren und leichten sowie schweren Feldhaubitzen. Im Februar 1941 wurde die Lieferung dieser Waffen genehmigt[2].

Die nach Portugal gereisten deutschen Unterhändler sollten nicht alle Vorstellungen ihrer Gastgeber erfüllen können. Doch irgend etwas würden sie wohl schon als Tauschmittel anzubieten haben. Bei den Deutschen wiederum waren Sardinenkonserven ganz besonders gefragt. Im deutschen Generalstab wurde zu der Zeit, also fast ein Jahr im voraus, sorgfältig der Angriff auf die UdSSR vorbereitet. Die Konserven stellten einen wertvollen Beitrag zur Nahrungsmittelautonomie der Soldaten dar und hatten den Vorteil, eingelagert werden zu können. Die Aufmerksamkeit, die ihnen hier neben Wolfram gewidmet wird, soll nicht die Bedeutung anderer Waren schmälern, die die Deutschen immer wieder von Portugal kaufen wollten. Dennoch ist diese besondere Aufmerksamkeit berechtigt, da die Konserven zusammen mit Wolfram die Sparte des deutsch-portugiesischen Handels ausmachten, die zu den „Rahmenverträgen" führte, auf die später noch eingegangen wird.

Dem MEW (Ministry of Economic Warfare), dem britischen Ministerium für wirtschaftliche Kriegführung, entging die strategische Bedeutung des Konservenhandels keineswegs. Die dagegen getroffenen Maßnahmen verursachten wiederum verdeckte Gegenmaßnahmen. Neben den legal nach Deutschland exportierten und den direkt an die Fronten, wie nach Nordafrika, gelieferten Sardinen gab es auch noch Lieferungen, die angeblich für neutrale Konsumenten bestimmt waren. Italien kaufte noch vor seinem Kriegseintritt im ersten Jahr des Konflikts Mengen, die für den eigenen Markt viel zu groß waren. Die Schweiz, die zu keiner Zeit ein herausragender Kunde portugiesischer Sardinen gewesen war, erwies sich 1940 plötzlich als unersättlicher Konsument. In den beiden darauffolgenden Jahren importierte sie große Mengen und lag im Ranking der Bestimmungsländer für Sardinenkonserven an dritter Stelle. Danach nahm sie wieder eine unbedeutende Position ein[3]. Dieser flüchtige Aufstieg und Fall läßt sich weitgehend nur mit einem Weiterexport nach Deutschland erklären.

Es ist daher keineswegs verwunderlich, daß schon im November 1940 die Deutsche Gesandtschaft beim portugiesischen Außenministerium intervenierte, weil das Gremium der Fischkonserven-Exporteure das Britische Konsulat über die zu tätigenden Exporte in die Schweiz informierte. Die Deutsche Gesandtschaft wußte sehr wohl, wie ungewöhnlich eine Einmischung in dieser Angelegenheit war, und rechtfertigte diese damit, die Schweiz wäre „ein Land innerhalb der deutschen Interessensphäre". Sie bat die portugiesische Regierung, das Gremium zur Ordnung zu rufen[4]. Auch in der Folgezeit verloren die Deutschen ihr Interesse am schweizerisch-portugiesischen Konservenhandel nicht. Später, im Februar 1943, sollte Legationsrat Otto Eckert abermals beim portugiesischen Außenministerium vorstellig werden, um Exportlizenzen für Konserven durchzusetzen, für die die Firma Wimmer, ein deutsches Unternehmen mit Niederlassung in Lissabon, einen schweizerischen und einen rumänischen Empfänger angab[5].

Um die Konservenexporte nach Deutschland zu behindern, griff das MEW verschiedene Glieder in der Produktionskette an. Vor allem die Bewilligung von Navicerts („navigation certificates") für den Import von Ölprodukten aus den Kolonien wurde streng kontrolliert. Bei den Navicerts handelte es sich um Konzessionen, die von den britischen Blockadebehörden ausgestellt wurden und den Transport von neutralen Waren auf einem neutralen Schiff genehmigten, sofern diese Waren nicht zum Weiterexport in ein Achsenland bestimmt waren. Die oben genannten Ölprodukte wurden in der Konservenindustrie zwar nicht verarbeitet, konnten jedoch in anderen Bereichen Olivenöl ersetzen und somit einen Teil davon für die

Fischkonservierung freistellen[6]. Abgesehen vom Olivenöl hing diese Industrie vom Weißblech ab, mit dem ebenfalls Druck ausgeübt wurde. Ende 1940 forderte eine nach Portugal gekommene britische Kommission den Stopp von Konservenlieferungen nach Deutschland, wollte man weiterhin Navicerts für den Import von Weißblech erhalten. Huene, der das Auswärtige Amt in Berlin über die britische Drohung informierte, schlug als deutsche Gegenmaßnahme vor, „Weißblech für den Export portugiesischer Fischkonserven nach Deutschland und gegebenenfalls Ländern unserer Interessensphäre zur Verfügung zu stellen"[7]. Vom AA kam über Hermann Sabath telegrafisch eine zustimmende Antwort, jedoch „unter der selbstverständlichen Bedingung, daß keine Lieferung von Ölsardinen an Feindstaaten erfolgt, sondern [der] Bezug uns vorbehalten bleibt"[8]. Mehr noch: Sämtliche Lagerbestände, der Berechnung nach eine halbe Million Kisten, wären an Deutschland auszuliefern, und Portugal müsse auch auf höhere Zinnlieferungen eingehen[9]. Der deutsche Gesandte in Lissabon, der dachte, es läge ein Mißverständnis vor, und der kaum an die Arroganz der von Sabath vorgebrachten Bedingungen glauben konnte, ließ ein Telegramm mit der Bitte um Aufklärung nach Berlin schicken[10].

Die portugiesische Regierung war an deutschen Weißblechlieferungen interessiert, zeigte sich jedoch keineswegs bereit, diese Bedingungen zu akzeptieren. Die Unterzeichnung eines Lieferabkommens für Konserven sollte wegen der Verhandlungsschwierigkeiten lange auf sich warten lassen. Je mehr Zeit verstrich, desto größer wurden diese Schwierigkeiten, und im März 1941 fürchtete man in Deutschland, die neuen Konservenbestellungen würden das Handelsdefizit von bescheidenen vier Millionen auf 24 Millionen Reichsmark hochschnellen lassen. Man kam nicht umhin, diesen Engpaß zu überwinden, und wenn es nicht Weißblech war, das man anbot, dann sollten es eben Waffen sein. Das von Hitler kurz zuvor gegebene grüne Licht kam im rechten Moment[11]. Am 15. Mai 1941 wurde zwischen Deutschland und Portugal ein Geheimprotokoll unterzeichnet, „das im wesentlichen auf dem Austausch von Sardinen gegen Kriegsmaterial aufgebaut war"[12].

Das Abkommen „Konserven gegen Waffen" war der Wegbereiter der Wolframabkommen. Es veranschaulicht ein typisches Instrument der deutschen Handelspolitik, die sogenannten Rahmenverträge. Die deutsche Diplomatie griff stets dann darauf zurück, wenn es vor allem galt, den Ankauf einer strategisch wichtigen Ware zu garantieren, ohne diesen den Eventualitäten eines Clearings zu unterwerfen, das in seinen Details erst mühselig ausgehandelt werden mußte. Je nach Zweckdienlichkeit wurde von deutscher Seite auf die strikte Einhaltung der Rahmenverträge gepocht oder aber darauf vergessen. Gedeckt durch das Wolframabkommen konnte man sowohl mehr Pünktlichkeit bei den Lieferungen dieses Erzes fordern als auch vorschlagen, in Verzug geratene Lieferungen durch andere wertvolle Waren zu ersetzen. In den Fällen, in denen es wenig realistisch erschien, zwecks Aktualisierung der Verbindlichkeiten Extralieferungen zu fordern, kam man darauf zurück, Konserven zu verlangen – eine zweite, dennoch nicht zu vernachlässigende Wahl. Im März 1942 wurde eine Lieferung von 8.000 Tonnen Kohle pro Monat für Portugal abgesprochen. Deutschland, das sich über einen beträchtlichen Verzug der Wolframlieferungen gegen diese Kohle beklagte, schlug schließlich neben weiteren kleineren Posten eine Ersatzlieferung von 1,5 Millionen Kisten Konserven vor[13]. Gegen Kriegsende sollte aufs neue ein ähnlicher Tausch vollzogen werden: Eisen, das gegen Wolfram geliefert werden sollte, wurde schließlich aufgrund des Embargos gegen Sardinenkonserven ausgetauscht[14].

Der Kampf um die Konserven ließ in einem weiteren Punkt schon erahnen, wie dann erst der um Wolfram aussehen würde. Unter den zuständigen Nationalsozialisten häuften sich die Klagen gegen das anarchische Vorgehen deutscher Importeure, die auf dem portugiesischen Markt agierten. Fallweise war auch die Konservenindustrie indirekt darin verwickelt, wenn es um den Import von Rohstoffen ging, deren sie sich ebenfalls bediente. Friedrich Koppelmann vom Reichswirtschaftsministerium führte insbesondere das Beispiel von Olivenöl an, das ohne die nötige Exportlizenz gekauft wurde[15]. Um ein Maximum an Lieferungen gegen ein Minimum an Gegenlieferungen zu erreichen, unterbreitete die Gesandtschaft den Vorschlag, Hans Wimmer, einen ehemaligen österreichischen Konsul und NS-Geschäftsmann, der fest in Lissabon etabliert und am Konservenmarkt nicht zu umgehen war, mit Vollmachten zur Regulierung des Marktes auszustatten[16]. Neben den Beschwerden über die Rette-sich-wer-kann-Strategie der Privatunternehmen häuften sich auch solche, die gegen die unkontrollierten Initiativen von NS-Funktionären gerichtet waren. In diesem durch Rivalitäten zwischen den bürokratischen Einrichtungen und durch die bekannte Polikratie des Nationalsozialismus geschaffenen Klima wurden zum Beispiel Klagen über die deutsche Einkaufspolitik laut. So stellte das Reichsministerium für Ernährung und Landwirtschaft fest , daß „außerordentliche Überpreise für Sardinen bezahlt worden sind"[17]. Im September 1942 richteten sich die Beschwerden gegen die Besatzungsbehörden Frankreichs, die versuchten, Aluminiumblech gegen Sardinen zu tauschen. Abgesehen von einer scharfen Intervention zur Unterbindung des Geschäfts sah die Gesandtschaft in Lissabon darin auch eine Gelegenheit, die Konservenquote für Deutschland zu erhöhen. Von dem Frankreich zugeteilten Anteil würde man sich eventuell eines Teiles bemächtigen, sofern die Empfänger mit einem Tarngeschäft einverstanden waren[18].

In den Jahren 1942 und 1943 wurde Deutschland zum Hauptabnehmer portugiesischer Fischkonserven. Und wenn die Konserven auch zeitweise dem Wolframerz den Rang abliefen, hielten sie dennoch einen stabileren Preis als das Erz und blieben bis zum Kriegsende ein wichtiger Exportartikel der Portugiesen. Der portugiesische Historiker Joaquim Rodrigues konstatiert, daß die Deutschen in diesem Geschäft höhere Preise als die Engländer bezahlten, und stellt die Hypothese auf, diese Konserven könnten über eine eventuelle Überfakturierung zur Weißwaschung von Vermögenswerten gedient haben, die zu „normalisieren" Deutschland Schwierigkeiten hatte[19]. Einige Anzeichen deuten darauf hin, dieser Verdacht könnte begründet sein, sowohl, was die Überfakturierung angeht, als auch, was fiktive Konservenverkäufe betrifft[20].

Der Übergang zum Wolfram-Zyklus

Bis zum Einmarsch der Japaner in der Mandschurei importierte Deutschland aus China Wolfram in ausreichenden Mengen. Als Folge der japanischen Invasion kam es in diesem Geschäft im Lauf der 1930er Jahre zu verschiedenen Schwierigkeiten und schließlich zu einem deutlichen Einbruch. Solange der deutsch-sowjetische Pakt in Kraft war, wurde wiederum die Erwartung genährt, diese Schwierigkeiten könnten überwunden werden. Im Februar 1940 erklärte sich die UdSSR bereit, den Transit durch Sibirien zu gewähren. Voraussetzung dafür war jedoch, daß China in der Lage war, die gewünschten Mengen zu liefern, und sich damit auch einverstanden erklärte. Mit der Annäherung Tschiang Kai-scheks an die Vereinigten Staaten war jedoch eine so großzügige Lieferung unterbunden. So erreichte das über die UdSSR exportierte Wolfram nie mehr die Mengen der Vorkriegszeit[21].

Obwohl China dennoch wieder Hauptlieferant war, sah Deutschland sich nun gezwungen, nach anderen Quellen Ausschau zu halten. Nach der Niederlage Frankreichs und der Wiederherstellung der Landverbindungen im Westen Europas zog im Juni 1940 die Iberische Halbinsel die Aufmerksamkeit der für den deutschen Außenhandel zuständigen Beamten auf sich. Ab diesem Zeitpunkt nahm die Bedeutung des iberischen Wolframs stetig zu und sollte zu Anfang Herbst 1941 entscheidende Ausmaße annehmen, als Deutschland – unfähig, die UdSSR in einem Blitzkrieg zu besiegen – sich im Osten der Landwege beraubt sah. Nach dem Verlust des günstigsten Transportweges für die chinesischen Lieferungen häuften sich die Schwierigkeiten. Später sollte Japan wieder über Überschüsse verfügen, die zum Export zur Verfügung standen. Um sie in Empfang nehmen zu können, mußten die Deutschen allerdings die Seeblockade durchbrechen – ein Risiko, das von einigen Schiffen eingegangen, schließlich jedoch als zu groß betrachtet wurde[22]. Seit dem Beginn des „Unternehmens Barbarossa", mit dem die NS-Führung die UdSSR zu überraschen und binnen kurzem zu besiegen hoffte, waren sämtliche einplanbaren Lieferungen europäischen Ursprungs. Bis auf wenige Ausnahmen kamen sie von der Iberischen Halbinsel.

Die dominante Stellung, die Wolfram in den deutsch-portugiesischen Handelsbeziehungen einnahm, stellte ein neues Element dar, das sozusagen einen Zyklus mit eigenen Merkmalen ankündigte. Diese Neuheit drohte den teuren, jedoch kontrollierten Routineablauf eines Handels aus dem Gleichgewicht zu bringen, der auf dem Austausch von Konserven gegen Kriegsmaterial fußte[23]. Um zu verhindern, daß die Wolframkäufe zu einem ausufernden Defizit führten, wandten die deutschen Behörden eine kohärente und eindeutige Strategie an. Sie versuchten, möglichst viele Gruben zu kontrollieren, in diesen Gruben so viel wie möglich zu fördern, von anderen Gruben so viel wie möglich zu kaufen, sonstige Käufer der Achsenmächte auszuschalten beziehungsweise die deutschen Käufer zu kartellieren, um einer ungeordneten Konkurrenz auf dem portugiesischen Markt und damit zusätzlichen Preissteigerungsfaktoren vorzubeugen.

In Portugal begann der Übergang zu diesem neuen Zyklus bereits mit dem deutschen Sieg in Frankreich. Die Deutschen versuchten, entscheidende Positionen auf dem portugiesischen Wolframmarkt zu erobern. Dabei folgten sie dem Modell, das sie zu diesem Zeitpunkt im ganzen, nicht kriegführenden Europa anwandten. Sie versuchten, sich im Ausland französischer, belgischer und holländischer Kapitalbeteiligungen sowie auch der Kapitalbeteiligungen anderer besetzter Länder zu bemächtigen[24]. So sandte wenige Wochen nach der Kapitulation Frankreichs und zu einem Zeitpunkt, als man noch an eine rasche britische Niederlage glaubte, das Auswärtige Amt in Berlin ein Telegramm an die Deutsche Gesandtschaft in Lissabon, in dem man darum ersuchte, eine erschöpfende Erhebung über die alliierten Beteiligungen an den wichtigsten portugiesischen Unternehmen anzustellen. Man bat telegrafisch, „die Unternehmen nach Wirtschaftsgebieten zu ordnen und unter möglichst genauer Angabe [des] Namens und [der] Tätigkeit der Firma [die] Höhe des englischen und französischen Kapitalanteils, seinen inneren Wert und [sein] Verhältnis zum Gesamtkapital anzugeben"[25]. Im Anschluß an diese Anweisungen kämpfte man darum, in den Besitz einer französisch-rumänischen Beteiligung am Konsortium

Sacor[26], von französischen Aktien der Firma Diamang beziehungsweise belgischen der Firmen Cazengo und Cado[27] zu gelangen. Der diesbezüglich interessanteste Fall ist jener der portugiesischen Wolframerzgrube Mina da Borralha, an der angeblich französisches und deutsches Kapital beteiligt war. Soweit bekannt ist, war sie das Objekt angestrengtester Versuche seitens der Deutschen, in Portugal sozusagen verwaister Kapitale habhaft zu werden.

Die United Kingdom Commercial Corporation stellte sich jedoch energisch dagegen. Selbst das bereits abgebaute Erz durfte nicht von den Deutschen verwendet werden, die fest mit dieser Quelle gerechnet hatten. Das Gericht gab dem Antrag auf eine einstweilige Verfügung statt, nach der die Deutschen zu einer Auslieferung von 150 Tonnen verpflichtet wurden[28]. Ende Dezember 1941 setzten sie ihre letzte Hoffnung auf einige mysteriöse „Verhandlungen in Paris"[29]. Im Juni 1942 scheiterten auch die Bemühungen der Deutschen, durch eine Barzahlung die genannte Menge Erz abzugelten, die sie gemäß Urteil auszuliefern hatten. Ebensowenig setzten sie durch, diese 150 Tonnen an die Metallkommission CRCM anstatt an die Grubenbetriebsführung auszuliefern[30]. In den folgenden Monaten sollten von deutscher Seite neue Beschwerden über die englische Unternehmensführung der Mina da Borralha vorgebracht werden, die angeblich absichtlich die eigene Förderung von 40 auf 10 Tonnen gedrosselt hatte. Die Deutschen erklärten sich bereit, „sich die aktuelle Förderung mit den Engländern zu teilen, und die gesamte zusätzliche, auf eigene Intervention erreichte Förderung zur Erfüllung der entsprechenden Quote einzubehalten"[31].

Nachdem alle Mittel erschöpft waren, mußten die Deutschen sich geschlagen geben. Die Folgen dieser Niederlage sollten über den ganzen restlichen „Wolframkrieg" hinweg spürbar sein. Was die Eigenproduktion anging, konnten sie sich nicht mit dem britischen Konkurrenten Beralt Tin messen, der die beiden größten Erzgebiete kontrollierte – direkt das von Panasqueira und indirekt auch jenes von Borralha. Die Deutschen waren somit vom Erz abhängig, das sie eventuell auf dem freien Markt kaufen konnten. Sie hatten mit einer Myriade von einzelnen kleinen Bergwerkskonzessionen zu kämpfen beziehungsweise mit individuellen Schürfern, wobei sie sich exorbitanten Forderungen zu unterwerfen hatten. In ihren eigenen Gruben blieb ihnen die Möglichkeit, den Abbau zu steigern, wie sie es auch über den Import von Maschinen taten, die in der Clearingabrechnung[32] berücksichtigt werden sollten, und denen bei der Einfuhr seitens der portugiesischen Regierung der Zoll erlassen wurde[33]. Obwohl diese Maschinen im Prinzip nur für ein bis zwei Jahre leihweise zur Verfügung gestellt wurden[34], beschloß man nachher, eine Frist von zehn Jahren anzuberaumen. Auf diese Weise versuchte man die portugiesische Regierung glauben zu lassen, daß „deutscherseits beabsichtigt ist, den technisch rationell aufgezogenen Produktionsbetrieb der jetzt auszubauenden Wolframminen auch in kommenden Friedenszeiten voll aufrecht zu erhalten"[35].

Andererseits beschränkte sich der Kampf um die Kontrolle des Marktes nicht auf einen Kampf gegen die feindlichen Mächte und auch nicht auf Produktionsinvestitionen. Die für den deutschen Wirtschaftskrieg zuständigen Stellen sahen es als Dringlichkeit an, reinen Tisch zu machen. Konkurrenten innerhalb der Achsenmächte mußten wegen der inflationären Auswirkungen daran gehindert werden, kriegswichtige Rohstoffe zu kaufen. Speziell die Italiener verfügten über Zahlungsmittel, zu denen sie durch nicht immer pünktliche Lieferungen von Autos und Kriegsmaterial gekommen waren. Mit diesen Mitteln trieben sie die Nachfrage an. Selbst als im Juli 1941 ihre Bemühungen, Kupfer zu erwerben, unwiderruflich scheiterten, begannen die italienischen Zinn- und Wolframkäufe die Deutschen zu beunruhigen[36]. Im Oktober wurde ein erster Schritt unternommen, diese Ankäufe unter deutsche Kontrolle zu bringen. In Berlin arbeitete man Pläne für ein Abkommen aus, das Rohstoffimporte aus Portugal und dem Fernen Osten, wie Zinn, Kupfer und Nickel, umfaßte. Diese Pläne beinhalteten Bedingungen, die allein den deutschen Partnern Nutzen brachten, und wurden schließlich drei Achsenländern zur Mitunterzeichnung vorgelegt. Italien mußte noch formal eine gewisse Geschäftshoheit zuerkannt werden, die sich vor allem in einer Teilhaberschaft an portugiesischem Zinn zu gleichen Teilen mit Deutschland ausdrückte. Ungarn und Bulgarien, die eben für den antibolschewistischen Kreuzzug rekrutiert worden waren, sahen sich jedoch schon an dieser Stelle zu einem Vasallenakt ohne Gegenleistungen verpflichtet. Insgesamt gab es ein beträchtliches Mißverhältnis unter den Anteilen für Deutschland einerseits und für die übrigen Signatarstaaten andererseits. Die drei Verbündeten Deutschlands mußten abgesehen davon akzeptieren, daß „die Maximal-Einkaufspreise und Kontraktbedingungen von der Reichsstelle für Metalle, Berlin, festgelegt werden und den beteiligten Ländern bekanntzugeben sind"[37]. Im August 1942 sollte in Lissabon eine aus Rumänien angereiste Handelsdelegation dem Geist des Abkommens beipflichten und ihre Zinnankäufe in Portugal der Kontrolle Deutschlands unterstellen[38].

Was aber den Wolframmarkt angeht, so waren die deutschen Intentionen nicht einmal durch ein Papier dieser Art zu regeln. Signifikanterweise wurde das wichtigste Erz in den Abkommensplänen nicht einmal erwähnt. Die deutschen Agenten beabsichtigten, die italienischen Konkurrenten ganz einfach vom Wolframmarkt zu fegen. Die Deutsche Gesandtschaft in Lissabon erhielt von der Firma Lobar, mit der sie in Verbindung stand, die Information, Italien habe 1941 circa 225 Tonnen portugiesisches Wolfram gekauft[39]. Einer der besonders engagierten Agenten für italienische Käufe in Portugal, Vasco Burmester Martins[40], wurde von den Deutschen geködert. Trotz heftigster italienischer Beschwerden über die Skrupellosigkeit des Agenten in der Abwicklung laufender Geschäfte[41] beschlossen die Deutsche Gesandtschaft sowie die zur Debatte stehenden Firmen, ihn nicht aus ihren Diensten zu entlassen[42].

Die Konkurrenz unter den deutschen, an Wolfram interessierten Firmen stellte ein weiteres Problem dar, das unverzüglich gelöst werden mußte. Die deutschen Käufer bedrängten einander am Markt, verschleuderten Devisen, ohne die Gesandtschaft zu konsultieren, wandten sich anschließend an diese, damit sie ihnen die nötigen Exportlizenzen[43] besorgte und setzten sie ständig unter Druck, sich in „nach portugiesischem Gesetz unerlaubte Geschäfte"[44] zu verwickeln. Die Auswirkungen dieser Konkurrenz waren von solchem Ausmaß, daß ein beflissener Nationalsozialist wie Eltze in erster Linie sie für den Preisanstieg von Wolfram verantwortlich machte: „Die Desorganisation am Wolframmarkt sei nicht auf Störungskäufe der Engländer zurückzuführen, sondern fände im wesentlichen ihre Ursache in einer falschen deutschen Geschäftspolitik"[45]. Die wichtigsten Firmen mit deutscher Kapitalbeteiligung am Markt waren die Minero-Silvícola[46], die Gruppe Dithmer[47], Sonimi, Thoebe und der Zwischenhändler Lobar. Die entsprechenden Kapitalanteile stammten von der Hisma-Gruppe, von Krupp und der IG-Farben. Mit Ausnahme von Thoebe, die dem Rüstungsministerium unterstand, waren sämtliche Gruppen und Firmen dem Vierjahresplan unterstellt[48].

Der Gedanke, unter den Geschäftsleuten jemanden mit guten Verbindungen und politischer Vertrauenswürdigkeit auszuwählen, der das Importfieber in geordnete Bahnen lenken konnte, sollte bei der Gesandtschaft Anklang finden. Wimmer schien dafür der geeignete Mann zu sein und war dann, wie bereits zuvor erwähnt, für die Konserven zuständig, während Zickermann, ein anderer parteigetreuer Unternehmer, die Zinnkäufe zentralisieren sollte. Die Minero-Silvícola erwies sich als am geeignetsten, die Zentralisierung der Wolframkäufe zu übernehmen. In Deutschland lag der Wolframimport in den Händen der Gesellschaft für Elektrometallurgie (GfE), die von Paul Grünfeld geleitet wurde. Ihr sollte es schließlich obliegen, das Wolfram gemäß einem Quotensystem unter den Interessenten zu verteilen. Die nach Portugal zu liefernden Kompensationsgüter sollten durch ein eigens dafür eingerichtetes Konsortium gelenkt werden, zu dem das Stickstoffsyndikat und vier große Unternehmen gehörten, nämlich die Firma Otto Wolff, die Stahlunion, Ferrostaal und Krupp[49].

Am Wolframsektor zeichnete sich somit in bescheidenem Rahmen eine Interessensorganisation ab, die nur mit großen Vorbehalten mit jener verglichen werden könnte, die in Spanien bestand. Während des Spanischen Bürgerkriegs unterstanden die deutsch-spanischen Handelsbeziehungen zur Gänze dem sogenannten Hisma-Rowak-System. Die Organisation Hisma (Compañia Hispano-Marroqui de Transportes, SL), die gegründet worden war, um die Truppen Francos unter Umgehung des internationalen Embargos mit Waffen zu versorgen, monopolisierte schließlich die spanischen Exporte nach Deutschland. Die etwas später gegründete Rowak (Rohstoffe und Waren Einkaufsgesellschaft GmbH) monopolisierte die entsprechenden Importe auf deutscher Seite. Analog dazu besaß die Minero-Silvícola in Portugal ein Exportmonopol des Erzes nach Deutschland und die GfE das entsprechenden Importmonopol auf deutscher Seite[50]. Der Unterschied lag darin, daß die Hisma-Rowak und ihre Nachfolgeorganisation Sofindus übergreifend die Kontrolle sämtlicher bilateraler Handelsbeziehungen an sich zogen, während die Kompetenzen der Minero-Silvícola und GfE auf den Wolframmarkt beschränkt blieben. In diesem Punkt näherte sich das in Portugal verfolgte Modell weitaus mehr dem von den Deutschen in anderen neutralen Ländern, wie zum Beispiel in der Türkei, verfolgten an, wo jedes Marktsegment eher in den Händen einer führenden Firma verblieb[51].

Ein weiterer gemeinsamer Aspekt lag in der Verflechtung des Dritten Reichs mit den auf diesem Gebiet bestehenden kapitalistischen Interessen. Einer der Gründerväter des „Hisma-Rowak-Systems" in Spanien war der bereits erwähnte NS-Glücksritter Johannes Bernhardt, der sich schnell von der Vierjahresplan-Behörde in deren Reihen stellen ließ. Göring, der es verstehen sollte, den Ausgang des Spanischen Bürgerkriegs als eigenen Erfolg zu verbuchen, nützte diesen Konflikt auch, um in der Kontrolle über die Wirtschaft neue Positionen zu gewinnen. Zuerst, indem er Männer seines Vertrauens, wie Eberhard von Jagwitz und Friedrich Bethke, in der Leitung der Rowak einsetzte, um sie danach in politisch verantwortungsvolle Positionen zu heben, sobald sich die Gelegenheit ergab, das von Schacht im Reichswirtschaftsministerium hinterlassene Vakuum zu füllen. Auch wenn von Jagwitz und Bethke inzwischen zum Unterstaatssekretär beziehungsweise Ministerialdirektor befördert worden waren, gaben sie ihre engen Verbindungen zur Sofindus-Leitung nicht auf, in der Bernhardt ihnen inzwischen rangmäßig unterstellt war[52].

In Portugal sollte der gesamte deutsche Geschäftsapparat schon früh einer Leitstelle unterstellt werden. Dieser Organismus, dessen Hauptfunktion in der „Überwachung der Ausführungen des Wolframabkommens"[53] bestand, wurde von Hans Eltze geleitet, einer im gesamten Prozeß dominierenden Persönlichkeit. Zumindest seit dem Ausbruch des Spanischen Bürgerkriegs stattete er Portugal regelmäßig Besuche ab, um Lieferungen von Kriegsmaterial auszuhandeln. Er war mit dem Land und seinen Führern vertraut und galt als persönlicher Freund und Vertrauter Salazars. 1943 wurde ihm vom portugiesischen Diktator das Grã-Cruz da Ordem do Mérito Industrial, das Großkreuz für Verdienste um die Industrie, verliehen, was ihn nicht daran hinderte, dem Spion Erich Schröder regelmäßig Informationen über den Inhalt der Gespräche zwischen Salazar und ihm zukommen zu lassen[54]. Ebenso wie Bernhardt und Bethke war Eltze ein anschauliches Beispiel für das gute Einvernehmen zwischen deutschem Patronat und dem NS-Staat. Er übte eine leitende Funktion in der Reichsgruppe Industrie aus und spielte gleichzeitig eine führende Rolle in der AGK, der Ausfuhrgemeinschaft für Kriegsgerät. Aber im Gegensatz zur Organisation in Spanien unterstand Eltze nicht unmittelbar Görings Behörde. Es trifft schon zu, daß die Sofindus die Minero-Silvícola kontrollierte[55], von Jagwitz und Bethke häufig in Diskussionen über die Beziehungen zu Portugal intervenierten und Eltze stets auf die Interessen der Vierjahresplan-Behörde Rücksicht nahm. Sein Spielraum an Autonomie war jedoch beträchtlich. Er wurde zu einem Zeitpunkt ernannt, zu dem, wie bereits erwähnt, Göring angesichts der von Speer vertretenen Interessen an Terrain zu verlieren begann. Eltze, „der das besondere Vertrauen des portugiesischen Staatsführers genoß, wurde zum bevollmächtigten Vertreter der deutschen Lieferseite bestimmt und führte in engem Einvernehmen mit der Deutschen Gesandtschaft in Lissabon die Verhandlungen in Portugal".

Odal von Knigge, mit dem Wheeler noch 1985 im Badeort Estoril in der Nähe von Lissabon sprechen konnte, war Eltzes Vertrauensmann und der in Portugal ansässige Vertreter der Leitstelle, der das Lieferantenkartell voll und ganz unterstand: „Die Vertreter der deutschen Firmen, die zur Lieferung im Rahmen des Abkommens eingesetzt werden, haben sich ausschließlich nach den Richtlinien und Weisungen der Leitstelle in Portugal für die Abgabe ihrer Angebote zu richten"[56]. Der Aktionsradius dieser zentralen Leitung der deutschen Firmen in Portugal war groß, und man zögerte auch nicht, Mittel der einen zu requirieren, um anderen bei der Lösung von Zahlungsschwierigkeiten zu Hilfe zu eilen. Im Januar 1942 sollte die Gesandtschaft die Firma Wimmer um acht Millionen Escudos aus ihrem Sardinengeschäft bitten, um sie der Minero-Silvícola für ihr Wolframgeschäft zur Verfügung zu stellen. Es ging bei diesem Notfall um die Zahlung von Exportrechten für 250 Tonnen des Erzes[57].

Das Abkommen „Wolfram-Eisen-Waggons" von 1942

Im Herbst 1941 verlagerte sich der Kampf um Wolfram endgültig auf den iberischen Schauplatz. Birma, traditionell die starke Versorgungsquelle Großbritanniens, wurde von den japanischen Truppen bedroht und schließlich im Januar 1942 von diesen überfallen[58]. Die Alliierten konnten nun nicht mehr mit Wolfram aus dem Fernen Osten rechnen und hatten ihre Versorgungsalternativen noch nicht komplett neu organisiert. Zu jenem Zeitpunkt benötigten sie tatsächlich portugiesisches Wolfram, und ihre Käufe waren nicht mehr rein präventiv. Zum anderen verschärften die infolge der Blockadepolitik verursachten Spannungen, die schon bald im Zuge der Besetzung Ost-Timors durch die Australier und Holländer eskalierten, den Dialog mit Lissabon. Aufgrund dieser Spannungen wurden Aufträge der Alliierten nur unwillig angenommen, und es kam zu Schwierigkeiten bei der Auslieferung von Wolfram[59].

Sobald sich im Timorkonflikt eine Lösung abzuzeichnen begann, kündigte sich auch eine Wiederaufnahme der Wolframverschiffungen nach England an. Huene forderte sogleich den Einsatz von U-Booten gegen die englischen Transportschiffe, über deren Auslaufen aus den Häfen von Lissabon und Porto er die nötigen präzisen Informationen zusagte[60]. Die Nervosität des Diplomaten war jedoch fehl am Platz. Zu jenem Zeitpunkt hatten die Deutschen guten Grund, optimistisch zu sein. Die Gespräche mit der portugiesischen Regierung verliefen vielversprechend, und die Wolframkäufe erreichten im Durchschnitt eine Monatsquote, die später nie mehr so hoch sein sollte. Im September 1941 gab die Minero-Silvícola basierend auf diesen letzten Erfahrungen Schätzungen heraus, nach denen möglicherweise monatlich mit etwa 300 Tonnen zu rechnen war[61].

Das eigentliche Problem lag im schwindelerregenden Anstieg der Preise. Die Konkurrenz zwischen den Engländern und Deutschen katapultierte vor allem die Wolframpreise in Höhen, die laut Sabath „über dem Silberpreis"[62] lagen. Die Preise der deutschen Warenlieferungen konnten nicht entsprechend der Preisentwicklung portugiesischer Exportgüter erhöht werden. Man prüfte die Möglichkeit, Portugal eine Preisfestsetzung für Wolfram vorzuschlagen, bei der ein Abbau noch rentabel blieb[63]. Die Errichtung einer Abteilung innerhalb der Kommission zur Regulierung des Metallhandels CRCM (Comissão Reguladora do Comércio de Metais) für den Spezialbereich Zinn und Wolfram stellte eine Wende im Umgang der portugiesischen Behörden mit dem Handel des begehrten Erzes dar. Am 8. November 1941 wurden die Preise per Verordnung festgesetzt[64]. Salazar, der über das „Wolframfieber" sehr besorgt war und sich aus innenpolitischen Erwägungen zu diesem Schritt entschlossen hatte, versuchte indessen, diesen bei den Deutschen zu seinem Vorteil zu verwenden, und ersuchte sie, im Gegenzug ihre Exportpreise für Portugal dem Vorkriegsniveau anzugleichen[65]. Am meisten kam die neue Regelung den Deutschen zugute. Sie rechneten mit dem Leiter der CRCM persönlich als Helfershelfer[66] und legten schließlich weniger auf den Ladentisch der Kommission. Der neue Preis lag bei 150 Escudos pro Kilogramm und war natürlich günstig für jemanden, der weniger flüssig war und nur über beschränkte Kredite verfügte, wie dies in Portugal für die Deutschen zutraf.

Auf der anderen Seite führte die Monopolstellung der CRCM im Wolframkauf zu einem wesentlichen Produktionsrückgang. Ende Februar 1942 berechnete die Gesandtschaft, daß der Abbau durch „wilde Bergarbeiter" bereits zu 60 bis 70% von diesem Einbruch betroffen war[67]. Eine der Maßnahmen, diesem unerwünschten Nebeneffekt der Monopolisierung entgegenzuwirken, bestand in der „Schaffung einer dritten Stelle, die insgeheim Anreiz zu größerer Förderung bei wilden Mineros [sic] schafft". Huene suchte dafür Verbündete und wandte sich sogar an jemanden wie Monteiro de Barros, den ehemaligen Leiter des Instituto Industrial von Lissabon und Chef der Lobar. Die früheren Annäherungen von Barros an die Gesandtschaft hatten stets die Antipathie und das Mißtrauen des Diplomaten erweckt. Die neue Situation am Wolframmarkt machte ihn jedoch plötzlich äußerst interessant[68].

Abgesehen von den Schwierigkeiten bei der Beschaffung des Erzes zeigte sich auch, daß die Schwarzmarktpreise infolge der neuen Gesetzeslage rasch auf ein Niveau zurücksanken, auf dem der Abbau rentabel war[69]. Zunächst einmal gab es während der Übergangsphase zu den neuen Reglementierungen Meldungen, daß die Engländer für das Kilogramm zwischen 340 und 370 Escudos bezahlten, um mit Hilfe portugiesischer Fischerboote anschließend damit Schleichhandel zu treiben[70]. So sehr zu jenem Zeitpunkt die Ankäufe bei der CRCM für Deutschland vorteilhaft waren, wurden doch wachsende Mengen an Escudos benötigt, um auf dem Schwarzmarkt Wolfram zu ergattern. Für die Beschaffung von Escudos gab es verschiedene Kanäle, auf die im folgenden Kapitel eingegangen wird. Dennoch war man nicht davon befreit, Waren zu immer höheren Werten zu liefern. Im Reichswirtschaftsministerium nahmen nicht alle die drohenden Schwierigkeiten in ihrer ganzen Tragweite wahr. Von Jagwitz hielt es weiterhin für möglich, einen Großteil der portugiesischen Importe mit normalen Exportgütern zu kompensieren, wie mit Ammoniumsulfat, diversen Düngemitteln, Eisenbahnwaggons, Maschinen[71] und Eisen, das dringend für die Eisenbahn, den Schiffbau und Drahtfabriken benötigt wurde[72]. Spätere Listen sollten auch Stahl, Zeitungspapier sowie Ausrüstung für die Gruben beinhalten[73]. Es gab jedoch leitende Funktionäre des deutschen Wirtschaftskrieges, die von einem frühen Zeitpunkt an die neu aufgetretenen Probleme gleichzeitig auf der Soll- und Habenseite ansiedelten. Einerseits fielen im Wolframzyklus höhere Kompensationen an, andererseits wollte man davon Abstand nehmen, während des Kriegsjahres 1942 wiederholt Rüstungsmaterial zu liefern. Eltze versuchte mehrere Monate lang die Euphorie von v. Jagwitz zu bremsen und wies ihn darauf hin, daß es unmöglich sei, noch einmal sämtliche Probleme mit einer massiven Waffenlieferung lösen zu wollen. Huene, der diese pessimistische Einschätzung teilte, machte ebenfalls darauf aufmerksam, daß „nur der zivile Sektor zur Belieferung übrigbleibt", um deutsche Kompensationsgüter anzubieten[74].

Das Reichswirtschaftsministerium sollte sich binnen kurzem der von Eltze vorgeschlagenen Politik beugen. Die Minero-Silvícola sollte angewiesen werden, ohne zu zögern auf dem Schwarzmarkt zu kaufen, auch wenn dies eine gewisse Preissteigerung bedeuten würde[75]. Diese höheren Preise waren auf keinen Fall zu vermeiden, es war bestenfalls möglich, sie in bestimmten Grenzen zu halten, wenn die deutschen Firmen sich bezüglich der Kaufofferte untereinander abstimmten[76]. Schließlich sollte man sich dazu entschließen, auf dem freien Markt Preise bis zu 550 Escudos pro Kilogramm anzubieten[77]. Devisen zu sparen war zwar wichtig, Wolfram herbeizuschaffen jedoch vorrangig. Und auch in den Verhandlungen zum deutsch-portugiesischen Wolframabkommen sollte die deutsche Seite versuchen, den Anteil der Zahlung in Waren soweit wie möglich zu reduzieren und den Anteil an Devisen so weit wie möglich zu erhöhen. Noch im Dezember 1941 hofften die Deutschen, die portugiesischen Verhandlungspartner würden eine Zahlung in Escudos und Schweizerfranken für 35% der verhandelten Werte akzeptieren[78]. Nach ungemein harten, aussichtslosen Verhandlungen[79] gab man sich im Januar 1942 schließlich mit 30% zufrieden[80].

Die Deutschen waren zu bedeutenden Konzessionen bereit. Sie erkannten zu jenem Zeitpunkt die Dringlichkeit, mit Portugal einen Rahmenvertrag zu unterzeichnen, in dem „die Transaktion Wolframerz gegen deutsche Waren als ein geschlossenes Kompensationsgeschäft außerhalb des deutsch-portugiesischen Clearings abgewickelt wird"[81]. Aller Wahrscheinlichkeit nach hatte man im Reichswirtschaftsministerium immer noch nicht erkannt, wie sehr die deutschen Verhandlungstrümpfe an Wert eingebüßt hatten. Man fuhr damit fort, die Aushandlung eines Rahmenvertrags als Bestandteil einer unverändert offensiven Politik überhöhter Forderungen anzusehen. „Es wird vielmehr angestrebt, und es darf auch als erreichbar im

Rahmen der Verhandlungen aufgezeigt werden, daß die Wolframlieferungen umgehend nach Genehmigung des Vertrages einsetzen und damit ausreichende Reichsmarkbeträge für die Bezahlung der deutschen Lieferungen nach Portugal in Deutschland zur Einzahlung gelangen werden"[82]. Mit anderen Worten, das RWM wünschte, daß das Wolfram noch vor den deutschen Gegenlieferungen ausgeliefert würde, und daß die Lieferfirmen dieser Kompensationswaren in Reichsmark bezahlt werden könnten, ohne auf Kredite im deutschen Banksystem zurückgreifen zu müssen.

Die Verhandlungen mit der portugiesischen Regierung waren komplex. Ein Rahmenvertrag beinhaltete zwangsläufig bestimmte Kompensationslieferungen. Ab Oktober 1941 beharrte Salazar vehement auf Kohlelieferungen[83]. Das traditionelle Lieferland England reduzierte seine Lieferungen drastisch, um den deutsch-portugiesischen Handel dort zu treffen, wo er seines Wissens eine Schwachstelle hatte, nämlich im Bahntransport[84]. Die Gier der Deutschen nach Wolfram schien eine Alternative zu den Lieferungen der Alliierten aufzutun. Salazar war entschlossen, ein Wolframabkommen nur dann zu unterzeichnen, wenn in den deutschen Gegenlieferungen eine bedeutender Anteil an Kohle enthalten war[85]. Bezüglich der Lieferfristen zeigte er sich etwas flexibler und schenkte dem Minister für Öffentliche Bauten, Duarte Pacheco, kein Gehör, der Wolfram nur dann ausliefern wollte, wenn eine Gegenlieferung an Kohle unmittelbar in Aussicht stand[86]. Auf diese Weise schloß Huene mit Salazar einen Kompromiß, der für Deutschland äußerst günstig war. Das deutsch-portugiesische Abkommen vom Januar 1942[87], das anfangs als ein Abkommen über Wolfram-Eisen-Düngemittel[88] konzipiert war, sollte schließlich im Diplomatenjargon den Beinamen „Abkommen über Wolfram-Eisen-Waggons"[89] erhalten. Auf das Rüstungsmaterial, das in den Verhandlungen ebenfalls erwähnt wurde, wird später noch eingegangen[90]. Das Abkommen sah die Lieferung von 2.800 Tonnen Wolfram innerhalb eines Jahres vor und machte, abgesehen von diesem Kontingent, zusätzlich den Export von 438 bereits erworbenen Tonnen möglich, indem man es erst am 1. März 1942 in Kraft treten ließ[91].

Der Mangel an deutschen Gegenlieferungen

In der Zeit von Februar bis Juni 1942 sollten die deutsch-portugiesischen Handelsbeziehungen im Schatten eines Abkommens stehen, das zum Zeitpunkt der Unterzeichnung gefeiert wurde, in seiner Abwicklung jedoch auf erhebliche Schwierigkeiten stieß. Die Tatsachen bestätigten schon bald die Vorbehalte Duarte Pachecos. Die Deutschen „entsetzten" die Portugiesen[92], da sie für ihre Kohle das Dreifache des üblichen Preises forderten[93].

Abgesehen davon minderte die Priorität des Wolframs nicht die Bedeutung anderer portugiesischer Waren. Parallel zum Wolframabkommen diskutierte man im April 1942 eventuelle portugiesische Lieferungen an Kork, Harz, Zinn sowie Terpentin, und man hegte noch die Erwartung, auch an Kupfer heranzukommen. Weitere Verhandlungen über Lieferungen von Olivenöl, Maultieren, Wolldecken und Schaffellen scheiterten zunächst vollkommen[94]. Zur Kompensierung der aus Portugal geforderten Waren stand noch einmal eine Eisenlieferung in Aussicht, während man von portugiesischer Seite von einer Düngemittellieferung offensichtlich Abstand nahm, zumal die Deutschen unerschwingliche Preise dafür verlangten[95]. Eine in Aussicht gestellte Bestellung von Ammoniumsulfat wurde nicht in Auftrag gegeben, da Portugal inzwischen zu einer großen Menge an Nitrat aus Chile Zugang hatte[96].

In Ermangelung ausreichender realer Kompensationsgüter war man sich auf deutscher Seite nicht zu schade, auf virtuelle zurückzugreifen. Man versuchte mit allen Mitteln, aus den eigenen Lieferungen in einer Art wundersamen Brotvermehrung mehr zu machen, um damit zu großen Mengen portugiesischer Waren zu kommen, die weit über die vertraglich vereinbarten hinausgingen. So verlangte Otto Eckert von den portugiesischen Verhandlungspartnern, Olivenöl, Tresteröl und über die vereinbarten Quoten hinausgehende Mengen an Zinn und Konserven gegen Kohle auszuliefern[97]. Irgendwann sah sich der Sektionschef für Wirtschafts- und Konsularangelegenheiten im portugiesischen Außenministerium, Francisco de Paula Brito, durch die unmäßigen Forderungen veranlaßt, die Deutschen daran zu erinnern, daß die Kohle bereits eine Gegenlieferung zu Wolfram darstellte[98]. Ein weiteres Mal offenbarten die deutschen Ministerien wenig Realitätssinn. Die Absicht, abseits des Wolframabkommens Waren im Wert von 90 Millionen Reichsmark zu erwerben, ließ sich nicht mit den verfügbaren Gegenlieferungen vereinbaren, die nicht über Kohle für sieben Millionen Reichsmark hinausgingen[99].

Die Abwicklungsschwierigkeiten des Wolframabkommens machten Huene ein weiteres Mal nervös. Ende Mai 1942 schlug er erneut vor, die deutschen U-Boote an der Douro- und Tejomündung in Aktion zu setzen. Der Diplomat spekulierte mit dem Schock, der unter anderem durch die Torpedierung des portugiesischen Handelsschiffes „Corte Real"[100] verursacht worden war, und wollte ein bis zwei Dutzend Frachter mit „Feindwaren, insbesondere mit englischer Kohle, versenken. Abgesehen davon, daß der Wert deutscher Kohlelieferungen damit steigen würde, wäre die moralische Wirkung groß. Die deutsche Macht zur See muß den Portugiesen gezeigt werden, wenn man nicht auf größere Lieferungen von Wolfram und

Zinn verzichten will"[101]. Der Handelspolitische Ausschuß und das Kriegsministerium favorisierten die von Huene vorgeschlagenen Aktionen, denn „unsere handelspolitischen Mittel gegenüber Portugal sind erschöpft, wir haben auch nichts, was wir wirtschaftlich oder politisch den Engländern entgegensetzen könnten, die mit ihrem Navicert-System Portugal in weitgehende wirtschaftliche Abhängigkeit gebracht haben". Von Ribbentrop wurde um grünes Licht für die Aktion gebeten[102], aber seltsamerweise sollte es just der sonst stets aggressiv und cholerisch agierende Minister sein, der hier Einhalt gebot, um mit den portugiesischen Gesprächspartnern noch einen wirklich konstruktiven Verhandlungsversuch zu starten[103].

Das Abkommen funktionierte schließlich mit vielen Einschränkungen. Mit den Lieferungen der in Lissabon gelagerten schweizerischen Kohle sollte erst im März 1942 begonnen werden[104]. Es ist jedoch nichts darüber bekannt, in welcher Folge diese Lieferungen erfolgt sein könnten. Weder von dieser ersten Lieferung noch von den restlichen, sofern es sie gegeben hat, ist in den portugiesischen Außenhandelsstatistiken der folgenden Jahre auch nur die geringste Spur zu finden. Die Portugiesen mußten sich im April 1942 erneut um die spanische Kohle bemühen, die dank deutscher Vermittlung geliefert werden sollte. Dabei wurden sie von der Deutschen Gesandtschaft in Lissabon[105] beziehungsweise von der Deutschen Botschaft in Madrid[106] nicht gerade unterstützt. Der Vertrag über die Kohlelieferung, die „Voraussetzung für das Ingangkommen des Wolfram-Abkommens", sollte erst Anfang Mai 1942 unterzeichnet werden[107]. Im Juni erachtete man in der Direktion der Banco de Portugal die Kohleversorgung als „sehr vorteilhaft" gelöst, ohne dabei in Details zu gehen[108]. In den folgenden Jahren erreichten die Importe von Steinkohle und Anthrazit aus Spanien im Monatsschnitt allerdings kaum ein Viertel der erwarteten Menge von 8.000 Tonnen. Verglichen mit den 600.000 Tonnen, die von den Alliierten im Abkommen vom November 1942[109] pro Jahr zugesichert werden sollten, bewegten sich die deutschen – in Wirklichkeit spanischen – Kohlelieferungen in einem bescheidenen Rahmen. Immerhin sollten die in den ersten Monaten des Jahres 1942 diesbezüglich mit Deutschland geführten Diskussionen Druck auf die Alliierten ausüben, das November-Abkommen zum Abschluß zu bringen.

Das deutsch-portugiesische Clearing schien ständig Gefahr zu laufen, vollkommen zum Stillstand zu kommen. Es mußten neue Kompensationsgüter aufgetrieben werden, um das wachsende Defizit Deutschlands auszugleichen. Bei den Waggons, die im Abkommen vom Januar 1942 eine besondere Position einnahmen, kam es zu Lieferverzögerungen. Zu den 500 im Abkommen vorgesehenen kamen, allerdings nur auf dem Papier, im

Abkommen des darauffolgenden Jahres noch einmal so viele dazu. 1943 wurde schließlich mit der Firma Otto Wolff ein Liefervertrag über 800 Waggons und 1.000 Waggonräder abgeschlossen. Bis zur Unterbrechung der Landverbindung im August 1944 sollte Portugal nicht einmal die Hälfte der vertraglich zugesicherten Waggons und nicht einmal ein Zehntel der Räder erhalten haben[110]. Der Gedanke, bei deutschen Firmen die Fertigung von Turbinen für die Staustufe von Castelo de Bode in Auftrag zu geben, wurde sogleich verworfen. Die portugiesische Regierung tat die Absicht kund, eine öffentliche Ausschreibung zu machen. Im Grunde wäre es ihr lieber gewesen, den Auftrag an amerikanische Hersteller zu vergeben, die man mit seit Sommer 1941 in den Vereinigten Staaten eingefrorenen portugiesischen Vermögenswerten bezahlen hätte können. Vom Bau einer von deutschen Firmen geplanten Zementfabrik in Persien nahm man Abstand, weil das Projekt zu groß war.

Von portugiesischer Seite ließ die Begeisterung für weitere Abkommen sichtlich nach. Die Verhandlungen zwischen den Vertragspartnern scheiterten immer häufiger. Die Erwartung Deutschlands, in Portugal 250 Tonnen Kupfer zu ergattern, wurde ein für allemal zunichte gemacht. Portugal hing diesbezüglich von alliierten Lieferungen ab und berief sich darauf, diese zur Gänze für die eigene Sulfatproduktion zu benötigen. Man argumentierte auch, diese Lieferungen nicht aufs Spiel setzen zu wollen, indem man eine Feindmacht der Lieferanten beliefere[111]. Kupfer war für Deutschland vorläufig lediglich im Schleichhandel zu erwerben – und darum kümmerte sich die Gesandtschaft unter der Leitung von Huene[112]. Mangels entsprechender Exportlizenzen gab es außer Kupfer auch keinen Gummi, zu dem man mit einer Lieferung von elektrotechnischem Material kommen wollte. Um zu verhindern, daß dieser Gummi in seinem Geheimlager beschlagnahmt wurde, mußte er fiktiv an das Kriegsministerium verkauft werden, um ihn anschließend auf dem Schwarzmarkt verschwinden zu lassen. Im Gegenzug würde der eilfertige Hauptmann Santos Costa, die rechte Hand Salazars in diesem Ministerium, zu einer Reifenlieferung kommen[113].

Was das von deutscher Seite geforderte Zinn angeht, sagte der Präsident des Conselho Técnico Corporativo (des korporativen technischen Rats), Francisco Castro Caldas, lediglich einen geringen Teil zu, an den noch dazu Bedingungen geknüpft waren[114]. Schon bald sollte selbst jenes bereits abgesprochene Zinn den Deutschen verweigert werden, da Portugal auf keinen Fall mehr darauf verzichten wollte, um damit amerikanische Erdöllieferungen auszuhandeln[115]. Bezüglich der Sardinenkonserven waren die Zusagen etwas vage, obwohl hier der deutschen Forderung zugute kam, daß die englischen und amerikanischen Konkurrenten Schwierigkeiten hatten, Weißblech in ausreichenden Mengen zu liefern[116]. Die portugiesischen

Bemühungen, die Wolframlieferungen zu erfüllen, schienen in dem Maße nachzulassen, in dem die deutschen Ausflüchte zunahmen. Schon ab Mitte März 1942 hegte Hitler den Verdacht, die Portugiesen würden das Abkommen nicht erfüllen. Trotz des zufriedenstellend hohen Bestandes an Wolframvorräten empfahl der Führer, umsichtig mit ihnen umzugehen und bei der Verwendung klare Prioritäten zu setzen[117].

Ende Mai 1942 traf eine deutsche Delegation in Lissabon ein, an der auch Koppelmann vom Reichswirtschaftsministerium und Reichsbankdirektor Hans Treue teilnahmen. In verschiedenen Besprechungen mit den zuständigen Vertretern der Banco de Portugal suchte man nach Auswegen aus dem Engpaß, der dem Mangel an deutschen Kompensationsgütern und den jüngsten Hindernissen bei Zahlungen mit Schweizerfranken im deutsch-portugiesischen Handel zuzuschreiben war. Im folgenden Kapitel wird auf diese Besprechung noch einmal eingegangen, in der man sich zum ersten Mal auf direkte Zahlungen in Reichsbankgold an die Banco de Portugal einigte, um so in den stockenden deutsch-portugiesischen Handel einzugreifen. Dennoch ist die Grundtendenz zu beobachten, daß man von portugiesischer Seite weiterhin immer mehr Gegenlieferungen in Naturalien reklamierte und man sich von deutscher Seite mit immer größeren Schwierigkeiten konfrontiert sah, diesen Forderungen nachzukommen. So hoch die Goldzahlungen auch sein mochten, bewahrten sie Deutschland dennoch nicht davor, in den darauffolgenden Monaten gezielte Gegenleistungen mobilisieren zu müssen.

Spezielle Kompensationen in Form von Waffen und Schiffen

Auf den ersten Blick mag es überraschen, daß im Frühling 1942 die Verkäufe von deutschem Rüstungsmaterial die Handelsdefizite mit Portugal nicht unmittelbar ausgeglichen haben. Diese Verkäufe dienten seit den 1930er Jahren als Allzweckmittel der deutschen Handelsstrategie. Waffen wurden von den Nationalsozialisten sozusagen als „Universaldevisen" benutzt und spielten im Warenausgleichssystem des deutschen Außenhandels eine wesentliche Rolle. Gewiß zwangen die Forderungen der Wehrmacht im Krieg inzwischen dazu, sämtliche Exporte einer militärischen Bewilligung zu unterziehen, die nur mehr mit Widerstreben gegeben wurde. So begann sich das Oberkommando der Wehrmacht schon früh über die neutralen Länder zu beklagen, die „sich ihrer Bedeutung für die deutsche Kriegführung allmählich bewußt werden und beginnen, ihrerseits erhebliche Forderungen zu stellen. Sie verlangen dabei auch Güter, die für Deutschland zur Zeit von größtem Wert sind und von denen kein Überschuß vorhanden ist. Dieses gilt unter anderem für Werkzeugmaschinen und Waffen"[118].

Der „Überschuß" kann in diesem Fall nicht dahingehend definiert werden, was notwendig gewesen wäre, um größenwahnsinnige Ambitionen wie die Beherrschung des europäischen Kontinents oder gar der ganzen Welt zu verwirklichen. Er muß in Relation zum Ausmaß und zu den Engpässen der Kriegswirtschaft und ihrer zu gegebener Zeit möglichen Beteiligung an der Konkretisierung durchführbarer militärischer Ziele gesehen werden. NS-Deutschland produzierte sicherlich nicht genügend Waffen, um die Welt beherrschen zu können. Genauer gesagt, im Dezember 1941 produzierte es nicht einmal so viele, um Moskau einnehmen zu können[119]. Es produzierte allerdings zu viele, um sie zurückhalten und jeglichen Export verweigern zu können, wenn der industriemilitärische Komplex an einer anderen schwachen Stelle auseinanderzubrechen drohte. Lief die Produktionskette Gefahr, wegen Mangels an Eisen, Rohöl oder Wolfram ins Stocken zu geraten, waren die Zugeständnisse gegenüber Lieferanten von Eisen, Rohöl und Wolfram das vergleichsweise kleinere Übel[120].

In dem Jahr, mit dem wir uns hier befassen, nämlich 1942, trat die Kriegsproduktion in die Ära Speer ein, die Goebbels später auch den „totalen Krieg" nennen sollte. Es trat ein, was als das „Rüstungswunder" bezeichnet wurde. In der deutschen Industrie existierten 4.000 Fabriken, die sich ausschließlich der Produktion von Rüstungsmaterial widmeten[121]. Mit der gesamten Wertschöpfung dieser massiven Produktion sollte die deutsche Kriegsindustrie über den ganzen Konflikt hinweg fortwährend Spielraum für eine bedeutende Exportaktivität haben. Ein Beweis dafür, daß es einen „Überschuß" gab, ist die Tatsache, daß Deutschland weiterhin Waffen exportierte, und zwar in einer Größenordnung von der Hälfte bis zu einem Drittel seiner gesamten Waffenproduktion[122]. Circa 75% dieser Exporte gingen an die mit Deutschland verbündeten Länder, dafür war die Exportquote an Großkundenländer der Vorkriegszeit nach dem Einmarsch der Wehrmacht in diese Länder minimal bis null. Es war jedoch nicht so, daß mit dem Fortschreiten des Krieges Italien und die kleinen Achsenpartner immer mehr deutsche Waffen für sich beanspruchten. Die Tendenz war nämlich eine ganz andere[123]. Der Abfall Finnlands, der militärische Zusammenbruch Rumäniens, die teilweise Befreiung Italiens mit Bildung eines Teilstaates aus den übrigen Gebieten des Landes und der NS-Einmarsch in Ungarn waren mit Gründe dafür, daß die Zieladressen früherer militärischer Exporte ihre Daseinsberechtigung verloren. Je rückläufiger die Verbindlichkeiten aus aufgelösten militärischen Partnerschaften waren, desto mehr Kriegsmaterial stand zum Verkauf gegen kriegswichtige Rohstoffe bereit.

Die portugiesische Regierung war einer von zahlreichen Kandidaten für deutsche Exporte von Kriegsgerät. Seit dem Beginn des Spanischen Bürgerkriegs erhöhte sie sukzessive die ordentlichen und außerordentlichen Ausgaben für die Verteidigung und räumte dem Ankauf von Kriegsmaterial eine höhere Etatpriorität ein. Nach vier Jahren diesbezüglicher Bemühungen befand sich der Militärapparat im Juli 1940 nach wie vor weit hinter dem, was seine Führung als Mindestmaß an Operationsfähigkeit erachtete[124]. Die Ausgaben für die Verteidigung wurden daher gehalten, und im Jahre 1941 stiegen sie gegenüber 1936 auf das Doppelte an, während die Ausgaben für die Wirtschaftsentwicklung lediglich bescheidene 5% mehr ausmachten als der entsprechende Betrag von 1936. 1943 sollten schließlich die Ausgaben für die portugiesische Verteidigung im Vergleich zu 1936 um das Dreifache gestiegen sein, während die der Wirtschaft nur um 20% höher lagen als im Jahr der Wende[125]. Alles in allem belief sich die Wiederaufrüstung Portugals in den 1930er und 1940er Jahren laut António Telo auf circa 3,6 Milliarden Escudos. Ein Drittel davon entfiel auf britische Lieferungen und circa zwei Drittel auf deutsche[126] – wobei letzteres häufig völlig zu Unrecht vergessen wird[127].

Von Anfang an wurden die größeren Einkäufe an Kriegsgerät in den portugiesischen Außenhandelsstatistiken nicht erwähnt. Dieses Versäumnis heißt nicht, daß diese unbedeutend gewesen wären – ganz im Gegenteil. Die diesbezüglichen Wissenslücken konnten glücklicherweise durch das deutsche Dokumentationsmaterial geschlossen werden, das Willi Boelcke ausfindig gemacht und analysiert hat[128]. Aufgrund dieses Materials weiß man, daß der Wert des von Portugal gekauften deutschen Rüstungsmaterials im Jahre 1941 dem Wert der gesamten aus Deutschland stammenden „zivilen" Importe entsprach und sich im Jahre 1943 erneut diesem Wert stark näherte[129].

Im Jahre 1941 beliefen sich die Importe von Rüstungsmaterial auf nicht weniger als 26 Millionen Reichsmark und beinhalteten in erster Linie leichte und schwere Feldhaubitzen. Wie bereits festgestellt, trugen diese Importe entscheidend zum Abschluß des Abkommens über Konservenexporte vom 15. Mai 1941 bei. Mit diesem Ziel vor Augen ließ Hitler die Haubitzen an Portugal ausliefern. 1942 hingegen sollte es keine Möglichkeit geben, über Waffenlieferungen zum Abschluß des Wolframabkommens zu gelangen. Die Verhandlungen über Rüstungsmaterial waren inzwischen vollkommen ins Stocken geraten. Im Frühling 1942 errang die Wehrmacht einige Pyrrhussiege an der Ostfront, und Hitler schwebte für kurze Zeit vor, die Blitzkrieg-Strategie wieder aufzunehmen[130]. Er erwartete sich unverzüglich Erfolge, wenn er nur seinen Generälen das gewünschte Rüstungsmaterial überließ. Der Export von Kriegsgerät konnte warten. Die neue Ausrichtung machte sich auch in Portugal bemerkbar, wo die deutschen Unterhändler lediglich uninteressante Offerte zu unterbreiten hatten.

Es wäre jedoch absurd anzunehmen, die großen Rüstungseinkäufe Portugals hätten 1942 einen zeitweiligen Einbruch erlitten, weil sie zu umfangreich waren beziehungsweise weil sie sich für die deutsche Kriegführung im Osten zum Ballast entwickelt hatten. Die portugiesischen Einkäufe waren lediglich im Verhältnis zur Größe des Landes, zu seiner bescheidenen Handelsbilanz und zu seinem unbedeutenden Heer umfangreich. Was Deutschland streichen mußte, waren die Lieferungen an andere Kunden. In großen Mengen in andere Länder exportiertes Material konnte unter Umständen in einer entscheidenden Kampfphase fehlen. Verbündete Deutschlands, wie Italien und Bulgarien, Lieferanten von Rohstoffen oder von Komponenten für die Kriegsindustrie, wie Schweden, Spanien und die Türkei[131] – sie alle erhoben in diesem und in den folgenden Jahren Proteste wegen der Nichterfüllung von Verträgen der deutschen Kriegsindustrie. Portugal war nur am Rande davon betroffen.

Zur selben Zeit beschloß Salazar, sich die Tatsache zunutze zu machen, daß Deutschland dringend portugiesische Güter benötigte. Er wollte das neue Kräfteverhältnis zu seinen Gunsten ausnutzen, die beharrlichsten Offerte der Deutschen zurückweisen und sie dazu zwingen, genau jene Panzer- und Flugabwehrkanonen zu liefern, die ihm von Hitler nach wie vor verweigert wurden[132]. Ab Januar 1942 äußerte der portugiesische Diktator berechtigte Sorge über die für das Jahr 1942 auf 135 Millionen Escudos veranschlagte Summe, die er Deutschland für Rüstungsmaterial gutschreiben sollte. In dieser spezifischen Konjunktursituation zeigte er sich gegenüber den Budgetambitionen von Santos Costa reserviert und äußerte in einem handschriftlichen Vermerk: „Es ist nur natürlich, daß die deutschen Unterhändler das Material liefern wollen, **das zu verkaufen für sie von größtem Vorteil ist**, und nicht jenes, **das zu kaufen für uns von größtem Vorteil ist** [Hervorhebung im handschriftlichen Vermerk von Oliveira Salazar]"[133]. Salazars Beharren auf der 2-cm-Flak und 4,7-cm-Pak ließ für den Moment keine Lösung zustande kommen[134]. Wie das im Januar 1942 unterzeichnete Abkommen über Wolframlieferungen wurden die im Mai desselben Jahres getroffenen Übereinkünfte ohne Einbeziehung von Rüstungsgegenleistungen geschlossen. Für den Augenblick schienen die Goldzahlungen eine ausreichende Lösung für den Engpaß im deutsch-portugiesischen Handel zu sein.

In den folgenden Monaten sollte sich zeigen, wie unzulänglich eine Lösung war, die lediglich auf diesen Zahlungen basierte. Dabei spielte es kaum eine Rolle, daß das an Portugal bezahlte Gold und die Deutschland gutgeschriebenen Escudos die zur Debatte stehenden Handelsdefizite weit überstiegen. Im Dezember 1942 bemühte man sich auf deutscher Seite wakker, eine Annahme von Devisenzahlungen im Wert von mindestens 25% der Wolframlieferungen durchzusetzen[135]. In den folgenden Monaten bis zur Unterzeichnung des Abkommens sollte die portugiesische Unnachgiebigkeit die Deutschen auf einen 20prozentigen[136] und schließlich auf einen zehnprozentigen Devisenanteil[137] hinunterdrücken. Das Problem war nicht nur quantitativer, sondern vor allem qualitativer Natur. Auch wenn noch so viel Gold beziehungsweise Golddevisen zur Saldierung der Defizite im Wolframabkommen „übrigblieben", wollte man von portugiesischer Seite dieses Gold nicht an Stelle der gewünschten Güter akzeptieren. Auch im Dezember 1942 fuhr man fort, den Wunsch nach Panzer- und Luftabwehrkanonen zu äußern – und forderte sie erneut nachdrücklich ein[138].

Der Zeitpunkt hätte nicht günstiger sein können. Die letzten Hirngespinste eines schnellen Sieges im Osten waren endgültig begraben. Hitler hatte der 6. Armee von Paulus in Stalingrad kaum mehr zu bieten als sie zu beschwören, stolz und schneidig in den Tod zu gehen. Ein Ende des Krieges war nicht abzusehen, und die deutsche Industrie würde mittelfristig eine Versorgung mit kriegswichtigen Rohstoffen sicherstellen müssen. Rüstungsforderungen von Rohstofflieferanten wie Spanien und Portugal mußte nun konstruktiver begegnet werden. Von Franco-Spanien forderte man noch die Gewähr ein, die gelieferten Waffen gegen die Alliierten einzusetzen, sollten diese irgendwo auf spanischem Territorium landen[139]. In bezug auf Portugal weist nichts darauf hin, daß ähnliche Bedingungen gestellt worden sind.

Es war vorgesehen, in Kürze Verhandlungen über ein neues Wolframabkommen aufzunehmen. Hitler gab dieses Mal den portugiesischen Forderungen nach und ließ Lieferverträge über die gewünschten Waffen im Wert von 30 Millionen Reichsmark unterzeichnen[140]. Eltze beeilte sich, Salazar die gute Nachricht zu überbringen, daß es seiner Regierung gelungen sei, „den Zähnen der deutschen Soldaten [Kriegs]Material im Wert von circa 30 Millionen Reichsmark zu ‚entreißen'" – die Summe, die Hitler gebilligt hatte. Der deutsche Unterhändler kämpfte gegen die italienische Konkurrenz an und versuchte, die Portugiesen von den deutschen 10,5-cm-Geschützen zu überzeugen[141]. Diese Lieferungen sollten den Weg für das zweite deutsch-portugiesische Wolframabkommen ebnen, das am 21. April 1943 unterzeichnet und ausdrücklich als ein Abkommen von „Waffen gegen Wolfram" betrachtet wurde, und bei dem der Wert der von deutscher Seite zugesagten Kompensationslieferungen zu mehr als der Hälfte aus Kriegsgerät bestand[142]. Diese Lieferungen kamen auf jeden Fall zu einem Zeitpunkt, zu dem es bereits zu spät war, das Gleichgewicht im Austausch von Gütern wiederherzustellen. Obwohl die Waffenverkäufe von 30 Millionen auf 40 Millionen Reichsmark angehoben wurden, reichten sie nicht aus, das Ungleich gewicht im deutsch-portugiesischen Handel zu beseitigen. In einer Besprechung, die im Januar 1943 im Auswärtigen Amt in Berlin abgehalten wurde, richtete man von neuem die Aufmerksamkeit auf einen Verkauf von Schiffen, der auf Grund schwieriger Verhandlungen in Verzug geraten war[143].

1943 sollte im Bereich Rüstung ein weiteres Jahr wichtiger deutscher Lieferungen an Portugal darstellen. Der allgemeinen Politik Deutschlands entsprach es nun, die Verkäufe von Kriegsgerät zu intensivieren. Speer berichtet in diesem Zusammenhang über ein bedeutsames Gespräch vom Dezember 1943 mit Hitler: „Der Führer ist mit meinem Vorschlag einverstanden, daß in den Rahmen der Ausfuhrgeschäfte Waffenlieferungen in größerem Umfang als bisher aufgenommen werden, da diese im Verhältnis zum Aufwand auf der einen Seite wesentlich leichter zu erstellen sind als Friedensproduktion, auf der anderen Seite aber auch in der Bezahlung ein erhöhtes Devisenaufkommen gewährleisten"[144]. In diesem Sinne sollten von deutscher Seite beachtlich viele Verkaufsinitiativen ergriffen werden, bis Deutschland Mitte des darauffolgenden Jahres erneut seine allgemeine Politik auf diesem Gebiet änderte[145]. Erst wenn es zu einem insgesamten Abbruch der deutschen Waffenexporte käme, würde davon auch Portugal betroffen sein. Im Juni 1944, kurz vor dem tatsächlich erfolgenden Abbruch, änderte sich beiderseits die Situation der Rüstungsverkäufe, und Keitel stellte resigniert fest: „In dem jetzigen Zeitpunkt des Krieges zeigen sich die neutralen Staaten unter dem Druck der Feindmächte immer weniger aufnahmebereit für deutsches Kriegsmaterial, mit Ausnahme von hochwertigem Gerät, dessen Abgabe in jedem Einzelfall eingehendster militärischer und politischer Prüfung bedarf"[146].

In jedem Fall waren die wichtigen Kriegslieferungen von 1943 schon nicht mehr leicht zum Verkauf zu bringen. Die potentiellen Käufer, wie auch Portugal, verfügten bereits über andere Angebote. Die Alliierten waren nun entschlossen, ihre Vorrangstellung im Verkauf von Rüstungsmaterial zurückzuerobern. Das deutsche Angebot sollte durch ein englisches Konkurrenzangebot bekämpft und ausgestochen werden[147]. Der Preis sollte wettbewerbsfähig sein und die angebotene Ausrüstung möglichst auf einem neueren Stand als die deutsche. Unter dem Strich sollten sich die besten deutschen Feldartillerielieferungen tatsächlich auf solche vom Kaliber 10,5-cm – ein Auslaufmodell – beschränken. Noch im Mai 1943 kam Salazar mit Huene zusammen und gab sich mit einer Ladung von Geschützen dieses veralteten Modells zufrieden[148]. Obwohl von portugiesischer Seite zeitweise schwer zu befriedigende Anforderungen gestellt worden waren, war man letzten Endes in seinen Ansprüchen bescheiden, und ab Februar 1939[149] schien man nicht mehr darauf bestanden zu haben, von Deutschland das neu entwickelte, vielseitig einsetzbare 8,8-cm-Geschütz zu erwerben, das 1940 eines der Erfolgsgeheimnisse der Wehrmacht in der Westoffensive darstellte. Sollte doch darauf insistiert worden sein, so wurde dies nicht berücksichtigt. Schließlich war es dann England, das sein modernes 8,8-cm-Geschütz lieferte, welches noch immer im vollen Einsatz war, insbesondere bei Montgomerys Truppen in Nordafrika.

Währenddessen gab es auch im Mai 1943 noch eine Kompensation besonderer Art, mit der die Deutschen punkten konnten. Von Kriegsbeginn an hatte der Mangel an verfügbarer Tonnage für Seetransporte die Portugiesen dazu veranlaßt, sich um den Ankauf von Schiffen zu bemühen. Als im März 1943 der portugiesischen Schiffahrt Garantien eingeräumt und im Abkommen formuliert wurden, wirkte sich dies schon damals günstig auf den Abschluß aus. Abgesehen davon hatten die Deutschen indirekt in die Verhandlungen über zwei französische Öltanker[150] und das schwedische Schiff „Kalmyia" eingegriffen, wobei sie sich eine Zustimmung, die gewissermaßen in ihren Händen lag, teuer bezahlen ließen. Sie hatten angedeutet, die „Kalmyia" in See stechen zu lassen, wenn ihre Forderungen nach Zinn beziehungsweise Wolfram erfüllt würden. Und schließlich gab man ihren Ansprüchen auch statt, nachdem ein dänischer Reeder[151] und der portugiesische Bankier Ricardo Espirito Santo auf Intervention von Salazar vermittelt hatten[152].

Der Fall, um den es hier im besonderen geht, bezieht sich jedoch auf eine direkte Verhandlung um fünf deutsche Schiffe und mehrere Schleppkähne, die schon 1939 in Häfen von Angola und Moçambique von der Kriegserklärung überrascht wurden beziehungsweise in diesen Häfen Zuflucht gesucht hatten, um nicht von britischen Kriegsschiffen aufgebracht zu werden. Die Schiffe wurden also zurückgehalten und schon bald zum Verhandlungsobjekt mit portugiesischen Körperschaften, die am Kauf interessiert waren. Im November und Dezember 1941 diskutierte Huene über dieses Thema mit Salazar, und Eltze besprach es mit Alfredo da Silva, dem Chef des portugiesischen Firmenkonsortiums Companhia União Fabril CUF[153]. Die britischen Bedingungen in bezug auf den Austausch der Besatzung gegen Kriegsgefangene stellten jedoch jahrelang ein unüberwindbares Hindernis dar. Abgesehen davon stellte sich die britische Regierung dagegen, die Schiffe durch eine Zahlung an die deutschen Eigentümer die Flagge wechseln zu lassen. Wenn sie überhaupt etwas zugestand, dann war es die Einrichtung eines Depots zugunsten dieser Eigentümer, das bis Kriegsende blockiert bleiben sollte[154].

Unter dem Druck des fehlenden Warenausgleichs, der ein weiteres Mal das Clearing zwischen den beiden Ländern zu lähmen drohte, suchten die Portugiesen und Deutschen Anfang 1943 erneut fieberhaft nach einem Ausweg aus dem Schiffsproblem. Und sie fanden ihn: Unter dem Vorwand, die britischen Forderungen zu respektieren, kam man überein, an Deutschland gegen künftige Waffenlieferungen eine Summe zu bezahlen, die dem Wert der Schiffe entsprach. Der chronische Mangel an Portugal zur Verfügung stehender Tonnage für Seetransporte wurde auf diese Weise entschärft, und die Zahlungsmittel NS-Deutschlands wurden von heute auf morgen um circa 187 Millionen Escudos aufgestockt. Laut António Telo wurde dieses Manöver „entgegen den vorherigen Vereinbarungen auf dem Rücken der Alliierten ausgetragen"[155]. Es läßt sich heute nicht mehr feststellen, ob der damalige Chef der Junta der Handelsmarine und spätere portugiesische Staatspräsident, Américo Tomás, der im Mai 1943 das entsprechende Abkommen unterzeichnete, schon von vornherein wußte, daß das Waffengeschäft nur eine Tarnung für das Schiffsgeschäft war. Tatsache ist, daß die Waffen niemals ausgeliefert wurden und das dafür bezahlte Geld – in Wirklichkeit das für die Schiffe bezahlte – von Deutschland schließlich noch rechtzeitig für seine Kriegsanstrengung mobil gemacht werden konnte.

Auf dem Weg zum Wolframembargo

Die Lieferungen portugiesischer Waren an Deutschland standen im Jahre 1943 im Zeichen dieser beiden erfolgreich abgeschlossenen Abkommen über die Gegenlieferung von Waffen sowie Schiffen. Auf politischer Ebene taten dann eine Reihe von Begebenheiten das Ihre. Im Januar 1943 fand eine harte Diskussion zwischen der portugiesischen Regierung und den Alliierten über die Preisanhebungen von englischen und amerikanischen Exporten nach Portugal statt. Im Schutz dieser Diskussion wurde im April 1943 im geheimen ein neues Wolframabkommen mit Deutschland ausgehandelt. Der Zorn der Alliierten war groß, als sie im Mai davon erfuhren.

In diesem Abkommen erhielten die Deutschen die formale Zusicherung für den Import von circa 2.100 Tonnen Wolfram. Auch wenn die Deutschen den portugiesischen Verhandlungspartnern gegenüber diese Zusicherung als „bittere Enttäuschung" bezeichneten, zogen sie intern aus den Verhandlungen eine positive Bilanz. In einem Aktenvermerk des Auswärtigen Amtes heißt es: „In der Tat können wir aber mit höheren Bezügen rechnen, weil durch getarnte Einkäufe die Eigenproduktion künstlich erhöht werden kann, und weil wir Aussicht haben, in Verbindung mit beabsichtigten Waffengeschäften zusätzlich 200-300 t neben den Bezügen aus dem Wolframabkommen zu erhalten. Das Ziel unserer Verhandlungen, uns den Bezug von 2.000-2.100 t zu sichern, ist somit erreicht. Nach übereinstimmender Auffassung aller am Wolframbezug aus Portugal interessierten Ressorts stellt dieses Ergebnis das Optimum des Erreichbaren dar"[156].

Inzwischen liefen bereits Verhandlungen bezüglich der Gewährung logistischer Einrichtungen auf den Azoren, die den Zorn der Alliierten beschwichtigten. Und als diese im Oktober 1943 schließlich bewilligt wurden, sollte die großzügige Auslegung der Neutralität es wiederum der portugiesischen Regierung erlauben, das Abkommen mit Deutschland mit einer gewissen Flexibilität zu interpretieren. Vom formal juristischen Standpunkt aus beinhaltete der Ausgang der Diskussion um die Azoren nichts, was Deutschland an den Rand eines Bruchs mit Portugal hätte bringen müssen, und die eingeräumten Konzessionen waren auch nicht größer als die, die bereits davor von Schweden und der Schweiz Deutschland gegenüber gemacht worden waren und deren Neutralität ebensowenig in Frage stellten[157]. Der politische Wille, an Deutschland Wolfram zu liefern, war jedoch stark, und der Vorwand kam wie gerufen. Unterschiedliche Ursachen hatten in diesem Fall eine ähnliche Wirkung. Sowohl die seit Anfang des Jahres bestehenden Spannungen zwischen Portugal und den Alliierten als auch die aus der Verständigung über die Azoren resultierende Entspannung wirkten sich auf die deutschen Handelsforderungen positiv aus.

In diesem Verfahren, das zur Kompensation „Azoren gegen Wolfram" führte, waren es die Portugiesen selbst, die unerwartet die Initiative ergriffen. Aus ersten Untersuchungen des portugiesischen, englischen und amerikanischen Dokumentationsmaterials ging hervor, daß die Nationalsozialisten beschlossen hatten, den durch das Azorenabkommen entstandenen Schaden als Argument für die Durchsetzung wirtschaftlicher Kompensationen zu benutzen. Es kann durchaus sein, daß sie aus eigenem Antrieb zu diesem Entschluß gekommen sind. Tatsache ist jedoch, daß wichtige Spuren in diesen Unterlagen darauf hinweisen, daß es die Portugiesen waren, die sie darauf gebracht haben. Da Salazar nicht wußte, wie Deutschland auf das Azorenabkommen reagieren würde, gab er dem Generalsekretär des portugiesischen Außenministeriums, Teixeira de Sampaio, die Order, mit Huene zusammenzutreffen, und ihm mehr oder minder protokollarische Erklärungen abzugeben, in denen er dem deutschen Diplomaten jedoch zu verstehen geben sollte, die Deutschen mögen die Wirtschaftsbeziehungen mit Portugal als ausgesuchtes Terrain für einen Ausgleich zum Azorenabkommen betrachten. Im Verlauf der Unterredung äußerte Teixeira de Sampaio die Hoffnung, daß „die deutsche Regierung für diese Situation [Verständnis] zeigen werde und [er] überzeugt sei, daß angesichts der Fortführung der Neutralität auf dem Festland die beiderseitigen Wirtschaftsbeziehungen in bisheriger Weise fortgesetzt werden"[158]. Die deutsche Seite sollte sich nicht lange bitten lassen, diesen Leitspruch aufzugreifen, und in den darauffolgenden Monaten würde sie ihrerseits unzählige Male die Erwartung aussprechen, wirtschaftliche Gegenleistungen für die eklatante logistische Asymmetrie der portugiesischen Neutralität zu erhalten.

Es ging jedoch stetig bergab. Nach El Alamein kündigte Stalingrad deutlich genug die bevorstehende deutsche Niederlage an. Auf dem Nebenschauplatz Kriegswirtschaft lief es nicht besser ab. Wie sehr die NS-Spitze sich ins Zeug legte, die für den Handelsfluß unverzichtbaren Kompensationslieferungen aufzutreiben, zeigte sich deutlich in einer gleich im Januar 1943 angesetzten Besprechung zwischen hohen Funktionären des Auswärtigen Amtes und des Reichswirtschaftsministeriums. Bezüglich der Importe von portugiesischem Wolfram nährte man die Hoffnung, vier Schürfkonzessionen mit einer Förderung von 30 Tonnen pro Monat in die Berechnungen der Eigenproduktion einkalkulieren zu können. Ebenso hoffte man, die jüngsten Lieferungen von Ausrüstung würden sich mittelfristig in einer Produktionssteigerung niederschlagen. Man hoffte auch, unter anderem zu Zinn, Konserven, Harz, Terpentin und Kork zu kommen. Die Verhandlungen über diese Produkte trennte man jedoch von jenen, die zum neuen Wolframabkommen führen sollten, um dem strategisch wichtigen Erz ein weiteres Mal Priorität einzuräumen. Was nun die deutschen Exporte betrifft, sah man sich bereits außerstande, Düngemittel zu liefern, und man wußte auch, daß die Waggons, das Eisen, die Straßenbaumaschinen und Lastkraftwagen lange nicht ausreichen, die Handelsbilanz auszugleichen. Das Rüstungsmaterial im Wert der bereits erwähnten 30 Millionen Reichsmark sollte in zwei gleiche Teile aufgeteilt werden. Die eine Hälfte wollte man in Wolfram anlegen, die andere in sonstigen Gütern. Selbst dann blieb noch ein Passivsaldo von 82 Millionen Reichsmark, der durch den Verkauf von Schiffen nur teilweise zu decken sein sollte[159].

Mit diesen konkreten wirtschaftlichen Schwierigkeiten im Hintergrund und einem Krieg, der immer erfolgloser verlief, überrascht es keineswegs, daß sich die vertraglich ausgehandelten Positionen des neuen Wolframabkommens als brüchig erwiesen[160]. Der gute Wille der portugiesischen Verhandlungspartner bei der Unterzeichnung dieses Abkommens änderte nichts an den nackten Tatsachen. Wie António Telo beobachtet, hatte das Abkommen inhaltlich „wenig mit dem wirklichen Kräfteverhältnis zu tun und konnte nicht lange aufrechterhalten werden"[161]. Umgekehrt wußten die Alliierten, daß sich das Blatt zu ihren Gunsten gewendet hatte, und daß es an der Zeit war, ihre Politik zu ändern. Die Strategie der Störungskäufe hatte viel Geld gekostet und nur wenig eingebracht. In einem Jahr, das von einer Diskussion um die Eröffnung einer zweiten Front beherrscht wurde, war es höchste Zeit, ein wirksameres Mittel zu suchen. Wie der britische Botschafter Campbell Salazar wissen ließ, würden die Lieferungen an Deutschland ab nun auch zum Tod von englischen und amerikanischen Soldaten beitragen[162] – und nicht nur von russischen. Bald darauf sollten die Alliierten formell auf einem Wolframembargo bestehen.

Im Rahmen dieser Untersuchung ist es nicht möglich, den bereits bekannten Prozeß zu rekonstruieren, der im Lauf jenes Jahres sukzessive zur endgültigen Stellung dieser Forderung im März 1944 führte[163]. Es muß jedoch betont werden, daß der erbitterte Widerstand Salazars gegen die ultimative Haltung der Alliierten schon nicht mehr vom Anreiz der – immer spärlicher werdenden – deutschen Wirtschaftskompensationen bestimmt war. Es gab mit Sicherheit Interessen, die eine Embargopolitik näherrücken sahen und wußten, wie sehr sie davon betroffen sein würden. Das „wie sehr" drückte sich übrigens im Klagelied aus, das regelmäßig angesichts der ultimativen Haltung der Alliierten angestimmt wurde, und man stellte fortwährend Berechnungen über zu erwartende Profite, Firmengewinne und Exportsteuern an, die von dieser Haltung aufs Spiel gesetzt wurden. Salazar dachte sehr wohl über den Standpunkt der Wolframlobby nach. Ständig wog er ab, was man einerseits an deutschen Zahlungen, andererseits an alliierten Störungskäufen verlieren würde: „Die Engländer und Amerikaner haben keinen Bedarf am Wolfram der Iberischen Halbinsel. Es ist ihnen lediglich wichtig, daß der Feind nicht darüber verfügt. Müßte man zu diesem Zweck die Exporte sperren, dann wäre dies für sie eine ideale Lösung, weil Deutschland somit zu keinem Wolfram käme und sie hohe Beträge für den Ankauf einsparen würden"[164]. Mehr als dieses Kalkül wog jedoch die Option, einen Krieg „gegen die Bolschewiken" zu unterstützen, was Salazar dazu veranlaßte, „unser Wolfram als sehr gut genutzt"[165] zu betrachten.

Im Bewußtsein, daß die deutschen Gegenlieferungen immer knapper wurden, übten die Alliierten mit einem Kompromißvorschlag Druck aus. Sie äußerten den Wunsch, „die Exporte [Portugals] an die Achsenmächte mögen sich eindeutig auf die Waren beschränken, die Gegenlieferungen für die von ihnen erhaltenen Waren darstellten"[166]. Konnten die Deutschen nur wenig kompensieren, dann würden sie auch wenig erhalten. Und die für den Wirtschaftskrieg der Alliierten zuständigen Stellen würden mittels Dumpingpraktiken schon dafür sorgen, die deutschen Angebote immer weniger attraktiv zu gestalten[167].

Es überrascht keineswegs, daß diese Praktiken speziell auf dem Gebiet der Waffenlieferungen angewendet wurden. Gemäß den Rahmenverträgen würde es ohne Waffen weitaus weniger Wolfram für Deutschland geben. Die Briten waren mit deutschen Waffenverkäufen an Portugal nicht einverstanden, weil dadurch Deutschland Escudos zur Verfügung stünden, womit wiederum Wolfram gekauft werden könnte. 1943 erklärte die britische Seite jedoch, keine Absichten bezüglich einer formalen Anfrage über Waffenkäufe zu verfolgen[168]. Und das war auch gar nicht nötig, da der Wirtschaftskrieg weitaus wirksamer war und seine Ergebnisse für sich sprachen.

Wie Boelcke bestätigt, machte die britische Militärindustrie verlockende Angebote, um den deutschen Haubitzen den Markt streitig zu machen, die sich Ende 1943 noch sehr gut verkauften. Die britische Konkurrenz zwang die Deutschen dazu, auf den Verkauf von Motorrädern (BMW und DKW) sowie Lastkraftwagen und auf einen erneuten, mehr oder minder getarnten Beitrag zur Errichtung von portugiesischen Waffen- und Pulverfabriken zu setzen. Kurz vor der Unterbrechung der Landverbindungen gelangten noch 26 Eisenbahnwaggons mit deutschen Haubitzen nach Portugal. Gegen den Willen von bereits an die Nachkriegszeit denkenden portugiesischen Ministern wurden diese Verträge mit Santos Costa abgeschlossen. Als Gegenleistung erwartete man, der Stellvertreter Salazars im Kriegsministerium würde weiterhin den Schmuggel nach Spanien begünstigen, solange die Landwege nach Deutschland nicht vollkommen versperrt waren[169].

Mit Waffen wurde mindestens so lange gehandelt wie mit Wolfram. Wie noch zu sehen sein wird, wurden die offiziellen Goldtransaktionen bis zum letzten Moment dieser Gegengeschäfte aufrechterhalten.

Waffen, Gold und Manipulationen in der Buchführung

Obwohl schwere Waffen bei weitem den wichtigsten Teil der deutschen Exporte nach Portugal ausmachten, ging das portugiesische Statistikamt Instituto Nacional de Estatística vollkommen darüber hinweg. Angesichts der Geheimnistuerei der portugiesischen Behörden sollte selbst der gut informierte Finanzbeirat der Britischen Botschaft, Stanley Wyatt, Schwierigkeiten haben, den Wert der von Portugal angekauften deutschen Waffen zu berechnen. In einem Bericht über die portugiesische Wirtschaft führte er exakte Zahlen über die gesamten „zivilen" Importe aus Deutschland im Jahre 1943 an, irrte sich jedoch gewaltig in der Berechnung der Waffenimporte. Seine Schätzung von 26,9 Millionen vom Kriegsministerium hauptsächlich für Munition bezahlten Reichsmark[170] hält den von Boelcke berechneten Zahlen nicht stand: Sie liegt um fast zehn Millionen Reichsmark darunter. Die zwischen „Gesamtimporten" aus Deutschland und Importen deutscher Waffen gelegentlich auftauchenden Diskrepanzen sind daher nicht verwunderlich. Wenn die letzteren im Gesamtwert nicht als Teilbetrag beinhaltet sind, dann erklärt sich, warum im Extremfall von 1941 der „Teil" tatsächlich über dem „Gesamten" lag[171].

Andererseits springt die Hartnäckigkeit, mit der die schweren Waffen aus den offiziellen Statistiken ausgespart wurden, um so krasser ins Auge, als die Deutschen zunehmend damit die wachsenden Zahlungsverpflichtungen in Naturalien erfüllen mußten, die ihnen von den portugiesischen Verhandlungspartnern unerbittlich abgezwungen wurden. Wollte man von deutscher Seite im Dezember 1941 noch nicht mehr als 65% an Waren als Kompensation für Wolfram[172] gemäß Abkommen liefern, so war man im Januar des darauffolgenden Jahres bereits bereit, auf 70%[173] hinaufzugehen. Für das Abkommen des folgenden Jahres begann man schon im Dezember 1942, 75% zu offerieren[174], kam im April 1943 jedoch bereits auf 80%[175], und am Ende sollten 90% akzeptiert werden (siehe Anhang, Tabelle IV)[176]. Castro Caldas und Paula Brito wollten den Deutschen bei der Lösung ihrer offensichtlichen Schwierigkeiten mit dem etwas naiven Vorschlag helfen, zumindest „Waren bereitzustellen, die nicht als absolut vorrangig galten". Beim damaligen Stand der Dinge braucht man sich keineswegs über den hemmungslosen Sarkasmus zu wundern, mit dem Eltze antwortete: „Vielleicht wäre es möglich, Akkordeons zu liefern"[177]. Je mehr Waren die deutschen Verhandlungspartner zusagten, desto weniger hatten sie für den Tausch zur Verfügung. In Wirklichkeit sollten sie bei der Erfüllung ihrer Verpflichtungen immer mehr ins Hintertreffen geraten und dabei schließlich total auf die Waffenlieferungen angewiesen sein.

Es ist auch eine Tatsache, daß die deutsche Seite nur dank der entscheidenden Waffen den portugiesischen Forderungen im von beiden Regierungen genehmigten Handel nachkam. Zieht man die Ankäufe von Kriegsmaterial in Betracht, die in der offiziellen portugiesischen Statistik nicht aufscheinen, so sieht man, daß das deutsche Defizit zum Beispiel 1941 um circa 80% reduziert wurde. Das von 1943 war praktisch gleich Null. Das Gesamtdefizit der Jahre 1940 bis 1943 sank fast auf die Hälfte (siehe Anhang, Tabelle V sowie Graphik I). Im Gegensatz zu dem Bild, das die offiziellen Statistiken der Nachwelt überlieferten, war der gesetzliche Handel zwischen Deutschland und Portugal während des Krieges ausgesprochen ausgeglichen. Man kann sagen, daß die Kompensation in Naturalien, der Tausch Ware gegen Ware, voll funktionierte.

Wenn das Gold trotzdem bis in die letzten Kriegstage[178] eine Schlüsselrolle bei den Zahlungen der Reichsbank an die Banco de Portugal spielte, so ist das ein Paradoxon, für das sich keine Erklärung findet, solange man die offiziellen Statistiken als getreuen Spiegel der gesamten Wirtschaftsaktivität ansieht, und solange man die Phänomene einer mehr oder minder parallelen, mehr oder minder gebilligten und in gewissem Maße im Schatten der Kriegsentbehrungen geduldeten Wirtschaft als vernachlässigbare Größe abtut. Was man für die Beziehungen Portugals mit Deutschland behaupten kann, läßt sich auch auf die Länder übertragen, die Huene als „deutsche Einflußsphäre" bezeichnete.

Die Schweiz, die bereits als eines der fiktiven Bestimmungsländer für an Deutschland verkaufte portugiesische Güter genannt wurde, nahm im Kreislauf der Zahlungsmittel, die Deutschland Portugal zukommen zu lassen hatte, ganz eindeutig eine einzigartige Rolle ein. Man kommt nicht umhin, einen Blick auf die Goldlieferungen der SNB an die Banco de Portugal zu werfen, bevor man nähere Betrachtungen über den Funktionsmodus dieses Kreislaufs anstellt. Der Nettosaldo dieser Lieferungen erreichte das Fünffache der schweizerischen Handelsdefizite gegenüber Portugal (siehe Anhang, Tabelle IX). Myriam Liechti wurde auf die Differenz aufmerksam und stellte die Hypothese auf, die Goldverkäufe hätten dazu gedient, die Kosten von drei Parzellen zu decken:

1) die schweizerischen Defizite gegenüber Portugal
2) die fieberhafte Benützung des Lissabonner Hafens in den beiden kritischen Jahren 1941/1942 seitens der schweizerischen Wirtschaft
3) die Seefrachtkosten gegenüber Reedern, die Transporte zwischen Europa und Amerika durchführten[179]

Die schweizerischen Aufwendungen im Lissabonner Hafen waren trotz ihres tatsächlich sprunghaften Anstiegs dennoch nur relativ und bewegten sich in einer Größenordnung, die in keinem Verhältnis zu den Werten stand, um die es hier geht[180]. Bezüglich der Übersee-Frachtkosten fand die Autorin eine interessante Äußerung der SNB, die auf eine „wichtige" Verwendung von Escudos zur Begleichung dieser Kosten hinweist[181]. Doch zunächst gibt diese Äußerung keinen Aufschluß darüber, was nun „wichtig" war, und noch weniger erklärt sie die Höhe der Zahlungen. Abgesehen davon klärt sie nicht über die Gründe auf, die ein Land wie die Schweiz, neutral und Hüterin der härtesten konvertiblen Währung des Kontinents, dazu brachte, Escudos für die Begleichung von Frachtkosten an nicht-portugiesische Reeder zu entrichten. Räumt man schließlich ein, daß neben den Defiziten und den Hafenkosten auch noch Frachtkosten mit Escudos bezahlt wurden, bliebe noch immer zu klären, was mit dem Gegenwert des Großteils der Goldtransaktionen zwischen den beiden Banken angestellt wurde – der nicht aus Escudos, sondern aus Schweizerfranken bestand. Mit einem Versuch, dieses Rätsel mit Hafenleistungen und Überseefracht zu erklären, wird dem Problem jedoch nicht Genüge getan.

Die beträchtlichen Goldlieferungen der SNB an die Banco de Portugal lassen sich auch nicht zur Gänze mit der Zahlung von deutschen Handelsschulden erklären. Wäre dem so, dann müßte die Endsumme der deutschen und schweizerischen Goldzahlungen in etwa dem Handelsdefizit entsprechen, das diese beiden Länder während der Kriegsjahre gegenüber Portugal aufwiesen. Allerdings macht die Gesamtmenge des Goldes, das von der SNB und der Reichsbank ausgehändigt wurde, quasi das Dreifache dieser gesamten deutschen und schweizerischen Defizite aus: 3,8 Milliarden Escudos gegen circa 1,3 Milliarden (siehe Anhang, Tabelle X und Graphik II).

Nach der Diskrepanz zwischen den portugiesischen und deutschen Handelsstatistiken stoßen wir nun auf die Diskrepanz zwischen den Werten des Warenumlaufs und des Geldumlaufs. Beide nötigen dazu, die gängige Erklärung über die Rolle des Goldes in den deutsch-portugiesischen Handelsbeziehungen in Frage zu stellen, und diesem Gold eine tragende Rolle im Schleichhandel zwischen den beiden Ländern zuzuschreiben. Es liegt zwar in der Natur der Sache, daß man sich über diesen Schleichhandel keinen genauen Überblick verschaffen kann, doch gibt es genügend Anzeichen dafür, daß ihm sehr wohl eine zentrale Bedeutung zukam.

Der Schleichhandel im „Neuen Europa"

Wenn es etwas gab, das Salazar dazu brachte, seine für gewöhnlich undurchdringliche Haltung zu verlieren, dann war es die Infragestellung der portugiesischen Statistiken auf Grund von pro-alliierten Spionageberichten. Außer sich ließ der Diktator einmal seinem Zorn über „zusammenhanglose" und „denunzierte" Zahlen von „Funktionären unserer Dienststellen" freien Lauf, „die von den Engländern für ihre schäbige Kollaboration bezahlt werden". Es wäre einfach unmöglich, fügte er hinzu, „die Zahlen einer seriösen Statistik den Schätzungen nach dem Gutdünken billiger Spione in [den Grenzorten] Marvão, Vilar Formoso wie auch in den Häfen von Lissabon und Leixões gegenüberzustellen, die sich dort Notizen über die Waren machten"[182].

Man beachte jedoch, daß die Gültigkeit einer „seriösen Statistik" auf legale Transaktionen beschränkt ist, und daß sich der Krieg für die Ausstellung erhöhter beziehungsweise zu niedrig angesetzter Rechnungen, für die Angabe fiktiver Bestimmungsorte und einen Schmuggel in großem Rahmen geradezu angeboten hat. Verschiedene Faktoren trafen hier zusammen. Die britische Wirtschaftskriegspolitik mußte ab Sommer 1940 sehr ernst genommen werden. Innerhalb von zwei Jahren sprang die Zahl der in der gefürchteten schwarzen Liste inkludierten portugiesischen Firmen von 17[183] auf 672[184]. Zur Angst vor Vergeltungsmaßnahmen der Alliierten gesellten sich indessen die Aussichten auf Gewinne im Handel mit den Achsenmächten, und es wurden komplexe Schemata für den Schleichhandel ausgearbeitet. Die Deutsche Gesandtschaft strengte sich sehr an, ihre eigenen Interessen mit denen der Exporteure in einer gemeinsamen Lobby zusammenzuführen und damit in den Vorzimmern der Macht Einfluß auszuüben. Im November 1941 stellte Huene fest, man käme vor allem an Güter aus den Kolonien nur dann heran, wenn dies „im Zusammenwirken mit der Portugiesischen Regierung erfolgt". Und hoffnungsvoll fügte er hinzu: „Dies entspricht, wie aus Äußerungen der Leitung der portugiesischen Wirtschaftskommissionen hervorgeht, durchaus den portugiesischen Wünschen"[185].

Im benachbarten Spanien, in dem das Eisenbahnchaos selbst den entschlossensten Spediteur erschrecken mußte, blühte der Schmuggel. Die italienische Regierung wußte sehr wohl, welch ein Terrain sie betrat, als sie im Januar 1941 Salazar um Unterstützung bat, „sich in Spanien dafür einzusetzen, daß die spanische Regierung wenigstens hinsichtlich einiger [für Italien] absolut notwendiger Waren ein Auge zudrücken möge" und auch hinsichtlich der italienischen Waffen, die weiterhin als Gegenlieferung nach Portugal kommen sollten. Man befürchtete in Italien, die spanischen Behörden würden unter dem britischen Druck eine bis dahin nie dagewesene rigorose Haltung einnehmen, die sich fatal auf den italienisch-portugiesischen Handel auswirken würde[186]. Was die Überwachung seitens der Briten anging, hatte die spanische Regierung jedoch selbst einige Lösungen parat, und sie hielt sich auch nicht zurück, sie den Ländern nahezulegen, die Güter über ihr Staatsgebiet transportieren ließen. Im Februar 1941 ließ sie beim Außenministerium in Lissabon vorsprechen und schlug „mit verschleierten Worten die Möglichkeit eines Schmuggeltransports"[187] vor. Tage später ließ sie durch die Deutschen ausrichten, daß „sie sich dem Transport verbotener Ware nicht entgegenstellen würde, solange dieser in versiegelten Waggons und mit gefälschten Begleitpapieren vonstatten ginge". Unter „verbotener" Ware verstand man in diesem Fall deutsches Papier und Weißblech für Portugal, und Salz, portugiesisches Leder sowie Schuhwerk für Deutschland[188]. Ab dem Zeitpunkt, zu dem die portugiesischen Preise fixiert waren und die spanischen frei blieben, stand im Schleichhandel der Schmuggel mit Wolfram an erster Stelle[189]. Das spanische Ausfuhrkartell Sofindus widmete sich speziell den Wolframtransporten aus Portugal und gründete im Jahre 1940 eine Organisation mit vier Firmen, die auf derlei Transporte spezialisiert waren[190].

Selbst die Banco de Portugal stand trotz ihrer für gewöhnlich herzlichen Beziehungen zu den Finanzkreisen Großbritanniens unter dem Verdacht, sich als Strohmann für an Deutschland gerichtete Importe zur Verfügung zu stellen. Als im Oktober 1941 die portugiesische Zentralbank ankündigte, mit einem Male größere Auflagen von Münzen prägen zu wollen, fand die Britische Botschaft in Lissabon dies keineswegs überzeugend. Sie vermutete, das dafür benötigte und von der Banco de Portugal geforderte Silber würde der deutschen Kriegswirtschaft zugute kommen, und verweigerte die für den Import von 39 Tonnen Silber[191] nötigen Navicerts. Und die Banco de Portugal legte tatsächlich eine tolerante Haltung an den Tag, zumindest bei Verletzungen der Blockadebestimmungen durch Dritte. So forderte sie im Dezember 1942 die Lissabonner Zollbehörde auf, Dokumente anzunehmen, die sie selbst ausgestellt hatte, um deutsche Importe abzufertigen. Diese Dokumente sollten akzeptiert werden, „obwohl in diesen Erklärungen die Ware eine andere Bezeichnung hatte" und „der darin angegebene ausländische Verkäufer nicht mit dem übereinstimmte, der in den Begleitpapieren der Ware angeführt war"[192].

Als Italien im Sommer 1940 in den Krieg eintrat, hörte es auf, als fiktiver Bestimmungsort für Exporte aus den Kolonien auf dem Weg nach Deutschland zu fungieren[193]. Diese Rolle sollte von nun an Frankreich übernehmen, das zu diesem Zeitpunkt kapitulierte[194]. Insbesondere die Exporte für die französische Kolonie Marokko, die im Verhältnis zu den für das Mutterland bestimmten Lieferungen als harmlos angesehen wurden, sollten sich für die Versorgung der im benachbarten Libyen stationierten deutschen Truppen als opportun erweisen[195].

Die Schweiz, die bis zum Ende ihre Neutralität bewahrte, sollte auch weiterhin stets eine facettenreiche Rolle in der Gegenblockade einnehmen. Von Deutschland hing sie so gut wie in ihrer gesamten kontinentalen Versorgung ab, und von Portugal bei nahezu sämtlichen Lieferungen aus Übersee – und ihr Handelsdefizit mit beiden Ländern stieg beträchtlich an. In den Jahren 1941 und 1942 multiplizierte sich die von der Schweiz für Importe aus Portugal bezahlte Summe um den Faktor zehn. Laut Myriam Liechti handelte es sich um „sehr unerwartete Wirtschaftsbeziehungen"[196], die zum Teil mit dem Eigenbedarf zu erklären sind, und zum Teil mit der Funktion der Schweiz als Umschlagplatz. Von der „deutschen Einflußsphäre" umgeben, führte die schweizerische Industrie in den Augen des britischen MEW tolerierbare Aufträge durch, wie etwa eine Bestellung von Motoren für portugiesische Schiffe, die in Deutschland hergestellt wurden[197]. Aber wegen der Lieferungen von Präzisionsbestandteilen ihres berühmten Uhrmacherhandwerks an die deutsche Kriegsindustrie zog auch sie Repressalien der Briten auf sich; ebenso für Tarngeschäfte wie jene, die den Weiterexport von portugiesischen Konserven ermöglichten. Bisweilen waren es die portugiesischen Behörden, die vorgesehene Exporte in Frage stellten, nämlich solche von Talg, Bohnen und Lebertran, mit der Begründung, diese Produkte würden für gewöhnlich in der Schweiz nicht konsumiert und wären daher wohl für den Weiterexport bestimmt[198]. Jedoch waren die entscheidenden Dienste, die die Schweizer Banken der deutschen Kriegswirtschaft bei der Beschaffung harter Währung erwiesen, der deutlichste Ausdruck für die Beteiligung der Schweiz am „Neuen Europa".

Von allen im Wirtschaftskrieg eingesetzten Mitteln sollte der Schleichhandel den ganzen Krieg hindurch eine entscheidende Rolle spielen. Er wurde von beiden kriegführenden Parteien betrieben, jedoch mit unterschiedlicher Entwicklung. Mit dem Eintritt Nordamerikas und beinahe ganz Südamerikas in den Krieg und ihrem enormen Exportpotential sowie der Aktivierung von Wolframgruben in Schottland, Cornwall[199] und Bolivien zugunsten der Alliierten ging es bei deren Ankäufen in Portugal in erster Linie um Störungskäufe. Man kaufte nur mehr, um den Deutschen kein Wolfram zukommen zu lassen, und nicht aus Eigenbedarf. Der Wolframschmuggel, der von den Alliierten über den Seeweg betrieben wurde, erlitt zudem im November 1943 einen empfindlichen Schlag durch die portugiesische Polizei und war von da an rückläufig. Was vom Standpunkt der Alliierten weiterhin Sinn machte, war, mit Käufen den Markt „auszutrocknen" und anschließend intern Schmuggel zu betreiben, indem das auf diesem Weg gekaufte Wolfram in die britischen Gruben in Portugal gebracht wurde. Auf diese Weise konnte es im Lager zurückbehalten beziehungsweise der portugiesischen Metallkommission CRCM als Eigenproduktion vorgelegt werden, die nur nach England exportiert werden konnte.

Es ist nicht zu leugnen, daß auf diesem Gebiet, neben der einen oder anderen Manipulation bei der Ausstellung von Papieren, Deutschland auf Grund der geographischen Verhältnisse auf einem von ihm militärisch weitgehend beherrschten Kontinent im Vorteil war[200]. Wenn es auch nicht möglich ist, den Schmuggel in konkreten Zahlen auszudrücken, gibt es doch einige Spuren, die genauer verfolgt werden sollten. Im Juni 1944, wenige Tage nach der Verhängung des Embargos, machte der Vize-Gouverneur der Banco de Portugal, Álvaro Pedro de Sousa, seine leitenden Mitarbeiter auf das wahrhaft heillose Zahlendurcheinander bezüglich der wöchentlichen Berechnungen für Wolframgeschäfte aufmerksam. Egal, ob er die „offiziell fixierten oder die Preise des freien Marktes" in Betracht zöge, würde er auf etwa 29 Millionen Escudos kommen. Diese Zahl resultiere aus „gewissen Fakten", die ihm bekannt seien. Es „läge jedoch im Interesse gewisser Kreise, nicht darüber zu sprechen". Daraus ergibt sich, daß der Schleichhandel auf etwa ein Drittel des gesamten verkauften Wolframs kalkuliert werden kann[201].

Für Spanien gibt es eine, wenn auch nur bruchstückhafte Quantifizierung, die eine Vorstellung davon erlaubt, wie sehr die Deutschen im Schleichhandel ein wesentliches Palliativum für das Wolframproblem sahen, als ihr Wirtschaftskrieg bereits kurz vor dem Zusammenbruch stand. Aus einem Bericht vom April 1944 des Auswärtigen Amtes an Hitler wird ersichtlich, daß man vorhatte, im Laufe des Jahres die Hälfte der aus Spanien erwarteten 1.200 Tonnen Wolfram über Schmuggelgeschäfte zu importieren. Jedoch waren die übrigen im Bericht vorgelegten Schätzungen unrealistisch. Die Veranschlagungen über Lieferungen aus dem Fernen Osten sollten wie im Jahr davor noch lange nicht umgesetzt werden, und jene, die sich auf legale Lieferungen aus Portugal und Spanien bezogen, gingen nicht von der Wahrscheinlichkeit eines Embargos aus[202]. Selbst die Schätzungen über den Schmuggel konnten nicht realistisch sein, da sie sich auf das ganze Jahr bezogen und nicht vorherzusehen war, daß, was die Lieferungen anging, das Jahr 1944 mit der Unterbrechung der Landverbindungen bereits im August zu Ende sein würde. Die von dem spanischen Historiker Rafael Garcia Pérez berechneten Zahlen lassen darauf schließen, daß der Bericht auf falschen Informationen basierte, und daß sein Verfasser bezüglich des Schmuggels nach unten, und wenn es um die legalen Käufe beziehungsweise um Lieferungen aus dem Fernen Osten ging, nach oben revidierte. In der Tat sollten allein im März und April 1944 aus Spanien 471 Tonnen Wolfram geschmuggelt werden[203].

Laut Telo wurde der umfangreiche Schmuggel bisweilen „auf offizieller Ebene durchgeführt, auch wenn seine Drahtzieher dachten, die Alliierten wüßten nichts davon"[204]. Und um ihre Aktivitäten soweit wie möglich zu verbergen, schufen die für die deutschen Käufe auf der Iberischen Halbinsel zuständigen Stellen eigene Kanäle. Sie pflegten Beziehungen zu Entscheidungsträgern und boten ihnen beziehungsweise ihren Ressorts Gegenleistungen an, die in den offiziellen Abkommen nicht vorgesehen waren. In Spanien hatten diese Kanäle ihre Bastion im Handelsministerium, das von Demetrio Carceller geleitet wurde, und in Portugal im Kriegsministerium, in der Gestalt von Santos Costa. Auf der anderen Seite wurden diese Nebenkanäle von Franco und Salazar geduldet. Eine derart informelle Vorgehensweise hatte den Vorteil, die entsprechenden Regierungen nicht allzusehr zu belasten.

Besonders kennzeichnend für die Endphase des Krieges waren die zumindest in Portugal gestarteten Versuche, für die Schmuggelkanäle eine Rückendeckung auf höchster Ebene zu erwirken. Es liegt auf der Hand, daß dem Schleichhandel in dieser Zeit noch mehr Bedeutung zukam als in den Jahren davor. Da die Waren, die Deutschland als Gegenleistung anbieten konnte, immer knapper wurden, würde es nötig sein, einen beträchtlich höheren Teil des portugiesisch-deutschen Handelsdefizits mit Gold zu kompensieren. Wenn aber die Alliierten gleichzeitig, wie bereits zu sehen war, von der portugiesischen Seite kategorisch verlangten, nicht mehr zu exportieren, als mit deutschen Waren kompensiert werden konnte, dann würden sich die Portugiesen genau mit diesem Gold über die Verwarnungen hinwegsetzen. Der einzige Weg, für die Alliierten akzeptable Zahlen zu präsentieren und einen Konflikt zu umgehen, bestand darin, einen Teil der portugiesischen Exporte von legalen in illegale Kanäle zu leiten, und zwar jenen Teil, der über die aus Deutschland gekauften Waren hinausging.

So erklärt es sich, daß Ernst Eisenlohr, der wenige Wochen vor dem Embargo zu Verhandlungen über Wolfram nach Portugal entsandt wurde, sich an Salazar wandte und ihn ohne Umschweife fragte, „ob er es nicht für möglich halte, eine Formel zu finden, die von den Feindmächten gegenüber Portugiesen toleriert werden könne, und die uns bei allem Anschein des Nachgebens in der äußeren Form die gleiche Menge und vor allem die gleichen Steigerungsmöglichkeiten sichere wie früher"[205]. In Wirklichkeit mußte Deutschland ein Embargo um jeden Preis vermeiden. In den zuständigen Ministerien in Berlin war man sich der dringenden Notwendigkeit bewußt, weiterhin Wolfram, sei es in noch so kleinen Mengen, offiziell fördern und nach Deutschland schaffen zu dürfen, „weil wir nur in diesem Fall die Möglichkeit hätten, die offizielle Ausfuhrquote durch Schwarzausfuhr zu erhöhen. Eine Schwarzausfuhr sei nahezu unmöglich, wenn die Wolframausfuhr überhaupt gesperrt sei"[206]. Wie schon bei Archimedes bedurfte es auch im Schleichhandel eines Punktes, um alles in Bewegung zu setzen.

Salazar setzte jedoch Eisenlohrs Voschlag entgegen, „auf dem Wolframgebiet seien die Verhältnisse so bekannt und so durchsichtig geworden, daß jeder Sachverständige ohne weiteres wisse, was hinter der Formel verborgen sei, auch wenn keine Ziffer genannt werde"[207]. In diesem Moment ging der portugiesische Diktator verschiedenen geheimen Vereinbarungen aus dem Weg, vor allem der, gegen Wolfram holländische Juden loszukaufen, die sich auf eine portugiesische Herkunft beriefen[208]. Salazar zog es vor, die Schlacht gegen die Politik der Alliierten auf offenem Feld auszutragen, und wies das Embargo hartnäckig zurück. Es machte ihm nichts aus, Drohungen in Form von wirtschaftlichen Repressalien die Stirn zu bieten beziehungsweise das Risiko eines von britischen Agenten lancierten Putsches einzugehen. Wie man weiß, sollte er diese Haltung bis zum Schluß beibehalten und sich erst dann zur Verhängung des Embargos entschließen, als im Hintergrund bereits die Trompeten der alliierten Truppen auf ihrem Weg in die Normandie zu vernehmen waren. Was den Schleichhandel angeht, ist nichts von einer wie auch immer gearteten expliziten Zustimmung Salazars zu den Vorstößen Eisenlohrs bekannt. Bis zum August 1944 sollten sich die Nationalsozialisten mit der Zusammenarbeit von Santos Costa begnügen müssen – einer auf jeden Fall äußerst effektiven Zusammenarbeit, von der man überdies annehmen kann, daß sie vom portugiesischen Diktator gedeckt wurde.

Anmerkungen zu Kapitel 2 - Ware gegen Ware

1 Wiehl an Ribbentrop, 23.11.40. BA-B, Mikrofilm 17886, Bild E081402. Es sollte nicht lange dauern, bis die Nationalsozialisten aufhörten, von „Störungskäufen" zu sprechen. Und es ist keineswegs verwunderlich, daß sich für diese Strategie mit der Kriegswende der englische Ausdruck *preemptive purchases* durchsetzte.
2 Aufzeichnung über Waffenlieferungen nach Portugal, 7.12.42. BA-B, Mikrofilm 71899, Bild 121729-121730. Sabath an Ritter, Aufzeichnung betreffend Waffenlieferungen nach Portugal, 23.11.40. BA-B, Mikrofilm 17886, Bild E081383-E081384.
3 Rodrigues, 1997, Teil II, S. 85-111 ff.
4 Verbalnote der Deutschen Gesandtschaft in Lissabon an das MNE, 11.11.40. AOS/CO/NE-2.
5 Vermerk über ein Gespräch von Lima Santos mit Eckert, 15.2.43. AOS/CO/NE-7, Mappe 39.
6 Wie aus dem Vermerk von Francisco de Paula Brito (vom portugiesischen Außenministerium) über ein Gespräch mit Eckert, Fritz Richter (vom RMEL) und Koppelmann (vom RWM) hervorgeht, 7.5.42. AOS/CO/NE-7, Mappe 33.
7 Huene an das AA, 11.11.40. BA-B, Mikrofilm 17886, Bild 081425.
8 Sabath an die Gesandtschaft in Lissabon, 19.11.40. BA-B, Mikrofilm 17886, Bild 081427.
9 Es wurden mehr als 250 Tonnen gefordert, abgesehen von den 20 Tonnen, die als monatlicher Bezug vereinbart waren. Sabath an die Gesandtschaft in Lissabon, 19.11.40. BA-B, Mikrofilm 17886, Bild 081427.
10 Huene an das AA, 26.11.40. BA-B, Mikrofilm 17886, Bild 081388.

11 Vermerk von Francisco de Paula Brito über ein Gespräch mit Weber, Eltze und Knigge, 24.3.41. AOS/CO/NE-7, Mappe 28.
12 Im Wert von ca. 26 Millionen Reichsmark. Huene an das AA, 12.11.41. BA-B, Mikrofilm 15224, Bild 236113-236118. Eltze an den Unterstaatssekretär des RWM, von Jagwitz, 24.9.41. BA-B, Mikrofilm 15224, Bild 236090. Vermerk von Tovar de Lemos über ein Gespräch mit Eltze und Knigge, 5.5.41. Gegenprojekt, von Eltze an Tovar übergeben, 8.5.41. Vermerk von Tovar über ein Gespräch mit Weber, Eltze und Knigge, 12.5.41. AOS/CO/NE-7, Mappe 28.
13 Im Juni sollte die Firma Wimmer einen Vertrag über zumindest die Hälfte dieses Volumens aushandeln können. Vermerk von Francisco de Paula Brito über ein Gespräch mit dem Handelsrat der Deutschen Gesandtschaft, Otto Eckert, 23.3.42. AOS/CO/NE-7, Mappe 33. Vermerk von Francisco de Paula Brito über ein Gespräch, das er zusammen mit Tovar mit Huene und Eckert geführt hat, 5.6.42. AOS/CO/NE-7, Mappe 33.
14 Im Juni 1944 verhängte Portugal das Wolframembargo. Deutschland erklärte sich dennoch bereit, die als Gegenleistung vorgesehenen Mengen an Eisen und Stahl zu liefern, falls es dafür Sardinenkonserven bekäme. Es folgten mehrere Monate voller Verwicklungen, in denen das IPCP drohte, die Sardinen zu konfiszieren, wenn man sie nicht fortschaffe. Die Firma Wimmer tat dies aber nicht, da sie keinen Zugang zu dem Geld hatte, das von den Eisenimporteuren hinterlegt worden war, und die Banco de Portugal verweigerte ihr diesen Zugang mit der Begründung, ein Export der Sardinen wäre aufgrund des Vormarsches der Alliierten in Frankreich undurchführbar geworden. Offensichtlich wunderten sich die portugiesischen Behörden über den Eifer der Deutschen, mit den Kompensationslieferungen fortzufahren. Deshalb wollten sie wissen, was „Deutschland mit dem Geld anfangen würde, das es von Portugal für das Eisen bekäme". Möglicherweise wurde befürchtet, eine 2,4 Millionen Reichsmark entsprechende Escudos-Lieferung würde schließlich zur Finanzierung eines fiktiven Exportgeschäfts führen, womit Portugal Repressalien der Alliierten ausgesetzt wäre. Vermerk über ein Gespräch von Lima Santos über ein Gespräch mit Eckert, 2.2.45. AOS/CO/NE-7, Mappe 50.
15 Koppelmann-Bericht, 27.5.42, S. 12. BA-B, Aktenband 6957, Bestand 25.01.
16 Huene an das AA, 1.10.41. BA-B, Mikrofilm 15224, Bild 236086. Huene an das AA, 21.10.41. BA-B, Mikrofilm 15224, Bild 236096. Huene an das AA, 29.10.41. BA-B, Mikrofilm 15224, Bild 236101.
17 Koppelmann-Bericht, S. 12 (Anm. 15).
18 Weber an den HaPol, 11.9.42. BA-B, Mikrofilm 17480, Bild E-080412-E-080413.

19 Joaquim Rodrigues bemerkt, daß die Konserven zu Preisen gehandelt wurden, die insgesamt um mehr als 300 Millionen Escudos über denen von Wolfram lagen. Rodrigues, 1997, S. 106 ff.
20 Es geht dabei um die bereits erwähnten, für deutsches Eisen geschuldeten Escudos, die von den portugiesischen Behörden nicht rechtzeitig freigegeben wurden, um den genannten Konservenimport durchzuführen.
21 Jäger, 1968, S. 268.
22 In einem nicht unterzeichneten, vermutlich von Ribbentrop abgefaßten Bericht wird an die Existenz eines Abkommens mit den Japanern über die Lieferung von 1.500 t im Jahre 1943 erinnert, wovon 1.200 t verschifft wurden und lediglich 205 t (Zahl praktisch unleserlich) in Deutschland ankamen. Für 1944 erwartete der Verfasser des Berichts die Unterzeichnung eines neuen Abkommens mit Zusagen über 1.500 bis 3.000 t. Das Transportproblem wurde jedoch 1944 nicht besser angepackt als im Jahr davor. Nachdem hintereinander drei Blockadebrecher versenkt worden waren, gab Hitler im Januar 1944 Befehl, für die Transporte aus dem Fernen Osten von Hochseefrachtern Abstand zu nehmen. Im letzten Kriegsjahr wurden nur mehr Handels-U-Boote mit einer entsprechend reduzierten Tonnage als Blockadebrecher eingesetzt. Note an den Führer, 26.4.44. BA-B, Mikrofilm 71899, Bild E487499. Puchert, 1996, S. 507.
23 Wie Huene ihn in einer Botschaft an das AA definierte, 12.11.41. BA-B, Berlin, Mikrofilm 15224, Bild 236113-236118.
24 In Spanien zum Beispiel beeilten sie sich, vom Franco-Regime ein Gesetz zu fordern, das verhindern sollte, europäische Kapitalanteile auf spanischem Boden an amerikanische Kapitalisten zu verkaufen. Pérez, 1994, S. 171.
25 Sabath an die Gesandtschaft in Lissabon, 5.8.40. BA-B, Mikrofilm 17886, Bild 081501.
26 Die Gesandtschaft gab an, daß die Soroufra (Société Anonyme Roumano-Française) mit Aktien im Wert von 8 Millionen Escudos an der portugiesischen Partnerfirma beteiligt war. Zu Beginn der Okkupation hätte die Sacor Anstrengungen unternommen, diese Aktien von Paris nach London zu schmuggeln. Im Sommer 1943 schien klar zu sein, daß es die Deutschen waren, die sich dieser Sacor-Aktien bemächtigen konnten. Dietmar an den HaPol, 1.11.40. BA-B, Mikrofilm 17886, Bild 081442. *Dez anos...*Band XV, 1993, Dok. 234, der Gesandte in Washington an den portugiesischen Außenminister, 4.6.43.
27 Vermerk von Teixeira de Sampaio über ein Gespräch mit Bustorff Silva, 28.8.41. AOS/CO/NE-7, Mappe 31.

28 Urteil der 6. Strafgerichtskammer in Lissabon. BA-B, Mikrofilm 15224, Bild 236206.
29 RWM an den HaPol, 5.1.42. BA-B, Mikrofilm 15224, Bild 236206.
30 Vermerk von Francisco de Paula Brito über ein Gespräch mit Tovar, Huene und Eckert, 5.6.42. AOS/CO/NE-7, Mappe 33.
31 Vermerk von Francisco de Paula Brito über ein Gespräch mit Sabath, 6.8.42. AOS/CO/NE-7, Mappe 33.
32 Drei Schreiben von Paul Grünfeld an die Bergbaugesellschaften Empresa Mineira de Sabrosa und Companhia Mineira do Norte, 4.12.41. BA-B, Mikrofilm 15224, Bild 236165-236167. Grünfeld an Bethke, 4.12.41. Mikrofilm 15224, Bild 236168-236169.
33 Vermerk von Francisco de Paula Brito über ein Gespräch mit Tovar, Huene und Eckert, 5.6.42. AOS/CO/NE-7, Mappe 33.
34 Aufzeichnung ohne Unterschrift, 19.1.42. BA-B, Mikrofilm 15224, Bild 236193.
35 RWM an den HaPol, 5.1.42. BA-B, Mikrofilm 15224, Bild 236206.
36 Vermerk von Francisco de Paula Brito über ein Gespräch mit dem Handelsdelegierten der Italienischen Gesandtschaft, 17.7.41. AOS/CO/NE-7B, Mappe 18, Blatt 157 f.
37 Abschrift. Abkommen zwischen Deutschland, Italien, Ungarn und Bulgarien für den Einkauf in Portugal und dem Fernen Osten, 1.10.41. BA-B, Mikrofilm 15224, Bild 236104-236106.
38 In Diskussionen mit der Deutschen Gesandtschaft sollte sie akzeptieren, ab nun sämtliche Zinnimporte über die Firma Zickermann laufen zu lassen. Huene an den HaPol, 22.8.42. BA-B, Mikrofilm 17580, Bild E080420.
39 Herbert Waldthausen (Lobar) an Eckert, 26.1.42. BA-B, Mikrofilm 15224, Bild 236248.
40 Konsulat in Porto an die Gesandtschaft in Lissabon, 13.1.42. BA-B, Mikrofilm 15224, Bild 236185-236186.
41 Memorandum, vermutlich der Italienischen Gesandtschaft, über Geschäfte mit Vasco Burmester, mit einem Begleitschreiben (Unterschrift unleserlich) an Schlubach, 8.1.42. BA-B, Mikrofilm 15224, Bild 236189-236191.
42 Huene an das Konsulat in Porto, 19.1.42. BA-B, Mikrofilm 15224, Bild 236194. Huene an den HaPol, 21.1.42. Mikrofilm 15224, Bild 236195.
43 Koppelmann-Bericht (Anm. 15).
44 Vermerk von Huene, 12.11.41. BA-B, Mikrofilm 15224, Bild 236116.
45 Besprechung im Reichswirtschaftsministerium, 13.11.41. BA-B, Mikrofilm 15224, Bild 236156.
46 Sabath an den Direktor des HaPol, 5.6.42. BA-B, Mikrofilm 17580, Bild E080380-E080381.

47 An dieser waren auch die weniger bekannten deutschen Firmen Hermann C. Starck und Gesellschaft für Metallurgie beteiligt.
48 Sabath an den Direktor des HaPol, 5.6.42. BA-B, Mikrofilm 17580, Bild E080380-E-080381.
49 Bethke an den HaPol, 20.11.41. BA-B, Mikrofilm 15224, Bild 236148. Vorschläge für ein Kompensationsabkommen, 2.12.41. AOS/CO/NE-2, Mappe 16, S. 311 f.
50 Pérez, 1994, S. 61 ff.
51 In der Türkei war der Chromerzmarkt fest in den Händen von Krupp. Bähr, 1999, S. 76.
52 Pérez, 1994, S. 63 und 76.
53 Sabath an den Direktor des HaPol, 5.6.42. BA-B, Mikrofilm 17580, Bild E080387.
54 Vermerk von Teixeira de Sampaio über ein Gespräch mit Huene, 10.11.36. AOS/CO/NE-7, Mappe 7. Eltze an Salazar, 15.7.43. AOS/CP-101. Information der portugiesischen Staatspolizei PIDE über Erich Emil Schroeder (1946). Zusammenfassung des Verhörs durch das US-Militär, ohne Datum und Unterschrift. AOS/CO/IN-8C, Mappe 43, S. 9. Schnurre an Ribbentrop, 1.6.44. BA-B, Mikrofilm 71899, Bild E487477.
55 Pérez, 1994, S. 536.
56 Bethke an den HaPol, 20.11.41. BA-B, Mikrofilm 15224, Bild 236149.
57 Eckert an die Sardinen-Einkaufskommission und deren beauftragte Firma Wimmer, 12.1.42. BA-B, Mikrofilm 15224, Bild 236198. Huene an das AA, 12.1.42. Mikrofilm 15224, Bild 236203.
58 Churchill, S. 136.
59 Huene an das AA, 23.1.42. BA-B, Mikrofilm 15224, Bild 236229.
60 Huene an das AA, 23.1.42. BA-B, Mikrofilm 15224, Bild 236229.
61 Minero-Silvícola an Legationsrat Dr. Velhagen, 25.9.41. BA-B, Mikrofilm 15224, Bild 236084.
62 Ab dem 22. Januar 1942 tätigten die Engländer erneut massive Käufe, zu 500 Escudos/kg. Sabath an die Direktion des HaPol, 23.2.42. BA-B, Mikrofilm 17580, Bild E080371. Huene an das AA, 23.1.42. BA-B, Mikrofilm 15224, Bild 236229.
63 Huene an das AA, 29.10.41. BA-B, Mikrofilm 15224, Bild 236101.
64 Aufzeichnung von Huene, 12.11.41. BA-B, Mikrofilm 15224, Bild 236115.
65 Bethke an den HaPol, 20.11.41. BA-B, Mikrofilm 15224, Bild 236148.
66 Huene an das AA, 12.11.41. BA-B, Mikrofilm 15224, Bild 236122. Siehe auch Wheeler, S. 116 und 120.
67 Dietmar an den HaPol, 25.2.42. BA-B, Mikrofilm 17580, Bild E080369.
68 In Wirklichkeit haben Huenes Zurückweisungen Monteiro de Barros dazu veranlaßt, ihn zu umgehen und nach Berlin zu reisen, um das RWM

direkt zu kontaktieren. Just zu diesem Zeitpunkt entdeckte Huene, daß der Unternehmer nützlich sein könnte, und er ersuchte das RWM, diesem bei der Unterredung einen Plan über Ankäufe bei Einzelschürfern zu unterbreiten. Monteiro de Barros trat im Jahre 1943 abermals in Erscheinung. Diesmal tat er sich als Mitarbeiter einer groß aufgemachten Propagandapublikation der Achsenmächte hervor, in der man die wirtschaftlichen Ergänzungen rühmte, die dem „Neuen Europa" als Fundament dienten. Später sollte er bei den Informanten der Amerikanischen Botschaft in Lissabon erneut von sich reden machen, und zwar als NS-Komplize bei der Hinterziehung von Gold, das sich in seinem Besitz befand. Barros, 1943. Huene an das AA, 10.2.42. BA-B, Mikrofilm 15224, Bild 236231. Sabath an den Leiter des HaPol, 5.6.42. BA-B, Mikrofilm 17580, Bild E080380-E080381. Memorandum about Money and Gold Bars hidden by prominent Germans in Portugal, 3.10.46, unterzeichnet vom Ersten Sekretär der Botschaft, Halleck L. Rose, Dokumentarischer Anhang bei Telo, 1999.

69 Bethke (i.A. RWM) an das AA, 3.10.41. BA-B, Mikrofilm 15224, Bild 236130.
70 Aktennotiz vom 10.1.42, Unterschrift unleserlich. BA-B, Mikrofilm 15224, Bild 236197.
71 V. Jagwitz an Göring, 20.11.41. Mikrofilm 15224, Bild 236145-236147.
72 Sabath an den HaPol, über eine Besprechung im RWM in Anwesenheit von Eltze, 13.11.41. BA-B, Mikrofilm 15224, Bild 236156.
73 Vorschläge für ein Kompensationsabkommen, 2.12.41. AOS/CO/NE-2, Mappe 16, Blatt 311 f.
74 Eltze an den Unterstaatssekretär des RWM, von Jagwitz, 24.9.41. BA-B, Mikrofilm 15224, Bild 236090.
75 Jacob an den HaPol, 29.11.41. BA-B, Mikrofilm 15224, Bild 236209.
76 Aufzeichnung über eine Besprechung mit Jacob von der Minero-Silvícola am 28.11.41 in der Gesandtschaft, unterzeichnet von Velhagen, datiert mit 20.1.42. BA-B, Mikrofilm 15224, Bild 236212-236213.
77 Aufzeichnung über eine Besprechung mit Jacob von der Minero-Silvícola am 28.11.41 in der Gesandtschaft, unterzeichnet von Velhagen, datiert mit 20.1.42. BA-B, Mikrofilm 15224, Bild 236212-236213.
78 Vorschläge für ein Kompensationsabkommen, 2.12.41, ohne Unterschrift. AOS/CO/NE-2, Mappe 16, Blatt 311 f.
79 Hans Eltze an Francisco de Paula Brito, 13.1.42. AOS/CO/NE-2, Mappe 16, Blatt 320 f.
80 Entwurf einer Note der Deutschen Gesandtschaft, zusammen mit einer Begleitkarte von Francisco de Paula Brito am 23.1.42 ausgehändigt. AOS/CO/NE-2, Mappe 16, Blatt 331 f.

81 Bethke an den HaPol, 20.11.41. BA-B, Mikrofilm 15224, Bild 236149.
82 Ausführungsbestimmungen zum privaten Kompensationsgeschäft Wolfram gegen Eisen/Stickstoff, 20.11.41, ohne Unterschrift. BA-B, Mikrofilm 15224, Bild 236151-236153.
83 Er strebte eine Liefergarantie von 8.000 Tonnen/Monat an, insgesamt 96.000 Tonnen für das Jahr, in dem das Abkommen gültig war. Handschreiben von Francisco de Paula Brito an Salazar, 23.1.42. AOS/CO/NE-2, Mappe 16.
84 Rosas, 1990, S. 110.
85 Eltze an F. P. Brito, 13.1.42. AOS/CO/NE-2, Mappe 16, Blatt 320 f.
86 Vermerk von Salazar über ein Gespräch mit Huene und Eltze, 31.10.41. AOS/CO/NE-7, Mappe 28.
87 Telo, 1999, S. 113.
88 Letzten Endes sollte die im Abkommen vorgesehene Menge an Ammoniumsulfat (10.000 Tonnen) unter den Erwartungen am Beginn der Verhandlungen liegen. Ausführungsbestimmungen zum privaten Kompensationsgeschäft Wolfram gegen Eisen/Stickstoff, 20.11.41. BA-B, Mikrofilm 15224, Bild 236151-236153. Am 24.1.42 über Notenaustausch abgeschlossenes Wolframabkommen zwischen Deutschland und Portugal. *Dez anos...*Band XV, S. 13-15.
89 *Dez anos...* Band XV, Dok. 164. Vermerk über ein Gespräch zwischen dem portugiesischen Außenminister und dem deutschen Gesandten, 12.12.42, S. 231.
90 Sitzungsprotokoll vom 12.1.42. AOS/CO/NE-2, Mappe 16, Blatt 325 f.
91 Die Konzession von Exportlizenzen für diese Menge ließ auf sich warten, zwei Monate später konnten sich die Deutschen glücklich schätzen, Lizenzen für 140 Tonnen zu erhalten. Koppelmann-Bericht (Anm. 15). Huene an den HaPol, 20.2.42. BA-B, Mikrofilm 17580, Bild E080376.
92 Dietmar an den HaPol, 27.2.42. BA-B, Mikrofilm 17580, Bild E080360-080361.
93 Noch drei Monate davor hatte man deutsche Kohle frei Irún zu 20 RM pro Tonne gekauft, während nun 60 RM verlangt wurden, trotz des noch dazu kürzeren Transportwegs Ruhr/Basel. Dietmar an den HaPol, 28.2.42. BA-B, Mikrofilm 17580, Bild E080360-080361. Sabath an die Gesandtschaft, 2.3.42. BA-B, Mikrofilm 17580, Bild E080359.
94 Huene an das AA, 10.4.42. BA-B. Mikrofilm S 59345, E082855.
95 Aufzeichnung von Casper über ein Gespräch mit Rafael Duque, 23.4.42. BA-B, Mikrofilm S 59345, Bild E082860.
96 Huene an den HaPol, 6.6.42. BA-B, Mikrofilm 17580, Bild E080377.
97 Vermerk über ein Gespräch von Francisco de Paula Brito mit Eckert, 13.4.42. AOS/CO/GR-IC, Mappe 33.

98 Koppelmann-Bericht (Anm. 15).
99 Huene an den HaPol, 26.3.42. BA-B, Mikrofilm 17580, Bild E080352.
100 Es wurde am 12. Oktober 1941 von einem deutschen U-Boot versenkt. Rosas, S. 88.
101 Huene an den HaPol, 24.5.42. Mikrofilm 15255, Bild 474261-474262.
102 Wiehl an Ribbentrop, 6.6.42. BA-B, Mikrofilm 15255, Bild 474263.
103 Ribbentrop an Wiehl, 8.6.42. BA-B, Mikrofilm 15255, Bild 474264.
104 Huene an den HaPol, 28.3.42. BA-B, Mikrofilm 17580, Bild E080351.
105 Huene an das AA, 19.4.42. BA-B, Mikrofilm S 59345, Bild E082664.
106 Die Deutsche Botschaft in Madrid an das AA, 16.4.42. Mikrofilm S 59345. BA-B, Mikrofilm S 59345, Bild E082667.
107 Koppelmann-Bericht, S. 1 (Anm. 15).
108 Protokolle des Generalrats, Buch 37, Sitzung vom 20.6.41. AH-BP.
109 Rosas, 1990, S. 110.
110 Erst in den letzten Kriegsmonaten sollte die Firma Otto Wolff bereit sein, das gewünschte Material an die Schweiz zu liefern, um auf diese Weise zu Escudos zu kommen. Im Januar und Februar 1945 scheiterten die portugiesischen Bemühungen, in London grünes Licht für dieses Geschäft zu erhalten. Die Alliierten, die eben dabei waren, in Deutschland einzumarschieren, erwarteten sich von den dort vorgefundenen Waggons einen Nutzen. *Dez anos...* Band XV, 1993. Das portugiesische Außenministerium (MNE) an den Handlungsbevollmächtigten in London, 30.1.45. Dok. 437. MNE an den Handlungsbevollmächtigten, 2.2.45. Dok. 442. Palmella an das MNE, 12.2.45. Dok. 450. Das MNE an Palmella, 14.2.45. Dok. 452. Palmella an das MNE, 22.2.45. Dok. 459.
111 Koppelmann-Bericht (Anm. 15). Vermerk von Francisco de Paula Brito über ein Gespräch mit Sabath, 6.8.42. AOS/CO/NE-7, Mappe 33.
112 Huene an den HaPol, 4.6.42. BA-B, Mikrofilm 17580, Bild E080382.
113 Huene an den HaPol, 14.8.42. BA-B, Mikrofilm 17580, Bild E080426. Schüller an die Deutsche Gesandtschaft in Lissabon, 14.9.42. BA-B, Mikrofilm 17580, Bild E080411.
114 Koppelmann-Bericht (Anm. 15).
115 Vermerk von Francisco de Paula Brito über ein Gespräch mit Sabath, 6.8.42. AOS/CO/NE-7, Mappe 33.
116 Koppelmann-Bericht (Anm. 15).
117 Laut Hitler sollte das Wolfram in erster Linie für die Herstellung von Werkzeugmaschinen bestimmt sein. Besprechung Hitler-Speer vom 20.3.42. Boelcke, 1969, S. 76.
118 Lagebericht Nr 2, OKW, 1.11.39, zitiert von Boelcke, 1994, S. 129.
119 Mit anderen Worten: Auf jeden Fall gab es auch noch andere Gründe dafür, daß Moskau nicht gefallen ist, und es lag nicht daran, daß zu

viele Waffen exportiert wurden, und auch nicht daran, daß zu jenem Zeitpunkt an dieser Front ein Mangel daran herrschte.
120 Boelcke, 1994, S. 128.
121 Müller, 1992, S. 358.
122 Auch dann, wenn man diese Zahlen mit Skepsis betrachtet, da die Exportpreise für die Achsenländer für gewöhnlich von den Deutschen festgesetzt wurden, die in dieses Geschäft diverse außerwirtschaftliche Faktoren einfließen ließen.
123 Boelcke, 1994, S. 128.
124 Nach den Worten des Generalstabschefs der portugiesischen Armee, General Tasso de Miranda Cabral: „Ausgehend von dem Zustand, in dem sich das portugiesische Heer befand, ließ sich keine wirksame Landesverteidigung aufbauen". Und er verglich die armseligen 6 Divisionen, die das Heer, wenn überhaupt, aufstellen könnte, mit den 24, auf 48 ausbaubaren des Nachbarlandes. Schreiben an den Generalmajor, 29.7.40. Privatarchiv von General Pinto Lelo, Abteilung 15, Sektion 6, Karton 290, Nr. 53. AHM.
125 Die SNB arbeitete einen umfangreichen Bericht über die Bedeutung der Wiederaufrüstung in der portugiesischen Budgetpolitik aus: Volkswirtschaftliche und Statistische Abteilung der SNB. *Bericht über die wirtschaftliche und finanzielle Lage Portugals.* Juli 1942. A-SNB.
126 Telo, 1991. Band II, S. 239 f.
127 Soares, 1999, S. 7 f. Barata, 1998.
128 417 Sitzungsprotokolle des Handelspolitischen Ausschusses, von 1933 bis 1944, sowie die geheime Registratur des AA mit dem Titel "Handel mit Kriegsgerät". Boelcke, 1994, S. 5.
129 Es sei vermerkt, daß schon diese „zivilen" Importe bisweilen sehr bedeutende Posten an leichten Waffen und entsprechender Munition beinhalteten. Diese beiden Rubriken waren die einzigen, die damals die Aufmerksamkeit des portugiesischen Statistikinstituts INE hervorriefen. Bis 1941 lieferte Deutschland praktisch alles, was Portugal in diesen Bereichen ankaufte. Mit Beginn des Spanischen Bürgerkriegs sollte sich das portugiesische Heer dazu entschließen, das englische 7,7 mm Kaliber gegen das deutsche von 7,92 mm auszutauschen. In den darauffolgenden Jahren sollte diese Umstellung Italien und vor allem Deutschland zu wichtigen Lieferanten leichter Waffen an Portugal machen. Selbst noch im ersten Kriegsjahr wurden zum Beispiel große Mengen von Mauser-Gewehren in Tarnlieferungen mit einem Zwischenstopp in Italien, das noch nicht in den Krieg eingetreten war, ins Land gebracht. Desgleichen wurden die Maschinen, die von der portugiesischen Waffenfabrik Fábrica de Braço de Prata zur Arbeit an

dem neuen Kaliber benötigt wurden, von der deutschen Firma Fritz Werner bestellt. Dabei kam es zu Lieferverzögerungen, da man darauf wartete, die Maschinen über Frankreich nach Portugal zu transportieren, wo sie schließlich Anfang 1941 ankamen. Im Lauf des Jahres 1941 wurden auch wichtige Lieferungen von Munition für leichte Waffen durchgeführt, die 5% der gesamten Käufe in Deutschland ausmachten.

130 Milward, 1966, S. 80. Milward, 1986, S. 73.
131 Puchert, 1996, S. 462-480.
132 Handschriftliche Aufzeichnung vom 16.1.42. AOS/CO/GR-IC, Mappe 16.
133 Aufzeichnung über die Zahlungen, die das Kriegsministerium aller Wahrscheinlichkeit nach 1942 in Deutschland zu entrichten hatte. Kriegsministerium, Ministerkabinett. Handschriftlicher Vermerk von Oliveira Salazar, 16.1.42. AOS/CO/GR-IV.
134 Aufzeichnung über Waffenlieferungen an Portugal. 7.12.42. BA-B, Mikrofilm 71899, Bild 121729-121730.
135 Vermerk über ein Gespräch zwischen Salazar und Eltze, 12.12.42. AOS/CO/NE-2, Mappe 16, Blatt 426 f.
136 Verbalnote der Deutschen Gesandtschaft, mit einer Karte von Francisco de Paula Brito vom 14.4.43. AOS/CO/NE-2, Mappe 16, Blatt 426 f.
137 Vermerk von Francisco de Paula Brito über ein Gespräch mit Eisenlohr, Eckert und Koppelmann, 14.4.43. AOS/CO/NE-2, Mappe 16, Blatt 456 f.
138 Aufzeichnung über Waffenlieferungen an Portugal, 7.12.42. BA-B, Mikrofilm 71899, Bild 121729-121730.
139 Pérez, 1994, S. 375 und 381.
140 Aufzeichnung über Waffenlieferungen an Portugal, 7.12.42. BA-B, Mikrofilm 71899, Bild 121729-121730.
141 Vermerk über ein Gespräch zwischen Salazar und Eltze, 12.12.42. AOS/CO/NE-2, Mappe 16, Blatt 426 f.
142 *Dez anos...*, Band XIV, 1991, Dok. 200, am 21.4.43 über Notenaustausch abgeschlossenes Wolframabkommen zwischen Deutschland und Portugal (unterzeichnet von Huene und Salazar).
143 Vermerk über eine Besprechung im AA, 6.1.43. BA-B, Mikrofilm 71899, Bild E473933-E473936.
144 Boelcke, 1969, S. 316.
145 Boelcke, 1994, S. 128.
146 Zitiert von Boelcke, 1969, S. 384.
147 Boelcke, 1994, S. 176 f.
148 129 10,5cm-Haubitzen mit Zubehör und Munition im Wert von etwas weniger als 18 Millionen Reichsmark, deren Auslieferung für Februar

des darauffolgenden Jahres erwartet wurde. Vertragsentwurf und handschriftlicher Vermerk von Salazar über eine Besprechung mit Huene, 11.5.43. AOS/CO/GR-IC, Mappe 18.
149 Marcello Mathias an die englische Regierung, 2.2.39. AOS/CO/GR-1A, Mappe 18, Unterteilung 8.
150 *Dez anos...*, Band XIV, 1991, Dok. 592. MNE an den Geschäftsträger in London, 41.1.42. Dok. 506. MNE an den Gesandten in Vichy, 27.8.41. Dok. 508. Gesandter in Vichy an das MNE, 29.8.41. Dok. 540. Gesandter in Berlin an das MNE, 4.10.41. *Dez anos...*, Band XV, 1993, Dok. 63. Botschafter in London an das MNE, 23.3.42. Dok. 36. MNE an den Botschafter in London, 11.3.42.
151 namens Sven Löwe.
152 Huene an den HaPol, 28.11.42. BA-B, Mikrofilm 71899, Bild 121707.
153 Huene an den HaPol, 27.3.42. BA-B, Mikrofilm 17580, Bild E080354.
154 Telo, 1991, Band I, S. 209 f.
155 Telo, 1999, S. 149 ff.
156 Wiehl an Weizsäcker und Ribbentrop. BA-B, 27.4.43. Mikrofilm 71899, Bild 121970-121971.
157 Was Schweden betrifft, war der Wehrmacht sogar die Genehmigung für den Durchmarsch zahlreicher Truppen erteilt worden, die für die Invasion Norwegens bestimmt waren, und der Luftwaffe war eine Überflugsbewilligung über schwedisches Terrain erteilt worden. Hedin, Elgemyr, S. 17.
158 Huene an Ribbentrop, 12.10.43. BA-B, Mikrofilm 71899, Bild 366104-366106.
159 Vermerk über eine Besprechung im AA, 6.1.43. BA-B, Mikrofilm 71899, Bild E473933-E473936.
160 Telo, 1999, S. 120.
161 Telo, 1991, Band I, S. 191.
162 *Dez anos...*, Band XV, 1993, Dok. 285. Außenminister an den Gesandten in Washington, 24.1.44. Anhang zum Dok. 346. Churchill an Salazar, 15.3.44. Dok. 347. Salazar an Churchill, 28.3.44.
163 Telo, 1991, Band I, S. 230.
164 *Dez anos...*, Band XV, 1993, Dok. 314. Außenminister an den Gesandten in Berlin, 15.2.44, S. 427.
165 *Dez anos...*, Band XV, 1993, Dok. 346. Vermerk eines Gesprächs zwischen dem MNE und dem britischen Botschafter, 24.3.44, S. 464.
166 Zitiert von Rosas, 1990, S. 166.
167 Puchert, 1996, S. 431.
168 *Dez anos...*, Band XV, 1993, Anhang zu Dok. 188. Britische Botschaft an den Außenminister, 16.2.43.

169 Boelcke, 1994, S. 176 f.
170 *Portugal. Some Financial Consequences of the War,* im Anhang Reproduktion eines Schreibens des Ersten Sekretärs der Amerikanischen Botschaft, Charles E. Dickerson Jr., an den Staatssekretär, 20.4.45. National Archives, Washington. RG84, Embassy Lisbon.
171 Und diese Auslassung läßt sich nicht damit erklären, daß die Waffentransaktionen im Schutz der Rahmenverträge abliefen. Das offiziell im Rahmen dieser Verträge exportierte Wolfram scheint in den Statistiken des INE sehr wohl deutlich auf.
172 Vorschläge für ein Kompensationsabkommen, 2.12.41, ohne Unterschrift. AOS/CO/NE-2, Mappe 16, Blatt 311 f.
173 Entwurf einer Note der Deutschen Gesandtschaft, mit einer Karte von Francisco de Paula Brito am 23.1.42 übergeben. AOS/CO/NE-2, Mappe 16, Blatt 331 f.
174 Vermerk über ein Gespräch zwischen Salazar und Eltze, 12.12.42. AOS/CO/NE-2, Mappe 16, Blatt 426 f.
175 Verbalnote der Deutschen Gesandtschaft, übergeben mit einer Karte von Francisco de Paula Brito, vom 14.4.42. AOS/CO/NE2, Mappe 16, Blatt 426 f.
176 Vermerk über ein Gespräch von Francisco de Paula Brito mit Eisenlohr, Eckert und Koppelmann, 14.4.43. AOS/CO/NE-2, Mappe 16, Blatt 456 f.
177 Sitzungsprotokoll vom 12.1.42, Eltze, Knigge und Eckert mit Paula Brito, Castro Caldas und Ruy Teixeira Guerra. AOS/CO/NE-2, Mappe 16, Blatt 325 f.
178 Knigge an den Chef der 1. Abteilung, 2. Generaldirektion des Kriegsministeriums, 4.5.45. Handschriftlicher Vermerk des Kriegsministeriums, Ministerkabinett, Unterschrift unleserlich, 7.5.45. AOS/CO/GR-11, Mappe 19.
179 Liechti, 1997, S. 41.
180 Die zur Verfügung stehenden Statistiken liefern in Wirklichkeit nur eine vage Vorstellung über diese Größenordnung, zumal die Einnahmen des Lissabonner Hafens nicht gesondert nach Ursprungsländern aufgeführt werden. Man weiß, daß sich die diesbezüglichen Gesamteinnahmen 1940 auf 40.741.000 Escudos beliefen und 1941 auf 51.174.000 Escudos anstiegen. Von der Gesamtmenge von 1.652.901 aus dem Ausland im Hafen von Lissabon einlangenden Tonnen an Gütern exportierte die Schweiz 1941 lediglich 3.974 Tonnen über diesen Hafen, während sie bei den Importen mehr Ladegut bewegte als jedes andere Land: 192.555 Tonnen von insgesamt 725.886 Tonnen. *Relatório de contas e elementos estatísticos,* 1941, S. 25, 159, 165. Generalarchiv der Lissabonner Hafenverwaltung.

181 Laut glaubwürdiger Übersetzung der Autorin: „Etant donné *le grand excédant d'exportations* portugaises dans le commerce avec la Suisse et suite aux importants paiements du frêt pour le trafic outre-mer, plus précisement avec l'Amérique, dont la Suisse doit s'acquitter en escudos, nous avons dû nous procurer *des sommes énormes d'escudos*. Ceci ne pouvait se faire que contre des cessions d'or du Banco de Portugal" [hervorgehoben im Original]. Schreiben der SNB an das Eidgenössische Politische Department, 14.1.42, zitiert von Myriam Liechti, S. 41.

182 *Dez anos...*, Band XV, 1993, Dok. 55. Salazar an Armindo Monteiro, 19.3.42.

183 *Dez anos...*, Band XIV, 1991, Dok. 135. Armindo Monteiro an Salazar, 8.1.40.

184 506 davon in Portugal und 166 in den Kolonien, gegenüber insgesamt 1.800 in den neutralen Ländern. Auf dem Höhepunkt der Wolframkrise sollte Portugal am 9. Mai 1944 mit 1.252 seinen diesbezüglich höchsten Stand während des ganzen Krieges erreichen. *Dez anos...*, Band XIV, 1991, Dok. 595. Bianchi an Salazar, 15.1.42. Inglin, S. 311 f.

185 Aufzeichnung von Huene, 12.11.41. BA-B, Mikrofilm 15224, Bild 236116.

186 Vermerk über ein Gespräch zwischen Salazar und dem italienischen Gesandten, 26.1.41. AOS/CO/NE-7B, Mappe 18, 1. Unterteilung.

187 Vermerk eines Gesprächs zwischen Tovar de Lemos und dem spanischen Handelsdelegierten Arguelles, 6.2.41. AOS/CO/NE-7, Mappe 24.

188 Vermerk über ein Gespräch zwischen Tovar de Lemos und dem deutschen Legationsrat Weber, 21.2.41. AOS/CO/NE-7, Mappe 28.

189 Rosas, 1990, S. 68 f.

190 Dazu gehören die im August 1940 in Lissabon gegründete Firma Lesser; die Firma Iroma, die das portugiesische Wolfram in Lastkraftwagen bis zur spanisch-französischen Grenze transportieren sollte; die Firma Laboremus, die Bahn- sowie Küstenschiffstransporte bis Frankreich durchführte; und die Firma E. Bauer Transport. Pérez, 1994, S. 536.

191 Übersetzung einer Note der Britischen Botschaft an das MNE, 20.10.41. AOS/CO/NE-2E3, Mappe 18.

192 Andererseits ist von der beabsichtigen Änderung der Praktik bei Dokumenten die Rede, die „beim Interessenten verbleiben, der diese[s] für künftige Abfertigungen benutzen könnte". Sitzungsprotokoll der Comissão de Estabilização (Stabilisierungs-Kommission), Buch Nr. 5, vom 15.12.42. AH-BP.

193 Boelcke, 1994, S. 140.

194 Weber an den HaPol, 11.9.42. BA-B, Mikrofilm 17580, Bild E080412-E080413.

195 *Dez anos...*, Band XV, 1993, Dok. 63. Der Botschafter in London an das MNE, 23.3.42.
196 Liechti, 1997, S. 26.
197 Huene an das AA, 20.10.41. BA-B. Mikrofilm 15224, Bild 236112.
198 Die portugiesischen Exporteure, die sich auf ein schnelles Nachlassen dieses unerwarteten Eifers verließen, hamsterten nun die Waren, um mit den Preisen spekulieren zu können, sobald das Exportverbot aufgehoben würde. Kabinett des Wirtschaftsministers an den Sektionschef für Wirtschafts- und Konsularangelegenheiten, 2.2.42. AHD-MNE, P3-A17-M23.
199 *Dez anos...*, Band XV, 1993, Anhang II an das Dok. 265. Vermerk von António de Faria über ein Gespräch mit J. Nichols vom MEW, 4.11.43.
200 Telo, 1991. Band I, S. 196 und 215.
201 Sitzungsprotokoll des Verwaltungsrats vom 9.6.44. AH-BP.
202 Notiz an den Führer, 26.4.44. BA-B, Mikrofilm 71899, Bild E487499.
203 Pérez, 1994, S. 472 f.
204 Telo, 1991, Band 1, S. 216.
205 Eisenlohr an Ribbentrop, 28.4.44. BA-B, Mikrofilm 71899, Bild 487507-E487510.
206 Schnurre an Ribbentrop, 26.5.44. BA-B, Mikrofilm 71899, Bild E487477-E487481.
207 Eisenlohr an Ribbentrop, ib.
208 Es ist nichts über den Entscheidungsprozeß bekannt, der Salazar dazu brachte, die Signale eines Verhandlungswunsches von deutscher Seite über diese Juden portugiesischer Herkunft zu ignorieren. Zur Erläuterung der Zusammenhänge ist jedoch zu betonen, daß es die Alliierten selbst waren, die zu jenem Zeitpunkt energisch potentielle Gesprächspartner Deutschlands vor irgendwelchen Verhandlungen warnten, die auf einem erpresserischen Handel mit dem Leben jüdischer Geiseln basierten. Nach dem Krieg zog António de Faria in einem Schreiben an das MNE Bilanz aus dieser Affäre: „Die jüdisch-portugiesische Gemeinde [in Holland] war vom Verfolgungs- und Vernichtungssystem der Deutschen stark betroffen; diese Gemeinde zählte vor dem Krieg viertausend Mitglieder, von denen nur etwa fünfhundert (...) überlebten. Die Juden portugiesischer Herkunft tun ihre große Enttäuschung darüber kund, daß unsere Regierung ihre Ausreise nach Portugal nicht zu unterstützen vermochte". Mit dieser „Enttäuschung" der Überlebenden konfrontiert, beschränkte sich das MNE seltsamerweise darauf, die Gespräche mit der deutschen Regierung zu bestätigen, ohne die diesbezüglichen Warnungen der Alliierten in irgendeiner Weise anzusprechen. Telegramm von Wiehl, 14.3.44; Notiz von v. Thadden, 21.3.44,

beide zitiert von Avni, 1996, S. 331. Bergier, 1999, S. 51 f., 118. António de Faria an das MNE, 7.12.45. Korrespondenz mit der Portugiesischen Gesandtschaft in Den Haag, AHD-MNE. Der Sektionschef für Politische Angelegenheiten des MNE an den Gesandten Portugals in Den Haag, 9.2.46. Korrespondenz mit der Portugiesischen Gesandtschaft in Den Haag. AHD-MNE. Siehe diesbezüglich auch Alexandra, 1995 und Melo, 1995.

Kapitel 3

Gold und Franken gegen Ware

Am Ende des vorangegangenen Kapitels wurde das Vertrauensverhältnis der NS-Diplomaten zum portugiesischen Kriegsministerium erwähnt, und da ganz besonders zu Hauptmann Santos Costa, der rechten Hand Salazars in diesem Ministerium. Wenn wir uns nun näher mit dem Kreislauf der im deutsch-portugiesischen Handel verwendeten Zahlungsmittel beschäftigen, treffen wir auf Beziehungen, die noch weitaus komplexer und doppeldeutiger sind. Zumeist indirekte Beziehungen, liefen sie doch über das Dreieck Berlin-Bern-Lissabon, bei dem der Scheitelpunkt Schweiz eine wesentliche Rolle spielte.

War schon hinter den Aktivitäten von Santos Costa die Handschrift Salazars leicht zu erkennen, so machte sie sich in den Aktivitäten der Banco de Portugal mehrfach auf eine Weise bemerkbar, die die Frage nach der letzten Entscheidungsverantwortung vielschichtig gestaltet und uns im ganzen vorliegenden Kapitel um mehr oder weniger fragmentarische Indizien kreisen läßt. Ein deutliches Bild ergibt sich erst, wenn man all diese Hinweise berücksichtigt.

Schweiz und Portugal: die Zentralbanken und ihre Führungstroikas

Wie vielschichtig die Frage nach der letzten Entscheidungsverantwortung ist, zeigt sich bereits, wenn man die Institution Zentralbank betrachtet. Ein derartiger Betrieb muß nicht einmal durch die Auswüchse einer Salazar-Diktatur verfremdet sein, um eklatante Mängel an Transparenz aufzuweisen. Selbst die angesehene schweizerische Zentralbank SNB bot unter der Leitung einer von der Regierung ernannten Troika zu Kriegsende unter dem Druck der Alliierten ein Schauspiel an Orientierungslosigkeit und Uneinigkeit, das schon ans Lächerliche grenzte.

Ernst Weber, nach Jean Zieglers Beschreibung ein traditionsverhafteter, unzugänglicher Bürokrat ohne weltmännisches Auftreten, war der Präsident, der geradezu dazu berufen war, den Interessen der beiden anderen Führungsmitglieder freie Bahn zu gewähren. Alfred Hirs, ein dynamischer Geschäftsmann, der sein Leben nach Börsenspekulationen und Devisengeschäften ausrichtete, eignete sich viel besser dazu, mit dem deutschen Zentralbankier Emil Puhl rasche und informelle Vereinbarungen auszuhandeln.

Sein unstetes Wesen, das sich von unbesonnenen antisemitischen Äußerungen bis hin zu seinem berüchtigten Wutausbruch bei den Washingtoner Verhandlungen im Mai 1946 ausdrückte, sollte ihm schließlich aber auch zum Verhängnis werden. Das dritte Element der Troika, der Jurist Paul Rossy, war ohne Zweifel, und auch nach der Beschreibung Zieglers, ein berechnender Mensch, der bereit war, über Leichen zu gehen, um auf Kosten seiner Kollegen die eigene Position zu festigen. 1937 gelang es ihm, im SNB-Direktorium den Posten einzunehmen, für den eigentlich Victor Gautier als Favorit gegolten hatte. Rossy machte sich dabei sein Wissen um die Unregelmäßigkeiten Gautiers zunutze, die dieser 1934 anläßlich des Bankrotts der Schweizerischen Diskontbank[1] begangen hatte. Der ausgebootete Kandidat erfüllte später heikle Missionen, wobei es klare Hinweise dafür gibt, daß er von Rossy ohne volle Kenntnisnahme der damit verbundenen Risiken ins Kreuzfeuer geschickt worden war.

Nach dem Krieg war es auch Rossy, der die innerhalb der SNB herrschende Krise publik machte, wobei er nicht nur Nutzen daraus zog, daß Hirs bei den Washingtoner Verhandlungen eine schlechte Figur abgegeben hatte, sondern diesen auch noch beschuldigte, den beiden Direktoriumskollegen die unlautere Herkunft des von Puhl ausgehändigten Goldes verschwiegen zu haben. Die beiden Sozialdemokraten Ernst Nobs und Robert Grimm, Anhänger Lenins zur Zeit seines Züricher Exils und später mit den Interessen des schweizerischen Finanzschauplatzes gut arrangiert, unterstützten Rossy politisch dabei, Hirs zum Sündenbock zu machen. Dies erwies sich als opportun, um die institutionellen Verantwortlichkeiten im dunkeln zu lassen.[2]

Im Portugal Salazars herrschte natürlich ein noch größerer Mangel an Transparenz. Um die enge Kontrolle über die Ausrichtung der Zentralbank aufrechtzuerhalten, ließ der portugiesische Diktator den Posten des Gouverneurs nach der Entlassung von Camacho Rodrigues im Jahre 1936 unbesetzt. An dessen Stelle wurde interimistisch General Carlos Soares Branco eingesetzt, der jedoch zwei Jahrzehnte lang nicht über die Stellung eines Vize-Gouverneurs hinauskam, und dem der Jurist Fernando Emídio da Silva und der Bankier Álvaro Pedro de Sousa zur Seite gestellt waren. In dieser portugiesischen Troika fungierte der General als Delegierter der Regierung und Álvaro de Sousa als Interessenvertreter der Privatbanken, kam er doch von der Leitung der Banco Fonsecas, Santos & Viana. Emídio da Silva war bereits ein Veteran der Banco de Portugal. Seit 1919 im Verwaltungsrat und seit 1931 Vize-Gouverneur, war er bei verschiedenen Firmen – von Versicherungen bis zu Tabakkonzernen – im Verwaltungsrat und hinterließ in den Sitzungsprotokollen der leitenden Bankorgane im Vergleich zu seinen

Kollegen bei weitem weniger Spuren einer Einflußnahme. Der Generalsekretär der Bank, Albino Cabral Pessoa, war hierarchisch den drei Vize-Gouverneuren unterstellt, spielte jedoch in der tagtäglichen Geschäftsführung zusammen mit Álvaro de Sousa die wichtigste Rolle.

Wenn die portugiesischen Zentralbankiers auch in ihrer Autonomie eingeschränkt waren, so wurden sie doch von ihren anderen europäischen Kollegen für äußerst kompetent und gut informiert gehalten. In einem Schreiben an seinen schwedischen Kollegen Ivar Rooth berichtete Marcel van Zeeland, der Abgesandte der Bank für Internationalen Zahlungsausgleich BIZ in Lissabon, ausführlich über Cabral Pessoa und Álvaro de Sousa. Dabei zeigte er sich vor allem von ihren Umgangsformen, ihrer Kultur sowie ihrer Eloquenz in mehreren Sprachen beeindruckt und belächelte lediglich ein wenig, daß die portugiesischen Zentralbankiers nicht gerade Frühaufsteher waren[3]. Die rigorose Einschränkung des Manövrierspielraums der Bank bedeutete daher nicht, daß die Bankiers kein Unrechtsbewußtsein besaßen beziehungsweise nicht wußten, was es mit den Direktiven auf sich hatte, an die sie sich zu halten pflegten.

Daß ihr inneres Gleichgewicht nicht gerade stabil, ja sogar latent konfliktbeladen war, trug ebenfalls zur Einschränkung der Macht der Banco de Portugal bei. Die Beziehungen zwischen den Mitgliedern der portugiesischen Troika waren nicht friedlicher als die in der SNB, auch wenn die Diktatur es nicht zuließ, daß diese Spannungen offen zutage traten. Gleich in den ersten Kriegsmonaten gab es hierfür ein Beispiel, als der Kurssturz des Pfund Sterling zu Devisenspekulationen führte, die von der Gerüchteküche (durch anonyme Briefe an Salazar) Álvaro Pedro de Sousa in die Schuhe geschoben wurden. Sousa stand im Verdacht, die eigene Privatbank mit Insiderinformationen begünstigt zu haben. General Soares Branco berichtete damals in einem Schreiben an Salazar, er hätte Sousa mit dem Gerücht und auch mit seiner Überzeugung konfrontiert, daß es „nur von jemandem der Banco Fonsecas, Santos & Viana selbst ausgegangen sein kann". Abgesehen davon, daß dieses Schreiben den Verdacht gegen Sousa noch erhärtete, wurde darin auch erwähnt, daß Caeiro da Mata, ein weiterer Mitarbeiter in leitender Funktion mit einer ebenfalls bedeutenden politischen Karriere, ebenso von der bevorstehenden Abwertung gewußt habe[4].

Typisch für Salazar war, das Problem nicht zu lösen, sondern es den Bankiers zu überlassen, in den Führungsorganen der Bank ein formal freundliches Klima wiederherzustellen. Der Diktator trieb sein Spiel mit den Rivalitäten und Meinungsverschiedenheiten unter den Vize-Gouverneuren. Er hielt ihr gegenseitiges Mißtrauen latent aufrecht und hütete sich, eine Klärung herbeizuführen. Die Troika war in Salazars Händen, und so schwach und gespalten wie sie als Führung dastand, war sie natürlich aufnahmebereit für die Weisungen des Dikators und nur dazu fähig, dessen Direktiven auszuführen. Eine Führung mit solchen Eigenschaften sah sich in den Kriegsjahren mit einer Situation konfrontiert, die ihre Kompetenzen offensichtlich überschritt und der sie nur gerecht werden konnte, indem sie fortwährend die Wünsche der politischen Macht sondierte.

BIZ und Geschäftsbanken im Escudohandel

Ab dem Frühjahr 1940 war seitens der Schweizer Geschäftsbanken eine lebhafte Nachfrage nach Escudos festzustellen. Sie kauften diese vor allem bei den portugiesischen Geschäftsbanken an, indem sie laut Álvaro de Sousa „große Mengen an Gold in unser Land exportierten"[5] beziehungsweise mit Schweizerfranken bezahlten, die bald darauf in die Hände der portugiesischen Zentralbank gelangten. Die Banco de Portugal quotierte auf diese Franken im Ankauf eine niedrige Kursnotierung, was ihr eine erfreuliche Gewinnspanne einbrachte[6]. Die oben erwähnten Schweizer Geschäftsbanken benutzten anschließend diese Escudos, um den Import von portugiesischen Gütern zu finanzieren beziehungsweise um sie an die Reichsbank zu verkaufen, die sie ihrerseits mit Gold bezahlte.

Der britische Geheimdienst gab ein Konto der Reichsbank bei der portugiesischen Banco Lisboa & Açores als Hauptadressat dieser Escudos an. Die britischen Informanten forschten vier in diesem Geschäft besonders aktive schweizerische Finanzinstitute aus und kalkulierten den von diesen vier Banken Ende 1941 innerhalb von drei Monaten einbezahlten Betrag auf circa 327 Millionen Escudos[7] – eine beträchtliche Summe, wenn man bedenkt, daß sie mehr als das Doppelte des Escudobetrags ausmachte, der in diesem, im großen und ganzen repräsentativen Vierteljahr von der SNB bei der Banco de Portugal angekauft wurde[8]. In dieser Phase stellte das Geschäft mit den Escudos den Hauptmotor des Goldhandels zwischen Deutschland und der Schweiz dar[9]. In den Jahren 1940 und 1941 lieferte die Reichsbank den Schweizer Geschäftsbanken etwas mehr als 54 Tonnen Feingold[10]. Etwa ein Viertel davon – der größere Posten – ging auf Escudoverkäufe zurück[11]. Von den vier Geschäftsbanken, die der britische Geheimdienst des Handels mit Escudos bezichtigte, nahmen zumindest zwei in Zürich etablierte Raubgold aus Holland an: die Crédit Suisse und die Leu & Co.[12], die sich wegen ihrer Mittlergeschäfte mit der Reichsbank einer für sie behaglichen Vormachtstellung auf dem Goldmarkt erfreute[13]. Die Bank Leu & Co. verfügte abgesehen davon über ganz spezielle Verbindungen zur portugiesischen Bank Fonsecas, Santos & Viana, die von Álvaro de Sousa geleitet wurde und interessanterweise von der Banco de Portugal die höchsten Kredite erhielt[14].

Einen speziellen Fall auf dem Escudomarkt stellte die Bank für Internationalen Zahlungsausgleich (BIZ) dar. Als Institution, die nach dem Ersten Weltkrieg aus multinationalen Abkommen hervorgegangen war, vereinte die BIZ in ihrem Team einen NS-Deutschen wie Paul Hechler, einen französischen Kollaborateur wie Roger Auboin, einen italienischen Faschisten wie Raffaele Pilotti, Konservative wie den Belgier Marcel van Zeeland und den Schweden Per Jacobsson, die allesamt unter dem Taktstock des Amerikaners Thomas McKittrick agierten, der im Januar 1940 den Atlantik überquerte, um sich in Europa als später Verfechter der gescheiterten Appeasementpolitik zu exponieren. Die verschiedenen nationalistischen Teile der BIZ-Leitung vereinten sich zu einem kosmopolitischen Ganzen. Was die Definition ihrer Bankpolitik angeht, so bildete ihr Führungskreis eine Gruppe von wahrhaft heimatlosen Bankiers, die unter keinerlei Druck hinsichtlich der Auswirkungen stand, die diese Politik auf irgendeine nationale Wirtschaft haben würde. Wie von dem Schweizer Forscher Gian Trepp ausführlich berichtet, konnte die BIZ bei den amerikanischen Instanzen vor dem Kriegseintritt der USA und selbst bei den höchsten Geldinstanzen im kriegführenden Großbritannien auf Sympathie und Toleranz zählen. Ganz besondere Unterstützung fand sie jedoch bei den Deutschen und Italienern, die 1942 die Wiederernennung McKittricks zum Präsidenten der Bank durchsetzten[15].

Neben anderen Geschäften widmete sich die BIZ aktiv dem Ankauf von Escudos, und zwar in erster Linie auf Bestellung der französischen Zentralbank Banque de France, in deren Angelegenheiten zu jener Zeit das Vichy-Regime einzugreifen pflegte. Beim Verkauf dieser Escudos verleibte sich die Banco de Portugal den Großteil des Goldes ein, das von der BIZ zwischen dem 10. Februar und dem 17. November 1941 auf dem internationalen Markt veräußert wurde[16]. Das Geschäft „Gold gegen Escudos" war für beide Parteien vorteilhaft. Marcel van Zeeland, der im Sommer 1941 nach Portugal gesandt wurde, erklärte in seinem Bericht, die portugiesische Zentralbank sei über die auf diesem Gebiet getätigten Unternehmungen „sehr erfreut". Die BIZ ihrerseits beglückwünschte sich dazu, daß sich die Banco de Portugal im Verhältnis zum schweizerischen Finanzinstitut weitaus bereitwilliger zeigte, ihre Währung für Arbitragegeschäfte zu benutzen[17]. Per Jacobsson war mit seinem Kollegen van Zeeland ganz einer Meinung und zeigte sich seinerseits erfreut über die Freizügigkeit, mit der die Banco de Portugal in Zeiten fieberhafter Nachfrage Escudos an andere Zentralbanken verkaufte[18]. Die beiderseitige Euphorie war so groß, daß die BIZ sogar die Möglichkeit in Betracht zog, in Lissabon einen Fonds einzurichten, der die aus Transaktionen zwischen verschiedenen Zentralbanken resultierenden „Spitzen" regulieren sollte[19]. Die Idee der Bankiers, die portugiesische

Hauptstadt in den Mittelpunkt der europäischen Wechselkursspekulationen zu stellen, sollte nur von kurzer Dauer sein und beiseite gelegt werden, sobald die SNB damit begann, massiv Gold an die Zentralbanken zu verkaufen.

Neben der Banque de France bemühte sich im Jahre 1941 auch die BIZ, die schwedische Zentralbank Sveriges Riksbank als Kunden für diese Escudos zu gewinnen. Ihr Blickwinkel war jedoch vom Handelsüberschuß getrübt, den Portugal in jenem Ausnahmejahr gegenüber Schweden verzeichnete. Der Überschuß an Schwedischen Kronen in den Händen der portugiesischen Zentralbank und die irrige Annahme, von seiten der Sverige Riksbank gäbe es eine Nachfrage nach Escudos, machen deutlich, in welch außergewöhnlicher Lage sich der Handel zwischen den beiden Ländern im Jahr 1941 befand. Auf diesem Kartenhaus baute BIZ-Direktor Per Jacobsson seine Argumentation auf, mit der er den Gouverneur der schwedischen Zentralbank, Ivar Rooth, davon zu überzeugen suchte, mit Hilfe seiner, Jacobssons, Vermittlung bei der Banco de Portugal Escudos zu erwerben. Im Gegenzug sollten die Schweden Goldlieferungen auf ein Depot der Banco de Portugal bei der BIZ durchführen[20]. Die portugiesischen Zentralbankiers, die daraufhin derlei Geschäfte mit der Schwedischen Krone, wie übrigens auch mit der Italienischen Lira, zu sondieren begannen, wurden schon sehr bald darauf aufmerksam, daß ihnen binnen kurzem die schwedische Währung fehlen würde.

Die Führung der Riksbank signalisierte noch weniger Interesse an diesem Konzept. Als Rooth im Oktober 1941 die Schweiz besuchte, kam van Zeeland auf das Anliegen zurück. Der schwedische Bankier erklärte ihm, daß „im Moment" kein Bedarf an Escudos bestünde. Der BIZ-Direktor gab nicht auf. Er wollte mit dem Verkauf von Escudos ein gutes Geschäft machen und schlug einen neuen Weg vor: Die SNB, die Bedarf an der portugiesischen Währung hatte, könne sie über die BIZ bei der Banco de Portugal erwerben und der Sveriges Riksbank die Schweizerfranken ausfolgen, die diese haben wollte, während die schwedische Zentralbank ihrerseits an die Banco de Portugal mit Gold zahlen könne. Dieser geschlossene Kreislauf rief jedoch bei Rooth ebenso wenig Interesse hervor, und er verließ Zürich ohne einen diesbezüglichen Lösungsvorschlag[21].

Für die BIZ traten eine ganze Reihe weiterer Probleme auf. Die Banco de Portugal zog aus der regen Nachfrage nach Escudos den größtmöglichen Nutzen. Im November 1941 beklagte sich van Zeeland darüber, daß die Bank innerhalb eines Monats bereits drei Mal den Ankaufspreis für die portugiesische Währung erhöht habe. Um sich keine Blöße zu geben, erwog van

Zeeland, für das Portugal zugedachte Gold andere Kunden zu suchen. So würde die BIZ die bei der Banco de Portugal angekauften Escudos eben mit Schweizerfranken bezahlen[22]. Am folgenden Tag wurde van Zeelands Eindruck in einem Telefongespräch mit Cabral Pessoa bestätigt, die Banco de Portugal würde tatsächlich für ihre Escudos lieber Schweizerfranken als Gold sehen[23]. Sämtliche Bemühungen der Finanzgebarung seitens der BIZ schlugen fehl. Ihre Goldverkäufe an die Banco de Portugal standen vor dem Aus[24]. Anläßlich eines Besuches in Lissabon Anfang des Jahres 1942 startete der BIZ-Präsident Thomas McKittrick anscheinend noch einen Versuch, Escudos mit Schweizerfranken zu kaufen[25], und offensichtlich fand er eine Möglichkeit, denn die Escudoverkäufe an die BIZ gingen in den folgenden Jahren trotz des Stopps der Goldtransaktionen zwischen den beiden Banken weiter.

Zu den harten Verhandlungen mit der Banco de Portugal über die Aufteilung der Gewinnspanne kamen nun noch von den Alliierten und der SNB zunehmend stärkere und jeweils aus eigenen Beweggründen vorgebrachte Einwände gegen den intensiven Handel der BIZ mit Gold und Escudos. Im März 1942 führte eine Delegation der schweizerischen Zentralbank mit Thomas McKittrick eine Unterredung, um ihn darauf aufmerksam zu machen, daß er mit seinen Interventionen auf dem Markt auf Abwege gerate. Voller Sarkasmus äußerte die SNB-Delegation, „sie könne sich nicht daran erinnern, daß die BIZ je die Genehmigung erhalten hätte, mit anderen Schweizer Banken Geschäfte zu machen". Diese Geschäfte, fügte sie hinzu, würden „im Ausland Mißtrauen erwecken", was schließlich der BIZ schaden würde. McKittrick versicherte zu seiner Verteidigung, daß „die gekauften Escudos nicht für Deutschland, sondern ausschließlich für die Banque de France bestimmt waren"[26]. NS-Parteimitglied Paul Hechler, der die Devisengeschäfte der BIZ leitete, wurde anschließend zu einer Besprechung geladen, um sich eingehender zu diesem Thema zu äußern. Dieser Aufforderung sollte er erst mehrere Monate später, im September 1942[27], nachkommen, zu einem Zeitpunkt, zu dem die Banco de Portugal schon zweimal ihren Partner gewechselt hatte, da sie die BIZ gegen die SNB ausgetauscht hatte und eben dabei war, diese durch die Reichsbank als Hauptlieferanten für ihr Gold zu ersetzen, das aus anderen europäischen Ländern stammte.

Es liegt auf der Hand, daß die BIZ-Leitung keine Eile damit hatte, Hechler zum Kreuzverhör der SNB zu schicken. Entgegen allen Versicherungen, die McKittrick im März 1942 abgegeben hatte, führte die BIZ Ankäufe von Escudos für die Reichsbank durch. Wäre es der SNB wirklich darauf angekommen, dann wäre es ihr ein leichtes gewesen, dafür Indizien zu finden. Im entscheidenden Jahr 1941 zum Beispiel erwarb die Banco de Portugal von der BIZ weitaus mehr Gold als diese von der Banque de France[28]. Trotz des bereits beschriebenen gescheiterten Versuchs, Escudos in Schweden zum Verkauf zu stellen, hegte die BIZ keinerlei Befürchtungen, diese in zu großen Mengen anzukaufen beziehungsweise sich mit einem unverkäuflichen Escudoüberschuß konfrontiert zu sehen, noch hatte sie ihr Interesse daran verloren, mit der portugiesischen Währung Geschäfte zu machen, und sie ließ sich auch nicht durch deren ständig steigenden Preis entmutigen. Die beharrlichen Anstrengungen der BIZ, Escudos anzukaufen, beruhten darauf, daß sie mit Sicherheit einen Käufer dafür finden würde.

Die Banque de France machte zweifelsohne einen Teil dieser Sicherheit aus. Um eine Erklärung für die große Nachfrage nach Escudos zu finden, muß man bedenken, daß sie und die Reichsbank gemeinsame Interessen verfolgten. Gewiß konnten die französischen Zentralbankiers im Jahre 1941 genügend Escudos anhäufen, um den Negativsalden die Stirn zu bieten, die für die beiden folgenden Jahre im Handel mit Portugal vorauszusehen waren. Eine solche Prognose wäre in Kriegszeiten jedoch ungewöhnlich. Verschiedene Indizien weisen darauf hin, daß die in Paris angekauften Escudos für die Reichsbank bestimmt waren. Im Juni 1942 teilte der Chef der Deutschen Gesandtschaft in Lissabon, Hoyningen-Huene, dem HaPol mit, er habe einem Deutschen den Einkauf von Weinen in Portugal verwehrt. Einer der von der Gesandtschaft vorgebrachten Einwände war die Verschwendung von Devisen, die dabei zum Einsatz kämen. Beim Ankauf dieser Weine ergäbe sich ein Aufwand von Reichsmark, der um ein Sechsfaches über dem läge, der zu den gegebenen Marktbedingungen vernünftig wäre. Etwas mysteriös, als spräche er mit Eingeweihten, mit denen er einen gemeinsamen Code benutzte, ließ Huene die Bemerkung fallen: "Devisenbeschaffung erfolgt vermutlich über bekanntes Verfahren Paris"[29].

Sicher ist, daß es unabhängig von wahrscheinlich auf Bestellung der Reichsbank durchgeführten Escudoankäufen seitens der Banque de France auch Ankäufe von der BIZ zum Weiterverkauf an die Reichsbank gab. Ein Vierteljahrhundert später sollte McKittrick noch viel weiter gehen und einige Verwendungszwecke der von der BIZ an die Reichsbank gelieferten Escudos enthüllen: „Ich wußte, wie die Deutschen die nötigen Devisen für ihr subversives Spionage- und Sabotagenetz in Südamerika finanzierten. Die Reichsbank, die Schweizerische Nationalbank und der Banco de Portugal hatten ein Arrangement, das die Deutschen mit Escudos, mit denen sie in Südamerika bezahlen konnten, versorgte. Gegen Lieferung von Gold an sein Depot bei der Schweizerischen Nationalbank in Bern zahlte der Banco de Portugal Escudos an die von der Reichsbank bezeichneten Empfänger. Gewisse Schritte in der technischen Abwicklung waren dabei den Großbanken übergeben. Wir von der BIZ waren auch dabei, weil die Deutschen auch Gold an uns lieferten"[30]. McKittrick, dessen Insiderkenntnisse nur schwer von einem der anderen Hauptakteure in diesem Geschäft zu übertreffen waren, wußte, wovon er sprach. Da die SNB ebenso beteiligt war, ist es verständlich, daß sie in ihren Nachforschungen bei der BIZ um die Wahrheitsfindung gar so wenig beflissen schien. Die SNB bediente sich dieser Untersuchungen, um einen Konkurrenten auszuschalten und das Escudo-Goldgeschäft zu monopolisieren. Es sei indessen vermerkt, daß ein, wenn auch nicht sehr bedeutender Teil des von der BIZ an Lissabon gelieferten Goldes von der deutschen Zentralbank stammte – etwas mehr als 470 von insgesamt 6.487 kgf[31].

Alles in allem ist anzumerken, daß über den ganzen Krieg hinweg, und trotz der starken Goldankaufkonzentration in einem einzigen Jahr, die Banco de Portugal den viertgrößten Kunden des BIZ-Goldes darstellte und lediglich von der amerikanischen, schweizerischen und rumänischen Zentralbank übertroffen wurde. 1941, in dem Jahr, in dem sie ihre beinahe gesamten Ankäufe tätigte, nahm die Banco de Portugal die Position des mit Abstand weltweit wichtigsten BIZ-Kunden ein. Dank des Escudogeschäftes sollte es während des Krieges kein anderes Bankinstitut geben, das von der BIZ in so kurzer Zeit so viel Gold ankaufte[32].

Das Dreieck Berlin-Bern-Lissabon
Gold gegen Franken. Das Depot B

Die Schweizer Geschäftsbanken erhielten von Deutschland für die verkauften Escudos Gold und vergüteten der portugiesischen Emissionsbank diese Escudos mit Franken. Die Banco de Portugal wiederum übte auf die schweizerische Zentralbank Druck aus, ihr diese sowie auch die aus dem portugiesischen Handelsüberschuß mit der Schweiz stammenden Franken in Gold zu konvertieren. Ende Juni 1941 erreichten die Verhandlungen über ein Abkommen mit der SNB, das den Konvertierungsmodus regeln sollte, ihre intensivste Phase. Álvaro Pedro de Sousa informierte den Generalrat, daß diese „offensichtlich günstig vorangehen und ihnen freier Ankauf und freie Annahme zugrunde liegen. Die Schweizerfranken-Salden sollen in dieses Metall konvertierbar sein"[33]. Tage später eröffnete die Banco de Portugal bei der SNB ein Golddepot, das in Portugal unter der Bezeichnung Konto B[34] lief, und auf das die aus der Konvertierung von Schweizerfranken stammenden Barren eingehen sollten.

Für die SNB hätte der Zeitpunkt, zu dem die „Kontenbewegung" ihren Anfang nahm und der portugiesische Partner das Gold aus der Konvertierung einzufordern begann, nicht ungünstiger sein können. Solange die beträchtlichen, von der SNB in den Vereinigten Staaten in Sicherheit gebrachten Reserven zur Verfügung standen, schien das Abfließen von Gold nach Portugal noch einigermaßen tolerabel zu sein. Durch die Sperre der neutralen Vermögenswerte in den Vereinigten Staaten im Juni 1941 war die Währungsdeckung jedoch plötzlich auf das „Inlandgold" reduziert, das heißt auf jenes Gold, das sich in den Berner Tresoren befand. Da somit ein Teil ihrer Reserven blockiert war, nach einem weiteren Teil der Rücklagen zwecks Konvertierung von Franken große Nachfrage bestand und die SNB noch dazu immer größere Mengen von Escudos benötigte, entschloß sie sich zu einer Änderung ihrer Haltung und trat Anfang des Herbstes 1941 mit der Reichsbank ins Goldgeschäft ein[35]. Gegenüber Reichsbankdirektor Emil Puhl bekundete sie ihr Interesse, von nun an das gesamte für den Schweizer Markt bestimmte Gold anzukaufen[36]. Und in der Tat machten ihre Goldankäufe bei der deutschen Zentralbank einen gewaltigen Sprung. Für die Bergier-Kommission war die Erklärung für diesen Haltungsumschwung vollkommen klar: „Das auslösende Moment (...) war der bereits erwähnte Escudohandel schweizerischer Geschäftsbanken mit der Reichsbank, der – wie die amerikanischen Behörden richtig bemerkt hatten – zu einem stark erhöhten Goldbedarf der [Schweizerischen] Nationalbank geführt hatte"[37].

Bei den über das Depot B konvertierten Schweizerfranken handelte es sich indessen nicht nur um einen Rechnungsabgrenzungsposten der Escudotransaktionen der vorangegangenen Monate beziehungsweise des vorangegangenen Jahres. Der Großteil dieser Schweizerfranken ging nämlich nicht über Schweizer Bankinstitute in die Tresore der Banco de Portugal, sondern über die Reichsbank. Abgesehen von den Franken, die schon ab einem frühen Zeitpunkt zur Bezahlung von verkauften Escudos bestimmt waren, gingen weiterhin Frankenbeträge ein, die Negativsalden Deutschlands im Handel mit Portugal ausglichen. Die SNB wußte, daß ihre Franken im Interesse der deutschen Wirtschaft eingesetzt wurden, und zeigte sich vorerst keineswegs ungehalten. Als die SNB später Cabral Pessoa darauf aufmerksam machte, daß die Banco de Portugal Importe aus Drittländern mit Schweizerfranken bezahlte, sollte er dieser ihre frühere Vorgangsweise in Erinnerung rufen: „Die gegebenen Bedingungen auf Ihrem Markt waren selbst vor dem Abschluß unseres Abkommens mit Ihnen im Juni 1941 dergestalt, daß Sie [SNB] ohne jede Einschränkung Gold zu einem gegebenen Preis gegen Schweizerfranken kauften. Auf Grund dieser Konditionen sind wir bei bestimmten Zahlungen auf Schweizerfranken sowie in der Schweiz deponiertes Gold eingegangen, die wir mit Sicherheit einzuschränken versuchten, wären die Bedingungen andere. Von Zeit zu Zeit ersuchten wir Sie, größere Beträge an Schweizerfranken, die von ausländischen Konten bei Ihrer Bank und bei anderen Schweizer Banken auf unser Konto bei Ihnen umgebucht wurden, in Gold zu konvertieren"[38]. Diese Ausdrucksweise aus dem Jahre 1944 ist zweifelsohne vage, und die Bezugnahme auf „bestimmte Zahlungen" beziehungsweise auf den von Portugal vorgebrachten Wunsch, diese „einzuschränken", zeigt bereits, daß man hinsichtlich gewagter Geschäfte Vorsichtsmaßnahmen traf. Aus berechtigten Gründen der Zweckmäßigkeit ist jedoch klar, daß der Generalsekretär der Banco de Portugal keine Zurückhaltung übte, sich auf die enge Verbindung zwischen den in den Jahren 1941 und 1942 auf das Depot B geleiteten Franken und den zahlreichen Außenhandelsgeschäften zu berufen, die nichts mit der Schweiz, sondern ausschließlich mit Deutschland zu tun hatten.

Die Konvertierung der von der Banco de Portugal ausgefolgten Franken über das Depot B wurde bis zum 3. Dezember 1942 durchwegs intensiv aufrechterhalten[39]. Das Datum dieser letzten Transaktion macht den direkten Zusammenhang zwischen der Depot-Aktivität und den deutsch-portugiesischen Geschäften deutlich. Zu diesem Zeitpunkt hatte sich die Schweiz bereits seit einigen Monaten dagegengestellt, den Franken für Geschäfte zu benutzen, die mit dem eigenen Außenhandel nichts zu tun hatten. Der Einspruch der SNB führte dazu, daß die Banco de Portugal und die Reichsbank für ihre wechselseitigen Geschäfte einen neuen Kanal öffneten, wie anschließend anhand der Ausführungen über das Depot C zu sehen sein wird. Im Dezember 1942 bestand das neue Depot schon drei Monate lang mehr oder weniger versuchsweise und nahm von da ab intensive Aktivitäten auf[40], während gleichzeitig das letzte Jahr hoher portugiesischer Handelsüberschüsse gegenüber der Schweiz seinem Ende zuging. Im Jahr 1943 sollten diese Überschüsse praktisch auf Null zurückgehen (siehe Anhang, Tabelle VI). Es läßt sich jedoch nicht mit Sicherheit sagen, ob die portugiesischen Verantwortlichen bereits im Dezember 1942 anhand des Auftragsbestandes den Tendenzumschwung und das Interesse, Schweizerfranken zurückzuhalten, überhaupt bemerkt haben.

Mit oder ohne mittelfristigen Weitblick waren sich die portugiesischen Zentralbankiers der Tatsache bewußt, daß Deutschland schon nicht mehr in Schweizerfranken an sie zahlte, und daß auf dem Depot B zu viele Goldbarren – mehr als 4.000 – lagen, die zum damaligen Zeitpunkt nicht sicher nach Portugal transportiert werden konnten. Es ist gut möglich, daß diese Unsicherheit für sie ausschlaggebend war, die Goldankäufe vorerst einzustellen und diese später endgültig zu unterlassen, als sich ein neues Bild deutsch-portugiesischer und schweizerisch-portugiesischer Beziehungen immer klarer abzuzeichnen begann.

Gold gegen Escudos. Das Depot A

Ebenfalls in den letzten Junitagen des Jahres 1941, in denen die bereits erwähnten Verhandlungen ihrem Ende zugingen, kam die SNB auch mit der Banco de Portugal überein, bei dieser Escudos gegen Gold anzukaufen (siehe Anhang, Tabelle VIII). Dieses Gold sollte auf ein in Bern eröffnetes Depot der portugiesischen Zentralbank gelegt werden, das in Portugal als Konto A bezeichnet wurde und in Wirklichkeit eben ein Depot war. Die auf die Depots A und B eingehenden Goldankäufe der Banco de Portugal bei der SNB stiegen von fünf Millionen Franken im ersten Halbjahr 1941 sprunghaft auf 203 Millionen im zweiten Halbjahr desselben Jahres an[41]. Zur Jahreswende sollte mit der Rückführung dieser beiden Depots nach Lissabon begonnen werden.

Die über das Depot A erworbenen Escudos waren ohne Zweifel dringend nötig, um in Portugal die Güter kaufen zu können, an denen in der Schweiz ein immer größerer Bedarf bestand. Und die SNB sicherte zu, diese Escudos ausschließlich zu diesem Zweck zu verwenden. In den geheimen Zusammenkünften des Direktoriums war jedoch stets ein anderer Verwendungszweck präsent. Im August 1941, einen guten Monat nach Eröffnung des Depots A, schlug SNB-Generaldirektor Fritz Schnorf seinen Kollegen vor, an die Reichsbank „Escudos bedeutend billiger zu verkaufen gegen Gold in Bern, vorausgesetzt, daß sie ihrerseits die Verpflichtung übernimmt, die Transportkosten für diese Barren nach Lissabon zu bezahlen"[42]. Im Gegensatz zum Gold vom Depot B, das auf Rechnung und Risiko der Banco de Portugal nach Lissabon transportiert wurde, lag das Gold vom Depot A formal in der Verantwortung der SNB[43]. Ob die SNB später Schnorfs Vorschlag Folge leistete und die Rechnung der Reichsbank übergab, konnte nicht festgestellt werden. Die einfache Tatsache, daß dieses Problem diskutiert wurde, zeigt jedoch bereits, daß die über das Depot A angekauften Escudos zum Teil im Interesse der deutschen Zentralbank erworben wurden.

Die Devisenabteilung der Reichsbank verfolgte übrigens aus der Nähe die Ankaufsmöglichkeiten von Escudos über den schweizerischen Finanzmarkt und tauschte mit der deutschen Firma Otto Wolff gut fundierte Einschätzungen über die Möglichkeiten aus, in Portugal bis zum gesetzlichen Limit gegen Schweizerfranken, Dollars oder Goldmünzen Escudos anzukaufen[44]. Die portugiesischen Zentralbankiers ihrerseits wußten sehr wohl, für wen die Escudos bestimmt waren, die sie über das Depot A verkauften. Gemäß Protokoll sollte Álvaro de Sousa nach dem Krieg als Antwort auf eine vom Finanzattaché der Amerikanischen Botschaft, James E. Wood, vorgebrachte dringliche Anfrage folgende Bilanz ziehen: „Seiner Meinung nach war das ‚Konto A' jenes gewesen, auf dem die Portugiesen Gold von den Schweizern empfingen, die es wiederum von den Deutschen erhalten hatten, um dafür in Portugal Escudos zu kaufen. Es handelte sich dabei um jenes Konto, das wenigstens zum Teil dazu verwendet wurde, die Wolframlieferungen zu bezahlen"[45].

Wie schon vorhin gezeigt wurde, hinderte dies die Banco de Portugal keineswegs daran, hinsichtlich des Escudomarktes ein äußerst freizügiges Verhalten an den Tag zu legen. Laut dem Schweizer Diplomaten Henri Martin führte die Nachfrage nach Escudos „von seiten verschiedener ausländischer Staaten, die sich dieser Währung als Zahlungsmittel bedienten" im Dezember 1941 dazu, noch als sehr großzügig erachtete Limits von 200.000 Escudos pro Tag und Person für den Auslandsankauf zu fixieren. Die Gier der Schweizer Geschäftsbanken nach Escudos zwang jedoch zwei Monate später dazu, diese Limits zu senken, wobei sie ab Mai 1942 jedoch wiederum rasch und mehrmals erhöht wurden[46].

Diese angespannte Lage spiegelte sich auch in den Beziehungen mit der SNB wider: Im Dezember 1941 sandte die Banco de Portugal an die schweizerische Zentralbank ein Telegramm, in dem sie diese ersuchte, „Escudo-Ankaufsanträge, die nicht als dringend und unbedingt nötig erachtet werden"[47], zu reduzieren. Die Goldankäufe auf das Depot A setzten sich indes unvermindert fort. Mit großer Regelmäßigkeit ging nach wie vor monatlich ungefähr eine Tonne Gold ein. Dieser Rhythmus sollte bis Anfang Mai 1943 aufrechterhalten werden und erst ab da deutlich nachlassen[48]. Zu diesem Zeitpunkt mußte bereits klar sein, daß die Salden der schweizerisch-portugiesischen Handelsbilanz dabei waren, sich umzukehren. Im Jahre 1944 sollte Portugal schließlich in der Tat ein eindeutiges Handelsdefizit gegenüber der Schweiz verzeichnen (siehe Anhang, Tabelle VI). Nun waren die portugiesischen Bankiers ihrerseits an der Reihe, ihre Fühler nach Franken auszustrecken. Vorüber waren die goldenen Zeiten der regen Nachfrage nach dem Escudo und damit auch die intensivsten Aktivitäten des Depots A.

Blockiertes Gold gegen freies Gold

Die Anhäufung von Gold der Banco de Portugal in der Schweiz begünstigte ein weiteres Abkommen, das ihr von der SNB vorgeschlagen wurde. Die SNB beabsichtigte im September 1941, Gold im Wert von zwei Millionen Dollar von New York nach Lissabon zu schaffen. Charles Bruggmann, der Leiter der schweizerischen diplomatischen Vertretung in den USA, und Victor Gautier, der Bevollmächtigte der SNB in New York, versuchten das

Bewilligungsgesuch an das US-Schatzamt mit den Handelsschulden der Schweiz an Portugal zu begründen[49]. Die Antwort sollte negativ ausfallen. Die amerikanische Regierung erklärte, ganz allgemein gegen Goldtransporte auf einen Kontinent zu sein, auf dem dieses Gold leicht in die Hände der Nationalsozialisten fallen könnte, und erinnerte daran, daß bereits im Jahre 1940 genau diese Gefahr und die allseits bekannte NS-Raubgier die Schweiz dazu veranlaßt hätte, den Transport ihrer Reserven in die Vereinigten Staaten zu beschließen. Man stellte die sarkastische Frage: „ Was ist seither [Sommer 1940] geschehen, das aus Europa einen sicheren Platz für die Goldreserven einer kleinen Nation gemacht hat?"[50], wobei zwischen den Zeilen bereits sehr wohl der an die schweizerischen Gesprächspartner gerichtete Vorwurf zu vernehmen war, sich mit der NS-Herrschaft auf dem Kontinent zu arrangieren.

Es ist müßig, an dieser Stelle darüber zu spekulieren, inwieweit die amerikanische Regierung davon Notiz genommen hatte, wie sehr die Funktion der Schweiz als Werkzeug für die deutsche Kriegswirtschaft die Versuchung bei der NS-Führung zügelte, in das kleine neutrale Land einzumarschieren. Die offizielle Begründung der Amerikaner, das Gold nicht rückführen zu lassen, schien anzudeuten, daß sie die Gefahr einer Invasion für realistisch hielten. Die vordringlichste Sorge der Roosevelt-Administration lag jedoch nicht darin, was die Deutschen mit der Schweiz anstellen könnten, sondern vielmehr in der Überlegung, was die Schweiz mit dem Gold anfangen würde. Spätestens seit September 1941 wies die Britische Botschaft in Washington die amerikanische Regierung auf die Rolle der schweizerischen Geschäftsbanken beim Ankauf von Escudos hin, die anschließend von den Deutschen an sich gebracht und für ihre Wolframkäufe eingesetzt würden[51]. In Washington vermutete man sogar, die ins Escudogeschäft mit der Reichsbank verwickelten schweizerischen Banken würden ihr diese auf Kredit verkaufen. Sollte die SNB die Bewilligung erhalten, ihr Gold aus den Vereinigten Staaten rückzuführen, wäre wohl zu erwarten, daß sie damit die eigenen Geschäfte mit Deutschland beleben würde und indirekt somit auch die Geschäfte Deutschlands mit anderen neutralen Ländern, insbesondere mit Portugal. In Washington betrachtete man die Deutschen zu jenem Zeitpunkt bereits als potentielle Feinde in einem potentiellen Krieg. Auch die Vereinigten Staaten hatten ihren Wirtschaftskrieg schon begonnen, bevor sie noch ihren ersten Kanonenschuß abgaben. Die SNB zeigte sich schokkiert über die äußerste Entschlossenheit der Amerikaner, die noch nicht einmal in den Krieg eingetreten waren, und beteuerte, „seit ihrem Bestehen von der amerikanischen Regierung noch nie dermaßen rüde behandelt worden zu sein"[52].

Da der Unwille zu einer Einwilligung in einen örtlichen Transfer offensichtlich war, ersuchte die SNB am 10. Oktober 1941 die amerikanische Zentralbank Federal Reserve Bank, kurz Fed, um die Genehmigung, zehn Tonnen Gold von ihrem Konto in New York auf das der Banco de Portugal in derselben Stadt zu transferieren. In diesem Fall müßte das Gold faktisch nicht transportiert werden, und die Aussichten auf eine Bewilligung schienen günstiger zu sein. Nun traf jedoch vier Tage danach bei der Fed ein Telegramm der Banco de Portugal ein, das wohl den schweizerischen Antrag unterstützen und ihr Einverständnis mit der Transaktion bestätigen sollte, in Wirklichkeit jedoch alles zum Scheitern brachte. In diesem Telegramm erwähnte die portugiesische Zentralbank, sie würde dann in Bern die SNB mit der entsprechenden, dort deponierten Menge Gold kompensieren[53].

Die Fed, die von den Schweizern nicht über diesen wesentlichen Aspekt informiert war, beeilte sich, die Genehmigung zu verweigern. Dem Chef der schweizerischen diplomatischen Vertretung erklärte sie, man wolle auf diese Weise die Finanztransaktionen zwischen Ländern in einem Europa erschweren, das größtenteils von den Nationalsozialisten beherrscht sei[54]. Daß die SNB gleichzeitig verschiedene andere Gesuche einreichte, die darauf abzielten, ihr in New York eingelagertes Gold an die Zentralbanken von Peru, Mexiko und Brasilien zu schicken, erhärtete noch den bereits gehegten Verdacht[55]. In einer Besprechung zwischen dem amerikanischen Außenministerium und dem Finanzministerium prüfte man das Ansuchen der SNB und kam zu dem Schluß, es handle sich nicht, wie angegeben, um Zahlungen von schweizerischen Schulden an Portugal, sondern vielmehr um eine Finanzrochade zugunsten der deutschen Kriegsanstrengung: „Die Schweiz würde Gold von New York in die Schweiz transferieren, und die Portugiesen von der Schweiz nach New York". Abgesehen davon „pflegte die Schweiz gegen Kredite und Gold beträchtliche Mengen an portugiesischen Escudos an die Deutschen zu liefern, die von diesen wiederum für strategisch wichtige Käufe in Portugal benützt wurden". Die Schweiz wiederum führte an, daß sie Gold von Bern nach Lissabon liefern müßte, falls man sie daran hindere, Zahlungen an Portugal aus ihrem Depot in New York zu leisten – was wohl für die Amerikaner alles andere als erstrebenswert wäre. In diesem Punkt irrte sie jedoch gewaltig. Ihre Gesprächspartner erwiderten vollkommen trocken, sie sollte ruhig Gold nach Portugal liefern, wenn sie es für notwendig hielte[56]. Nur, in diesem Fall würde die Schweiz um die Gelegenheit kommen, sich ihr eingefrorenes Gold zunutze zu machen.

Die Aussichten auf Bewilligungen verschlechterten sich 1942 noch weiter, als die Vereinigten Staaten bereits in den Krieg verwickelt waren. Die Haltung der kanadischen Bankiers war jedoch eine andere, und vieles, das in New York unmöglich war, schien in Ottawa erreichbar zu sein. Die SNB verkaufte inzwischen an die Bank of England Franken gegen Gold, das diese in Kanada für sie deponierte. Gemäß der allgemeinen Bestimmungen der alliierten Kriegspolitik konnte dieses Gold jedoch nicht nach Europa geschafft werden. Die SNB wollte aber einige Lücken der kanadischen Politik ausnützen, die mehr Manipulation zuließ als die der Vereinigten Staaten. Als erstes lotete sie bei Towers, dem Gouverneur der kanadischen Zentralbank, die Möglichkeiten aus, Gold von ihrem Konto auf das irgendeiner schweizerischen Geschäftsbank zu transferieren, das inzwischen in Ottawa zu eröffnen war. Towers und sein britischer Amtskollege Norman erörterten das Thema und durchschauten die Finanzrochade, mit der die Schweiz sie täuschen wollten: Sie hoffte, die entsprechende Geschäftsbank würde gegen eingefrorenes Gold britischer Herkunft Gold an sie in Europa transferieren, das womöglich zweifelhafter Herkunft, dafür aber beweglich war[57].

Die kanadische Zentralbank reagierte negativ auf diesen schweizerischen Auslotungsversuch, ließ jedoch in der Formulierung ihrer Antwort eine Hintertür offen: Die Bank of Canada würde lediglich Goldkonten anderer Zentralbanken akzeptieren[58]. Die SNB kam darauf zurück. Sie nahm an, ein Teil ihres Goldes würde für die schwedische Riksbank akzeptabel sein, und schlug ihr einen Tausch gegen Gold vor, das die Riksbank in Bern deponiert hatte. Nun stellten sich aber die Schweden dagegen: Sie wollten kein eingefrorenes Gold.

Die SNB wandte sich nun an die Banco de Portugal, die mit der Aussicht auf eine exorbitante Kommission die Unannehmlichkeiten eines eingefrorenen Depots akzeptierte. Am 21. April 1942 ersuchte die SNB die Bank of Canada, etwa vier Tonnen ihres Goldes auf ein Depot zu transferieren, das erst von der Banco de Portugal eigens für diesen Zweck eingerichtet werden mußte – und zwar in Ottawa. In Bern sollte die Banco de Portugal inzwischen die Rücküberweisung an die SNB durchführen. Die kanadischen Bankiers gaben sich für dieses Geschäft her.

In der Folge war Ottawa noch mehrere Male in schweizerische Doppelgeschäfte dieser Art verwickelt. Beinahe alle verliefen ergebnislos. Bereits im Mai 1942 diskutierte das SNB-Direktorium die Möglichkeit, ein ähnliches Geschäft mit den portugiesischen Bankiers zu wiederholen, und kam wegen deren hartnäckig vorgebrachten überhöhten Kommissionsforderungen wieder davon ab. Im Juni unterbreitete das Direktorium den Schweden ein neues Angebot, dieses Mal für Gold vom eingefrorenen Konto in Ottawa gegen Schweizerfranken, die in Stockholm übrig zu sein schienen. Die Schweden weigerten sich ein weiteres Mal. Im September 1942 drängte die SNB von neuem bei den Zentralbanken von Lissabon und Stockholm auf einen Transfer von Gold aus Ottawa gegen Überschüsse von Schweizerfranken, die sich in beiden Städten angesammelt hatten. Beide Banken verweigerten abermals[59]. Im Oktober kam Victor Gautier nach Lissabon und unternahm einen weiteren Versuch, Cabral Pessoa davon zu überzeugen, schweizerisches Gold vom Konto in Ottawa anzunehmen. Vergebens. Der Generalsekretär der Banco de Portugal zeigte sich eher bereit, ihm ebenfalls angebotenes Gold vom Konto der SNB bei der argentinischen Zentralbank zu akzeptieren. Aus noch nicht ganz geklärten Gründen kam dieses Übereinkommen allerdings nicht zustande.

Ebenfalls im Oktober 1942 unternahm die SNB einen weiteren vergeblichen Versuch, Gold nach Lissabon zu transferieren, nun von ihrem Depot in London und im Wert von 23,4 Millionen Dollar. Ungeachtet der geschäftlichen Probleme der Engländer, die dringend Schweizerfranken benötigten, und trotz der Berufung auf kurz davor der Bank of England von seiten der Schweiz erwiesene Gefälligkeiten in ähnlicher Sache, war die Antwort negativ[60].

Das Abkommen für direkte deutsch-portugiesische Transaktionen, Mai 1942

Als im Juli 1941 die Depots A und B geschaffen wurden, zog man bereits die Möglichkeit in Betracht, auch noch ein drittes Depot zu eröffnen. Dieses neue Depot würde nur für direkte Goldankäufe der Banco de Portugal bei der Reichsbank eingerichtet werden. Bei dieser Gelegenheit ließ die deutsche Zentralbank über das entsprechende schweizerische Bankinstitut zum ersten Mal bei der Banco de Portugal bezüglich der Möglichkeit eines Goldverkaufs anfragen. Diese ließ ihre Zustimmung übermitteln und teilte ihre Bedingungen mit. Für den Fall, daß dieses Vorhaben realisiert würde, gab es bereits eine Bezeichnung für das Depot, auf dem das von der Reichsbank stammende Gold eingehen sollte: Depot C[61]. Die entsprechenden Transaktionen sollten jedoch noch etwa ein Jahr auf sich warten lassen. Die Banco de Portugal war mit der Zwischenschaltung der SNB zufrieden und sah zumindest von ihrer Seite her keine Dringlichkeit, sie durch ein anderes Konzept zu ersetzen. Während dieses Zeitraums sollte die Reichsbank damit fortfahren, portugiesische Güter mit Franken oder mit indirekt erworbenen Escudos zu bezahlen.

Unterdessen führten die anwachsenden Schwierigkeiten Deutschlands, im Clearing mit Portugal Ausgleichslieferungen in Naturalien zur Verfügung zu stellen, zur Ansetzung einer Besprechung in Lissabon. Zu den genannten Schwierigkeiten kamen zuletzt auch die Einwände der SNB gegen die fortgesetzte Verwendung von Schweizerfranken bei deutschen Geschäften mit Drittländern, in diesem Fall mit Portugal. Die bei der Zusammenkunft anwesenden deutschen und portugiesischen Unterhändler suchten daher nach einer Alternativlösung. Zum damaligen Zeitpunkt gab es keinerlei Aussichten, die portugiesischen Aktiva auf dem Clearingkonto in Deutschland beziehungsweise in Unternehmen der von Deutschland besetzten Gebiete zu investieren[62]. Des weiteren war man bereits davon abgekommen, in Portugal ein deutsches Bankinstitut zu schaffen, das Rücklagen ansammeln und später damit die Exporte nach Deutschland finanzieren sollte. Versuche, eine derartige Institution zu schaffen, waren selbstverständlich dazu verurteilt, bei den Behörden auf Ablehnung zu stoßen, und waren in Portugal kaum erfolgversprechender, als sie dies ohnehin sehr begrenzt im benachbarten Spanien waren[63]. Die deutschen Unterhändler sollten daher um hohe Kredite ansuchen. Einer von ihnen, Reichsbankdirektor Hans Treue, traf mit Vertretern von Geschäftsbanken zusammen, die laut Gesandtschaft in Geld schwammen und geneigt waren, Kredite einzuräumen. Treue erhielt Finanzierungszusagen zwischen 15 und 18 Millionen Reichsmark – mit dem Gegenwert von etwa 150 bis 180 Millionen Escudos eine sehr hohe Summe. Die Banco de Portugal, die von diesen Zusagen nichts zu wissen schien, machte die Deutschen darauf aufmerksam, daß es wohl schwierig sein würde, bei Privatbanken Kredite aufzutreiben. Was ihre eigenen verfügbaren Mittel anging, begann sie, für die Vorauszahlungen, die zu gewähren sie bereit war, ein oberstes Limit von 25 Millionen Escudos festzulegen[64]. Die Deutschen übten Druck aus, um dieses Limit auf 80 Millionen Escudos zu erhöhen und erreichten schließlich eine Kompromißlösung, die sie unter den gegebenen Umständen als ausgesprochen zufriedenstellend ansahen: Die einseitige Belastung des Kontos W, das für Wolframlieferungen bestimmt war, sollte sich auf bis zu vier Millionen Reichsmark (etwas weniger als 40 Millionen Escudos) belaufen können, eine Summe, die schließlich die Banco de Portugal den portugiesischen Exporteuren vorauszuzahlen bereit war[65].

Nun zeichnete sich aber ab, daß die Kostendifferenz zwischen den Wolframlieferungen und den für diese Art von Parallelclearing vereinbarten Gütern das als akzeptabel erachtete Limit übersteigen würde. Sollte man von der Gewährung noch höherer Kredite Abstand nehmen, dann mußte irgendeine andere Form vereinbart werden, diese Differenz auszugleichen. Die Vertreter der Banco de Portugal hätten die Lösung gerne darin gesehen, weiterhin über das Depot B vorzugehen. Cabral Pessoa, der an allen sechs Sitzungen der Verhandlungsrunde teilnahm, legte noch die Möglichkeit nahe, das deutsche Defizit in Schweizerfranken begleichen zu lassen. Treue zeigte sich jedoch entschlossen, die Vorhaltungen der SNB zu respektieren, die ihn, wie bereits zu sehen war, unter Druck gesetzt hatte, die Franken lediglich für deutsch-schweizerische Zahlungsvorgänge zu verwenden[66]. Álvaro de Sousa schlug nun vor, Deutschland sollte eine Zahlung in Gold vornehmen, sowie es sich diesem Ausschöpfungsrahmen für Vorauszahlungen näherte. Die deutschen Gesprächspartner reagierten positiv auf diesen Gedanken[67]. Diese Reaktion war keineswegs verwunderlich: Schließlich waren sie es, die mit Gütern und Schweizerfranken geizten und die portugiesischen Bankiers auf die Idee gebracht hatten, eine Bezahlung in Gold vorzuschlagen – was vom rein buchhalterischen Standpunkt aus für sie am vorteilhaftesten und auch am leichtesten in der Durchführung war.

Da man in dieser grundlegenden Frage zu einer Übereinstimmung gekommen war, ging man nun dazu über, die vorwiegend technischen Aspekte der praktischen Umsetzung zu diskutieren. Die Deutschen schlugen vor, die Banco de Portugal sollte ein Golddepot in Berlin einrichten, auf das angeliefert werden konnte – ein Vorschlag, der von dieser jedoch zurückgewiesen wurde. Das Gold sollte in Bern ausgefolgt werden und sein späterer Transport nach Lissabon zu Lasten der Reichsbank gehen. Es sei hinzugefügt, daß der einzige entscheidende Einwand von Sousa und Pessoa sich ausschließlich gegen die Überlegung richtete, Berlin als Depotstandort zu bestimmen. Seitens der Portugiesen bestanden zu keiner Zeit Einwände gegen eventuelle direkte Sendungen von Berlin nach Lissabon. Man war weit davon entfernt, einen Transit durch die Schweiz als zwingend zu erachten. Die nicht zu leugnenden Vorteile der Zwischenstation resultierten daraus, daß auch die Reichsbank in Bern ein eigenes Depot aufrechterhielt. Sollte man sich schließlich für eine Stationierung des Goldes in dieser Stadt entscheiden, könnten die Lieferungen nach Lissabon von dort aus durchgeführt werden. Da die Deutschen diese Lieferungen organisieren würden, könnte dies auch zu Bedingungen geschehen, die sie „als am wirtschaftlichsten erachteten sowie mit ihrem eigenen Personal, mittels Flugzeug oder Auto". Treue behielt sich auf diese Weise die Freiheit vor, „das Gold entweder in die Schweiz oder nach Lissabon zu bringen, und äußerte, er würde mit ziemlicher Sicherheit Lissabon vorziehen". Pessoa erwiderte, „er hätte nichts dagegen einzuwenden"[68]. Tage später sollte Treue diese bevorzugte Variante der direkten Lieferungen nach Lissabon mit der allerdings niemals realisierten Absicht der Reichsbank in Zusammenhang bringen, ein Golddepot bei der Banco de Portugal zu eröffnen[69].

Diese Frage ist von Bedeutung, auch wenn sie noch so technisch anmutet. In der Folge sollten nun die direkten Goldzahlungen der Reichsbank an die Banco de Portugal vom Reichsbank-Depot bei der SNB entnommen werden und auf das Depot C eingehen, das die portugiesische Zentralbank in Bern unterhielt. Erst dann sollte das Gold nach Portugal gehen. Dadurch erübrigte sich die von Treue im Mai 1942 vorgebrachte Überlegung, das Gold mit der Lufthansa von Berlin nach Lissabon zu fliegen. Dies läßt sich damit erklären, daß die Reichsbank zu diesem Zeitpunkt bereits in Bern über eine beträchtliche Menge Gold verfügte. Dessen Übertragung auf das dortige Depot der Banco de Portugal würde der Transportfrage die Dringlichkeit nehmen, da die portugiesische Zentralbank über einen größeren Manövrierspielraum verfügen würde. Nach eigenem Gutdünken könnte sie dann entweder das Gold für eine Weile an Ort und Stelle belassen oder nach Lissabon befördern.

Den Abmachungen gemäß wurde das Gold dem einen Depot entnommen und auf das andere gebracht, wobei es den Eigentümer wechselte. Auf dem Weg von der deutschen zur portugiesischen Zentralbank gab es keinen weiteren Eigentümer – auch nicht die SNB, die hier lediglich als Gastgeber fungierte. Es ging unmittelbar in das Eigentum der Banco de Portugal über, die dann entscheiden konnte, was damit zu geschehen hätte. Es wurde in Reichsmark beziehungsweise Escudos an die Reichsbank und an sonst niemanden gezahlt. Bei welcher Gelegenheit das Gold nach Lissabon transportiert werden würde, bliebe der Banco de Portugal überlassen, und die Transportkosten sollten zu Lasten der Reichsbank gehen.

Dem Kriterium, ob ein Ankauf als direkt gilt, liegt also der juristische Aspekt zugrunde und nicht der physische Transportweg der Goldbarren. Ein An- oder Verkauf ist als direkt anzusehen, wenn das Verhandlungsgut zwischen dem ursprünglichen Verkäufer und dem Endkäufer nicht über einen dritten Eigentümer geht. Und das war bei sämtlichen über das Depot C laufenden Transaktionen der Fall. Trotz allem ist das Problem umstritten und gab der Soares-Kommission sowie António Telo zu einer Beurteilung Anlaß, die in diametralem Gegensatz zu der hier dargelegten steht. In der Tat gab es in diesem Punkt eine Reihe von relativ schwerwiegenden Gründen dafür, daß die Kommission in die Irre geführt wurde. Gleich von Anfang an entschieden sich die zuständigen Stellen der Banco de Portugal dafür, ihre Transaktionen mit der deutschen Zentralbank als Transaktionen mit der SNB zu tarnen, sogar jene, bei denen das Gold auf direktem Weg vom Depot der Reichsbank auf das Depot C überging, so, als handelte es sich um Transaktionen mit der SNB. In den Büchern der Banco de Portugal sind die Transaktionen des Depots C als „Transaktionen mit der Schweizerischen Nationalbank" registriert.

An welchem Ort die Goldmanipulationen durchgeführt wurden, spielt dabei keine Rolle. Auch mit der BIZ wurden von Depot zu Depot Transaktionen von Gold durchgeführt, das der SNB anvertraut war, wobei die Banco de Portugal diese Unternehmungen stets als „Transaktionen mit der BIZ" vermerkte. Auf dieselbe Art und Weise wurde in Ottawa Gold von der SNB angekauft, das der Bank of Canada in Obhut gegeben worden war, und die Banco de Portugal gab diese Unternehmungen stets als „Transaktionen mit der Schweizerischen Nationalbank" an. Es wurde niemals daran gedacht, sie als „Transaktionen mit der Bank of Canada" zu verzeichnen. Nur mit der Reichsbank wurde bezüglich dieses Kriteriums seltsamerweise eine Ausnahme gemacht. Beim Ankauf von Goldbarren von der Reichsbank in Bern registrierte die Banco de Portugal diesen Vorgang nicht unter der Bezeichnung, die man erwarten würde, nämlich unter „Transaktionen mit der Reichsbank", sondern behandelte sie vielmehr, als wäre der Partner dieser Transaktion die schweizerische Zentralbank. Die SNB ihrerseits vermerkte die Transaktionen auf den Depots A und B als die ihren, die auf dem Depot C allerdings nicht[70] – und aus gutem Grund. Ergo bestand die von der Banco de Portugal gemachte Ausnahme darin, daß sie die Goldankäufe bei der Reichsbank tarnte.

Die Banken und ihre Sorge um den Klassenkampf

Mit dem Abschluß des deutsch-portugiesischen Abkommens trat das ein, was Fritz Schnorf zwei Monate zuvor prophezeit hatte, als er erklärte, „später diene es vielleicht den warenverkaufenden Ländern besser, das deutsche Gold direkt ins eigene Land geliefert zu erhalten. Das wäre nur eine Änderung in der technischen Abwicklung der Bezahlung, aber in keiner Weise ein Hindernis für Deutschland, die Waren zu bekommen"[71].

In den besagten Besprechungen machte sich auf verschiedene Weise Druck bemerkbar. Bei den deutschen Unterhändlern kam indirekt die Ungeduld der Schweizer Partner über Gebrauch und Mißbrauch von Franken in Geschäften durch, die nichts zur Lösung der prekären Versorgungssituation der Schweiz beitrugen und traumatische Erinnerungen an die Hyperinflation während des Ersten Weltkriegs sowie an den Generalstreik von 1918 weckten. Das ganze Jahr 1942 hindurch wurden in der SNB unterschiedliche Druckmittel debattiert. Man zog die Einführung einer Wechselkurskontrolle in Erwägung und versuchte schließlich im August 1942, über ein sogenanntes „Gentlemen's Agreement" mit den Geschäftsbanken eine Lösung zu finden. Dessen Scheitern brachte die schweizerische Regierung jedoch dazu, am 7. Dezember 1942 anzuordnen, daß ab nun sämtliche Importe beziehungsweise Exporte von Gold der Genehmigung der SNB unterlägen[72].

Die portugiesische Gesellschaft wiederum erlebte 1942 das erste von drei bewegten Jahren. Neben weiteren Faktoren waren die Preisanstiege sichtlich kausal mit dem Exportanstieg verknüpft, wie auch mit der Verknappung einiger für den Export bestimmter Güter und einer erhöhten Liquidität in den Händen der Exporteure, die diese Barmittel auf einem Markt mit beschränktem Warenangebot zirkulieren ließen[73]. Laut Fernando Rosas „würde es die Regierung mit dem erklärten Ziel, den Expansionsprozeß der Kriegsgeschäfte nicht zu berühren, von sich weisen, Zwangsanleihen zu vergeben beziehungsweise den Zinsfuß zu erhöhen". Die ausgegebenen Staatsanleihen schöpften nur wenig Kaufkraft ab[74]. Die Inflation wurde weiter angeheizt. Die Empfänger festgelegter Renditen stellten eine merkliche Verringerung ihrer Kaufkraft fest. Auf den von der Konjunktur begünstigteren Sektoren nützten die Arbeitnehmer diese Bresche, um Ansprüche zu stellen. Die da und dort erhobenen Proteste, die sich ab 1941 von den Gruben von Panasqueira bis hin zu den Wollwebereien von Covilhã auszubreiten begannen, hatten ab Herbst 1942 einen Kampf mit einer ansatzweise sektorenübergreifenden Koordination und einer gefährlichen Konzentration im Großraum Lissabon zur Folge[75].

Das ganze Jahr hindurch schwankte die Regierungspolitik zwischen Verhandlungsverweigerung und gewaltsamer Unterdrückung. Letztlich entschloß sie sich zu einem ungeordneten Rückzug, als die Massenbewegung bereits ins Rollen gekommen war und die Arbeiterklasse nur mehr der Ansicht sein konnte, das Regime gestehe ihr viel zu spät viel zu wenig zu. Nachdem sich die Regierung das ganze Jahr 1942 hindurch weder um die Ratschläge von Arbeitgebervertretern und den von der Diktatur ernannten Gewerkschaftsfunktionären noch um diesbezügliche Empfehlungen von Politikern aus den eigenen Reihen gekümmert hatte, schwenkte sie plötzlich um. Dies hatte zwar eine Fülle von Kollektivverträgen und amtlichen Verfügungen zur Folge, konnte allerdings der Welle von sozialen Kämpfen nicht mehr zuvorkommen, die mehr als zwei Jahre lang anhalten sollten[76].

Eine ebenso zwiespältige Haltung angesichts der sozialen Unruhen, wie man sie seit 1918 nicht mehr erlebt hatte, war auch bei der Banco de Portugal festzustellen. Das ganze Jahr über schwankte sie zwischen der Angst vor einer galoppierenden Inflation sowie der damit verbundenen Verschärfung des Klassenkampfes und dem Druck von gewissen Interessen, die im Schatten des Escudohandels gediehen. Im Februar 1942 erteilte sie eine Richtlinie, der zufolge „sämtliche Goldankäufe einer besonderen und vorherigen Bewilligung der Banco de Portugal unterlagen"[77]. Eine Woche später unternahm sie jedoch einen eiligen Rückzug: „Die [Stabilisierungs-] Kommission hält es nach neuerlichen Erwägungen dieser Frage nicht für notwendig, daß die Banken und Bankiers die ihnen vorgeschlagenen Goldankäufe einer vorherigen und besonderen Billigung seitens der Banco de Portugal zu unterziehen hätten. Diese könnten daher stets nach eigenem Gutdünken durchgeführt werden"[78]. Etwas später, im April 1942, führte sie neuerdings eine Kontrollmaßnahme ein, die jedoch nun nicht vor, sondern nach den Geschäftsabwicklungen zum Tragen kommen sollte. Die Banken hätten nun wöchentlich der Währungsbehörde gegenüber Angaben zu machen, wer von ihnen in der Vorwoche Escudos gekauft hatte, und in welcher Höhe[79]. Im Juni 1942 ging die Banco de Portugal schließlich gemäß Verordnung 32078 dazu über, den Import sowie Export von Gold für sich allein zu beanspruchen[80]. Álvaro de Sousa wurde mit der Ausarbeitung der Richtlinien für die Regulierung des Marktes unter den neuen gesetzlichen Bedingungen beauftragt[81]. Van Zeeland, der die Lage in Portugal stets aufmerksam verfolgte, schob die Kontrollmaßnahmen auf „die jüngsten sozialen Probleme in Portugal als Folge von Preisanstiegen, die den Eindruck erweckten, daß sie vor allem auf exzessive Verkäufe an das Ausland zurückzuführen sind"[82].

Den britischen Regierungskreisen blieben die aus der Inflation resultierenden „Schwierigkeiten" ebenfalls nicht verborgen. Das Thema beschäftigte die zuständigen Politiker sehr und wurde sogar in einer Besprechung im Schatzamt zur Sprache gebracht, in der zunächst ein vollkommen anderes Problem diskutiert wurde. Dabei ging es um die Frage, ob mit dem Zahlungsabkommen die britische Seite an alle Escudos käme, die sie benötigte. Man war darüber geteilter Meinung, und es wurde teilweise zu Goldverkäufen an Portugal geraten, um im Ansturm auf portugiesische Waren über einen höheren Betrag an Escudos verfügen zu können. Schon bald danach tauchte auch noch ein weiteres Argument auf, das für englische Goldverkäufe an Portugal sprach. Dudley Ward gestand ein, „das Land damit [mit Gold] überschwemmen zu wollen, in der Hoffnung, die Portugiesen würden es dann später von beiden Seiten ablehnen"[83]. Es ist keineswegs verwunderlich, daß dieser Vorschlag zurückgewiesen wurde. Die Portugiesen auf diese Weise davon abzubringen, Gold von der Reichsbank anzunehmen, würde die sozialen Spannungen nur verstärken. Und die Regierung Ihrer Majestät wollte auf keinen Fall, daß dies in Portugal geschah. Sowenig aus britischer Sicht die Annahme deutschen Goldes annehmbar war, so gab es doch Feuer, mit denen selbst die Wirtschaftskriegsstrategen keinesfalls spielen wollten.

Die Deponierung der Reserven – eine weitere Sorge der Banken

Wenige Tage vor der Kapitulation Frankreichs richtete BIZ-Präsident Thomas McKittrick ein Schreiben an die Banco de Portugal mit der Anfrage, ob sie der BIZ bei der Sendung von 1.000 bis 1.500 kg Gold in die Vereinigten Staaten behilflich sein könnte. Diese Barren gehörten zum Teil der BIZ und zum Teil nicht näher genannten internationalen Institutionen sowie Zentralbanken. Mit zahlreichen Transporten über den Hafen von Genua war bereits zuvor Gold in Sicherheit gebracht worden. Man wußte zu diesem Zeitpunkt noch nicht, ob die Entwicklung der militärischen Lage einen Transport durch Frankreich und Spanien erlauben würde, oder ob man zu einem Lufttransport ab Locarno, mit Zwischenlandung in Barcelona, gezwungen sein würde[84]. In sofortiger Beantwortung des Schreibens bot die Banco de Portugal eine prompte Lösung für die Lagerung sowie Abfertigung des Goldes an[85]. Noch im November 1940 wurde über Lissabon BIZ-Gold nach New York geschickt[86]. Die Sorge um die Sicherheit der Reserven war weit verbreitet. Bereits davor hatte es auch die SNB für notwendig befunden, ihre Reserven in die Vereinigten Staaten zu schaffen. Und die Banco de Portugal ging ebenso vor. Nur zu gut waren die Methoden NS-Deutschlands bekannt, in den okkupierten Ländern auf Raubzug zu gehen, und zu wenig kannte man Deutschlands künftige Absichten sowie die Richtung der nächsten Schläge.

Als sich die Situation stabilisierte und die europäischen Bankiers sich an die neue Vorherrschaft auf dem Kontinent gewöhnt hatten, sah man die Frage, wo die Reserven deponiert werden sollten, schon mit anderen Augen. In der Schweiz fand man es angebracht, zwecks Konvertibilität des Franken Reserven im Land zu behalten, zumal die in die Vereinigten Staaten geschafften Rücklagen in der Zwischenzeit eingefroren worden waren. Die Gefahr, daß die Nationalsozialisten in das Land eindringen und sich der Reserven bemächtigen würden, schien geringer als jene, die Preise ins Wanken zu bringen und erneut eine Streikwelle in Kauf nehmen zu müssen. Von portugiesischer Seite konnte man davon ausgehen, daß ein deutscher Einmarsch unwahrscheinlich war. Die Funktion der Depots A und B in Bern war von Nutzen und erlaubte es, die Spuren des sich nun entwickelnden intensiven Austauschs mit Deutschland zu verwischen. Das in Bern angekaufte Gold wurde jedoch so schnell wie möglich und auch in möglichst großen Mengen in zahlreichen Lieferungen ab Dezember 1941 nach Lissabon geschafft. Die Transporte wurden mit Lastkraftwagen durchgeführt und fanden zwei, drei oder sogar vier Mal pro Monat statt. Anfangs benötigte man für den Weg von Bern nach Lissabon sechs Tage, später reichten dafür bereits vier[87].

Am 11. November 1942 besetzte die Wehrmacht den Teil Frankreichs, der noch unter der Kontrolle des Vichy-Regimes stand. Gegen ihren Willen sah sich die Banco de Portugal dazu gezwungen, einen Vorschlag der SNB anzunehmen und aus Sicherheitsgründen vorübergehend die Goldlieferungen durch das besetzte Frankreich auszusetzen. Es stellt sich die Frage, weshalb die deutschen Behörden, denen viel am tadellos funktionierenden Goldhandel gegen Franken und Escudos lag, nicht schnell dafür sorgten, den Transfer der Barren nach Portugal zu erleichtern. Tatsache ist, daß dieser Transfer monatelang unterbrochen war und erst im Juli 1943 wiederhergestellt wurde[88]. Als die Banco de Portugal wieder ihre Lieferungen nach Lissabon aufnahm, ließ sie bereits nur mehr Gold der Depots B und C transportieren.

Der Besuch Gautiers und das Ende der schweizerischen Vermittlung

Im Oktober 1942 kehrte der ehemalige SNB-Bevollmächtigte in New York, Victor Gautier, nach Europa zurück, und sein Chef Paul Rossy entsandte ihn daraufhin nach Lissabon und Madrid. Absicht dieser Reise war es, von der Banco de Portugal eine Zusage für erneute Escudo-Lieferungen zu erreichen, zu einem Zeitpunkt also, zu dem die schweizerisch-portugiesischen Geschäftsaussichten noch nicht klar abgezeichnet waren. Ging man von einem anhaltenden schweizerischen Handelsdefizit aus, würden zu seinem Ausgleich Mittel vonnöten sein. Der Tausch von Gold gegen Escudos war für Paul Rossy weiterhin eine „lebenswichtige Frage"[89]. Auf der portugiesischen Seite ließ Álvaro de Sousa sich entschuldigen und beauftragte seinen Untergebenen Cabral Pessoa damit, dem Besucher die geforderten Escudos gegen das angebotene Gold zuzusichern. Pessoa vermittelte seinem Gesprächspartner überzeugend, „Portugal kauft kein Gold direkt von der Reichsbank, zum Teil aus politischen Gründen, zum Teil aber zweifellos aus Gründen rechtlicher Vorsicht. Sobald das Gold aber durch unsere Hände gegangen ist, fallen diese Einwände weg. Mir scheint, das sollte uns zu denken geben"[90].

Für die Soares-Kommission bezeugte Gautier mit diesen Worten „daß er [Cabral Pessoa] ihm gegenüber die vollkommene Ablehnung der Bank bekräftigte, Gold direkt von der Reichsbank anzukaufen"[91]. Diese Interpretation ist offenbar sehr weit hergeholt. Mit den Worten, „Portugal kauft kein Gold direkt von der Reichsbank" war Gautier weit davon entfernt, eine „vollkommene Ablehnung" Pessoas zu vermitteln. Er versuchte damit nicht einmal indirekt einen Gedanken wiederzugeben, den ihm der Generalsekretär der Bank dargelegt hatte. Ganz im Gegenteil, Gautiers Worte versuchten ein Vorgehen der portugiesischen Zentralbank zu beschreiben, einen „Stand der Dinge", den er für gegeben hielt. Und zweifelsohne war Gautier der Auffassung, die Banco de Portugal würde kein Gold direkt von der Reichsbank ankaufen. Er war jedoch in diesem Punkt schon im Irrtum, als er nach Portugal kam, und er kehrte in demselben Irrtum in die Schweiz zurück.

Die Widersprüchlichkeiten um den Ausdruck „direkte Ankäufe von der Reichsbank" wurden bereits erwähnt, und es wurde begründet, warum sie über das Depot C stattgefunden haben. In der Besprechung schien Gautier von direkten Transaktionen nichts gewußt zu haben, und doch hatten zu jenem Zeitpunkt bereits zwei stattgefunden, und zwar im August und im Oktober 1942[92]. Es ist kein Dokument bekannt, das belegt, der schweizerische Abgesandte hätte vom jüngst eingeführten Fluß zwischen den Depots der Reichsbank und der Banco de Portugal in Bern Kenntnis gehabt. Die Vermutung, die jeweiligen Chefs hätten ihn darüber nicht informiert, kann ebensowenig bewiesen werden, obwohl bekannt ist, daß Rossy allen Grund dazu hatte, diese Vorgänge vor ihm geheim zu halten[93], und in seinem Brief mit den verschiedensten Empfehlungen für die Reise kein Wort darüber verlor[94]. Abgesehen davon war die Zurückhaltung von Informationen bei der SNB eine geläufige Praxis, und nach dem Krieg sollte sie Ausgangspunkt für heftige gegenseitige Beschuldigungen zwischen Rossy und dem weiteren Mitglied des Direktoriums, Alfred Hirs, sein[95]. Zugegebenermaßen war die Geheimnistuerei im Kontakt mit Vertretern niedrigerer Stufen der Hierarchie noch schlimmer als in der Führungsetage.

Mit seiner Anspielung auf das Gold, das „durch unsere Hände [der SNB]" gegangen ist, signalisierte Gautier, sehr wohl verstanden zu haben, welche Rolle die schweizerische Emissionsbank im Dreieck spielte beziehungsweise spielen würde. Wie Michel Fior beobachtet, „zeigt dieses Dokument außerdem, daß die SNB sehr wohl ihre Rolle als ‚Goldwaschanlage' in bezug auf Portugal kannte (...). Portugal hat das deutsche Gold tatsächlich zurückgewiesen, aber nur bis zum Sommer 1942"[96].

Diese Rolle verlor indessen infolge der veränderten Geschäftsbeziehungen an Bedeutung. Der Trend zu immer umfangreicheren Exporten aus der Schweiz nach Portugal schuf in der portugiesischen Zentralbank einen Bedarf an Franken, der über das Depot B befriedigt werden sollte. Dieses Depot sollte von nun an für Goldankäufe gesperrt sein, nicht aber für Goldverkäufe[97]. Es wurde mit den Goldüberschüssen gefüttert, die sich aus dem Verkauf von Escudos ergaben und vom Depot A auf das Depot B transferiert wurden[98]. Mit den Überschüssen wurden ab Januar 1943 Franken angekauft, und damit wurde ein ganzes Jahr lang regelmäßig und unterschiedlich intensiv bis zur Tilgung der Goldaktiva im August 1944 fortgefahren.

Die Tilgung erfolgte im Zusammenhang mit der Mißfallensäußerung der SNB über die Benützung der Schweizerfranken durch die Banco de Portugal. Diese war dazu übergegangen, Gold an die SNB zu verkaufen und dafür Franken zu erhalten, angeblich, um die schweizerisch-portugiesischen Zahlungsbilanzen auszugleichen. Von schweizerischer Seite her hegte man jedoch den Verdacht, daß mit diesen Franken auch die Exporte anderer Länder bezahlt wurden. Man dachte dabei besonders an Schweden. Im November 1943 stellte man im SNB-Direktorium fest, daß „fortgesetzt ein Handel von Escudos und Schwedischen Kronen in Verbindung mit Devisengeschäften mit der Deutschen Reichsbank betrieben werde. Diese Transaktionen laufen häufig über den in Portugal getätigten Ankauf von Schwedischen Kronen gegen Zahlung in Franken. Zahlungen der Reichsbank erfolgen in Franken, die sie von der SNB gegen Gold ankauft. Das Direktorium fühlt sich bemüßigt, die Geschäftsbanken in einem dafür anberaumten Gespräch diskret darauf aufmerksam zu machen, daß die SNB diese Transaktionen nicht gutheißt. Bei nächster Gelegenheit müßte auch mit dem Vizepräsidenten der Deutschen Reichsbank, Herrn Puhl, erneut darüber gesprochen werden"[99].

Konkreter gesagt herrschte im SNB-Direktorium Nervosität über den Verkauf von „Lator"-Goldmünzen an Portugal. Sie stammten aus der Lateinischen Münzunion, einem Währungs- und Zollabkommen, das 1865 zwischen Belgien, Frankreich, Italien und der Schweiz abgeschlossen worden war und dem sich später auch noch Griechenland anschloß. Diese Union wurde 1926 aufgelöst, die Münzen, zu denen auch die französischen Napoléons und die Schweizer „Vreneli" gehörten, blieben jedoch weiterhin im Umlauf. Mit dem Escudo-Ertrag aus diesen Münzverkäufen erhielten die Exporteure von der Banco de Portugal Franken, die diese inzwischen häufig von der SNB gegen Barrengold ankaufte. Besorgt stellte man fest, daß am Ende dieses Kreislaufs in den Tresoren der SNB „die „Lator"-Goldmünzen durch Goldbarren ersetzt wurden"[100]. Im Juni 1944 war es vorbei mit dem diplomatischen Taktgefühl. Gautier richtete ein Schreiben an die Banco de Portugal und erinnerte sie daran, daß sie selbst seinerzeit an die Verkäufe portugiesischer Währung die Bedingung geknüpft hatte, diese Escudos dürften lediglich für die Bezahlung portugiesischer Exporte verwendet werden[101]. Am 27. Juli 1944 setzte ein neuerliches Telegramm die Banco de Portugal unter Druck. Man bestand darauf, sie dürfe lediglich in Verbindung mit den geschäftlichen Erfordernissen beider Länder Gold an die Schweiz verkaufen. Sollte sie Schwedische Kronen haben wollen, dann dürfe sie diese nicht mit Franken kaufen, sondern mit Gold, das der schwedischen Zentralbank auszufolgen war. Tage später wurde dieses Thema erneut aufgegriffen und Verwunderung darüber geäußert, daß die schwedische Zentralbank Gold nicht direkt von den Portugiesen ankaufte. Die Banco de Portugal hatte tatsächlich einigen Grund zur Sorge, die schwedischen Kollegen könnten bezüglich des Goldes zurückhaltender sein als die Schweizer. Offensichtlich fand man dann die Maßnahmen zufriedenstellend[102], die infolge der insistierenden Haltung der Schweiz von der portugiesischen Zentralbank getroffen wurden, und das Thema konnte endgültig abgeschlossen werden.

Transaktionen mit der Reichsbank bis zum letzten Moment

Zwischen dem Sommer 1942 und 1944 kaufte die Banco de Portugal circa 48 Tonnen Gold direkt von der Reichsbank an. Unter Einhaltung der im Abkommen vom Mai 1942 getroffenen Regelungen nahm das Depot C im August desselben Jahres seine Aktivitäten auf. Der Wert des ausgelieferten Goldes sollte der Reichsbank in freien Reichsmark beziehungsweise noch häufiger in Escudos gutgeschrieben werden. Dieser stets asymmetrische Einsatz der beiden Währungen wurde bis zum Juni des darauffolgenden Jahres beibehalten, solange es noch eine vage Hoffnung gab, daß Deutschland seine Zahlungsverspätungen im Clearing aufholen könnte und die Portugiesen diese Reichsmark für Käufe in Deutschland benötigen würden. Von Juni 1943 bis Juli 1944 wurden dann mit einer einzigen Ausnahme sämtliche Goldlieferungen mit Escudos abgegolten, die auf das Konto des Reichsbank-Direktoriums einbezahlt wurden[103].

Inzwischen hatten die Alliierten am 22. Februar 1944 in einer neuerlichen Warnung den neutralen Ländern abermals Konsequenzen angedroht, sollten sie weiterhin geraubte Werte und insbesondere Gold von Deutschland annehmen. Die portugiesische Regierung leitete die offizielle Mitteilung unverzüglich an die Banco de Portugal weiter, die ihrerseits einen Versuch unternahm, in Hinblick auf „gewisse, wenn auch vielleicht in ferner Zukunft auftretende Risiken" die Goldtransaktionen mit der Reichsbank abzubrechen. Die Banco de Portugal sandte ein mit 25. Februar 1944 datiertes Telegramm an die Reichsbank und erklärte, daß die schweizerisch-portugiesische Zahlungsbilanz immer mehr zugunsten der Schweiz aus dem Gleichgewicht gerate, und daß Portugal dringend Franken benötige. Aus diesem Grund, fuhr man im Telegramm fort, „ersuchen wir Sie höflich, uns im Bedarfsfall Schweizerfranken anstatt wie vereinbart Gold zu verkaufen". Interessant ist die Feststellung, daß mit keinem Wort auf den wahren Grund dieses Ansuchens eingegangen wurde, nämlich auf die Deklaration der Alliierten vom 22. Februar 1944.

Die Reichsbank wiederum wünschte mit den Goldzahlungen fortzufahren. Sie lehnte den Änderungsvorschlag ab und berief sich auf das Abkommen vom Mai 1942. Erstaunt über die abgegebene Erklärung entgegnete sie: „Aus unserer Sicht könnte der Negativsaldo der Zahlungsbilanz auch damit ausgeglichen werden, daß Sie Ihnen von uns zur Verfügung gestelltes Gold direkt an die Schweizerische Nationalbank bezahlen, womit Sie ein Guthaben an Schweizerfranken schaffen könnten"[104]. Angesichts dieses Einwands und dieser Haltung beeilte sich die Banco de Portugal, ihre Bitte fallenzulassen. Sie nährte noch die Hoffnung, die deutsche Seite würde aus eigenem Antrieb ihre Goldverkäufe auf das Notwendigste beschränken und damit lediglich die auf dem „Konto W" angehäuften Defizite aus dem Wolframimport begleichen. Die Escudos, die Deutschland für andere Käufe benötigte, wurden zumindest in zwei der Währungsbehörde bekannten Fällen mit Schweizerfranken bezahlt, die kurz davor bei der Banco Lisboa & Açores und der BESCL angekauft worden waren[105]. Man sah dies als mögliches Zeichen dafür an, daß die Reichsbank wenigstens bei ihrem Ankauf von freien Escudos bei der Banco de Portugal in der Lage sein würde, in Franken zu bezahlen. Aber nicht einmal dies traf zu. Die Deutschen bestanden darauf, alles in Gold zu begleichen, und die Banco de Portugal gab schließlich nach. Dem portugiesischen Finanzminister teilte sie die Absicht der Bank mit, „bis auf Widerruf auf die von der Reichsbank vorgeschlagenen Käufe von Gold gegen Escudos einzugehen"[106].

Die einzige wirkliche Änderung betraf den Goldtransport von Bern nach Lissabon: Er wurde Anfang März 1944 eingestellt[107]. Der Soares-Bericht geht von einer chronologischen Abfolge aus und sieht die Warnung der Alliierten und die Unterbrechung der Transporte nach Lissabon als Ursache und Wirkung an. Man erinnere sich jedoch daran, daß die Knappheit an Schweizerfranken bereits zuvor den Goldfluß zwischen Portugal und der Schweiz umgekehrt hatte, und daß diese Knappheit schon vier Wochen davor die portugiesische Zentralbank dazu veranlaßt hatte, die schweizerische Zentralbank anzuweisen, kein Gold mehr nach Portugal zu schicken. Der Banco de Portugal kam es nur gelegen, in Zukunft über Gold in Bern zu verfügen, das, wann immer nötig, zum Ankauf von Franken eingesetzt werden könnte. Zum andern ist zu beachten, daß die Banco de Portugal mit ihrem Vorstoß bei der Reichsbank ab dem 25. Februar 1944 lediglich die Form der Transaktionen zu ändern suchte, durch die sie juristisch gesehen in eine kritische Lage gebracht werden konnte. Sie zeigte jedoch keinerlei Interesse daran, das Transportproblem zu diskutieren, und sah auch in der Änderung des physischen Bestimmungsortes des Goldes angesichts eventueller deutscher Einwände keinen tauglichen Ausweg[108].

Es gab also zwei unterschiedliche Probleme und zwei unterschiedliche Lösungen. Damit das Gold nicht hin und her transportiert werden mußte, beschloß die Banco de Portugal, es in Bern zu lassen, wo es wahrscheinlich ohnehin landen würde, da immer mehr Franken angekauft werden mußten. Um der Aufforderung der Alliierten Genüge zu tun, dachte sie sich parallel dazu einen Vorwand aus und bat die Deutschen, die Goldzahlungen einzustellen. Darüber hinaus wurden die zwei ganz verschiedenen Probleme an unterschiedlichen Adressen behandelt. Die Frage der Goldtransporte wurde mit der SNB diskutiert, die der Zahlungsmittel mit der Reichsbank. Da beide Probleme zeitlich zusammenfielen, führte die Banco de Portugal bei der Reichsbank als Vorwand an, sie hätte einen Mangel an Schweizerfranken zu beklagen.

Parallel zum im ersten Halbjahr 1944 zwischen der Banco de Portugal und der Reichsbank betriebenen Goldhandel existierte zumindest noch ein weiterer Kanal, durch den in dieser Phase Gold von Deutschland nach Portugal floß. Er führte über die Firma Otto Wolff und die Gesandtschaft in Lissabon. Nach Kriegsende sollte Graupner, ein hoher Reichsbank-Funktionär, den Alliierten über drei, im Juni 1944 innerhalb von zwölf Tagen per Flugzeug abgewickelte Transporte Aufschluß geben. Mit diesen Transporten seien in Lissabon Goldmünzen – Dollar und Schweizerfranken – im Wert von etwas mehr als einer Million Reichsmark eingelangt. Die Firma Otto Wolff bezahlte den Transport sowie die Versicherung und vergütete der Reichsbank den Wert dieses Goldes in Reichsmark. Bezüglich der Verwendung dieser Münzen durch die genannte Firma machte Graupner eine noch viel rätselhaftere Aussage: „Die Goldmünzen wurden in Portugal über Vertrauenspersonen der Firma Otto Wolff ihrer Verwendung zugeführt"[109]. Diese Verwendung kann mit Sicherheit nicht mit der Rolle erklärt werden, die diese Firma im Lieferkartell für Eisen und andere Gegenlieferungen spielte, wie sie im vorhergehenden Kapitel aufgezeigt wurde. Mit dieser Rolle lassen sich in Portugal fällige Eintreibungen erklären, keineswegs aber Zahlungen.

Das Gold, das im Diplomatenkoffer beziehungsweise über die Firma Otto Wolff und aus anderen Quellen bei der Gesandtschaft einlangte, landete häufig bei Goldschmieden. Dies geht eindeutig aus den Dokumenten bezüglich des Falls Weiss-Chorin hervor, der allerdings in einem anderen Zusammenhang genau untersucht wurde. Den Angehörigen von Ferenc Chorin, denen die Manfred Weiss Holding gehörte, glückte es, der Vernichtung der ungarischen Juden zu entkommen. Über eine Vereinbarung mit der

SS wurden sie größtenteils nach Portugal geschickt. Die Deutsche Gesandtschaft in Lissabon war im internen Krieg zwischen der SS und dem Auswärtigen Amt übergangen worden und erlebte nun die Überraschung, drei Dutzend ungarische Juden ankommen zu sehen. Sogleich befürchtete sie, diese Juden würden ihren Lebensunterhalt mit dem Verkauf von Goldgegenständen bestreiten und den Goldpreis niedriger ansetzen, als die Gesandtschaft dies tat. Das Auswärtige Amt in Berlin war ebenso überrascht und besorgt. Man legte nahe herauszufinden, ob die Neuankömmlinge tatsächlich eine derartige, äußerst ungelegene Konkurrenz darstellten[110]. Schließlich sollten sich die Befürchtungen als unbegründet erweisen[111] – und doch als recht aufschlußreich, was die Schiebereien der NS-Diplomatie in Lissabon angeht.

In der Gesamtberechnung der Transaktionen stand der Wert der Münzen, die in die Hände der Firma Otto Wolff beziehungsweise der Gesandtschaft gelangten, in keinem Verhältnis zum Wert der Barren, die von der Banco de Portugal angekauft wurden. Nach ihrem Vorstoß bei der Reichsbank im Februar 1944 fuhr die Banco de Portugal noch fünf Monate lang fort, die besagten Goldzahlungen zu akzeptieren. Am 20. Juli 1944 sollte die portugiesische Zentralbank schließlich der Reichsbank telegrafisch mitteilen, daß die Kollegen aus der Schweiz den Verkauf von Franken gegen Gold einstellen würden. Nun sah sich die Banco de Portugal auch nicht mehr in der Lage, weiterhin Gold von der Reichsbank zu akzeptieren: „Wir bedauern außerordentlich, keine Goldlieferungen mehr auf das Konto C annehmen zu können"[112]. Eine Woche später gingen noch 26 Barren auf das Depot ein – sie waren tatsächlich die letzten[113]. Am 8. August 1944 wurde die Ablehnung neuer Goldankäufe mit einem über das portugiesische Außenministerium gesandten Telegramm bestätigt, das vom Reichsbank-Direktorium erst am Ende des Monats beantwortet werden sollte. Darin wurde klargemacht, daß man dem von der portugiesischen Zentralbank vorgebrachten Vorwand keinen Glauben schenke, und es wurde gefragt, „worin [die von der SNB auferlegten] Einschränkungen bestünden"[114]. Dieses Mal bestand aber kein Zweifel. Die Banco de Portugal wünschte wirklich die Goldgeschäfte mit der Reichsbank abzubrechen.

Die Unstimmigkeiten mit der Schweiz begannen schon früher. Im Juli und August 1944 spitzten sie sich aus den vorhin angeführten Gründen und durch den bereits erwähnten Austausch von Mitteilungen noch zu. Zu keiner Zeit wurden jedoch seitens der SNB derart drastische Mittel wie eine totale Aussetzung des Verkaufs von Franken gegen Gold angedroht. Was die SNB bereits in der zweiten Augusthälfte 1944 mitgeteilt hatte, war, daß sie nicht bereit wäre, „noch mehr Gold für Transaktionen anzukaufen, die für den direkten Handel mit der Schweiz nicht relevant sind"[115]. Die Entscheidung der Banco de Portugal, neue Goldzahlungen auf das Depot C abzulehnen, resultierte nicht aus unüberbrückbaren Einwänden der SNB, sondern hatte vielmehr mit dem Zusammenbruch des deutsch-portugiesischen Handels zu tun. Da die alliierten Truppen die Landverbindungen abgeschnitten hatten, gab es nicht einmal mehr einen Wolframschmuggel, der zu bezahlen war. Die Ablehnung der Bank kam spät, und ihre praktischen Auswirkungen waren zu dem Zeitpunkt schon nur mehr von geringer Bedeutung.

Die Banco de Portugal: Autonomie und Neutralität

Keiner Zentralbank eines neutralen Landes in welchem Regime auch immer – und schon gar nicht in einer Diktatur – steht es zu, in großem Rahmen die Kriegsanstrengungen einer der involvierten Parteien zu unterstützen. Es wäre angebracht, das existierende Dokumentationsmaterial auch daraufhin zu untersuchen, ob es sich im Fall Portugals eventuell anders verhält. Im Gegensatz zu den deutsch-portugiesischen Diskussionen über Wolfram, Rüstungsmaterial und Kohle enthalten die Diskussionen über den Ankauf von Gold nur wenige Hinweise auf eine persönliche Intervention Salazars. Die Bedenken, die der Diktator *a posteriori* über das im November 1940 mit der Bank of England unterzeichnete Zahlungsabkommen an den Tag legte, trugen wohl zur optischen Täuschung der Soares-Kommission bei, die Banco de Portugal hätte über einen gewissen Spielraum an Autonomie verfügt und diesen mehr oder minder zugunsten der Alliierten eingesetzt. In diesem Zusammenhang betont die Kommission in ihrem Bericht, zwischen dem britischen Zentralbankier Harry Siepmann und Soares Branco von der Banco de Portugal hätte eine persönliche dauerhafte Freundschaft bestanden[116]. Andererseits sollte unmittelbar nach dem Krieg und mit ebenso wenig stichhaltigen Argumenten Tomás Fernandes, Leiter der portugiesischen Delegation bei den Verhandlungen mit der Tripartite Gold Commission, zu verstehen geben, die Bank wäre in ihrem Einverständnis mit Deutschland unter Umständen zu weit gegangen[117].

Zweifelsohne sind noch viele Untersuchungen über das Ausmaß und die Qualität des Manövrierspielraums der portugiesischen Zentralbank anzustellen – eine schwierige Aufgabe, die weder durch verschleiert abgefaßte Protokolle erleichtert wird, noch durch die Tatsache, daß eisern über brandaktuelle Themen geschwiegen wurde, über die man in der Bank mit Sicherheit debattiert hat. In den Protokollen scheint zumindest ein Fall auf, aus dem sich effektiv eine beträchtliche Autonomie der Bank ableiten läßt.

Anläßlich einer Generalversammlung der Bank im Januar 1939 diskutierte man über den systematischen Verzug der Italiener bei ihren Clearingzahlungen und den Inhalt einer „Eingabe" an die Regierung, in der angemessene Maßnahmen dargelegt werden sollten. João Emaúz vom Verwaltungsrat der Banco de Portugal riskierte schüchtern den Vorschlag, das Handelsabkommen mit Italien einer Überprüfung zu unterziehen – eine Idee, die in der Tat nicht mit der Regierung abgesprochen war. Dieser Vorschlag von Emaúz war in jener Sitzung das einzige bisher nicht abgesprochene Detail und der alleinige Ausdruck einer tatsächlich selbständigen Initiative. Die Vize-Gouverneure Soares Branco und Álvaro de Sousa riefen Emaúz allerdings mit harschen Worten zur Ordnung und ließen ihn wissen, daß „alle Schritte, die bis dahin von der Bank in Sachen Clearing unternommen wurden, in Zusammenarbeit und (...) im vollkommenen Einverständnis mit der Regierung geschehen sind, und daß selbst im zur Debatte stehenden Fall die Regierung sehr wohl weiß, daß wir ihr noch unsere Darstellung vorlegen werden, an der dem Bankrat gelegen ist"[118] – damit für die Akteure ja kein Zweifel über ihre Rolle bei jener Eingabe offen blieb.

Ein weiteres Beispiel läßt auf die Existenz einer etwas wirklicheren Autonomie schließen, jedoch nicht in dem Sinn, wie sie der Soares-Bericht aufzuzeigen suchte. Álvaro de Sousa, der jenem Ausbruch von Feindseligkeit gegenüber der italienischen Zentralbank Banca d'Italia Einhalt gebieten wollte, schien bei anderer Gelegenheit ebenfalls lebhaftes Interesse an einer Lösung der italienisch-portugiesischen Probleme zu haben. Monate nach der erwähnten Diskussion, im Juni 1939, schlug er eine Dreieckslösung für die üblichen italienischen Zahlungsverzögerungen vor. Dieser Ausweg schien ganz einfach aus der Konfiguration der deutsch-italienisch-portugiesischen Beziehungen zu erwachsen: Portugal hatte Schulden bei Deutschland, Deutschland wiederum bei Italien, und Italien bei Portugal. Laut Sousa hätte die Banco de Portugal ihren Liraüberschuß dazu benutzen können, die ihr fehlenden Reichsmark anzukaufen und damit ihr Defizit im Handel mit Deutschland auszugleichen[119]. Natürlich sollte dieses vorgeschlagene Schema schon bald an Aktualität verlieren, da Deutschland dann Schulden bei Portugal hatte und Italien zum Zeitpunkt seines Kriegseintritts wiederum bei Deutschland.

Geblieben ist lediglich das chronische Zahlungsproblem Italiens gegenüber Portugal, und im darauffolgenden Jahr sollte sich die Situation noch weiter verschärfen. Von seiten Portugals wurden sämtliche Lirareserven für eine italienische Waffenlieferung vorgeschossen, die sich dann verzögerte. Doch dieses Mal stellte man im Finanzministerium selbst Überlegungen an, die Exporte nach Italien einzuschränken, solange die Lirazahlung gemäß

Clearing nicht gesichert war. Vielleicht war die Verteidigung der italienischen Interessen eine Demonstration persönlicher Autonomie von Álvaro de Sousa, wenn sogar das Ministerium und nicht mehr nur Emaúz im Spiel war. Tatsache ist, daß er durch eine ungewöhnlich eindringliche Mitteilung das Kabinett des Ministerpräsidenten wissen ließ, daß „er es für besser halte, eine Million Lire (...) aufs Spiel zu setzen, als das Abkommen mit den Italienern zu brechen. Er halte eine Verordnung über Exportbeschränkungen nach Italien für eine äußerst gefährliche Maßnahme"[120]. Die in Frage stehenden Werte waren jedoch viel höher als die Million Lire, die Álvaro de Sousa so leichten Herzens freistellte. Bereits im September 1939 beliefen sich die italienischen Zahlungsverzögerungen im Clearing auf 80 Millionen Lire[121], und immer lauter wurden die Stimmen im Kriegsministerium, die eine Verschärfung der Bedingungen für die Italiener forderten, mit denen „wir viel zu großzügig umgegangen sind". Die „Großzügigkeit", ihnen dieselben Bedingungen einzuräumen wie den Deutschen, verdroß Santos Costa, der unter diesen Umständen eher imstande zu sein schien, seine Absichten durchzusetzen als der dagegen angehende Bankier[122].

Das Zahlungsabkommen mit England stellte im Jahre 1940 zweifelsohne eine Form von *lend-lease* nach portugiesischem Maßstab[123] mit all den Vorteilen dar, die ein nahezu unbegrenzter Kredit der britischen Kriegsanstrengung bot. Auch wenn die Zentralbankiers bei der Einräumung dieses Kredits alle Für und Wider abgewogen und schließlich dafür gestimmt haben mögen, zeigt die Unterzeichnung der Regierung, daß Salazar zumindest anfangs keine entscheidenden Einwände gegen dieses Abkommen hatte. Es stimmt schon, daß es im April 1942 vom Diktator in Frage gestellt werden sollte. Wenn Salazar jedoch androhte, es einer Prüfung zu unterziehen, dann deshalb, weil die britische Seite ihrerseits die Absicht geäußert hatte, das Blockadeabkommen zu überprüfen, das – wie Avelãs Nunes treffend beobachtet – mit all den darin enthaltenen Freizügigkeiten für den portugiesischen Seehandel[124] einem Kriegs-Handelsabkommen gleichkam[125].

Schließlich meldete sich noch eine weitere kritische Stimme zum Zahlungsabkommen öffentlich zu Wort. Sie gehörte dem Mann, der während des Krieges Vizevorsitzender der Generalversammlung der Bank gewesen war, nämlich Manuel Joaquim Alves Diniz. Nach Kriegsende sollte er seinen Standpunkt in einem seiner regelmäßig erscheinenden Beiträge für die Zeitschrift Seara Nova verteidigen, die zu jenem Zeitpunkt der demokratischen Opposition nahestand. Er ging von einer Kritik der Schwierigkeiten aus, die England bei der Rückerstattung der Kriegsschulden machte, und zog schließlich den Schluß, es wäre besser gewesen, an der Seite des alten Verbündeten zu kämpfen anstatt ihm Kredite zu eröffnen[126]. Die Stellungnahme von Alves Diniz ist allerdings nichts weiter als eine Kuriosität, zumal dieser nicht dem Führungskern der Bank angehörte und seine Vorbehalte erst mit einigen Jahren Verspätung kundtat.

Zum Thema der internationalen Beziehungen der portugiesischen Zentralbank und ihrem Maß an Autonomie sei der Vollständigkeit halber auch noch erwähnt, daß zwei ihrer Verwaltungsrats-Mitglieder den wichtigen diplomatischen Vertretungen in London beziehungsweise Vichy vorstanden. Als Botschafter in London setzte Salazar Domingos Maria do Espírito Santo José Francisco de Paula de Sousa Holstein Beck, den fünften Herzog von Palmella, ein. In seinen Briefen an den Diktator pflegte er lediglich mit Palmella zu unterschreiben[127]. Dem Bankier war die Rolle eines dem Diktator bedingungslos ergebenen Günstlings ohne jede Eigeninitiative zugedacht beziehungsweise, wie er es den Kollegen des Verwaltungsrats gegenüber beschrieb, die Rolle „eines Soldaten im Dienste des Vaterlandes"[128]. An die Spitze der Gesandtschaft in Vichy setzte Salazar ein weiteres Mitglied des Verwaltungsrats der Bank, das größere Höhenflüge als Palmella hatte. Caeiro da Mata, der unter der Diktatur zweimal ein Ministeramt innehatte, pflegte wie gewünscht gute Beziehungen zu Pétain, selbst dann noch, als dieser zusehends zu einer simplen Marionette der Besatzungsmacht verkam. Wie Álvaro de Sousa sollte auch er sich eine gewisse persönliche Freiheit herausnehmen, als er mit Laval[129] Freundschaft schloß und Salazars Abneigung gegen diesen unverbesserlichen Deutschenfreund ignorierte[130].

In den Beziehungen zu Deutschland stellte sich zumindest zweimal das Problem, ob Reichsbankgold akzeptiert oder abgelehnt werden sollte. Das erste Mal im Mai 1942, als der Kanal für direkte Ankäufe geöffnet wurde; des weiteren in der ersten Jahreshälfte 1944, als die Alliierten die Wolframlieferungen mit einem Embargo belegt sowie die Zahlungen boykottiert sehen wollten und diesbezüglich starken Druck ausübten. In beiden Fällen hütete sich die Banco de Portugal, ohne ausdrückliche Instruktion der Regierung die Initiative – welcher Art auch immer – zu ergreifen. 1942 wies sie zunächst die Goldzahlungen zurück und brachte die deutschen Gesprächspartner zur Überzeugung, die Verhandlungen befänden sich in einer Sackgasse, aus der nur sehr schwer ein Ausweg zu finden wäre[131]. Als die Bank von der Regierung gegenteilige Anweisungen erhielt, änderte sie ihre Politik und griff von selbst den früheren Vorschlag der Deutschen bezüglich der Goldzahlungen wieder auf. Im Jahre 1944 sorgte sie dafür, daß das Finanzministerium den gesamten Diskussionsablauf mit der Reichsbank begleitete, als man diese von neuerlichen Goldzahlungen abzubringen suchte. Im April 1944 stellte man fest, daß sich die Deutschen darauf versteiften, auch weiterhin die Salden aus den Wolframkäufen und die erworbenen Escudos mit Gold zu bezahlen. Daher schrieb die Bank in der Erkenntnis, daß das Problem nicht nur „banktechnischer Art" war, an Finanzminister Lumbrales und bat um Rat, was nun zu tun sei. Lumbrales ließ antworten, die Bank solle damit fortfahren, Gold zu akzeptieren, um anderweitige laufende und sehr heikle Verhandlungen nicht zu beeinträchtigen[132].

Alles in allem kann man sagen, daß zeitweilige proitalienische Ausrutscher Álvaro de Sousas beziehungsweise die wohlwollende Einstellung von Caeiro da Mata gegenüber Laval die allgemeine politische Ausrichtung Portugals in bezug auf Rom und Vichy nicht verletzten. Was die großen kriegführenden Parteien anging – insbesondere Deutschland und das Vereinigte Königreich – war die Situation anders gelagert, und jegliche echte Autonomie hätte einen Krisenfaktor bedeutet. Sah die Bank sich mit einem strategischen Dilemma konfrontiert, dann beeilte sie sich, die Regierung zu konsultieren. Und sie tat dies bisweilen sogar angesichts heikler taktischer Entscheidungen. Salazar begleitete aus der Nähe jeden Schritt auf diesem Minenfeld. Nur mit seiner Einwilligung durfte England ein Kredit eingeräumt werden, und nur mit seiner Zustimmung durfte die Bank Gold aus Deutschland akzeptieren. Die Goldankäufe in Bern waren nicht nur Finanzgeschäfte. Bei diesen Entscheidungen war es stets die Politik, die das Kommando gab.

Anmerkungen zu Kapitel 3 - Gold und Franken gegen Ware

1 Patrick Halbeisen an António Louçã, 4. 11. 99.
2 Jean Ziegler, 1997, S. 102 f. und S. 202 f.
3 Schreiben von Marcel van Zeeland Reuleaux an Ivar Rooth, 8.9.44. A-BIZ.
4 Soares Branco an Salazar, 25.11.39. AOS/CO/FI-18C, Mappe 8.
5 Protokolle des Verwaltungsrats, Buch 109, Sitzung vom 26.1.43. AH-BP.
6 Protokolle der Stabilisierungs-Kommission, Buch 5, Sitzungen vom 9.12.41 und 31.12.41. AH-BP.
7 Britische Botschaft in Washington an J. W. Pehle vom US-Schatzamt, 15.12.41. National Archives. RG 131 Office of Alien Property, Eingang NN3 131-94-001. Foreign Funds Control, Box 346.
8 Im September, Oktober und November 1941 kaufte die SNB bei der Banco de Portugal über das Depot A 112.661.000 Escudos an. BP.Cext 12/2. Transaktionen mit der SNB. Konto A. Ankäufe. AH-BP.

9 Die Schweizer Geschäftsbanken waren beim Ankauf von in Portugal gültigen Zahlungsmitteln in dieser Anfangsphase für die Reichsbank ein geeigneteres Instrument als die SNB. Von Januar bis Oktober 1941 floß etwa doppelt so viel Reichsbankgold in die Geschäftsbanken, als in die Zentralbank geflossen ist. Bergier, 1998, S. 84.
10 Bergier, 1997, vervielfältigtes Exemplar, S. 18.
11 Bergier, 1998, S. 90.
12 Fior, 1996, vervielfältigtes Exemplar. Siehe Anhang, Achats d'or hollandais par les banques commerciales suisses.
13 Wenn auch die Bergier-Kommission feststellt, daß sich in den Bankarchiven keinerlei Spuren über irgendein Goldgeschäft finden. Bergier, S. 173.
14 Recent Gold Transactions between Portugal and Switzerland, undatiert. Telo, 1999, dokumentarischer Anhang.
15 Trepp, 1993, S. 45 f. Smith, 1989, S. 54.
16 Goldgeschäfte der BIZ (ohne Reichsbank) (1. Periode vom 2.9.39 bis 31.12.42). McKittrick Collection, Baker Library, Boston.
17 Bericht von Marcel van Zeeland über seine Reise nach Spanien und Portugal, 8.7.41. A-BIZ.
18 Per Jacobsson an Ivar Rooth, 17.7.41. A-BIZ.
19 Bericht von Marcel van Zeeland, 8.7.41. A-BIZ.
20 Per Jacobsson an Ivar Rooth, 17.7.41. A-BIZ.
21 Gedächtnisprotokoll von Marcel van Zeeland über die Gespräche mit Gouverneur Rooth, 11.10.41. A-BIZ.
22 Vermerk von Marcel van Zeeland über die Gold- und Escudogeschäfte Banque de France – Banco de Portugal, 14.11.41. A-BIZ.
23 Gedächtnisprotokoll über ein Telefongespräch von Marcel van Zeeland mit Cabral Pessoa, 15.11.41. A-BIZ.
24 Goldgeschäfte der BIZ (ohne die Reichsbank) (1. Periode vom 2.9.1939 bis 31.12.42). McKittrick Collection, Baker Library, Boston.
25 Während seines Besuches traf McKittrick in Lissabon mit Allen Dulles zusammen, der seit neuestem in Bern für den amerikanischen Geheimdienst zuständig war. Da nichts über einen späteren Besuch McKittricks in Lissabon bekannt ist, fand bei dieser Gelegenheit möglicherweise auch sein Treffen mit Cabral Pessoa statt, über das dieser später berichtete. Trepp, S. 63. Cabral Pessoa an Marcel van Zeeland, 27.8.43. BP. CExt/12/8 – Transaktionen mit der BIZ – Allgemeines, Blatt 1.
26 Protokoll des SNB-Direktoriums, 12.3.42. A-SNB.
27 Ungerer, 1998.
28 In diesem Jahr kaufte die Banco de Portugal bei der BIZ 6.187 kgf an, während die BIZ bei der Banque de France nur 3.694 kgf kaufte. *Introductory Note...* Tabelle I und II.

29 Bereits 2,5 Millionen Reichsmark waren für Weine ausgegeben worden, und weitere 10 Millionen standen dafür noch zur Verfügung. Der zur Debatte stehende Handelsagent Johann Gradl vertrat die Firma Dietrich Kieselhorst in Bremen und soll von Oberstleutnant Kaiser von der HWK (Heereswirtschaftskommission) beauftragt worden sein. Huene an den HaPol, 1.6.42. BA-B, Mikrofilm 17580, Bild E080394.
30 Oral History Interview McKittrick, von der Universität Princeton, 1964, zitiert von Trepp, 1993, S. 63 f.
31 *Note on Gold Operations...,* 1997. Anhang 5. World Wide Web site: http://www.BIZ.org
32 *Introductory Note...,* Tabelle II.
33 Protokolle des Generalrats, Buch 37, Sitzung vom 27.6.41. AH-BP.
34 Auf diese Bezeichnung, die zu größter Verwunderung berechtigt, wird im folgenden Kapitel eingegangen. BP.Cext/12/3. Bewegungen der Goldwährung. Transaktionen mit der SNB. Konto B. Eingänge/Ankäufe. AH-BP.
35 Bergier, 1998, S. 84.
36 Fior, 1997, S. 17.
37 Bergier, 1998, S. 87.
38 Cabral Pessoa an Victor Gautier, 18.7.44. A-SNB. *Gebundener Zahlungsverkehr,* Archivnr. 2125.
39 BP.Cext/12/3. Bewegungen der Goldwährung. Transaktionen mit der SNB. Konto B. Eingänge/Ankäufe. AH-BP.
40 BP.Cext/12/4. Bewegungen der Goldwährung. Transaktionen mit der SNB. Konto C. Eingänge/Ankäufe. AH-BP.
41 Bergier, 1998, S. 89.
42 Protokoll des SNB-Direktoriums vom 7.8.41, zitiert bei Bergier, Mai 1998, S. 8.
43 Protokolle des Verwaltungsrats, Buch 108, Sitzung vom 6.3.42. AH-BP.
44 Devisenabteilung, Börse, 17.3.42. BA-B, Aktenband 7105, Bestandssignatur 2501.
45 In der Härte der Befragung von Ende 1945 ist noch der Geist des ehemaligen Staatssekretärs für Finanzen, Henry Morgenthau, erkennbar. Bezeichnenderweise war es White, einer der nächsten Mitarbeiter Morgenthaus, dem Wood Rechenschaft ablegte. Memorandum von James E. Wood für Harry D. White, 7.12.45. RG 84. Embassy Lisbon. Subject Files of Financial Attaché James E. Wood, 1942-1945. NA, Washington.
46 Henry Martin an den Direktor der Division du Commerce du Département fédéral de l'Economie publique, 9.10.44. A-SNB. Gebundener Zahlungsverkehr, Buch 108, Sitzung vom 23.12.41. AH-BP.
47 Protokolle des Verwaltungsrats, Buch 108, Sitzung vom 23.12.41. AH-BP.

48 BP.CExt/12/2. Bewegungen der Goldwährung, Transaktionen mit der SNB. Konto A. Ankäufe. AH-BP.
49 Durrer, 1984, S. 89 f.
50 Memorandum des State Department, 31.10.41. Zitiert von Durrer, idem, S. 92.
51 Note der Britischen Botschaft in Washington, 3.9.41. Zitiert von Durrer, idem, S. 90.
52 Eidgenössisches Politisches Departement an die Schweizer Gesandtschaft in Washington, 8.1.42. In: *Documents Diplomatiques Suisses,* Band 14, 1997, S. 442 f.
53 Schreiben an Pilet-Golaz, 14.1.42. In: *Documents...,* 1997, S. 443.
54 Besprechung vom 19. Dezember 1941 mit dem Schweizer Gesandten, 20.12.41. National Archives, RG 56 (674-1804), Box 27, File: Switz. Gold/Silver.
55 Memorandum on the Transfer of Swiss-owned Gold in the United States, 31.10.41. National Archives, RG 56 (674-1804), Box 27, File: Switz. Gold/Silver.
56 Memorandum for the File, 29.12.41, unterzeichnet von J. W. Pehle. National Archives, RG 56 (674-1804), Box 27, File: Switz. Gold/Silver.
57 McDowall, 1997, S. 28. Ottawa.
58 Bank of Canada an die SNB, 2.5.42, zitiert von McDowall, S. 9.
59 McDowall, 1997, S. 10.
60 Vermerke von Wood für White, 15.10.42 und 23.10.42. National Archives, RG 56 (674-1808), Box 27, File: Switz. Gold/Silver.
61 Banco de Portugal an die SNB, 3.7.41. BP.CExt/12/3. Transaktionen mit der SNB. Konto B. Eingänge/Ankäufe. 1. Ankauf, Blatt 3.
62 Im wesentlichen aus zwei Gründen: Zum einen vertraute der deutsche Imperialismus weiterhin auf den Sieg und wollte die Kriegsbeute keineswegs teilen. Hitler sollte erst im Juni 1944 grünes Licht für den Versuch geben, ausländische Investitionen in Firmen wie Škoda bzw. in andere Unternehmen des Ostens und in Deutschland selbst anzulocken, zu einem Zeitpunkt, zu dem bereits niemand mehr Garantien von einer Besatzungsmacht im Zusammenbruch akzeptierte. Zum anderen fanden die Kapitalbewegungen natürlich in umgekehrter Richtung statt. Der Escudo war schon lange vor der Endphase des Nationalsozialismus eine Zufluchtswährung. Selbst der Diplomat Henri Martin sah seine Vorschläge ins Leere gehen, Schulden der Schweiz an Portugal zu begleichen, indem man portugiesische Teilhaberschaften in einer so sicheren Wirtschaft wie der schweizerischen förderte. Boelcke, 1969, S. 385. Henri Martin an Fritz Schnorf (SNB), 26.2.42. A-SNB.

63 Laut Garcia Pérez bestanden Anfang 1943 die Deutschen ergebnislos darauf, daß die Banco Alemán Transatlántico bei spanischen Exportgeschäften intervenieren könne. Desgleichen gab es seitens der Sofindus schon seit langem Bestrebungen, eine eigene Bank zu gründen, was von der spanischen Regierung ebenfalls abgelehnt wurde. Telo, 1999, S 138. Pérez, S. 411 und 498.

64 Da so gut wie keine zugänglichen Archive portugiesischer Geschäftsbanken für diesen Zeitraum zur Verfügung stehen, war es nicht möglich, die in Huenes Schreiben gelieferten Zahlen mit denen der beteiligten portugiesischen Institutionen zu vergleichen. Man weiß daher nicht, ob die wesentlichen Kredite gewährt wurden, die Treue zugesagt worden waren. Huene an den HaPol, 28.5.42. Mikrofilm 17580, Bild E080397.

65 Vermerk über das erste Gespräch zwischen Eckert, Koppelmann und Pessoa, 12.5.42, Blatt 351, und Vermerk über das dritte Gespräch zwischen Treue, Buchen, Álvaro de Sousa und Pessoa, 18.5.42, Blatt 363. AOS/CO/NE-2, Mappe 16, Unterteilung 19.

66 Beiderseits wurden Lösungsmöglichkeiten erwogen, die wohlwollend aufgenommen, jedoch nicht für ausreichend befunden wurden; insbesondere daraus einen Ausweg zu finden, wie Deutschland im besetzten Europa seine Zahlungen an Portugal bzw. wie Portugal in Südamerika die seinen an Deutschland leisten sollte. Vermerk über das zweite Gespräch zwischen Treue, Buchen und Pessoa, 15.5.42. AOS/CO/NE-2, Mappe 16, Unterteilung 19, Blatt 357. Vermerk über das dritte Gespräch zwischen Treue, Buchen, Álvaro de Sousa und Pessoa, 18.5.42. AOS/CO/NE-2, Mappe 16, Unterteilung 19, Blatt 362.

67 In Wirklichkeit sprach Álvaro de Sousa, der an den früheren Sitzungen nicht teilgenommen hatte, von „Golddevisen bzw. tatsächlich Gold". Entweder wußte er nicht, daß die Möglichkeit von Schweizerfranken von den Deutschen bereits zurückgewiesen worden war, oder er erwähnte nun diese Möglichkeit als letzten Versuch, in der Hoffnung, die Deutschen würden ihre diesbezügliche Meinung dazu geändert haben. Vermerk über das dritte Gespräch zwischen Treue, Buchen, Álvaro de Sousa und Pessoa, 18.5.42. AOS/CO/NE-2, Mappe 16, Unterteilung 19, Blatt 363.

68 Vermerk über das dritte Gespräch zwischen Treue, Buchen, Álvaro de Sousa und Pessoa, 18.5.42, Blatt 354, und Vermerk über das vierte Gespräch zwischen Treue, Buchen und Pessoa, 20.5.42, Blatt 367 f. AOS/CO/NE-2, Mappe 16, Unterteilung 19.

69 Vermerk über das sechste Gespräch zwischen Treue, Buchen und Pessoa, 27.5.42, Blatt 367. AOS/CO/NE-2, Mappe 16, Unterteilung 19, Blatt 380.

70 Der Vergleich zwischen den Goldtransaktionen der Schweizerischen

Nationalbank und der Buchführung der Kundendepots war Ziel einer internen Revision der Schweizerischen Nationalbank mit dem Titel *Révision „Gold Transaktionen 1939-1945"*, Zürich, März 1997. Die Depots A und B der Banco de Portugal scheinen im ersten und zweiten Teil auf, sofern es sich um Goldverkäufe seitens der Schweizerischen Nationalbank bzw. um Goldgeschäfte handelt, die aus der Sicht des Kunden Banco de Portugal betrachtet wurden. Das Depot C wird logischerweise nur in der Lagerbuchhaltung der Kunden-Golddepots erwähnt.

71 Protokolle des Bankausschusses, 26./27.3.42, zitiert von Crettol und Halbeisen, 1999, S. 28.
72 Crettol, Halbeisen, 1999, S. 30.
73 Rosas, 1990, S. 304 f.
74 Rosas, 1990, S. 314.
75 Rosas, 1990, S. 373 f.
76 Rosas, 1990, S. 380 f.
77 Protokolle der Stabilisierungs-Kommission, Buch 5, Sitzung vom 6.2.42. AH-BP.
78 Protokolle der Stabilisierungs-Kommission, Buch 5, Sitzung vom 13.2.42. AH-BP.
79 Protokolle der Stabilisierungs-Kommission, Buch 5, Sitzung vom 4.4.42. AH-BP.
80 Protokolle des Verwaltungsrats, Buch 108, Sitzung vom 16.6.42. Idem, Buch 109, Sitzung vom 26.1.43. AH-BP.
81 Protokolle der Stabilisierungs-Kommission, Buch 5, Sitzung vom 16.6.42. AH-BP.
82 Bericht über ein Telefongespräch zwischen Pessoa und van Zeeland, 9.11.42. A-BIZ.
83 Note of a meeting held at the Treasury, 4.6.42. Telo 1999, dokumentarischer Anhang.
84 McKittrick an den Gouverneur [sic] der Banco de Portugal, 6.6.40. BP.Cext/12/8. Transaktionen mit der BIZ. Allgemeines. Korrespondenz. 5. Unterteilung, Blatt 1. AH-BP. BIZ an die Banco de Portugal, 7.6.40. BP.Cext/12./8. Transaktionen mit der BIZ. Allgemeines. Korrespondenz. 5. Unterteilung, Blatt 7. AH-BP.
85 Banco de Portugal an die BIZ, 8.6.40, Blatt 10. BIZ an die Banco de Portugal, 11.6.40, Blatt 15. Banco de Portugal an die BIZ, 15.6.40, Blatt 18. BP.Cext/12/8. Transaktionen mit der BIZ. Allgemeines. Korrespondenz. 5. Unterteilung. AH-BP.
86 BIZ an die Banco de Portugal, 25.11.40, Blatt 30. BIZ an die Banco de Portugal, 4.12.40, Blatt 44. BP.CExt/12/8. Transaktionen mit der BIZ. Allgemeines. Korrespondenz. 5. Unterteilung. AH-BP.

87 BP.CExt/12/3. Transaktionen mit der SNB. Konto B. Ausgänge/Sendungen nach Lissabon. AH-BP.
88 BP.CExt/12/3. Transaktionen mit der SNB. Konto B. Ausgänge/Sendungen nach Lissabon. AH-BP.
89 An Gautier, 10.10.42, handschriftliche Notizen. A-SNB, Archivnr. 2125.
90 Im Original: „Le Portugal n'achète pas directement de l'or de la Reichsbank, en partie pour des raisons politiques, en partie, sans doute, pour des raisons de précaution juridique. Mais lorsque cet or a passé par nous, ces objections tombent. Il me semble qu'il y a là pour nous matière à réflexion". Bericht von Victor Gautier über seine Reise nach Lissabon und Madrid, 12.-26.10.42. A-SNB, Gebundener Zahlungsverkehr, Portugal-Berichte, Korrespondenz, 1941-1943.
91 Soares, 1999, S. 11.
92 BP.Cext/12/4. Transaktionen mit der SNB. Konto C. Eingänge/Ankäufe. AH-BP.
93 Schreiben von Patrick Halbeisen an António Louçã, 4.11.99.
94 Rossy an Gautier, 10.10.42. A-SNB, Archivnr. 2125.
95 Jean Ziegler zitiert ein Schreiben Rossys vom 19.6.46, in dem er Hirs beschuldigt, Geschäfte mit belgischem Gold abzuwickeln, von dem er wußte, daß es geraubt war, und er droht mit seiner eigenen Kündigung, sollte der Kollege im Amt bleiben. Ziegler, 1997, S. 103. Siehe auch Fior, 1997, S. 57.
96 Fior, 1997, S. 35.
97 BP.Cext/12/3. Bewegungen der Goldwährung, Transaktionen mit der SNB. Konto B. Ausgänge/Verkäufe. Ankäufe. AH-BP.
98 BP.Cext/12/2. Bewegungen der Goldwährung, Transaktionen mit der SNB. Konto A. Übertragungen auf das Konto B. AH-BP.
99 Protokoll des SNB-Direktoriums, 10./11.11.43. A-SNB.
100 Protokoll des SNB-Direktoriums, 15.6.44. A-SNB.
101 Gautier an Cabral Pessoa, 27.6.44. Gebundener Zahlungsverkehr, Archivnr. 2125. A-SNB. McDowall nennt den August als Zeitpunkt, zu dem die Schweizer über die ungebührliche Benützung von Franken seitens der Banco de Portugal alarmiert sind. Das Schreiben Gautiers ist jedoch früheren Datums. Siehe McDowall, S. 15.
102 SNB an das Eidgenössische Volkswirtschaftsdepartement, Handelsabteilung, 29.8.44. Gebundener Zahlungsverkehr, Archivnr. 2125. A-SNB.
103 BP.Cext/12/4. Transaktionen mit der SNB. Konto C. Eingänge/Ankäufe. AH-BP.
104 Protokolle der Stabilisierungs-Kommission, Buch 5, Sitzung vom 15.3.44. AH-BP.

105 Es handelt sich dabei um Escudo-Ankäufe der Reichsbank bei den portugiesischen Banken BESCL und Banco Lisboa & Açores, im Wert von 500.000 bzw. 300.000 Franken. Protokolle der Stabilisierungs-Kommission. Buch 5, Sitzung vom 15.3.44. AH-BP.
106 Protokolle der Stabilisierungs-Kommission, Buch 5, Sitzung vom 23.5.44. AH-BP.
107 BP.Cext/12/4. Transaktionen mit der SNB. Konto C. Eingänge/Ankäufe. AH-BP.
108 Soares, 1999 S. 23. Protokolle der Stabilisierungs-Kommission, Buch 5, Sitzung vom 15.3.44. AH-BP.
109 Undatierter Vermerk von Graupner über Ausgänge von Reichsbankgold. B330/10061. Historisches Archiv der Deutschen Bundesbank.
110 Thadden an Wagner, undatiert. BA-B, Mikrofilm 14886, Bild K209210.
111 Brief von Daisy Strasser (Tochter von Ferenc Chorin) an António Louçã, Wien, 8.2.95.
112 Protokolle der Stabilisierungs-Kommission, Buch 5, Sitzung vom 20.7.44. AH-BP.
113 BP.Cext/12/4. Transaktionen mit der SNB. Konto C. Eingänge/Ankäufe. AH-BP.
114 Übersetzte Mitteilung des Reichsbank-Direktoriums, die bei der Banco de Portugal über die Deutsche Gesandtschaft in Lissabon einging. BP.Cext/12/4. Transaktionen mit der SNB. Konto C. Vorläufige Angelegenheiten, Blatt 3.
115 Telegramm der SNB an die Banco de Portugal, 18.8.44, zitiert in den Protokollen des SNB-Direktoriums vom 21.8.44. A-SNB.
116 In Wirklichkeit stellen die englischen Zentralbankiers kein ausreichendes Alibi dar. Der Gouverneur der Bank of England, Montagu Norman, war ein Busenfreund von Reichsbank-Präsident Hjalmar Schacht, und Charles Gunston, der Delegierte der Bank of England im Berlin der 1930er Jahre, war ein enthusiastischer Bewunderer Hitlers. Soares, 1999, S. 11. Marsh, 1995, S. 134 und 162.
117 Vermerk von Tomás Fernandes über die inoffizielle Besprechung vom 3.12.47. AHD-MNE, P2-A7-M626.
118 Sitzung vom 26.1.39. Buch 35, Protokolle des Generalrats. AH-BP.
119 Protokolle der Stabilisierungs-Kommission, Buch 3, Sitzung vom 9.6.39. AH-BP.
120 Gesprächsvermerk über ein Telefongespräch mit Álvaro de Sousa, Kabinett des Ministerpräsidenten, 1940, undatiert. AOS/CO/GR-3, Mappe 1.
121 Vermerk von Tovar über ein Gespräch mit dem Gesandten Italiens, Mameli, 26.6.39. Mappe 10, Unterteilung 1. Vermerk von Carneiro über

ein Gespräch mit Mameli, 26.9.39. Mappe 10, Unterteilung 3. AOS/CO/NE-7B.
122 Kriegsministerium, Note über einen Ankauf von Kriegsmaterial aus Italien, 4.9.38. AOS/CO/GR-3, Mappe 1.
123 Mit den Worten Telos, der damit einen Vergleich mit der großzügigen Kreditgewährung Nordamerikas gegenüber Großbritannien ab dem 11. März 1941 herstellt. Telo, 1999, S. 131.
124 *Dez anos...*, Band XV, 1993. Dokument 89, der portugiesische Außenminister an den Botschafter in London, 18.4.42. Idem, Dokument 88, portugiesisches Außenministerium an die Botschaft in Großbritannien, 18.4.42.
125 Nunes, 1999, fotokopiertes Exemplar, S. 13.
126 Diniz, *Seara Nova,* 12.4.47, S. 241 f.
127 Im Juli 1943 beschloß Salazar, Holstein Beck an die Stelle des ehrgeizigen Armindo Monteiro zu setzen, der sich um die Nachfolge des Diktators zu bewerben schien und für diesen Fall gute Beziehungen zum Vereinigten Königreich pflegte. Protokolle des Generalrats, Buch 37, Sitzung vom 14.9.43. AH-BP.
128 Protokolle des Generalrats, Buch 37, Sitzung vom 14.9.43. AH-BP.
129 Janeiro, 1998, S. 205.
130 Janeiro, 1998, S. 95 f.
131 Koppelmann-Bericht.
132 Protokolle der Stabilisierungs-Kommission, Sitzung vom 25.4.44, Buch 5. AH-BP.

Kapitel 4

Die Banco de Portugal und die Herkunft des Reichsbankgoldes

Die Quellen des Reichsbankgoldes

Auf den ersten Blick schien die Reichsbank nicht gerade dazu berufen, in den Goldtransaktionen die Hauptrolle zu spielen, die im Lauf der Zeit eine wesentliche Komponente in der Kriegswirtschaft darstellten. Ihr Mangel an Reserven war chronisch. Ende 1933 machten ihre Goldvorräte lediglich ein wenig mehr als ein Viertel der diesbezüglichen Reserven des vergleichsweise kleinen Belgien, ein Neuntel der britischen und ein Dreißigstel der französischen Bestände aus. Der vorübergehend erholte Stand der Reichsbankreserven in den 1930er Jahren sollte binnen kurzem von der Wiederaufrüstungskampagne aufgezehrt sein. Das von Schacht lancierte Beschaffungsprogramm geheimer Bestände änderte das Gesamtbild in keiner Weise. Im Jahre 1938 deckten die Goldreserven der Reichsbank lediglich ein Prozent des Notenumlaufs[1]. Abgesehen davon spielten die Nationalsozialisten nach außen hin die Rolle des Goldes als Zahlungsmittel demonstrativ herunter. Im Jahre 1940 sollte Walther Funk, der bereits erwähnte Nachfolger Schachts an der Spitze des RWM und der Reichsbank, mit den Behauptungen fortfahren, in der deutschen Währungspolitik betrachte man Gold keineswegs als Deckungswert der Reichsmark, sondern lediglich als internationales Handelsinstrument[2].

Die Nichtkonvertibilität der Reichsmark und die folglich untergeordnete Bedeutung des Goldes in der NS-Währungspolitik gaben der Reichsbank freie Hand, im internationalen Handel nach eigenem Gutdünken von ihren Reserven Gebrauch zu machen. Den Widerspruch zwischen Ideologie und Praxis des Dritten Reichs kommentiert der amerikanische Historiker Arthur Smith wie folgt: „Es ist geradezu eine Ironie, daß die NS-Führung die Goldwährung für ihre Autarkiebestrebungen als irrelevant abtat, während Gold gleichzeitig das wichtigste Zahlungsmittel Deutschlands im Krieg war"[3]. Gold sollte tatsächlich bei der Ausgleichung der deutschen Clearingspitzen eine wesentliche Rolle spielen – wie am Beispiel Portugals bereits zu sehen war, und wie auch an Hand sämtlicher deutscher Beziehungen zu nicht besetzten Ländern aufzuzeigen wäre. Sidney Zabludoff, ein ehemaliger Berater des Weißen Hauses und der CIA, bestätigte im wesentlichen die

Berechnungen von Arthur Smith und machte eine systematische Aufstellung der verschiedenen Quellen des Goldes, das der Reichsbank zur Verfügung stand. Diese Aufstellung hat den Vorteil, daß die Reserven der deutschen Zentralbank vor der ersten Beschlagnahme der Bestände einer ausländischen Zentralbank – der Österreichischen Nationalbank – aufgelistet werden. Danach summieren sich die Ergebnisse dieser Beutezüge, die von da an vor und während des Krieges stattgefunden haben, zu einem beachtlichen Ganzen[4] (siehe Anhang, Tabelle XII).

Laut den Berechnungen von Zabludoff gab die Reichsbank während der Dauer des ganzen Konflikts Gold im damaligen Gegenwert von 622 Millionen Dollar aus. Der größte Teil davon ging als Zahlungsmittel an andere Zentralbanken[5]. Am Ende sollte ihr noch der Gegenwert von 308 Millionen Dollar verbleiben. Mit dem Betrag, den sie ausgeben konnte, und dem, den in Geschütze umzuwandeln, sie keine Zeit oder Gelegenheit mehr hatte, kommen wir daher auf einen Gesamtbetrag von 930 Millionen Dollar in Gold, über den die Reichsbank während des Krieges verfügte. Ihre unmittelbar vor Ausbruch des Krieges deklarierten Bestände beliefen sich gemäß der Bergier-Kommission indessen auf einen Wert von 29 Millionen Dollar. Addiert man noch die geheimen Reserven dazu, kommt man auf eine Gesamtsumme an Goldvorräten von 111 Millionen Dollar[6]. Fügt man auch noch die Ankäufe und legalen Überweisungen während des Krieges hinzu, ergibt sich höchstens ein Betrag in der Größenordnung von 179 Millionen Dollar – eine weitaus niedrigere Summe als die oben als verfügbar angeführte von 930 Millionen. Die Berechnungen über den *gold gap* schwanken, erreichen jedoch immerhin die beträchtliche Höhe von etwa 750 Millionen Dollar.

Diese Differenz rührt vor allem aus der Beschlagnahme der Reserven anderer Zentralbanken. Bei ihrem Einmarsch in Österreich lösten die verantwortlichen Nationalsozialisten die Nationalbank des Landes auf und bemächtigten sich einer Goldmenge im Wert von 99 Millionen Dollar. Bei der Angliederung der Tschechoslowakei an das Deutsche Reich sahen sie sich gezwungen, nach einer etwas anderen Methode vorzugehen, da die tschechische Zentralbank, das Beispiel der Annektierung Österreichs und der Besatzung des Sudetenlands vor Augen, Vorkehrungen getroffen hatte, einen Großteil ihrer Reserven nach London zu schaffen. Die Invasoren entschieden sich in diesem Fall dafür, die Bank nicht aufzulösen, sondern die tschechischen Bankiers zu zwingen, Anweisungen für den Transfer des in London befindlichen Goldes an die Reichsbank zu unterzeichnen. In Zusammenarbeit mit der britischen Währungsautorität und der BIZ sollte ein Einfrieren tschechischer Vermögenswerte verhindert werden können, für das bereits Vorbereitungen getroffen waren. Die Nationalsozialisten schafften es auf diese Art und Weise, auf Kosten der tschechischen Bestände in London Goldbarren im Wert von 34 Millionen Dollar in ihren Besitz zu bringen. Nach dem Krieg sollten die portugiesischen Behörden darauf Bezug nehmen und die Annektierung Österreichs sowie die Invasion in der Tschechoslowakei als „international anerkannte und daher als legitim zu betrachtende" Aktion bezeichnen[7].

Die Opfer der nun folgenden Besetzungen waren noch umsichtiger gewesen. Die polnischen Zentralbankiers hatten ihre Reserven nach Frankreich geschafft, und außer den Goldmünzen und Goldbarren der Zentralbank der Freien Stadt Danzig im Wert von ungefähr vier Millionen Dollar fiel nichts in die Hände der Nationalsozialisten. Den Dänen und Norwegern war es gelungen, ihre Reserven nach Großbritannien zu verschiffen, von wo man sie später nach Amerika weiterleiten würde. Die Holländer konnten nur einen Teil ihrer Bestände retten. Der Rest wurde nicht schnell genug evakuiert, um dem Blitzkrieg-Einfall in das Gebiet eines neutralen Nachbarn entkommen zu können. Der Beutezug in der holländischen Nationalbank sollte den Besatzern Gold im Wert von 137 Millionen Dollar einbringen (siehe Anhang, Tabelle XIII). Bei ihrem Einmarsch in Belgien und Luxemburg trafen die Nationalsozialisten die Tresore leer an, und sie mußten sich in Frankreich auf die Suche nach den Reserven dieser beiden Länder begeben, wohin das Gold noch rechtzeitig gebracht worden war. Es gelang ihnen, des luxemburgischen Goldes im Wert von fünf Millionen Dollar habhaft zu werden, nicht aber des belgischen und polnischen, das bereits nach Dakar im damaligen Französisch-Westafrika verschifft worden war[8].

Das in der Tschechoslowakei angewendete Rezept, um doch noch an das Gold zu kommen, nützte in Polen nichts. Die Vertreter der polnischen Zentralbank weigerten sich, die Rückgabe des aus gutem Grund nach Frankreich evakuierten Goldes anzufordern. Die Gründung einer neuen Nationalbank, offensichtlich ein Werk der Besatzer, konnte das bereits kriegführende Frankreich nicht davon überzeugen, das Gold der Reichsbank gutzuschreiben, wie dies zuvor mit dem auf Appeasementpolitik bedachten England möglich gewesen war. Nur die spätere Besetzung Frankreichs sollte dann die deutschen Hoffnungen auf das polnische Gold wiederbeleben – jedoch ohne durchschlagenden Erfolg. Im Falle des belgischen Goldes war der auf dem Spiel stehende Betrag noch höher und ließ eine hartnäckige Beschaffungskampagne als gerechtfertigt erscheinen. Nachdem die NS-Besatzer dabei gescheitert waren, die Mithilfe der belgischen und französischen Währungsautoritäten zu erwirken, wandten sie sich unter der Leitung von Johannes Hemmen an Laval, der dank der Besatzungsmacht zum Premierminister avanciert war. Er sorgte in der Chefetage der Banque de France für die nötigen Rücktritte sowie Neubesetzungen und erteilte schließlich Order für die Rückführung des Goldes. Vichy hatte die Oberherrschaft über die Kolonien noch nicht verloren – die Anweisungen wurden befolgt. Im Dezember 1940 trafen die ersten aus Dakar retournierten Goldladungen in Marseille[9] ein. Die Transporte sollten sich ungefähr eineinhalb Jahre dahinschleppen, erst Ende Mai 1942 kam der letzte an[10]. Insgesamt sollte das belgische Gold der Reichsbank Vermögenswerte in der Höhe von 226 Millionen Dollar bescheren (siehe Anhang, Tabelle XIII).

Später sollte die NS-Besetzung von zwei ehemaligen Verbündeten Deutschlands die Goldbestände der Reichsbank noch vermehren. Im Jahre 1943 gab der Bruch Italiens mit der Achse Anlaß dazu, daß der nördliche Teil des Landes durch deutsche Truppen besetzt und die Republik von Salò gebildet wurde, wo Mussolini seine politische Karriere sozusagen als schlichter transalpiner Quisling beendete. Inzwischen war die Wehrmacht im September 1943 in Rom einmarschiert und hatte angesichts des Vormarschs der Alliierten die Reserven der italienischen Zentralbank Banca d'Italia weggeschafft. Von Anfang an war man der Auffassung, diese Reserven brächten in den Händen von Walther Funk und Emil Puhl mehr Nutzen als in denen Mussolinis. Auf diese Weise gelangte italienisches beziehungsweise von Italien aus anderen Ländern geraubtes Gold im Wert von 72 Millionen Dollar in die Hände der Reichsbank. Im Jahre 1944 brachte die Invasion in Ungarn Gold im Wert von etwa 33 Millionen Dollar ein. Insgesamt wurde den Zentralbanken somit Gold im Wert von 616 Millionen Dollar geraubt.

Auf diese Weise kommen wir dem vorhin erwähnten *gold gap* in der Größenordnung von 750 Millionen Dollar schon weitaus näher. Tatsächlich machte die Ausplünderung der Zentralbanken den Löwenanteil des plötzlich während des Krieges anwachsenden Reichtums der Reichsbank aus. Der restliche Anteil läßt sich durch „Gold privater Herkunft" erklären. Der größte Teil davon wiederum steht in Zusammenhang mit Verordnungen der Vierjahresplan-Behörde, die planmäßig von Bürgern Deutschlands und der besetzten Länder Vermögenswerte wie Aktien, Schuldverschreibungen, Versicherungspolicen und Schmuckgegenstände einziehen ließ. Auch wer nicht verhaftet war oder sich nicht auf dem Weg in die Vernichtungslager befand, hatte einen hohen Tribut an das Dritte Reich zu zahlen – selbst wenn versucht wurde, diese bittere Pille über Rückvergütungen in Reichsmark mit Wertverlust zu versüßen. Bei dem kleinsten Anteil des „Goldes privater Herkunft" handelt es sich um aus Konzentrationslagern stammendes Gold – das sogenannte „Melmer-Gold", das wegen seiner Verbindung zum Holocaust bekannt wurde und nicht wegen seiner Menge, die in Wirklichkeit verhältnismäßig bescheiden war. Benannt war es nach Hauptsturmführer Bruno Melmer, der ab August 1942 die Degussa mit 76 Goldlieferungen aus Konzentrationslagern versorgte. Das Gold wurde umgeschmolzen und in Form von Barren der Reichsbank ausgehändigt, die diese dann der SS in Reichsmark vergütete.

Eine weitere, nicht ganz einheitliche Rubrik beinhaltet auch „Opfergold", wobei dieses jedoch nicht zur Gänze im einzelnen qualifiziert wird[11]. Der Steinberg-Bericht unterstreicht in diesem Zusammenhang die Tragweite der „Aktion Reinhard". Sie nahm im Herbst 1941 in Polen ihren Anfang und sollte etwa zwei Millionen polnische Juden in die Todeslager von Belzec, Sobibór und Treblinka bringen. Im Dezember 1943 zog die NS-Führung eine weitere Bilanz: Während dieser Kampagne wurden diverse Vermögenswerte im Gegenwert von 180 Millionen Dollar erbeutet[12]. Darin inkludiertes Gold wurde später zu „Melmer-Barren" eingeschmolzen – die somit nicht ausschließlich aus Auschwitz stammten[13]. Um diesen Vorgang genauer zu erfassen, wurde im Steinberg-Bericht einem der wenigen erschöpfend dokumentierten Beispiele besondere Aufmerksamkeit gewidmet – dem Massaker in dem kleinen polnischen Ort Stanislau im Oktober 1941. Daraus läßt sich schließen, daß das den Opfern geraubte Gold der Reichsbank übergeben wurde, und zwar nicht immer unter der Bezeichnung „Melmer-Barren", sondern auch unter „verschiedene Barren", was letztlich für den wesentlichsten Teil zutraf[14].

Die Verwendungskanäle des Reichsbankgoldes

Ein einfacher arithmetischer Schluß zeigt, daß es sich bei dem Gold, das für die deutsche Kriegswirtschaft so entscheidend war, zum Großteil um Raubgold handelte. Man kann dies jedoch keinesfalls als Universalschlüssel für sämtliche unbekannten Größen betrachten, denen wir uns gegenübersehen. Damit läßt sich nicht feststellen, welcher Prozentsatz des von der Reichsbank in Umlauf gesetzten Goldes aus Raubgold bestand – auch wenn sich mit einiger Sicherheit eine Mindestgrenze festsetzen läßt. Im Bähr-Bericht über die Aktivitäten der Dresdner Bank wird veranschlagt, daß von dem Gold, das der Reichsbank während des Krieges zur Verfügung stand, 70% aus geplünderten Zentralbanken stammte[15], und der Anteil an Raubgold wird auf 80% angesetzt, wenn auch die übrigen Posten mit einbezogen werden (Konfiskationen, Plünderungen im Rahmen der „Aktion Reinhard" beziehungsweise in den Vernichtungslagern)[16]. Dieser Prozentsatz sagt nun aber wenig darüber aus, wie hoch der Raubanteil an jenem

Gold war, das von der Reichsbank an die einzelnen Länder verkauft wurde. Dazu gibt es widersprüchliche Hinweise. Nach dem Krieg kamen die Alliierten zu der Überzeugung, das Gold der deutschen Vorkriegsbestände wäre rasch ausgegeben worden und im Sommer 1942 bereits verbraucht gewesen[17]. Dieser Einschätzung schloß sich der Bähr-Bericht erst vor kurzem, allerdings mit der Einschränkung an, daß dies „wahrscheinlich" der Fall gewesen sei[18]. Das würde bedeuten, daß es sich ab dem vorhin genannten Zeitpunkt bei dem gesamten von der Reichsbank verkauften Gold um Raubgold gehandelt hat. Später wird noch zu sehen sein, daß diese Hypothese mit den Untersuchungsergebnissen der Alliierten über die Liste der Goldbarren übereinstimmt, die eben ab dem Sommer 1942 von der Banco de Portugal bei der Reichsbank angekauft wurden. Beweise dafür gibt es allerdings keine.

Andererseits bedeutet eine mögliche Priorität von „legalen" Goldausgaben nicht unbedingt, daß die Barren in der Reihenfolge hinausgingen, in der sie hereingekommen waren. Sie wurden eben nicht der Reihe nach veräußert, sondern nach bestimmten Kriterien, wobei politische Zweckmäßigkeit und technische Durchführbarkeit vorrangig waren. Der Anteil des tschechischen Goldes, der nicht nach London evakuiert werden konnte, ging zum Beispiel als erster ein, blieb jedoch zu einem beträchtlichen Teil bis zum Ende des Krieges unberührt. Nachdem die Nationalsozialisten aus diesem Kontingent den Gegenwert von 15 Millionen Dollar ausgegeben hatten, lagerten sie noch 29 Millionen in der Merkers-Mine ein[19]. Das holländische Gold hingegen begann man bereits auszugeben, als die ersten Kontingente eintrafen. Laut dem Historiker Thomas Maissen sollen in den Jahren 1941 und 1942 mehr als 7.300 Barren holländischen Goldes in die Schweiz gelangt sein, und circa 2.300 in den beiden darauffolgenden Jahren[20]. Möglicherweise ist ein Grund für die unterschiedlichen Kriterien des Goldabflusses einerseits in den Umständen zu suchen, unter denen es geraubt wurde, und andererseits in den Umständen, unter denen es veräußert wurde. Für die Alliierten wäre es offensichtlich schwieriger gewesen, einen Boykott gegen den Einsatz von tschechischem Gold zu rechtfertigen, als im Hinblick auf holländisches Gold zu derartigen Maßnahmen zu greifen. Die Invasion in der Tschechoslowakei wurde von den Westmächten halb gebilligt, und die Aneignung des tschechischen Goldes beziehungsweise seines Gegenwertes in Barren anderer Herkunft wurde von der Bank of England gestützt. Solange die Deutschen Gold loswerden konnten, das noch umstrittener war, gab es für sie keinen Grund zur Eile, Zahlungen mit tschechischem Gold abzuwickeln. Das holländische Gold war ein solch höchst umstrittener Fall, aber am Höhepunkt der NS-Herrschaft im Jahre 1941 gab es genügend Möglichkeiten, dieses Lieferanten des Reichs als Zahlungsmittel aufzunötigen. Die Dringlichkeit, als erstes das holländische Gold in Umlauf zu bringen, kann eine Erklärung dafür sein, daß man bei einem erheblichen Teil davon nicht einmal die Vorsichtsmaßnahme traf, es umzuschmelzen und mit neuen Prägestempeln zu versehen.

Je mehr militärische Niederlagen Deutschland einstecken mußte, desto unumgänglicher wurden indessen einige dieser Vorsichtsmaßnahmen, die anfangs nicht notwendig zu sein schienen. Anfangs hatten es die Nationalsozialisten als unnötig angesehen, Münzen umzuschmelzen. Nun aber sollten holländische Münzen mit Gold privater Herkunft zusammengeschmolzen werden. Belgische Barren, die inzwischen aus Dakar eingetroffen waren, wurden nach Berlin verfrachtet und von der Vierjahresplan-Behörde beschlagnahmt. Im Dezember 1942 war der Transport abgeschlossen, und von da an belagerte die Reichsbank die belgische Zentralbank, um sie von der Annahme einer Rückerstattung in Reichsmark zu überzeugen, die formal die Plünderung legitimieren sollte. Ein langwieriges Hin und Her von deutschem Drängen und belgischen Weigerungen sollte sich bis August 1943 hinziehen. Ab diesem Zeitpunkt wandten sich die zuständigen Stellen der Reichsbank an die Banque de France und versuchten sie dazu zu bringen, die von den Belgiern zurückgewiesene Rückerstattung anzunehmen. Die Wende des Krieges war jedoch nicht ohne Wirkung. Die Vertreter der französischen Zentralbank waren nun darauf bedacht, ihre künftige Verantwortung zu wahren, und verweigerten ebenfalls die Rückerstattung – eine eher verspätete Geste der Solidarität, die von den belgischen Bankiers dennoch in einem Dankschreiben von Ende Oktober 1943 gewürdigt wurde[21].

Parallel zu den fruchtlosen Bemühungen bei der belgischen und französischen Notenbank ergriffen die NS-Behörden zusätzliche Verschleierungsmaßnahmen. Die belgischen Barren wurden der Preußischen Staatsmünze übergeben und dort in den ersten Monaten des Jahres 1943 in Reichsbank-Barren mit falschen Vorkriegsdatierungen umgeschmolzen[22]. Arthur Smith stützt die durchaus plausible Darstellung, dieser Vorgang resultiere aus der Standhaftigkeit, die von der belgischen Zentralbank an den Tag gelegt wurde. Nimmt man sich die Daten genauer vor, muß man jedoch eine etwas komplexere Erklärung zulassen. Das erste Schreiben der Reichsbank an die belgische Zentralbank ist mit Ende Dezember 1942 datiert. Alles weist darauf hin, daß mit der Umschmelzung nur wenige Tage später begonnen wurde. Ein Brief der Belgier, der sich mit diesem ersten Schreiben kreuzte, ersuchte noch um die Goldrückgabe, machte jedoch gewiß keineswegs die Erwartungen der Deutschen hinsichtlich einer etwaigen positiven Reaktion auf den mit der Rückerstattung ausgelegten Köder zunichte. Die Wende des Krieges wirkte sich indessen nicht nur auf das Verhalten der belgischen und französischen Bankiers aus. Am anderen Ende der Kette hatten die Länder, von denen die Annahme derartigen Goldes erwartet wurde, nun vermehrt Grund zur Sorge. Die Reichsbank konnte nicht erwarten, daß die belgischen Barren ebenso anstandslos akzeptiert würden wie zuvor die holländischen beziehungsweise, daß die Empfänger sich mit einer Berufung auf das „Beuterecht" zufriedengeben würden. Schon bevor die Deutschen die letzte Hoffnung auf eine formale belgische und französische Legitimierung aufgaben, gingen sie daran, die Barren umzuschmelzen[23].

Neben dem Gold aus Zentralbanken wurde in deutschen Pfandleihanstalten auch Gold verkauft, das die SS Privatpersonen abgenommen hatte[24]. Letzteres wurde auch zu Barren umgeschmolzen, um es bei internationalen Transaktionen einsetzbar zu machen. Die entsprechenden Umschmelzungen wurden vom deutschen Unternehmen Degussa vorgenommen, das jedoch nicht über unbeschränkte Kapazitäten verfügte. Gold privater Provenienz nahm ohnehin für gewöhnlich einen anderen Weg als das der Zentralbanken. Dem ersten Eizenstat-Bericht gelang es nach beharrlichen Nachforschungen lediglich zu beweisen, daß 37 kg Gold aus Konzentrationslagern die Kanäle schweizerischer Banken passierten. Es kann gut weitere Posten gegeben haben, die noch entdeckt werden müssen, aber der Steinberg- sowie der Bähr-Bericht machen verständlich, weshalb nur so wenig Opfergold in der für gewöhnlich nicht zu umgehenden Schweiz Zwischenstation gemacht hat.

Der größte Teil dieses Goldes wurde von den zwei wichtigsten deutschen Privatbanken, der Deutschen Bank sowie der Dresdner Bank, bei der Reichsbank angekauft. Sie waren es, die es dann später auf dem internationalen Markt in Umlauf brachten. Beide nahmen nur einen bescheidenen Anteil des Goldes an, das insgesamt während des Krieges von der Reichsbank verkauft wurde, nämlich 2%. Dennoch nahmen die beiden zusammen zwei Drittel der von der deutschen Zentralbank verkauften Melmer-Barren entgegen. Diese signifikante Diskrepanz wird im Bähr-Bericht mit dem zweckmäßigen Vorgehen der Reichsbank erklärt, sozusagen für den Engroshandel mit der SNB einheitlicheres, Zentralbanken geraubtes Gold bereitzuhalten. Bei jenem, das aus dem Zusammenschmelzen von Münzen und persönlichen Gegenständen stammte, wie dies beim Melmer-Gold eben der Fall war, war es problemloser, es in Form von 1-kg- beziehungsweise 0,5-kg-Barren und ab einem gewissen Zeitpunkt in Form von Münzen auf den freien Markt zu bringen[25]. Von den freien Märkten war der türkische am attraktivsten. Dort war neben dem Franken und Escudo die einzige konvertible Währung des europäisch-asiatischen Raumes im Umlauf, und dort bewirkte die Inflation, daß die Ersparnisse vorzugsweise in Gold angelegt wurden und damit sein Preis in exorbitante Höhen schnellte. Auf diese Weise sollte im Sommer 1943 der 1-kg-Barren, der von der Reichsbank zu einem Preis von 6.300 Schweizerfranken angekauft wurde, in Istanbul beinahe um das Doppelte verkauft werden – in Türkischen Pfunden im Gegenwert von 12.000 Schweizerfranken. Für gewöhnlich wurden sogar zwischen 13.000 und 19.000 Schweizerfranken dafür bezahlt[26].

Entgegen der landläufigen Überzeugung war das Gold am Bosporus nicht des berühmten türkischen Chromerzes wegen gefragt – das in Wirklichkeit mit Waffenlieferungen kompensiert wurde –, sondern um dieser fabelhaften Arbitragegeschäfte willen. Mehrere deutsche Versuche, das Chromerz in Gold zu begleichen, sollten nach wiederholten Weigerungen der türkischen Regierung im Sand verlaufen[27], was jedoch keineswegs private Geschäfte der türkischen Zentralbankleitung mit dem von der Dresdner Bankfiliale angebotenen Gold verhinderte. All dies hatte im August 1944 ein abruptes Ende, als die türkische Regierung beschloß, die diplomatischen Beziehungen mit Deutschland abzubrechen[28], und sich darauf vorbereitete, ihm den Krieg zu erklären.

Die Haltung der Zentralbanken zur Frage der Herkunft des Goldes

In den ersten Kriegsmonaten gab es unter den europäischen Zentralbankiers Meldungen darüber, wie ungeniert die Reichsbank mit geraubten Vermögenswerten umging. Ihr Gewissen wurde dadurch jedoch keineswegs belastet. Für gewöhnlich sah man dies als einleuchtende Reaktion auf die Ausnahmesituation an, welche die deutsche Kriegswirtschaft dazu zwang, sich mit dem nötigen Gold und den erforderlichen Devisen zu versorgen. Am 28. November 1939 sagte der Gouverneur der schwedischen Riksbank, Ivar Rooth, bereits in einem persönlichen Brief voraus, Deutschland würde Ländern wie Holland, deren Invasion unmittelbar bevorstand, Gold rauben und dieses in Umlauf bringen[29]. Gegenpol dazu war SNB-Generaldirektor Fritz Schnorf, der nicht daran glaubte und es noch im Juni 1940 als unwahrscheinlich ansah, daß die Deutschen mit ihrem hinlänglich bekannten Mangel an Reserven irgendwelche Goldzahlungen durchführen würden. Von dieser Einschätzung sollten auch die zuständigen Stellen in der Schweiz in den darauffolgenden Monaten nicht abrücken. Im August sah es Daguet, Mitglied des Bankausschusses, ebenfalls als gegeben an, daß Deutschland „eben über nahezu kein Gold verfügt".

Im Oktober 1940 sollte Schnorf jedoch auf dieses Thema zurückkommen und sich über die Diskrepanz zwischen den im Reichsbankbericht angeführten 70 bis 80 Millionen Reichsmark in Gold einerseits und den weitaus höheren Zahlungen der Bank andererseits wundern. Bereits im Februar 1942 schloß Schnorf daher aus den deutschen Verkäufen, daß letzten Endes in den Tresoren der Reichsbank „nicht unbedeutende Goldbestände"[30] liegen müßten. Spätestens ab Anfang 1941 wußten die schweizerischen sowie die schwedischen Zentralbankiers[31], daß diese unerwartete Fülle aus Plünderungen von Währungsgold der besetzten Länder stammte[32]. Für die Protokolle fuhren sie indessen damit fort, sich äußerst zurückhaltend auszudrücken. Im Mai 1943 sollte Alfred Hirs von der SNB-Führungstroika feststellen, daß die Reichsbank offenbar eine Form gefunden hatte, ihre Reserven konstant „anzureichern". Bankausschuß-Präsident Bachmann deutete im August 1943 eine einleuchtende Erklärung für dieses Phänomen an, zu dem sich die anderen weiterhin nicht äußern wollten: „Später und in der Kriegszeit ist sie [die Reichsbank] dann durch Maßnahmen des Reiches gegenüber ausländischen Notenbanken zu Gold gelangt"[33].

Derlei Euphemismen sollten erst nach Kriegsende aus dem offiziellen Sprachgebrauch vollkommen verschwinden. Roger Vaidie, der französische Delegierte der aus Engländern, Franzosen und Amerikanern bestehenden TGC (Tripartite Gold Commission), sollte dann über die Diskrepanz zwischen den bescheidenen deutschen Vorkriegsreserven und den umfangreichen Zahlungen während des Konflikts Schlüsse ziehen, die von den Partnern der Reichsbank im neutralen Teil Europas fast immer geflissentlich übergangen wurden: „ Es gibt niemanden, der 1942 – nach drei Kriegsjahren, in denen die Armeen des Großreichs die besetzten Länder plünderten – nicht wußte, daß sich die Deutschen aus Mangel an Zahlungsmitteln für ihre Käufe in den neutralen Ländern sämtlicher Devisen und des gesamten Goldes bemächtigt hatten, das aufzufinden war"[34].

In den Führungskreisen der neutralen Zentralbanken waren auch schon ab einem frühen Zeitpunkt verschiedene Vorgänge bekannt, die Aufschluß darüber gaben, wie die deutschen Behörden mit dem Vermögen von Privatpersonen umgingen. Selbst in den 1930er Jahren wußte man bereits allgemein von den Enteignungen europäischer Juden. Bis 1938 hatte diese Vorgangsweise noch keine juristische Basis, aber aufgrund ihrer systematischen Anwendung war bereits zu erkennen, daß der Staat sowohl dem offenen als auch dem verdeckten Terror Schutz bot, den Interessenten für jüdische Objekte ausübten, um bessere Kaufbedingungen herauszuschinden. Die internationale Presse berichtete immer wieder über diese methodischen und gewaltsamen Eigentumsübertragungen. Ebenso beeindruckt von diesen tagtäglichen skandalösen Vorfällen zeigten sich Diplomaten verschiedener in Deutschland vertretener Länder und bestätigten in vertraulichen Berichten, was in der Presse ständig zu lesen war. Es ist ebenso bekannt, daß der deutsche Staat sich bereits in dieser Phase eines beträchtlichen Vermögens von emigrationswilligen Juden bemächtigte[35].

Die „Arisierung", einer der Vorboten jener Dynamik, die schließlich nach Auschwitz führen sollte, wurde von europäischen Unternehmerkreisen mit besonderer Aufmerksamkeit verfolgt. Die jüdischen Organisationen, die NS-Deutschland boykottierten, versuchten Druck auszuüben, damit der antisemitischen Kampagne Einhalt geboten werde, doch nur mit geringem Erfolg. Dennoch hatte die Sache etwas Gutes an sich, zum Beispiel im Fall von Kunden, die sich aus moralischen Bedenken oder Gründen der Zweckmäßigkeit weigerten, dem Nachfolger die Lieferungen des ehemaligen Besitzers zu bezahlen. Wer ein Unternehmen nach einem Gelegenheitskauf „arisierte", wurde unter Umständen von einstigen Geschäftspartnern des Opfers abgelehnt. Folgegeschäfte mit dem neuen Eigentümer zu verweigern, stellte den boykottierenden Geschäftspartner allerdings vor ein beträchtliches Dilemma. Es ging hier nicht darum, eine verdächtige Zahlung abzulehnen, sondern vielmehr eine Zahlung, die von einem „arisierten" Betrieb kam. Als sich immer deutlicher abzeichnete, daß sich der Nationalsozialismus mit seinen „Arisierungen" auf deutschem Boden durchsetzen würde, verhallten zusehends die internationalen Appelle, die Nutznießer zu boykottieren. Schon bald sollten keine Zweifel mehr darüber bestehen, welche Haltung in den Kreisen der Wirtschaftsmacht vorherrschte. Schwedische Kapitalisten ergriffen zum Beispiel konkrete Initiative und bemächtigten sich der Filialen von in Schweden ansässigen deutschen Firmen, deren Mutterhäuser „arisiert" worden waren[36]. Im weiteren Verlauf sollten französische Kapitalisten im allgemeinen die von den deutschen Besatzern eingeführte Politik der „Arisierung" unterstützen und sich in der Auseinandersetzung darum um ihren Anteil an der Beute schlagen[37].

Bisher handelte es sich um Vermögen und Wirtschaftsobjekte unterschiedlichster Art. Was nun das Problem des Privatgoldes und der Haltung hinsichtlich seiner Enteignung angeht, so waren die Banken und somit auch die Zentralbanken ganz konkret damit konfrontiert. Parallel zur allgemein gebräuchlichen „Arisierung" wurden mittels der vorhin erwähnten Verordnungen der Vierjahresplan-Behörde immer systematischere Maßnahmen ausgearbeitet, Privatpersonen Gold abzunehmen. Die konkrete Anwendung dieser allgemeinen Verordnungen und eine spezifische antisemitische Gesetzgebung ab 1938 trugen dazu bei, daß vor allem Juden von dieser räuberischen Politik betroffen waren. Alle diesbezüglich getroffenen Maßnahmen waren ebenfalls allgemein bekannt und galten ebenso als Richtschnur für die Verordnungen der NS-Behörden in den besetzten Ländern. In den

Zentralbanken lösten sie jedoch keine größere Besorgnis aus, obwohl man dort sehr wohl darüber diskutierte, ob die von der Reichsbank angekauften Barren wohl auch jüdisches Gold enthielten. Die Zentralbankiers wußten, daß die Alliierten sich nicht besonders solidarisch mit den deutschen Juden fühlten – wie aus der Politik der Briten zu ersehen war, die aus Deutschland geflüchtete Juden unter dem Vorwand enteigneten, sie wären Bürger einer feindlichen Macht. Von dieser Seite war somit nichts zu befürchten[38].

Was unter Umständen größere Auswirkungen in der Öffentlichkeit und schwerwiegendere praktische Konsequenzen mit sich brachte, war die Konfiszierung des Goldes von Einzelpersonen nach Kriegsausbruch und außerhalb Deutschlands, ganz besonders von jenem Gold, das man aus den Konzentrationslagern zu kommen wähnte – dem „Opfergold", das später als „Melmer-Gold" bezeichnet wurde[39]. Im Oktober 1940 setzte man sich in der SNB mit den NS-Verordnungen auseinander, durch welche die Bürger der besetzten Länder Holland und Belgien gezwungen wurden, ihre Goldgegenstände auszuhändigen[40]. Von den verschiedenen „Lator"-Münzen, die in den Tresoren der SNB landeten, ließ sich bestimmt nicht feststellen, wo sie im einzelnen geraubt worden waren. Es ist jedoch bekannt, daß die Reichsbank vor dem Krieg bei weitem nicht über eine derart große Menge dieser Münzen verfügte, wie sie dann von ihr vorgelegt wurden. Es gilt als wahrscheinlich, daß sie von holländischen und belgischen Bürgern stammten, die unter dem Deckmantel der Besatzungsverordnungen dazu gezwungen wurden, sie herauszugeben[41].

In den neutralen Ländern Europas wurden die sich mehrenden Anzeichen eines Genozids sehr wohl wahrgenommen. Opfergold wurde umgeschmolzen und Barren beigemengt, die dann von der Reichsbank umgesetzt wurden. Dabei ging man sehr diskret, jedoch mit zweifelhaftem Erfolg vor. Die schwedische Kommission stellte die Hypothese auf, dem Riksbank-Direktorium seien diese Vorgänge bekannt gewesen[42]. Zumindest wußte man in Schweden ab 1942, daß die Pläne zur Judenvernichtung in die Praxis umgesetzt wurden, ohne daß dies irgendwelche Auswirkungen auf die Außen- beziehungsweise Handelspolitik des Landes gehabt hätte. Erst im Februar 1943 sollten schließlich die Rahmenbedingungen für die Handelsbeziehungen mit Deutschland neu überdacht werden. Daß dieser Denkprozeß in Gang kam, hatte jedoch nichts mit dem Wissen um den Holocaust zu tun. Im Sommer 1944 erlangten die schwedischen Behörden bereits Gewißheit, daß NS-Deutschland in seinen internationalen Transaktionen Goldmünzen anbot, die Privatpersonen abgenommen worden waren[43]. Die Schweden sollten sich jedoch darauf beschränken, Puhl anläßlich eines Besuchs in Stockholm darauf aufmerksam zu machen, daß die an die Riksbank bezahlten Goldmünzen keine Münzen beinhalten dürften, die Juden geraubt worden waren[44]. Auch im SNB-Direktorium war zumindest seit Dezember 1943 bekannt, daß die Personen, deren Vermögenswerte beschlagnahmt wurden, zum Teil identisch waren mit jenen, die deportiert wurden und von weiteren „besonderen Sanktionen" betroffen waren[45].

Das Fehlen von schriftlichem Dokumentationsmaterial erschwert in vielen Fällen die Forschungsarbeit darüber, bis zu welchem Grad die zuständigen Stellen der Privatbanken Bescheid wußten. Im Fall der Deutschen Bank wurden in der 1995 herausgegebenen und von namhaften Historikern unterzeichneten Festschrift zum 125jährigen Bestehen des Bankinstituts mit keiner Silbe die seinerzeitigen Goldgeschäfte erwähnt. Kurz danach änderte sich die Lage jedoch erheblich, und im ebenfalls von der Deutschen Bank in Auftrag gegebenen Steinberg-Bericht wurde sehr wohl hinterfragt, was die führende Persönlichkeit der Bank, Hermann Joseph Abs, wohl dazu gebracht haben mag, nach dem Krieg noch jahrzehntelang mehr als 300 kg Gold im Schweizer Depot liegenzulassen und die dadurch entstehenden Nachteile in Kauf zu nehmen. Die einzige Erklärung, die von der Steinberg-Kommission für dieses Verhalten eines erfahrenen Bankiers wie Abs gefunden wurde, war, daß er wahrscheinlich um die Verbindung zwischen diesem Depot und dem Melmer-Gold wußte[46]. Im Bähr-Bericht wiederum wird angenommen, daß die Dresdner Bank über keine gesicherten Kenntnisse bezüglich der Barren verfügte, die ihr von der Reichsbank verkauft und dann in Istanbul umgesetzt wurden. Was die dreieinhalb Tonnen holländisches, belgisches und französisches, ebenso auf den türkischen Markt gebrachtes Münzgold angeht, wird ihr diese Unkenntnis allerdings nicht zugestanden. Und im Bericht wird folgender Schluß gezogen: „...Obwohl in den Akten der Dresdner Bank aus der Zeit vor 1945 bislang keine Äußerung zur Raubgoldpolitik gefunden wurde, kann deshalb kein Zweifel daran bestehen, daß die Bank wissentlich Beutegold aus besetzten Ländern verkauft hat"[47].

Die Banco de Portugal und die Frage der Herkunft des Goldes

Münzgold wurde an die Banco de Portugal während des Krieges weder von der BIZ noch von der SNB oder der Reichsbank verkauft. Bei dem an sie verkauften Gold handelte es sich stets um Barren zu je 12 bis 12,5 kg. Zum Teil wurden diese Barren in ihrer Originalform veräußert, zum Teil waren sie umgeschmolzen, und teilweise enthielten sie auch umgeschmolzene Münzen. Es ist eher unwahrscheinlich, daß bei den Transaktionen zwischen der Reichsbank und der Banco de Portugal Gold aus in Belgien geraubten „Lator"-Münzen enthalten war, zumal für diese Transaktionen lediglich Barrengold eingesetzt wurde und nichts darauf hinweist, daß die „Lator"-Münzen in diese Form umgeschmolzen wurden.

Erwiesenermaßen gelangten nach Portugal:

- Barren, die der holländischen Zentralbank geraubt worden waren und noch mit den Prägestempeln versehen waren, die sie zu diesem Zeitpunkt aufwiesen
- Münzen, die in Holland geraubt und dann zu Barren umgeschmolzen worden waren
- Barren, die der belgischen Zentralbank geraubt, anschließend umgeschmolzen und mit neuen Prägestempeln versehen worden waren

Trotz ihrer Rolle bei der Mobilisierung der neutralen Länder – und somit auch Portugals – für eine Beitragsleistung zur deutschen Kriegsanstrengung lieferte die BIZ aller Wahrscheinlichkeit nach kein Raubgold, und wenn, dann nur in geringfügigen Mengen[48]. So gut wie das gesamte Raubgold, das während des Krieges bei der Banco de Portugal einlangte, stammte aus Zahlungen der SNB und der Reichsbank. Eine der aufschlußreichsten Begebenheiten in dieser Beziehung ereignete sich im Juni 1942. Paul Rossy teilte damals seinen Kollegen des SNB-Direktoriums mit, daß die von der Reichsbank gelieferten und an die Banco de Portugal weitergegebenen Barren mit amerikanischen und teils tschechischen sowie französischen Prägestempeln versehen waren. Dies deckte sich vollkommen mit der Herkunft der Barren, von denen bekannt war, daß sie zum Zeitpunkt ihrer Beschlagnahme in den Tresoren der holländischen Zentralbank lagen. Auch wenn die Banco de Portugal nicht reklamierte, bestand doch das Risiko, daß jene Barren später von den Zentralbanken angefochten würden, die sich als geschädigt betrachteten[49]. Bis dahin hatte die Banco de Portugal von der SNB 1.120 Barren über das Depot A und 4.211 über das Depot B angekauft[50]. Das Depot C war noch nicht in Funktion getreten, so daß das gesamte in Frage stehende Reichsbankgold bis dahin von der SNB an die Banco de Portugal verkauft wurde. Der zeitliche Ablauf der Geschäfte erlaubt es anzunehmen, daß sich darunter auch holländische Barren befanden, aber keine später umgeschmolzenen belgischen Barren und auch keine holländischen Gulden[51].

Monate später, im Dezember 1942, ersuchte die Reichsbank die SNB, Barren umzuschmelzen und mit schweizerischen Prägestempeln zu versehen, die sie ihr selbst zuvor verkauft hatte. Die SNB antwortete, daß „ihre

Münzstätte für längere Zeit total ausgelastet sei, und daß im übrigen die portugiesische Notenbank, an die sie deutsche Barren hauptsächlich weitersende, **in letzter Zeit keinerlei Anstände mehr gemacht habe** [Hervorhebung durch den Autor]"[52]. Daraus ist abzuleiten, daß die Banco de Portugal zwischen Juni und Dezember 1942 bezüglich der geraubten Barren „Anstände gemacht" und ihr Mißfallen kundgetan hatte, diese zu akzeptieren, auch wenn der Verkäufer die SNB war und die Barren unter Umständen in die Hände der Portugiesen gelangten, die juristisch gesehen als „Subsidiarhaftung" angesehen werden konnten. Außerdem läßt sich davon ableiten, daß die diesbezüglichen Bedenken aus irgendeinem Grund inzwischen in den Hintergrund getreten waren.

Nun, sowohl seitens der SNB als auch seitens der Banco de Portugal gab es Gründe dafür, daß dieses Problem in der Zwischenzeit an Relevanz verloren hatte. Wie vorhin bereits ausgeführt, wünschte die SNB Franken nur mehr begrenzt in Geschäften einzusetzen, die nichts mit der Schweiz zu tun hatten. Die Goldtransaktionen mit der Reichsbank wurden daher mit der Zeit eingeschränkt und einer strengeren Selektion unterzogen. Portugal war von dieser Haltungsänderung am meisten betroffen. Ab August 1942 kaufte die portugiesische Zentralbank Gold direkt von der Reichsbank an. Und diese direkten Käufe vermochten die Bank in eine viel kritischere Lage zu bringen als der verdächtigste Goldbarren, den die SNB ihr je verkaufen konnte. So war die Banco de Portugal im Dezember 1942 offenbar schon zu allem bereit und machte keinerlei „Anstände" mehr bezüglich der Barren, die sie in immer kleineren Mengen von der SNB ankaufte.

Für die Barren, die nun von der Reichsbank über das Depot C eingingen, waren hingegen erhöhte Vorsichtsmaßnahmen zu treffen. Sie mußten umgeschmolzen und mit neuen Prägestempeln versehen werden. Nach dem Krieg sollte sich herausstellen, daß diese Maßnahmen nicht ausreichend gewesen waren und die damit beauftragten Münzstätten diskreter vorgehen hätten müssen. Denn gegen jedes elementare Gebot der Vorsicht bei konspirativen Geschäften und gegen die selbstredende Erwartung jedes Käufers bewahrte die Preußische Münze eine Liste auf, in der fein säuberlich aufgezeichnet war, welcher geraubte Barren welchem umgeschmolzenen Barren entsprach[53]. Die Liste wurde den Franzosen ausgehändigt, nachdem sie in die Hände der Roten Armee gefallen war. Die in der Reichsbank aufbewahrte ergänzende Dokumentation fiel schließlich in die Hände der amerikanischen Truppen[54]. Beide Aufstellungen sollten für die portugiesische Delegation, die sich nach dem Krieg den Rückerstattungsforderungen zu stellen hatte, eine unangenehme Überraschung darstellen. Darauf wird später noch eingegangen. Vorerst geht es darum, die Argumente zu analysieren, die sich die portugiesische Delegation aus dem Ärmel schütteln mußte, und zu hören, was sie über diese Geschehnisse während des Krieges zu sagen hatte.

Indirekt gestand die Delegation schließlich ein, die Herkunft des Goldes zu kennen, indem sie das „Beuterecht" der Nationalsozialisten hinsichtlich der belgischen Reserven bejahte[55] und argumentierte, daß das geplünderte Gold nach der Umschmelzung im Grunde nicht mehr das Gold wäre, das geraubt worden war: „Nach dem Umschmelzen und einer neuen Stempelung ist es schon nicht mehr dasselbe". Und da der größte Teil des von der Reichsbank angekauften Goldes umgeschmolzen und mit neuen Stempeln versehen wurde, sollten die portugiesischen Diplomaten es nicht als ungebührlich ansehen, bei dem noch verbleibenden Rest einen Rückzieher zu machen. Die portugiesische Regierung räumte ein, daß „es sich bei dem im angegebenen Zeitraum von der Reichsbank angekauften, ohne Punze beziehungsweise Stempel der Münzstätte oder einer offiziellen deutschen Institution versehenen Gold um Raubgold handeln müsse". Und sie räumte sogar die Pflicht ein, „jenes Gold rückzuerstatten, das die Banco de Portugal in derselben Form empfangen hat, in der es geraubt worden war"[56].

Dieses Kriterium erfüllten erwiesenermaßen lediglich 320 der Barren, die in Portugal eingegangen und mit denselben Prägestempeln versehen waren, die sie zum Zeitpunkt der Ausplünderung der holländischen Zentralbank trugen. Für den weitaus größeren Teil des irgendwo geraubten und von der Banco de Portugal über das Depot C angekauften Goldes erhoffte man sich hingegen, daß es zu keinerlei Kontroversen Anlaß geben würde. Dieser größere Teil wurde zur Gänze umgeschmolzen und wies Prägestempel auf, die vermeintlich „etwas anderes" daraus machten. Etwa 1.180 Barren stammten von Gulden, die ebenfalls der holländischen Zentralbank geraubt und später umgeschmolzen wurden. 1.636 umgeschmolzene und neu gestempelte Barren stammten aus der Beute, die man in der belgischen Zentralbank gemacht hatte.

Das in der Preußischen Münze aufgefundene und bereits erwähnte Dokumentationsmaterial erlaubte es den Alliierten, die sehr komplexen Wege der Gulden zu rekonstruieren. Es gibt Aufschluß über „den Versand der Gulden in Säcken von Holland aus, über die Frachtbriefe für den Bahntransport nach Berlin, die Empfangsbestätigungen der Reichsbank und Kopien der Registrierungen der Preußischen Münze mit dem Beweis, daß diese Gulden zu Barren umgeschmolzen wurden, die die Banco de Portugal später ankaufte"[57]. Alles in allem bestätigten die alliierten Unterhändler, „aus der Arbeit der Delegationen gehe hervor, daß die Menge Feingold, die Portugal von Deutschland entgegennahm, mit 43.829 kg anzusetzen sei, und daß dieses Gold Barren für Barren und Nummer für Nummer die Behauptungen der Alliierten bestätige und aus Plünderungen stammte"[58]. Die Mehrzahl dieser Barren war belgischer, ein kleinerer Teil davon holländischer Herkunft[59].

In der hier vorliegenden Untersuchungsarbeit konnte nicht festgestellt werden, ob sich unter diesem erbeuteten und von der Banco de Portugal angekauften Gold auch welches von enteigneten Privatpersonen befand. Hier kann nur nach dem Ausschlußverfahren vorgegangen werden: Man kann davon ausgehen, daß in den Barren, die in der holländischen Nationalbank geplündert worden waren, kein sogenanntes „Judengold" enthalten war, da diese Barren ohne jedwede Veränderung in die Hände der Banco de Portugal gelangten. Dieselbe Annahme gilt auch für die der belgischen Nationalbank geraubten Barren, da sie im Frühling 1943 innerhalb relativ kurzer Zeit umgeschmolzen wurden und ihr Goldgehalt sich innerhalb der Grenzen bewegte, die international als *good delivery* bezeichnet werden, das heißt, daß ihnen wohl kein anderes Gold beigemengt worden ist, das diesen Goldgehalt vermindert hätte. Die einzige Möglichkeit, daß dem der Banco de Portugal ausgehändigten Gold auch solches von beraubten Privatpersonen beigemengt worden ist, gilt für die 1.180 Barren, die aus holländischen Gulden hergestellt wurden. Laut Bericht der schwedischen Kommission „fand die Umschmelzung von holländischen Goldmünzen in der Preußischen Münze größtenteils in den Jahren 1942 und 1943 statt, und Berichte von 1946 weisen darauf hin, daß in einigen Fällen Melmer-Gold vorwiegend in Form von Goldmünzen beigemengt und zusammen mit holländischen Gulden umgeschmolzen wurde"[60]. Man registriere hingegen, daß der Steinberg-Bericht die Möglichkeit ausschließt, daß Opfergold mit holländischen Gulden zu Barren zusammengeschmolzen wurde[61].

Die Problematik in Verbindung mit der portugiesischen Haltung zur Herkunft des Goldes entspricht im allgemeinen der von Zentralbanken anderer Länder. Man kann nicht sagen, daß schon von Beginn des Krieges an der Aufmerksamkeit der portugiesischen Behörden entgangen wäre, welch eigentümlichen Stil die Nationalsozialisten in die deutsche Innenpolitik sowie in die internationale Politik einführten. Am 20. August 1940 sandte Armindo Monteiro aus London ein Schreiben an Salazar, das zeigte, wie gut er über das Ausmaß und die Mechanismen der NS-Beutezüge in den besetzten Ländern Bescheid wußte. Er sprach von einer betrügerischen Manipulation der Devisenkurse, der Emission von Banknoten, zu der die Zentralbanken der besetzten Länder gezwungen wurden, und von der Einlösung von Wechseln und Schuldverschreibungen, die Lieferanten Deutschlands auf die entsprechenden Staaten ausstellten. Auf die Beschlagnahme des Zentralbankengoldes und auf die Enteignung von Privatpersonen ging er in diesem Schreiben nicht im einzelnen ein, erwähnte jedoch klar und deutlich die „Zusammenarbeit der schweizerischen Banken, die von der Presse dieses Landes [Großbritannien] heute offen der Mittäterschaft im Verkauf von geraubtem Eigentum bezichtigt werden". Monteiro zog den warnenden Schluß: „All dies verdient meiner Meinung nach Aufmerksamkeit und Vorsicht – natürlich sofern dies möglich ist"[62].

Und tatsächlich traf man in Lissabon Vorkehrungen, wie sie auch in anderen neutralen Banken in der Angst vor einer Okkupation getroffen wurden, die sich in einigen Fällen auch bewahrheiten sollte. Vor allem was das Gold anging, schien man sich der Tatsache vollkommen bewußt gewesen zu sein, daß es die Deutschen im Fall einer Invasion der Iberischen Halbinsel primär interessieren, und daß es daher als erstes geraubt würde. So zog wenige Tage vor der französischen Kapitulation die Banco de Portugal in Erwägung, einen beträchtlichen Teil ihrer Goldbestände nach New York zu schaffen[63]. Eine Woche nach der Kapitulation hat sich anscheinend endgültig Panik breitgemacht. Man faßte den drastischen Entschluß, die gesamten Reserven zu verschiffen[64]. Die Gefahr einer NS-Enteignung wurde als dermaßen bedrohlich angesehen, daß man ohne Umschweife andere, zu jener Zeit nicht auszuschließende Risiken, wie die Blockierung der neutralen Vermögenswerte in den Vereinigten Staaten, einging, die im darauffolgenden Jahr tatsächlich verhängt werden sollte.

Weitere Anzeichen sollten indessen bestätigen, was längst bekannt war. Spätestens im Sommer 1941 wurde in der europäischen Presse ausführlich über den Gerichtsprozeß berichtet, den die belgische Exilregierung in London gegen die Banque de France in den Vereinigten Staaten angestrengt hatte. Diese wurde dafür verantwortlich gemacht, daß sie ihr anvertrautes, belgisches Gold in die Hände der Nationalsozialisten fallen gelassen hatte, und die Belgier versuchten, eine einstweilige Verfügung gegen sie zu erwirken[65]. Als die Alliierten ihre öffentlichen Warnungen vom Januar 1943 und Februar 1944 aussprachen, sollte damit lediglich der „sattsam bekannte und bereits eine ganze Weile andauernde Stand der Dinge mit Worten zum Ausdruck gebracht werden"[66].

Die Transaktionen mit Raubgold veranlaßten auch die Bank of England, Maßnahmen zu ergreifen. Am 8. Januar 1942 riet ihr Gouverneur, Montagu C. Norman, dem BIZ-Präsidenten Thomas McKittrick, unverzüglich die Goldsendungen von Bern nach Lissabon einzustellen[67]. Trotz der engen Beziehungen zwischen den Zentralbanken von England und Portugal war es bis dato nicht möglich, Spuren einer gleichartigen Bemühung seitens der britischen Zentralbankiers bei den portugiesischen Amtskollegen aufzufinden. Der Gedanke, die Portugiesen wären im Gegensatz zum schweizerischen Partner von den Warnungen ausgenommen gewesen, erscheint jedoch nicht plausibel. Er wäre nicht logisch und würde auch nicht mit anderen bekannten Anzeichen übereinstimmen. Im Sommer 1942 erkannte SNB-Direktor Rudolf Pfenninger anläßlich eines Besuches in London, daß die Briten Druck auf Portugal ausgeübt hatten und dies wohl der Grund war, weshalb die portugiesische Zentralbank zögerte, Gold zu akzeptieren, das ihr von der Reichsbank direkt angeboten wurde[68]. Der bereits genannte französische TGC-Delegierte Roger Vaidie sollte ebenso den Sommer 1942 als den Zeitpunkt festsetzen, zu dem die portugiesischen Behörden schon nicht mehr die illegale Herkunft des erhaltenen Goldes ignorieren konnten: „Wenn die portugiesische Emissionsbank ihre Bedenken verstummen ließ, dann aus Angst, einem Land zu mißfallen, das den Höhepunkt seiner militärischen Macht erreicht zu haben schien und in der Lage war, Europa seine Gesetze aufzudiktieren"[69]. Und allem Wissen zum Trotz war es genau in jenem Sommer, daß das Depot C in Funktion trat und die Banco de Portugal begann, direkt Gold bei der Reichsbank anzukaufen.

Von vertraulichen bis zu öffentlichen Warnungen

Wie bereits erwähnt, war die Annahme von Reichsbankgold ein Mißstand, dem aus der Sicht der Alliierten und der Führung ihres Wirtschaftskrieges dringend abgeholfen werden mußte. In den alliierten Führungskreisen diskutierte man, was zu tun sei, „um dieses Gold unannehmbar beziehungsweise zumindest unattraktiv zu machen"[70]. Die verschiedenen Zeichen des Unmuts, die von London und Washington auf informellen Wegen geäußert wurden, machten schließlich zwei ernsthaften, an sämtliche neutrale Länder gerichteten Warnungen Platz, in denen man sich auf die illegale Herkunft der gehandelten Vermögenswerte berief und ihren Umlauf zu boykottieren versuchte. An anderer Stelle war bereits zu sehen, daß diese Warnungen nicht den gewünschten Erfolg erzielten. Was die erste angeht, so sollten die portugiesischen Behörden zu einem späteren Zeitpunkt zu vermitteln versuchen, sie hätten keinerlei Veranlassung zur Annahme gehabt, man hätte mit dieser Warnung das Gold gemeint, da viel allgemeiner von geraubten Vermögenswerten die Rede gewesen sei[71].

In der Schweiz verstand die SNB indessen sehr wohl, daß sich die Erklärung von 1943 auf das Gold bezog[72]. In jenem Januar, in dem der Ausgang des Krieges im dramatischen Mann-gegen-Mann-Kampf von Stalingrad noch ausgefochten wurde, traf sie keine unmittelbaren Maßnahmen. Im

Sommer war dann bereits klar, daß sich das Waffenglück gewendet hatte. Zwischen Ende Juli und August 1943 beratschlagte man im SNB-Direktorium, ob die Annahme von Münzen und Barren der Reichsbank eingestellt werden sollte. Schließlich entschied man sich dagegen[73]. Ebenso entschied man sich gegen die systematische Umschmelzung und Neupunzierung der eingegangenen Barren, da sich inzwischen viele davon in den Tresoren anderer Zentralbanken befanden, die Listen mit den entsprechenden Seriennummern erhalten hatten[74]. Man kündigte jedoch der Reichsbank an, die Goldtransaktionen limitieren zu wollen und lediglich Barren beziehungsweise Münzen aus deutschen Vorkriegsbeständen entgegenzunehmen[75]. Darüber hinaus erbat die Bank eine formale Garantie Puhls über die Herkunft des Goldes, die sie auch erhielt.

In Schweden spielte sich unterdessen ein ähnlicher Prozeß ab. Wie Sven Fredrik Hedin und Göran Elgemyr beobachten, „ist es interessant festzustellen, daß die Zentralbanken der Schweiz und Schwedens im Januar 1943 beinahe gleich auf die Warnung der alliierten Behörden reagierten". In der Tat hatte der Gouverneur der Riksbank, Ivar Rooth, ebenfalls nicht den geringsten Zweifel, daß die Deklaration der Alliierten sich auf das Gold bezog: „Hinsichtlich der Erklärung der britischen und anderer Regierungen der Alliierten, aus der Ansprüche auf das Eigentum der besetzten Länder erwachsen könnten, lief man in der Zentralbank Gefahr, daß von der Reichsbank angekauftes beziehungsweise noch eventuell anzukaufendes Gold in diese Kategorie eingereiht werden könnte". Rooth war abgesehen davon der Auffassung, die Annahme von Gold aus Berlin wäre nach der Verbreitung der Warnung zu einem politisch heiklen Thema geworden. Er schlug der Regierung vor, formal von Emil Puhl eine Garantie über die Herkunft des Goldes zu fordern. Obwohl in den Protokollen des Riksbank-Direktoriums über die Auseinandersetzung mit diesem Thema ebenso wie in den portugiesischen, und noch mehr als in den schweizerischen, Stillschweigen bewahrt wurde, zeigen handschriftliche Vermerke Rooths auf, daß die Zentralbankiers besorgt waren, über eine eventuell von den Nationalsozialisten vorgenommene Umschmelzung diskutierten und dieses Gold ihrer Meinung nach „befleckt bleiben würde, auch wenn dies nicht sichtbar wäre". Und sie beklagten die Leichtfertigkeit, mit der sich die schwedische Regierung ihrer Verantwortung zu entziehen schien.

Diese sollte jedoch schon bald einen informellen Weg finden, die beruhigende Garantie von Puhl zu erbitten. Der ideale Mittelsmann dafür war der Bankier Jacob Wallenberg, eine der Leitfiguren der Enskilda Bank. Die Brüder Wallenberg, beide Onkel des Diplomaten, der in Budapest Ruhm erlangte, führten die Geschicke der Bank. Dabei war jeder von ihnen auf den

Umgang mit den jeweiligen Verhandlungspartnern der einen beziehungsweise der anderen Konfliktpartei spezialisiert. Marcus hatte vorwiegend mit den Alliierten zu tun und Jacob mit den Nationalsozialisten. Im Februar 1943 reiste Jacob Wallenberg zusammen mit einer schwedischen Delegation nach Deutschland, um die Handelsbeziehungen zwischen den beiden Ländern zu erörtern. Er konnte Puhl beliebig Fragen stellen, ohne daß dies einen offiziellen Anstrich bekam. Und Puhl konnte ihm ebenso beliebig Antworten über die untadelige Legitimität des Goldes geben. Am Ende sollte sich herausstellen, daß dieser sowohl die schwedischen als auch die schweizerischen Bankiers belogen hatte. Wie Hedin und Elgemyr beobachten, beklagten sich jedoch seltsamerweise weder die einen noch die anderen, hinters Licht geführt worden zu sein[76]. Die schwedischen Behörden sollten zwischen Frühling und Sommer 1943 auch ohne die Deklaration der Alliierten Kenntnis davon bekommen, daß in NS-Deutschland Gold belgischer Herkunft umgeschmolzen wurde[77].

Gewiß könnte die portugiesische Währungsbehörde rein theoretisch nur am Rande über die Herkunft des Gold informiert gewesen sein, während man in ganz Europa immer besser darüber Bescheid wußte. Dies würde zweifelsohne von einer außerordentlichen Ignoranz eines Bankiers wie Álvaro de Sousa zeugen, der laut Marcel van Zeeland von seinen Kollegen in anderen europäischen Banken für „ausgesprochen auf dem laufenden und voller Tatkraft in der Behandlung der aufgeworfenen Fragen (Auslandsanlagen, Wechselkurse, Goldgeschäfte)" angesehen wurde[78]. Jemand wie Álvaro de Sousa, der dermaßen „auf dem laufenden" war, verfügte wohl über sämtliche Voraussetzungen, um nicht überrascht zu sein, wenn auf Wunsch der Britischen Botschaft die Januar-Erklärung der Alliierten in der portugiesischen Tageszeitung Diário de Notícias abgedruckt und damit sogleich eine öffentliche Debatte mit der Deutschen Gesandtschaft ausgelöst wurde. Die offenbar unerschütterlichen portugiesischen Behörden fuhren jedoch mit ihren Reichsbank-Goldgeschäften fort. Es stimmt schon, daß sich in den Protokollen der leitenden Stellen der Banco de Portugal nichts über Diskussionen fand, wie sie in der SNB geführt wurden. Über eine an die Reichsbank gerichtete Garantieforderung seitens der Portugiesen ist nichts bekannt. Es ist gut möglich, daß die portugiesischen Polit- und Währungsbehörden bei der deutschen Zentralbank keinerlei Schritte unternommen haben. Die einfache Forderung von Garantien, die in Schweden so zögerlich behandelt wurde, hätte bereits ein halbes Eingeständnis des Wissens um beziehungsweise eines Verdachts über die Herkunft des Goldes bedeutet. Andererseits erscheint es höchst unwahrscheinlich, daß niemand vom Verwaltungsrat der Banco de Portugal die wichtigste portugiesische Tageszeitung jener Tage, den Diário de Notícias, gelesen hat und seine Mitglieder allesamt mit so viel Blindheit geschlagen waren, dem Inhalt der alliierten Deklaration kein Augenmerk zu schenken.

Die Politik, die danach durchgängig betrieben wurde und über die vor allem seit Sommer jenes Jahres 1943 Aufzeichnungen existieren, gibt deutlich genug Aufschluß darüber, daß sehr wohl über dieses Thema diskutiert wurde. Als die Wende von Stalingrad gezeigt hatte, daß der Krieg nun einen anderen Verlauf nahm und die Deklaration von London ernst zu nehmen war, sollte die Banco de Portugal hinter den Kulissen über Verkäufe auf dem Inlandsmarkt eine Reihe von Maßnahmen in die Wege leiten, die darauf abzielten, die Herkunft des Goldes zu verbergen.

Vom Druck der Alliierten zu Gegenmaßnahmen

Der Steinberg-Bericht suchte an die Frage der Kenntnis um die Herkunft des Goldes unabhängig vom menschlichen Handeln heranzugehen, indem er eine Theorie über die psychologische Erklärung aufstellte, daß „Wissen kein unwillkürlicher Reflex ist, sondern in einem gewissen Grad die bewußte Absicht voraussetzt, etwas zum Bestandteil des eigenen Bewußtseins zu machen"[79]. Mag diese Theorie innerhalb bestimmter Limits noch so große Berechtigung haben, so geht es hier um eine Situation, in der für gewöhnlich geltende Grenzen ihre Gültigkeit verloren haben. Gar manches lag deutlich auf der Hand und zwang die Verantwortlichen, Kenntnis davon zu nehmen, sowie vor und nach den Warnungen der Alliierten verschiedene Vorsichtsmaßnahmen zu ergreifen.

Der im vorherigen Kapitel beschriebene Kreislauf über die Depots A und B bot ein erhebliches Maß an Sicherheit – allerdings einer teuer bezahlten. Trotz der vermeidbaren Kosten dieses Kreislaufs zogen die portugiesischen Zentralbankiers eine Bezahlung von Handelsüberschüssen in Schweizerfranken vor beziehungsweise verkauften Escudos an die SNB in Bern. Wenn dieses Vorgehen nicht vollkommen irrational sein soll, dann läßt es sich nur damit erklären, daß es als Mechanismus für eine Geldwäsche seitens der Schweiz und Hehlerei seitens der Portugiesen zu verstehen ist.

Die Bezeichnung der wichtigsten „Konten" der Banco de Portugal in Bern – die „Konten" A, B und C – stellte eine weitere Vorsichtsmaßnahme dar, um die Ankäufe bei der Reichsbank zu tarnen. Weitaus korrekter wäre es zweifelsohne gewesen, sie als „Depots" A, B und C zu benennen, zumal die darauf eingehenden Barren ausreichend gekennzeichnet waren und diese Kennzeichnungen der Banco de Portugal mitgeteilt wurden. Wie in der Besprechung des SNB-Direktoriums vom 18. Juni 1942 anläßlich einer mehr als verdächtigen Bitte der Reichsbank, bereits an die Banco de Portugal gelieferte Barren umzuschmelzen, behauptet wurde: „Der größte Teil der von Deutschland erhaltenen Barren liegt in den Depots der fremden Notenbanken, denen die Nummern der in die Depots gelegten Stücke angegeben wurden"[80]. Diese Vorgangsweise paßt exakt auf die Definition des Begriffs „Depot" zu. Wie der Bericht der schwedischen Kommission eindeutig erklärt, handelt es sich bei einem Goldkonto um etwas ganz anderes, bei dem „die Aktiva und Passiva des Kontoinhabers nicht in Devisen, sondern in Gold geführt werden. Gold dient dabei als Wertmaßstab. Einige Kriegsjahre lang unterhielt die Riksbank bei der Reichsbank ein Goldkonto. Das bedeutet, daß sie über einen Reichsbank-Kredit entsprechend dem jeweiligen Kontensaldo verfügte, aber es heißt nicht, daß die Riksbank ein Recht auf irgendwelche speziell deponierten Barren beziehungsweise Münzen und auch nicht auf irgendein anderes Gold hatte"[81].

Die SNB, die sehr wohl wußte, was ein Depot war, und die auch wußte, unter welchen Bedingungen bestimmte Barren in den Besitz der Banco de Portugal übergingen, nannte für gewöhnlich deren wichtigste „Konten" „Depots" A, B und C[82]. Die Banco de Portugal, die ebenso zwischen den beiden Bezeichnungen zu unterscheiden wußte, schwankte kurz, als sie Instruktionen zur Eröffnung des „Depots" C gab, wie sie es anfangs nannte[83]. Danach zog sie stets die Bezeichnung „Konto" vor. Sie tat dies hartnäckig mehrere Jahre hindurch, selbst in der Korrespondenz mit der SNB, die empfindlich darauf reagierte und auf einer Präzisierung des Sprachgebrauchs bestand, handelte es sich doch um die Bestätigung von Transaktionen. Trotzdem gab es einen ausdauernden und bisweilen lächerlichen sprachlichen Mißklang zwischen den beiden Banken. Immer wenn die portugiesische Bank um eine Bestätigung über auf ihr „Konto" eingegangenes Gold ersuchte, schickte die schweizerische ein Telegramm, in dem sie den Eingang von Gold auf das „Depot" bestätigte.

Die vor mehr als einem halben Jahrhundert von der Bank getroffenen sprachlichen Vorsichtsmaßnahmen richten noch heute Schaden an und führen Forscher in die Irre, die sich mit diesem Thema beschäftigen. Gemäß ihrem Bericht scheint die Soares-Kommission daran zu glauben, daß „das in Lissabon über das Konto C entgegengenommene Gold nicht unbedingt dasselbe Gold gewesen sein muß, das die Deutschen nach Bern gesandt hatten. Mit anderen Worten, es handelte sich in diesem Fall nicht um Bewegungen von Gold, das von den Deutschen über die Schweiz nach Portugal angewiesen wurde, sondern um eine Goldzahlung seitens der Schweizer an Portugal zu Lasten der Deutschen, wobei Zahlungsmittel benützt wurden, die der Schweizerischen Nationalbank auf verschiedene Arten von der Reichsbank verfügbar gemacht wurden"[84]. Es bleibt offen, um welche Arten es sich dabei handelte, und welches Motiv die schweizerischen Bankiers nach dem Erhalt von Instruktionen seitens der Deutschen, ihr, nämlich deutsches Gold an die Banco de Portugal zu liefern, dazu geführt haben könnte, sich dieses Gold von irgendeinem anderen Bestand zu holen als vom Reichsbank-Depot in Bern. In Wirklichkeit trotzt diese seltsame, im Bericht vertretene Annahme der Logik und ignoriert die Fakten. Nach dem Krieg sollte Oberst Tomás Fernandes, der von portugiesischer Seite die Verhandlungen über die Rückerstattungsforderungen der Alliierten leitete, versuchen, keine Zeit zu verlieren, Unbeweisbares zu beweisen. Laut Fernandes „gab die Reichsbank der Schweizerischen Nationalbank, der sie (,earmarked' beziehungsweise ,sous dossier') Gold zur Verwahrung übergeben hatte, Instruktionen, daß ein Teil dieses Goldes für die Banco de Portugal ,earmarked' werden sollte"[85].

Im Anschluß an die alliierten Warnungen schien die Banco de Portugal schon weit weniger darauf fixiert, das erworbene Gold zu horten[86]. Und nach der Erklärung vom 5. Januar 1943 änderte sie ihre Haltung radikal. Von jenem Zeitpunkt an gibt es eine ganze Reihe von Hinweisen über Verkäufe beziehungsweise Umschmelzungen von Gold.

Gleichsam um den Verdächtigungen zuvorzukommen, die derlei Operationen zwangsläufig erwecken mußten, legte Ende Januar 1943 Álvaro de Sousa dem Verwaltungsrat der Banco de Portugal die wichtigsten Grundlagen der verfolgten Goldpolitik dar. Er rief in Erinnerung, daß der Trend zu Goldspekulationen die Bank etwa ein halbes Jahr zuvor dazu veranlaßt hatte, den Import und Export von Gold zu zentralisieren. Als die Regierung im Juni 1942 eine entsprechende Verordnung herausgab, ging die Bank auch dazu über, „Gold an sämtliche Gewerbetreibenden zu verkaufen, die Bedarf daran hatten. Dabei sollten die jeweiligen Grémios [Arbeitgebervertretungen im Estado Novo] eingeschaltet werden, damit zusammen mit den Eichämtern des Landes die nötige Kontrolle zwischen den getätigten Ankäufen und den (...) gewerblichen Verwendungen des Metalls durchgeführt werden konnte". Die Goldschmiede des Nordens tätigten anfänglich ihre Ankäufe bei der Banco de Portugal über das Grémio in Lissabon. Ab November hatten sie jedoch ihre eigenen organisierten Grémios in Porto und Gondomar, und sie nahmen weitaus mehr Gold auf als ihre Konkurrenten in Lissabon[87].

Die Nachfrage nach Gold, die sowohl bei privaten Sparern als auch bei „ausländischen Einrichtungen, die sich bezüglich der Verordnung nicht immer ganz gesetzeskonform verhielten", herrschte, führte indessen neuerlich zu einem Preisanstieg[88]. Aus diesem Grund beschloß laut Álvaro de Sousa die Banco de Portugal zum gegebenen Zeitpunkt, den Goldverkauf am Bankschalter einzustellen, „um das Problem gebührend zu überdenken"[89]. In Wirklichkeit überdachte sie zusammen mit dem Problem auch die Preise und paßte sie dem Markt an. Nach dieser Unterbrechung sollte die Bank ihre Goldverkäufe für gewerbliche Zwecke wiederaufnehmen, jedoch zu empfindlich erhöhten Preisen[90] und mit einer behördlichen Limitierung der Menge, die von den einzelnen Käufern erworben werden konnte[91].

Ein umfassender Bericht des Finanzrats der Britischen Botschaft, Stanley Wyatt, gibt Aufschluß über die Wiederaufnahme der Aktivitäten im Februar 1943 und deren Aspekte, für die sich nur schwer eine Erklärung finden läßt. Es handelt sich dabei um einen Abriß von vier Teilberichten, die aus voneinander unabhängigen Quellen stammen. Im Resümee heißt es, die Banco de Portugal hätte in den Monaten nach der ersten Warnung der Alliierten, nämlich ab Juli 1943, 12-kg-Barren mit Hakenkreuz an Privateinrichtungen verkauft. Die Alliierten wiederholten ihre Warnung vom Januar 1943 in mehreren Verlautbarungen der BBC und drohten weiterhin, nach dem Krieg den Hehlern das Diebesgut wieder abzunehmen. Die involvierten Einrichtungen fanden sich unter Druck gesetzt und stellten bis spätestens Juli 1943 an die Banco de Portugal die Forderung, die Barren zurückzunehmen, da sie sich sonst gezwungen sähen, diese umzuschmelzen und zu 1-kg-Barren als portugiesisches Gold zu verkaufen. Und tatsächlich sollte etwa zu diesem Zeitpunkt die portugiesische Privatbank BESCL circa 200 kg Gold in Barren zu 12 kg mit einem Rothschild-Stempel aus dem Jahre 1925 zum Verkauf stellen, die nachträglich zu 1-kg-Barren umgeschmolzen und in dieser neuen Form verkauft wurden.

Im folgenden Monat wurde bekannt, daß angeblich zur Zeit der französischen Kapitulation nach Portugal in Sicherheit gebrachte Barren der Banque de France gemäß einer Vereinbarung zwischen Lissabon und Vichy in kleinere Barren umgeschmolzen wurden. Nach einem weiteren Monat, im September 1943, gab es Hinweise darauf, daß auf Geheiß der Banco de Portugal Barren mit deutschen, sowjetischen, tschechischen und polnischen Prägestempeln sowie mit solchen weiterer besetzter Länder umgeschmolzen wurden, die zuvor von der deutschen und schweizerischen Zentralbank nach Lissabon geschafft worden waren[92].

Im Februar 1944 sprachen die Alliierten ihre zweite Warnung aus, dieses Mal ausdrücklich über Raubgold. Abgesehen davon machten die Vereinigten Staaten klar, daß sie von keinem Land mehr Gold akzeptieren würden, das seine Handelsbeziehungen mit Deutschland nicht abgebrochen hätte[93]. Wie bereits ausgeführt wurde, beschränkte sich die Banco de Portugal auf eine eher lasch vorgebrachte Äußerung gegenüber der Reichsbank, daß sie eine Bezahlung in Schweizerfranken vorziehen würde. Auf den ersten Einwand der deutschen Zentralbank hin erachtete sie die Formalitäten als erfüllt, ließ die Forderung fallen und setzte ihre Ankäufe von Gold in beträchtlichen Mengen fort.

Die Behauptung, die Erklärung vom Februar 1944 hätte keinerlei Rückwirkungen auf die Aktivitäten der Banco de Portugal gehabt, würde jedoch nicht ganz zutreffen. Wenn diese Erklärung sie schon nicht daran gehindert hat, weiterhin Gold von der Reichsbank anzukaufen, dann ermunterte sie die Bank zumindest, neue Vorsichtsmaßnahmen zu ergreifen, um ihre Aktionen zu tarnen. Gemäß dem bereits genannten Wyatt-Bericht wurde im September 1944 bekannt, daß die portugiesische Zentralbank verschiedene Goldschmiede drängte, größere Goldmengen anzukaufen und anschließend umzuschmelzen. Auch die Privateinrichtungen griffen in den Goldhandel mit erhöhten Vorsichtsmaßnahmen ein. Im Juli 1944 wurde bekannt, daß das Grémio der Goldschmiede an die einschlägigen Betriebe „deutsche" Barren verkaufte, die anschließend umgeschmolzen wurden. Und es gab Hinweise auf illegale Importe von Gold seit Juni 1942, das in den Banken Fonsecas Santos & Viana, Espírito Santo, Ultramarino, Montepio Geral und Crédito Predial Português deponiert wurde[94]. Diese Illegalität heißt nicht unbedingt, daß die Banco de Portugal keine Kenntnis davon beziehungsweise etwas dagegen einzuwenden hatte. Álvaro de Sousa, wahrscheinlich die wichtigste Persönlichkeit in der Troika der Vize-Gouverneure, war gleichzeitig Geschäftsleiter eines der in Frage stehenden Bankhäuser, nämlich, wie bereits erwähnt, der Banco Fonsecas, Santos & Viana.

Die Banque de France[95], die nach dem Krieg intensive Nachforschungen anstellte, versuchte dann, ein Gesamtbild über die diversen Transaktionen auszuarbeiten, über welche die Banco de Portugal Gold abfließen ließ. Für den Inlandsmarkt wurden drei solcher Wege mit einem Gesamtvolumen von 21.394 kg festgestellt:

– Verkäufe an lokale Banken in Lissabon (11.270 kg)
– Verkäufe in Lissabon für gewerbliche Zwecke (9.718 kg)
– Verkäufe an das Portugiesische Schatzamt (406 kg)

Dazu heißt es noch im selben Bericht, es „sei gut möglich, daß die Banco de Portugal den Banken und Betrieben vorzugsweise Reichsbankgold verkauft habe, und daß folglich der Großteil des belgischen Goldes dieser

Kategorie sich in den Händen von Privatpersonen und von Körperschaften befindet, zu denen ein Zugang kaum möglich ist"[96]. Diese Annahme der französischen Forscher ist nicht bewiesen, stützt sich jedoch auf die absehbaren Schwierigkeiten dabei, andere Zentralbanken zur Annahme der belgischen Barren zu bewegen.

Im Wyatt-Bericht wird die Schmelzkapazität in Portugal mit circa 700 kg pro Woche angesetzt[97]. Im Licht all dessen, was heute über die umgesetzten Mengen bekannt ist, erhebt sich die Frage, weshalb lediglich ein Teil des Goldes umgeschmolzen wurde, da die genannte Kapazität von 700 kg pro Woche ausgereicht hätte, bis Kriegsende bereits größtenteils die kompromittierenden Spuren verwischt zu haben. Sollte Wyatt die Schmelzkapazitäten überschätzt haben? Oder waren die Münzstätten so ausgelastet, daß sie die Bestellungen nicht abfertigen konnten? Oder hatten etwa die portugiesischen Zentralbankiers ähnlich den schweizerischen es nicht für nötig befunden, Barren umzuschmelzen, die bereits durch die Hände der SNB gegangen waren und deren Seriennummern in Bern registriert waren[98]?

Was die portugiesischen Zentralbankiers dazu bewogen haben mag, die Umschmelzung der von ihnen selbst angekauften und später auf dem Inlandsmarkt vertriebenen Barren voranzutreiben, kann nicht eindeutig festgestellt werden. Dagegen wurde mit dem Auftreten der portugiesischen Unterhändler gegenüber der Tripartite Gold Commission im Jahre 1947 wenigstens zum Teil klar, weshalb die Banco de Portugal die Barren aus der belgischen Zentralbank nicht noch ein weiteres Mal einschmelzen und umwandeln wollte. In der Überzeugung, die illegale Herkunft der in der Banco de Portugal liegenden Barren könne nicht bewiesen werden, legte die von Tomás Fernandes geleitete Delegation ein Verzeichnis dieser Barren mit den entsprechenden Nummern vor und forderte von den Alliierten Beweise für ihre angebliche Herkunft. Wie Vaidie beobachtet, „verfehlte dieses Manöver die von den Portugiesen erwartete Wirkung", da die Alliierten über diesbezügliche Listen verfügten und ihnen ausgerechnet die portugiesischen Verzeichnisse noch fehlten, um die Übereinstimmung „Barren für Barren" aufzuzeigen. Dieses eine Mal gingen die geschickten portugiesischen Unterhändler in die Falle, die sie selbst den Alliierten gestellt hatten.

Nachkriegsoperationen zum Goldabfluß

Nach Kriegsende zirkulierte Reichsbankgold, das nach Portugal gelangt war, teilweise noch auf dem Inlandsmarkt, und zum Teil auch auf dem Auslandsmarkt, und da wiederum in Polen und China.

Polen

Portugal kaufte im Jahre 1947 Steinkohle von Polen und bezahlte dafür mit Gold. Die amerikanischen Geheimdienste hegten den Verdacht, dabei handle es sich um ehemals von den Nationalsozialisten geraubtes Gold, und Portugal würde nun Polen damit bezahlen. Die drei TGC-Mächte standen inzwischen mit Spanien, Portugal, Schweden und der Schweiz in Restitutionsverhandlungen über das Gold, das diese Länder von der Reichsbank angenommen hatten. Die Goldtransaktionen zwischen Portugal und Polen schwächten die Verhandlungsbasis der Tripartite Gold Commission, da sie den internationalen Boykott gegen Gold fragwürdiger Herkunft durchbrachen. Die Vereinigten Staaten wiesen Warschau auf die mögliche Gefahr hin, Raubgold in Empfang zu nehmen, aber die polnischen Behörden schien dies nicht zu bekümmern[99].

Die französische Regierung – stets emsig bemüht, etwaige portugiesische Tarnmanöver zu erschweren – hielt den Goldumlauf für weitaus komplexer als die Amerikaner. In der Meinung, die Schweiz würde ein weiteres Mal daran beteiligt sein, wandte sie sich mit der Bitte um Unterstützung an die Schweizer Regierung[100]. In Paris argwöhnte man, daß die Firma Herold Ltda. mit Sitz in Lissabon von einer Firma mit Sitz in Zürich, der Nehaba Corporation, Kohle kaufte, die diese wiederum in Polen erwarb. Somit würde die Banco de Portugal von Herold Escudos erhalten und die Verbindlichkeit eingehen, der SNB den entsprechenden Goldbetrag aus ihren Beständen auszuhändigen. Die Beträge, die von der SNB wiederum an Nehaba übergeben wurden, beliefen sich zu dem Zeitpunkt auf 3,6 Millionen Franken[101]. Die Banque de France drückte ihre Hoffnung aus, „die diesbezüglichen Bemühungen in Bern und vor allem in Warschau würden die Operation zum Scheitern bringen"[102].

Ihre Erwartungen sollten hingegen enttäuscht werden. Nach Erhalt des französischen Aide-mémoire informierte Paul Rossy die Banco de Portugal in einem Schreiben über dessen Inhalt[103]. Die Banco de Portugal erklärte in ihrer Antwort, sie würde gemäß Abkommen mit der SNB lediglich Franken zur Bezahlung von Sendungen aus der Schweiz erwerben[104]. Die Leitung der schweizerischen Zentralbank gab sich mit dieser Erklärung zufrieden, um so mehr, als sie inzwischen Näheres über die Geschäfte zwischen den Firmen Herold und Nehaba zu wissen glaubte. Nach ihrer Information würden diese letzten Endes in Dollar und nicht in Schweizerfranken abgewickelt werden[105].

Gewiß ist, daß die Steinkohleimporte in den darauffolgenden Jahren unter einigen ganz speziellen Kriterien abliefen. Die polnische Kohle, die vor dem Krieg preiswert und konkurrenzfähig war, wurde nun schon nicht mehr zu einem offenbar so günstigen Preis verkauft[106]. In den Nachkriegsjahren verfolgte die Salazar-Regierung gegenüber Polen eine ganz bestimmte Importpolitik. Die Regierung wußte nicht genau, was sie kaufen, jedoch sehr wohl, von wem sie kaufen wollte. Deshalb ließ sie an verschiedene diplomatische Vertretungen im Ausland ein Rundschreiben verschicken, in dem sie um Informationen ersuchte, um dann einen Handelsaustausch mit Polen in die Wege leiten zu können. Ziel war, „die jüngsten Handelsabkommen zu kennen, die von der polnischen Regierung speziell mit jenen Ländern ausgehandelt worden waren, die in ihrem Außenhandel am ehesten mit Portugal vergleichbar sind"[107]. Trotz der offensichtlichen politischen Antipathie kaufte Salazar-Portugal dem stalinistischen Polen vergleichsweise teure Kohle ab[108]. Der dringende Wunsch der portugiesischen Behörden der Nachkriegszeit nach offensichtlich unvorteilhaften Geschäften mit einem als feindlich betrachteten Land ist an sich unerklärlich. Eine mögliche Erklärung ist jene, die in den bereits genannten Warnungen der Amerikaner angeschnitten wurde. Würden die Kohlelieferanten mit Raubgold bezahlt werden, das auf dem internationalen Markt unbrauchbar war, dann erschienen diese Geschäfte bereits weit weniger irrational.

Was die polnische Regierung angeht, so stellt sich die Frage, warum sie Gold akzeptierte, das niemand sonst haben wollte. Man erinnere sich daran, daß Polen der TGC eine Einforderung von hauptsächlich Privatpersonen geraubtem Gold vorlegte, die von der Kommission stets schleppend behandelt wurde. Zieht man die Beziehungen zwischen der TGC und den osteuropäischen Ländern im gespannten Nachkriegsklima in Betracht, so zweifelte die Regierung in Warschau wohl mit gutem Grund daran, die von den drei Westmächten beherrschte Kommission würde sich jemals für die Restitution polnischen Goldes einsetzen. Beabsichtigten die Polen, aus ihrer Position als alleinige mögliche Käufer von „kontaminiertem" Gold Vorteile zu ziehen? Setzten sie auf ihre moralische Autorität als nicht entschädigte Opfer, um dieses Gold zu legalisieren? All diese Fragen konnten in der vorliegenden Untersuchung nicht beantwortet werden.

Ein – ob stillschweigend oder schriftlich – zwischen dem stalinistischen Polen und dem Portugal von Salazar getroffenes Abkommen wäre nicht überraschender als das Abkommen, das 1949 zwischen Polen und der Schweiz geschlossen wurde. Dabei verpflichtete sich die Schweizer Regierung, dem polnischen Staat die bei Schweizer Banken geführten Konten von verschwundenen polnischen Bürgern zu übertragen. Im Gegenzug erhielt sie von Warschau die Zusage, im Nachkriegs-Polen enteignete schweizerische Kapitalisten zu entschädigen[109]. Das Klima des Kalten Krieges begünstigte die direkten und ohne über internationale Organe laufenden

Abmachungen zwischen Nutznießern und Opfern der NS-Geschäfte. Und diese Abmachungen, stets interessant für die polnische Seite, wären dies auch für die portugiesische, solange die harte Auseinandersetzung mit der TGC andauerte.

Die Spannungen zwischen der portugiesischen Regierung und den drei Westmächten sollten sich erst 1953 mit einem vorläufigen Abkommen lösen, das dank der Zuspitzung des Kalten Krieges und den portugiesischen Zugeständnissen in den Verhandlungen über die Militärbasis in Lajes zustande kam. Diese Basis auf dem Azoren-Archipel mitten im Atlantik war für die US. Air Force von strategischem Interesse und beeinflußte als wertvolles Tauschangebot die Verhandlungsführung der TGC. Auf diese Weise zeichnete sich die portugiesisch-alliierte Lösung erst fünf Jahre nach Abschluß der 1948er Abkommen der TGC mit der Schweiz, Schweden und Spanien ab. Die somit gewonnene Zeit kam eindeutig der portugiesischen Regierung zugute, die sich lediglich dazu verpflichtete, vier Tonnen Gold auszuliefern, und dies noch dazu gegen Rückvergütung des entsprechenden Wertes durch die BRD. Die Geschäfte mit Polen machten nur Sinn, solange Salazar noch unter dem Druck der Alliierten stand, ohne die Gewißheit, mit ihnen zu einer Übereinkunft zu gelangen.

China

Auch über die ehemalige portugiesische Kolonie Macau, die heute wieder zu China gehört, floß NS-Gold ab. Vier Jahrzehnte lang finanzierte die Kolonialverwaltung ihre Aktivitäten über drei Haupteinnahmequellen: Glücksspiel, Gold, und ab einer gewissen Zeit auch Windhunderennen[110]. Das Goldgeschäft hatte schon unmittelbar nach dem Krieg eine Spitze erreicht, als die maoistischen Kräfte und die Nationalistische Volkspartei Chinas Kuomintang einander offen im Kampf um die Macht begegneten. Die Verschärfung des Bürgerkriegs erhöhte die Nachfrage nach Gold als Zufluchtswert und sorgte laut einer zu jener Zeit in der New York Herald Tribune veröffentlichten Reportage dafür, daß Gold von den Philippinen nach Macau floß, das später in China verkauft wurde[111].

Hongkong und Macau stellten für dieses Geschäft zwei Drehscheiben mit idealen Bedingungen dar. Nach der Machtübernahme der kommunistischen Partei im Jahre 1949 sollte die Nachfrage Chinas nach Gold noch ansteigen. Aufgrund der Blockade der Vereinigten Staaten benötigte es Gold, um seine Importe bezahlen zu können. Von portugiesischer Seite her wurde das Goldgeschäft nicht nur als willkommene Einnahmequelle gesehen, sondern auch als politischer Trumpf. Die Ängste vor einer chinesischen Intervention zur Wiedererlangung der Herrschaft über die Kolonie hatten Lissabon dazu veranlaßt, von Großbritannien Garantien für militärische Hilfe zu erbitten – ohne Erfolg[112]. Und die Zusagen amerikanischer Hilfe, die informell wiederholt gegeben wurden, schienen nicht eben zuverlässig zu sein[113]. Die portugiesische Regierung konnte daher lediglich auf den Aufbau solider gemeinsamer Interessen setzen, die Peking von einer Besetzung der Kolonie abhalten würden. Das Gold, das über Macau nach China floß, sollte sich während der jahrzehntelangen Blockade des Westens zu diesem gemeinsamen Interesse entwickeln.

Schon während der letzten Jahre der Kuomintang-Diktatur hatte das Goldgeschäft trotz aller Geheimhaltung in Macau von sich reden gemacht. Am 16. Juli 1948 widmete sich die lokale Presse überaus aufmerksam diesem Thema, als ein Wasserflugzeug, das zwischen Hongkong und Macau verkehrte, von vier Luftpiraten überfallen wurde. Im darauffolgenden Tumult stürzte das Flugzeug schließlich an der Grenze der Hoheitsgewässer von Macau ins Meer, wobei 26 Personen zu Tode kamen[114]. Im Zuge dieses Absturzes war es unmöglich zu verbergen, daß das Flugzeug Goldbarren transportiert hatte, und daß es gerade diese Fracht war, die das Interesse der Luftpiraten erweckt hatte. Von da an wurden die Transporte von den Kolonialbehörden anders organisiert. Das Gold wurde nun unter strengsten Sicherheitsvorkehrungen auf Fähren und später auf Tragflügelbooten zwischen Hongkong und Macau befördert. Auf einem Teil der Strecke wurde es von bewaffneten Dschunken begleitet. Immer wenn ein Transport anstand, wurden Passagiere unter dem Vorwand abgewiesen, es wäre kein Platz mehr frei[115]. Beaufsichtigt wurden diese Aktionen vom Chef der Wirtschaftsdienststelle von Macau, Pedro José Lobo, der laut Time Magazine dem Staat ein Achtel der eingehobenen Steuern übergab und den Rest für sich behielt[116]. Mit solch einer führenden Rolle im Hauptgeschäft der Kolonie sollte es nicht lange dauern, bis Lobo zum Präsidenten des obersten Gesetzesorgans von Macau, des „Leal Senado", ernannt wurde[117] und in seinen Händen die Kontrolle der informellen diplomatischen Beziehungen mit der Volksrepublik China konzentrierte.

Zwischen 1949 und 1973 gelangte das Gold auf verschiedenen heimlichen, aber auch auf legalen Wegen nach Macau. Gemäß einer Vermutung, die von Gouverneur Lopes dos Santos einmal geäußert wurde, könnte der Schmuggel von Lissabon aus auf Linienschiffen durchgeführt worden sein[118]. Doch auch die legalen Importe waren beträchtlich. Allein an offiziell registrierten Lieferungen gelangten insgesamt 934 Tonnen Gold nach Macau. Sie erfolgten über ein Vierteljahrhundert hinweg regelmäßig einmal pro Woche. Der Anteil an Importsteuern auf dieses Gold, der dem Staat zufloß, machte bisweilen mehr als 20% der Budgeteinnahmen der Kolonie aus[119]. Das legal importierte Gold langte in Kisten in Macau ein. Sie wurden vor den Augen einer Aufsichtskommission geöffnet, die aus Beauftragten der Dienststellen für Wirtschaft sowie Finanzen, der Marine und der Polizei bestand. Die Kommission verglich den Inhalt dieser Kisten mit den Ladepapieren, eskortierte das Gold bis zur Bank und schloß das Ganze dann mit einem großen Mittagessen in einem der besten Restaurants der Stadt ab. Die Depositarbank gehörte Ho Yin. Er war Teilhaber von Pedro Lobo und sollte ihn binnen kurzem an wirtschaftlicher Macht und politischem Einfluß ausstechen[120].

Mitte der 1960er Jahre wurden im Schnitt 13 Kisten pro Woche importiert, jede mit drei Barren ungefähr zu je 13 kg – ein Wochenschnitt von etwa einer halben Tonne. Ganz besonders von Belang für diesen Fall ist die Aussage eines der Mitglieder der Kommission, die 1966 den Eingang der Barren beaufsichtigt hat[121]. Fernando Brito, Schiffsingenieur und ehemaliger Offizier der Kriegsmarine, im Jahre 1975 Industrieminister einer der provisorischen Regierungen nach der Salazar-Diktatur, wurde 1997 vom Autor dieses Buches interviewt. Er erinnerte sich sehr genau, bei der Löschung der Ladungen auf zahlreichen Barren gut sichtbare Hakenkreuze gesehen zu haben. Nach seiner Berechnung „wären bei diesen ganzen Lieferungen pro Woche durchschnittlich eindeutig eine, eineinhalb oder zwei Kisten mit Nazigold dabei gewesen". Was die Herkunft der Ladungen angeht, so erinnerte sich Brito, daß „den Ladepapieren zufolge das Gold (...) in den meisten Fällen aus London kam. Ich weiß, daß 1963 und 1964 die Banco de Portugal auf Ersuchen der portugiesischen Regierung Gold verkaufte, das im Ausland deponiert war. Es befand sich nicht in Portugal, und nur aus diesem Grund genehmigte Salazar den Verkauf"[122].

In der Konfrontation mit diesem Zeugen stritt die Banco de Portugal ab, zum damaligen Zeitpunkt Gold nach Macau verfrachtet zu haben. Ihre Archive wurden lediglich für den Zeitraum 1939-1945 zugänglich gemacht, während den Wissenschaftlern auch noch 2002 die Archive für das Jahr 1966 verschlossen sind. Der chinesische Außenminister reagierte auf die Veröffentlichung der Aussage, in der Brito Goldeingänge im Jahr 1966 bezeugte, ähnlich und behauptete, es wäre kein NS-Gold in China eingelangt – im Jahr 1969[123].

Das „Santuário" von Fátima

Innerhalb von Portugal ging der inzwischen bekannt gewordene Goldabfluß nicht von der Banco de Portugal aus, sondern von Institutionen, die ihr während des Krieges Gold abgekauft hatten und dieses anschließend an Drittkunden weiterverkauften, die ihrerseits wiederum das Geschäft auf Wegen fortführten, die heute schon nicht mehr nachvollziehbar sind. Ein jüngst bekannt gewordenes Beispiel dafür ist die Verwaltung der Wallfahrtsstätte Santuário de Fátima, die im Jahre 2000 mit der Existenz von vier Goldbarren auf ihrem Konto bei der Banco Pinto de Magalhães konfrontiert wurde, versehen mit einer Datierung aus dem Jahr 1942 und Prägestempeln der Preußischen Staatsmünze.

Der portugiesische Journalist Miguel Carvalho ging dem Weg der Goldgegenstände (Ringe, Ketten, Armbänder) nach, die den kirchlichen Obrigkeiten für gewöhnlich von Pilgern ausgehändigt werden. Das Santuário wurde an der Stelle errichtet, an der angeblich drei Hirtenkindern jeweils am 13. der Monate Mai bis Oktober 1917 die Muttergottes erschienen sein soll. Mit der Zeit wurde es zu einem Mekka des Katholizismus mit einem beträchtlichen Zustrom an Opfergaben. Diese von der Santuário-Verwaltung als „Schotter" bezeichneten persönlichen Goldgegenstände wurden später eingeschmolzen und der Bank übergeben. Sie war beauftragt, mit dem Gold Geschäfte zu machen, die möglichst lukrativ waren. So verkaufte sie, wenn der Goldkurs hoch war, und kaufte, wenn er niedrig stand, spekulierte geschickt und erzielte damit gute Gewinne. Die der Santuário-Verwaltung auf diese Weise zustehenden Werte sollten ihr auf eigenen Wunsch in Gold zur Verfügung gestellt werden.

Mit der Revolution von 1974/75 wurde Gold zeitweilig zu einem Zufluchtswert, und es herrschte ein echter Ansturm darauf. Wie allseits üblich wollte auch die Santuário-Verwaltung ihr Gold wiederhaben – zu einem denkbar ungünstigen Zeitpunkt, da die Bank nicht in der Lage war, es zurückzugeben. Die beiden Institutionen gerieten in Konflikt miteinander. Und das Problem der Bank beschränkte sich nicht nur darauf. Im Anschluß an den gescheiterten Rechtsputsch am 11. März 1975 wurde sie wie alle übrigen portugiesischen Banken verstaatlicht. Der Bankier Pinto de Magalhães, der sich zu jener Zeit in Brasilien aufhielt, entschied sich dafür, freiwillig dort im Exil zu bleiben. Im Juli wurde die verstaatlichte Bank von der Banco de Portugal aufgefordert, eine Inventarliste des gesamten in ihrem Depot liegenden Goldes zu erstellen und eine Erklärung abzugeben, wie sie es erworben hatte[124]. Ab 1976 erstattete die Bank schließlich dem Santuário 103 Barren unterschiedlicher Provenienz zurück, vier davon mit Prägestempeln der Preußischen Staatsmünze[125].

Die Datierung von 1942 zeigt, daß es sich im Fall dieser vier Barren um Raubgold aus Holland handelte. Abgesehen davon stimmte die Kennzeichnung der vier Barren mit ihren vierstelligen Seriennummern mit der einer besonderen Serie überein, die von den Holländern nach dem Krieg zurückgefordert wurde und aus Barren bestand, die aus Münzen umgeschmolzen worden waren. Und ganz besonders der unter dem der übrigen Barren liegende Goldgehalt zeigte auf, daß diese Barren nicht aus anderen Barren umgeschmolzen waren, die im Handel zwischen den Zentralbanken als *good delivery* angesehen wurden, sondern aus Münzen oder möglicherweise aus Goldschmiedearbeiten[126]. Die Wege, die sie nahmen, bis sie in den Händen der Banco Pinto de Magalhães und danach in denen des Santuários landeten, sind praktisch nicht rekonstruierbar. Sie weisen auf keine Geschäfte der portugiesischen Kirche mit den NS-Organisationen hin, wie es sie zum Beispiel seitens der kroatischen Kirche gab, und doch zeigen sie auf, wie auch die verräterischsten aller Barren bis in die 1970er Jahre von Hand zu Hand gingen und somit weißer gewaschen wurden, ohne daß die Bank oder die Santuário-Verwaltung etwas daran auszusetzen fanden.

Portugal und die Konfiskation von Privatgütern.
Die Affäre Lippmann-Rosenthal

Eines der Nachkriegsereignisse, das am meisten Licht in die Übernahme von NS-Raubgut in Portugal brachte, war der Prozeß, den im Jahre 1953 ungefähr einhundert holländische Bürger gegen den portugiesischen Staat eröffneten. Die Kläger waren Inhaber von Auslandsanleihen des Staates Portugal, die ihnen im Zuge der Besetzung der Niederlande entzogen worden waren. Sie stellten an das Amtsgericht Lissabon einen Antrag auf Ausgleich für den vermeintlichen Verlust dieser Wertpapiere. Da sie nun keine Coupons mehr vorweisen und somit auch keine Zinsen auf diese Anleihen einheben konnten, hielten sie es nur für gerecht, wenn ihnen der portugiesische Staat Duplikate dieser Anleihestücke ausstellte. Diese forderten sie nun ein.

Die Auslandsanleihen des Staates Portugal, die ihre Inhaber nach Deutschland geschafft und in den Wirren zu Kriegsende verlorengegangen wähnten, waren allerdings nicht wirklich abhanden gekommen. Sie befanden sich immer noch in Portugal und brachten dort den neuen Eigentümern Zinsen ein. Abgesehen davon hatten die verschlungenen Wege, auf denen diese Wertpapiere bis zu ihren neuen Eigentümern gelangt waren, über einen Holländer namens Johan Voetelink geführt, der zeitweise für den portugiesischen Staat wichtige Funktionen ausübte. Zur Zeit der deutschen Besetzung galt dieser in NS-Kreisen „bei den portugiesischen Behörden als besonders gut eingeführt und beliebt"[127]. Und diese Beziehungen bestanden damals bereits mindestens zweieinhalb Jahrzehnte lang. Am Ende des Ersten Weltkriegs hatte er es zum portugiesischen Vizekonsul in Amsterdam gebracht, im Zweiten Weltkrieg, im Alter von inzwischen 60 Jahren, wurde er Honorarkonsul. In Portugal zum Komtur von zwei Orden ernannt[128], war Voetelink auch Mitglied einer ganzen Reihe von portugiesischen Vereinen und Gesellschaften[129]. 1929 hatte er persönlichen Kontakt zu Staatschef Carmona, und 1931 zu Regierungschef Salazar[130]. Zur selben Zeit unterhielt der portugiesische Konsul auch alte Verbindungen mit Deutschland, brüstete sich mit einer Auszeichnung, die ihm von Österreich für seine Verdienste um die Olympiade verliehen worden war[131], und stand in der Gunst der österreichischen und deutschen Besatzer, die ihn als „holländischen Bürger, arisch" und deutschfreundlich[132] beschrieben.

Zu den Verbindungen Voetelinks mit der portugiesischen Gesellschaft zählte auch die enge persönliche Freundschaft mit Mário de Noronha. Beide waren Handelsagenten im Bereich Schiffbau und arbeiteten in zwei verschiedenen Banken, die enge Beziehungen zueinander pflegten – Voetelink in einer wichtigen Position in der Lippmann-Rosenthal & Co (LiRo)[133], Noronha in der portugiesischen Bank José Henriques Totta[134]. Noronha war früher ein großer Sportler gewesen, der erfolgreich an verschiedenen internationalen Fechtturnieren teilgenommen und vor allem von Holland und Deutschland sportliche Auszeichnungen erhalten hatte. In seiner politischen Laufbahn brachte er es zum Delegierten bei der Câmara Corporativa, einem beratenden Organ der Regierung, und zum Zeitpunkt der hier geschilderten Ereignisse war er Stadtrat von Lissabon.

Bevor die Auslandsanleihen die Wege dieser beiden Männer kreuzten, hatten sie bereits vier Jahrzehnte Geschichte hinter sich. Die Anleihen waren noch unter der portugiesischen Monarchie im Jahre 1902 mit einer Laufzeit von beinahe 100 Jahren ausgestellt worden, die erst im Juli 2001 endete. Ihre Inhaber waren über ganz Europa verstreut. Die Junta do Crédito Público (JCP) – ein Ausschuß für öffentliche Kredite – war mittlerweile auf den diversen europäischen Finanzmärkten durch so namhafte Banken wie die Barings in England, die Crédit Lyonnais in Frankreich, die Dresdner Bank in Deutschland und die Société Générale in Belgien vertreten, die den Gläubigern des portugiesischen Staates halbjährlich die Zinsen ausbezahlten und die entsprechenden Coupons entwerteten. In den Niederlanden vertraute der Ausschuß die diesbezügliche Abwicklung der bereits genannten LiRo an, einem angesehenen jüdischen Bankhaus. Jahrzehntelang liefen die Beziehungen zur LiRo ohne besondere Vorkommnisse, und es gab auch keine speziellen Diskussionen über die Vergütungen, die von der Junta für geleistete Dienste zu entrichten waren.

Mit der Besetzung der Niederlande begann die deutsche Obrigkeit, systematisch Gold, Devisen und andere Vermögenswerte zu plündern, die dabei helfen konnten, das Defizit Deutschlands gegenüber den neutralen Ländern auszugleichen. Ab 1941 war der Escudo eine der begehrtesten

Devisen der Invasoren[135]. Otto Rebholz, ein berühmt-berüchtigter deutscher Bankier, der später die holländische Staatsbürgerschaft annahm, tat sich dabei hervor, große Mengen von schweizerischen, französischen und portugiesischen Wertpapieren in klingende Münze zu verwandeln. Selbst die französischen Papiere versuchte er gegen Escudos zu tauschen, was ihm auch gelang. Anton Bühler wiederum, Reichskommissar für die holländische Zentralbank, ließ bei der LiRo Aktien ankaufen und diese über die Schweiz beziehungsweise auf anderen Wegen unter anderem auch in Portugal verkaufen[136].

Parallel dazu hatten die deutschen Besatzer eine neue Bank gegründet. Mit sukzessiv erlassenen Verordnungen wurden die holländischen Juden gezwungen, dort ihre Vermögenswerte zu deponieren, wie der holländische Historiker Gerard Aalders ausführlich berichtet. Um den jüdischen Einlegern Vertrauen einzuflößen, nahm die neue Bank ebenfalls den Namen Lippmann-Rosenthal an. Und um sie von der ersten zu unterscheiden, die ihren Sitz in der Niewe Spiegelstraat hatte, wurde sie nach dem Namen der Straße, in der sie lag, LiRo-Sarphatistraat genannt. Etwa 13.000 Juden wurden in das Netzwerk dieser neuen Bank getrieben[137] und dazu gezwungen, dort ihr Geld, ihre Schecks sowie Wertpapiere und später auch Edelmetalle, Schmuck, Kunstgegenstände und Urheberrechte[138] zu deponieren. Tausende von Depots wurden dann in einem „Sammelkonto"[139] zusammengeführt – ein düsteres Vorzeichen dafür, daß diese Juden ihre Vermögen nicht zurückerhalten würden.

Auch wenn der Name LiRo noch so viel Prestige genoß, war diese Neugründung der NS-Besatzer unweigerlich innerhalb kurzer Zeit landläufig als „roofbank" (Raubbank) bekannt. Schon bald begannen die von jenen Verordnungen betroffenen Bürger, ihre sämtliche Habe zu verstecken. Die Besatzer mußten zu neuen Mitteln greifen. Die Häuser der Deportierten wurden nun von Patrouillen der Hausraterfassung durchsucht, stets in Begleitung eines Funktionärs der LiRo-Sarphatistraat, der den Besitz inventarisierte und beschlagnahmte[140]. Die Opfer wurden für gewöhnlich in die Internierungslager von Vught beziehungsweise Westerbork auf niederländischem Gebiet gebracht, wo sie einige Zeit lang ihres Schicksals harrten. Die neue LiRo richtete selbst in diesen Übergangslagern eine Filiale ein, um der Habe dieser Gefangenen nachzuspüren und sie zu konfiszieren[141]. Schließlich wurde das Raubgut in die Banktresore befördert, und die Opfer fast immer nach Auschwitz oder Sobibór[142]. Die LiRo-Sarphatistraat verlor keine Zeit, alles zum Verkauf zu bringen[143].

Die eigentliche LiRo in der Niewe Spiegelstraat gab sich zurückhaltender und erfreute sich eines besseren Rufs als ihr Namensvetter. In Wirklichkeit wurde aber auch sie bereits von den Nationalsozialisten kontrolliert und stand dem vordringlichsten Anliegen der Deutschen zu Diensten, mit allen Mitteln Devisen herbeizuschaffen. Der Zwischenfall mit den portugiesischen Anleihen trägt dazu bei, die Nachkriegsbehauptungen über eine vorgebliche unüberwindbare Kluft zwischen der alten und der neuen LiRo zu relativieren.

Der NS-Bankier, der als Präsident der LiRo-Niewe Spiegelstraat eingesetzt wurde, pflegte sein Image einer Distanzierung von der „roofbank", verfolgte jedoch aufmerksam, was sich in der LiRo-Sarphatistraat[144] abspielte und nahm sogar an Besprechungen teil, in denen es um die Koordination zwischen den beiden Banken ging[145]. Unter deutscher Leitung verfolgten diese mit unterschiedlichen Methoden ein gemeinsames Ziel. Die neue LiRo enteignete die Juden mit großer Brutalität. In diesem Vorgehen lag nichts Neues. Sie behandelte das Vermögen der Juden, wie es die NS-Besatzer auch sonst überall zu tun pflegten. Die alte LiRo hingegen diente als Werkzeug einer Besatzung, die als vergleichsweise harmlos gelten wollte. Die Idee war, die Holländer nach dem österreichischen Modell in die Herrenrasse mit einzubeziehen. Die Erfahrungen mit dem Anschluß sollten zusammen mit der österreichischen Mannschaft von Reichskommissar Arthur von Seyß-Inquart auf Holland übertragen werden. Je drückender nun aber der Mangel an Devisen wurde, desto häufiger wurden schließlich auch nichtjüdische Holländer enteignet, wie dies im vorliegenden Fall geschehen ist. Auch die alte LiRo würde nun ihre angestammte Kundschaft um ihr Vermögen bringen, wenn auch im Vergleich zur neuen LiRo in bescheidenerem Ausmaß und mit subtileren Mitteln. Alles war tauglich, was die Gier NS-Deutschlands nach Escudos zu stillen vermochte beziehungsweise nach Habschaften, die sich in solche umwandeln ließen.

Als das erste unter deutsche Aufsicht gestellte Unternehmen behielt die alte LiRo zwei jüdische Angestellte in Schlüsselpositionen, Edgar Fuld und Robert May, um der angestammten Kundschaft des Bankhauses Vertrauen einzuflößen, vor allem aber, um das Geschäft mit den Auslandsanleihen des portugiesischen Staates zu einem guten Abschluß zu bringen[146]. Der neue Bankpräsident, Alfred Flesche, war deutscher Staatsbürger, NSDAP-Mitglied, seit 1926 wohnhaft in den Niederlanden[147] und seit 1935 Informant der deutschen Abwehr[148]. 1942 war er bereits Präsident von zwei Banken[149], der deutschen Handelskammer in den Niederlanden[150] sowie des Aufsichtsrates der Degussa[151].

Das persönliche Engagement einer so prominenten Persönlichkeit wie Flesche bei den Verhandlungen über die portugiesischen Auslandsanleihen zeigt, wie wichtig der Fall für die deutschen Behörden geworden war – eine

„kriegswichtige Angelegenheit", wie sie zu sagen pflegten. Die deutsche Obrigkeit begann, ihre Chance in einer Einladung zu sehen, die 1940 von der portugiesischen Regierung an die Inhaber der Auslandsanleihe ergangen war. Auf Wunsch könne diese in die kürzlich ausgegebene innere Anleihe umgewandelt werden[152]. Wer vier alte Schuldverschreibungen vorlege, würde dafür drei neue erhalten. Die Invasion hatte im Jahre 1940 die Eigentümer daran gehindert, dieser Einladung Folge zu leisten. Flesche dachte, nun wäre vielleicht die Gelegenheit günstig, darauf zurückzukommen. Es schien ihm möglich, mit der Junta do Crédito Público bezüglich einer neuen Konversionsfrist übereinzukommen. Liefe alles nach Plan und käme es zu einer Umwandlung der Titel, dann würden sie anschließend auf einem Konto der LiRo bei der portugiesischen Bank Lisboa & Açores deponiert werden, die sie ihrerseits wiederum zum Verkauf stellen und dafür einen Wert zwischen 45 und 65 Millionen Escudos zu erzielen suchen würde[153].

Flesche beschloß, zu diesem Zweck in Begleitung von Voetelink Lissabon aufzusuchen. Voetelink begann im August 1942, die entsprechenden Vorbereitungen für diese Reise zu treffen. Er kündigte der Junta do Crédito Público schriftlich seinen Besuch an[154] und ersuchte um die Erteilung eines portugiesischen Visums für sich und Flesche.[155] In den ersten Dezembertagen reisten die beiden ab. Flesche, der im Hotel Avenida Palace[156] logierte, sollte sich allerdings im Hintergrund halten, ohne zu den Verhandlungen mit der Junta zu stoßen[157]. Nach seinen Worten wollte er „die Angelegenheit ohne jede sichtbare behördliche deutsche Unterstützung lediglich von Seite des vorgenannten holländischen Bankhauses behandeln lassen"[158]. Von seinem Amtskollegen auf dem laufenden gehalten, hieß der Chef der Deutschen Gesandtschaft in Lissabon, Hoyningen-Huene, diese Taktik gut: „Die Gesandtschaft hat sich auf Wunsch des Herrn Flesche aus den Verhandlungen vollkommen herausgehalten, um der Angelegenheit nicht den rein niederländisch-portugiesischen Charakter zu nehmen, den die Herren Flesche und Voetelink ihr in geschickter Weise zu geben verstanden haben"[159].

Der erste Kontakt mit den portugiesischen Behörden verlief vielversprechend. Sowohl die Junta als auch das Finanzministerium schienen interessiert an dem Austausch zu sein, den Voetelink im Namen der LiRo vorgeschlagen hatte. Es wurde sogar ein „großes Interesse seitens der genannten Stellen an dieser Transaktion" festgestellt. Mário de Noronha tat anläßlich dieser Verhandlungen ebenfalls einige Äußerungen, die Flesche als sehr positiv bewertete[160]. Die Dreistigkeit der deutschen Besatzer bei der Aneignung fremden Besitzes war aber inzwischen sattsam bekannt. Es erwies sich daher als notwendig, den portugiesischen Verhandlungspartnern Garantien zu geben. Voetelink versicherte ihnen, „das Bankhaus Lippmann, Rosenthal & Co. führe in den Niederlanden die gesamte Transaktion so durch, daß sich keine Individualforderungen niederländischer Besitzer der zu konvertierenden Anleihe an Portugal ergäben"[161]. Auf welche Vorkehrungen sich Voetelink dabei bezog, ist nicht klar[162].

Schließlich wurde vereinbart, daß die LiRo die Titel einziehen und entwerten würde[163]. Die Junta ging noch weiter und autorisierte die Bank, die Titel von nichtholländischen Eigentümern umzuwandeln – und öffnete damit über die Verständigung mit den Militärbehörden, die für die Besetzung dieser Länder Sorge trugen[164], Tür und Tor, um aus der LiRo die große Drehscheibe für Vermögenswerte von Franzosen, Belgiern und anderen zu machen. Von der Vereinigung für den Effektenhandel erreichte die alte LiRo inzwischen eine uneingeschränkte Konversionsbewilligung[165]. Gleichzeitig diskutierte Flesche mit Scharrer von der deutschen Abwehr in Amsterdam Pläne für die Gründung einer portugiesisch-holländischen Gesellschaft, „die Möglichkeiten aller Art bieten wird"[166]. Am 7. Mai 1943 begann die LiRo, bei den Depositärbanken die Schuldverschreibungen einzuziehen. Diese Operation sollte drei Wochen dauern, wobei aber von der LiRo um Fristverlängerung gebeten wurde, die ihr die Junta auch einräumte.

Im Mai 1943 begann nun die LiRo, die Schuldverschreibungen in Lissabon zu verkaufen, ohne sie umgewandelt, ohne die Eigentümer von der Änderung der Pläne verständigt und ohne sie deswegen um Genehmigung gebeten zu haben[167]. Im Juli 1943 wurde ein Teil der Papiere im Diplomatengepäck nach Lissabon gebracht und im Tresor der Deutschen Gesandtschaft aufbewahrt. Ende August 1943 sollte eine neue Sendung folgen. Insgesamt gelangten damals circa 8.000 Titel in die portugiesische Hauptstadt, 2.000 davon im Reisegepäck von Flesche[168].

Im Juli und August 1943 kontaktierte Voetelink die Junta do Crédito Público zum letzten Mal, und diesmal war auch Flesche zugegen[169]. Dabei schwanden die letzten Aussichten auf eine Übereinkunft. Die Papiere würden auf dem Parallelmarkt außerhalb der Lissabonner Börse verkauft werden müssen. Die Warnungen der Alliierten vor einem Handel mit NS-Raubgut machten das Geschäft für die Käufer zu riskant. Die Nationalsozialisten sahen sich genötigt, die Papiere um 20 bis 30% unterhalb der offiziellen Notierung anzubieten[170]. Damit die Eigentümer nichts vom Verkauf ihrer Titel erfuhren und eventuell Schwierigkeiten machten, ersuchte Flesche die Abwehr, für die Zensur der Post zu sorgen. Sämtliche Schreiben zwischen Holland und Portugal, die mit der „Konversion" zu tun hatten, sollten abgefangen und der Deutschen Handelskammer ausgehändigt werden[171]. Die ersten Verkäufe wurden unter der persönlichen Leitung Flesches getätigt und brachten bis zum September 1943 etwa 2,5 Millionen Escudos ein, die prompt der Deutschen Gesandtschaft ausgefolgt wurden. Huene war dafür, diesen Betrag zur Begleichung von Warentransporten in Lissabon zu belassen[172].

Voetelink, Flesche und Legationsrat Otto Eckert beschlossen, von nun an Joseph Gellweiler mit dem Verkauf zu beauftragen. Der deutsche Geschäftsmann war 1897 nach Lissabon gekommen und hatte seine Karriere als Laufbursche bei einer Bank begonnen. Später verkaufte er Harzprodukte, Konserven sowie Wolfram und gründete eine kleine Firma, in der sein Sohn eine Vertretung für Schiffbau-Ausrüstungsmaterial aufbaute, das für gewöhnlich in deutschen Fabriken hergestellt wurde. Zu Beginn des Zweiten Weltkriegs war Gellweiler bereits ein wohlhabender Geschäftsmann mit einem soliden Unternehmen, der sich einen Namen auf dem Lissabonner Markt gemacht hatte. Er war Mitglied der örtlichen NSDAP, hatte aber eher das Profil eines Mitläufers als das eines überzeugten Nazis[173]. Daß gerade er dazu ausersehen wurde, die Kreditpapiere zu verkaufen, hatte mehr mit seiner Geschäftstüchtigkeit als mit politischer Zuverlässigkeit zu tun.

Die ersten Transaktionen führte Gellweiler im Oktober 1943 durch und widmete sich dann circa eineinhalb Jahre lang dieser Aufgabe. Erst im Februar 1945, als das Ende des Krieges bereits abzusehen war, verkaufte er die letzten Papiere. Weit vom anfänglichen Phantasiepreis von 65 Millionen Escudos entfernt, trug der Verkauf schließlich etwas mehr als 11 Millionen ein. In den Wirren des Niedergangs stießen die Nationalsozialisten nunmehr Beschuldigungen in alle Richtungen aus. Die Deutsche Gesandtschaft in Portugal, die in der Haltung Gellweilers politische Distanzierung bemerkte, bezichtigte den Geschäftsmann, sich mit einem Gewinn bereichert zu haben, der dem Verkauf von 822 Schuldverschreibungen entsprach[174]. Auf Voetelink und die LiRo wurde starker Druck ausgeübt[175]. Bühler wurde beauftragt, sie daran zu erinnern, daß die Bank nur dank des Geschäftes mit den portugiesischen Titeln einer Liquidation entrinnen konnte und es daher nötig sei, sich in diesem Geschäft auf das möglichste anzustrengen[176].

Inzwischen brach für die deutsche Obrigkeit die letzte Phase als Besatzer der Niederlande an, und es wurde geplündert, was zu plündern war[177]. Um die Verkäufe der Titel rückwirkend zu legalisieren, verfügten die Besatzer am 31. August 1944, die Inhaber hätten das Eigentum ihrer Titel gegen Bezahlung eines Preises zu übertragen, der auf den ersten Blick gerecht schien und sehr nahe an der offiziellen Quotierung lag[178]. Nach Informationen der Junta do Crédito Público bezahlten die Besatzer dann für 6.884

der 8.180 vorgelegten Schuldverschreibungen diesen Preis[179]. Die Differenz zwischen den beiden Zahlen könnte durch die Deportation von jüdischen Eigentümern erklärt werden[180]. Am 4. September 1944 kündigte Seyß-Inquart der LiRo an, es würden knapp eine Million Gulden bereitgestellt, die an die enteigneten Personen bezahlt werden sollten[181]. Die damit entschädigten Personen bemerkten nicht, Opfer eines Betrugs geworden zu sein, bei dem sie zwangsweise Schuldverschreibungen veräußert hatten, um einen bereits getätigten Verkauf legal zu decken.

Zur selben Zeit, als Seyß-Inquart seine Ankündigung machte, marschierten die Alliierten in Antwerpen ein und rückten entschlossen gegen die holländische Grenze vor. Am 5. September 1944, der in die Annalen als „Dolle Dinsdag" einging, ergriffen zahlreiche Kollaborateure und Mitglieder der holländischen nationalsozialistischen Partei NSB Hals über Kopf die Flucht. Seyß-Inquart ordnete am selben Tag an, die noch in den Niederlanden verbliebenen ausländischen Kreditpapiere nach Berlin zu bringen – das sogenannte „Dolle-Dinsdag-pakket"[182]. Die Nachricht, daß auch Flesche an diesem Tag mit einer Ladung Diamanten und anderen Vermögenswerten nach Deutschland geflohen sein soll, paßt zur späteren Überzeugung der enteigneten Personen, ihre Kreditpapiere wären damals irgendwo verlorengegangen. Bis zur endgültigen Befreiung sollte noch ein halbes Jahr vergehen, in dem nichts davon an den Tag kam.

Unterdessen übte die Gesandtschaft der Niederlande in Lissabon starken Druck aus. Zumindest im Mai, im August[183] und im November 1944 übermittelte sie der portugiesischen Regierung Schreiben mit der Bitte, Maßnahmen zur Kontrolle des Handels mit geraubten Vermögenswerten in Portugal zu ergreifen. Im Schreiben vom November ging es dabei ausschließlich um die Schuldverschreibungen, die von der LiRo verschoben wurden[184]. Mit dem bereits absehbaren Sieg der Alliierten verstärkte sich der Druck. Am 22. März 1945 erließ die Salazar-Regierung ein Dekret, mit dem den ehemaligen Eigentümern zugestanden wurde, um die Annullierung der in Lissabon getätigten Käufe anzusuchen, sofern sie nachweisen konnten, daß die neuen Käufer in böser Absicht gehandelt hatten. Am 6. Juni 1945 veröffentlichte das Amtsblatt „Diário do Governo" eine Liste der Titel. Im Jahre 1948 fühlte sich die Junta do Crédito Público noch verpflichtet, dem Gesuch des Sohnes eines Auschwitzopfers nachzukommen, die Personen zu nennen, „die die Zinsen für die Titel einhoben", die er in Holland in den Händen seines Vaters zurückgelassen hatte[185]. Die insgesamt getroffenen Maßnahmen zeigen, daß Salazar in den letzten Kriegswochen und in den ersten Nachkriegsjahren ernsthaft die Möglichkeit in Betracht zog, die Nutznießer des Geschäftes mit den Titeln für ihre Spekulationsgewinne zur Kasse zu bitten.

Mit dem Wechsel des politischen Klimas zum Kalten Krieg wurden jedoch selbst die gefährlichsten Verbindungen annehmbar. Der Diktator war zu der Zeit zu keinem Bauernopfer mehr bereit. Er ging dazu über, die portugiesischen Käufer systematisch gegen Ansprüche zu schützen, die dann Anfang der 1950er Jahre erhoben wurden. Holland war inzwischen dem Nordatlantikpakt beigetreten. Die holländische Regierung entschädigte teilweise die Opfer von NS-Enteignungen und leitete die Klagen über die portugiesischen Auslandsanleihen ohne große Begeisterung an eine britische Anwaltskanzlei mit Sitz in Lissabon weiter[186]. Damit waren allerdings nicht alle Probleme beseitigt. Obwohl die holländische Regierung sogleich im November 1945 dazu überging, für Transaktionen mit Kreditpapieren auf dem offiziellen Markt den guten Glauben gelten zu lassen[187], war dies offensichtlich im Fall der Lissabonner Transaktionen anders. Es oblag somit der holländischen Regierung, die Kläger zu unterstützen. In Wirklichkeit lieferte jedoch die Regierung in Den Haag den Anwälten der Opfer nicht alle Informationen, über die sie verfügte[188]. Diese vertraten sie in der Annahme, die Titel wären verlorengegangen. Ihre Forderung auf Ersatz war ein aussichtsloses Unterfangen, da sämtliche Präzedenzfälle ungünstig ausgegangen waren[189].

Für die Angeklagten – in diesem Fall der portugiesische Staat und die Junta do Crédito Público – war es ein leichtes, für einen Knalleffekt zu sorgen. Der angeklagte Staat offenbarte mit einem Male, die Titel wären keineswegs abhanden gekommen. Ihre Eigentümer würden regelmäßig die entsprechenden Coupons zur Einlösung der Zinsen vorlegen. Die Junta hätte alles unter bester Kontrolle und verfüge sogar über eine Liste mit den Namen der Personen, die für gewöhnlich die Coupons vorwiesen. Der Staat, der in der stärkeren Position war, drohte nun seinerseits den Klägern mit einer Widerklage wegen Prozeßbetrugs. Die Anwälte der Anklage, Francisco Bahia dos Santos und Pedro Croft de Moura, waren von dieser plötzlichen Wende überrumpelt und verzichteten darauf, in diesem Prozeß weitere Schritte zu unternehmen.

Staat und Junta verfolgten nun die Taktik, nicht nachzugeben. Sie wiesen darauf hin, daß die beraubten Holländer bis 1949 im Rahmen des Gesetzes die Möglichkeit gehabt hätten, die mit ihren Titeln durchgeführten Transaktionen anzufechten. Wenn sie es nicht getan haben, solange die Verordnung in Kraft war, dann müßten sie anerkennen, daß der Besitz von diesem Zeitpunkt an unangreifbar war. Für verschiedene Banken, die Coupons vorlegten, kann diese neue Ausrichtung nur ein Grund zum Feiern gewesen sein: die Banco Português Atlântico, die Crédit Franco-Portugais, die Banco Espírito Santo & Comercial de Lisboa, die Banken José Henriques Totta (Partnerbank der LiRo, in der, wie bereits erwähnt, Mário de Noronha wichtige Funktionen ausgeübt hatte), Pinto & Sotto Mayor und Fernandes de Magalhães[190]. Um sich ihre Verteidigungsstrategie zurechtzulegen, ersuchte die JCP die LiRo um Unterstützung, die sie auch bekam, noch dazu eine wertvolle: „Die Liste der 123 Einleger, an die 6.884 Auslandsanleihestücke zu 3%, 1., 2. und 3. Serie, ausbezahlt worden waren, wie auch die Liste mit den Nummern der Stücke, die an jeden einzelnen ausgefolgt wurden"[191].

Das Schicksal der Hauptakteure in dieser Affäre gibt ein getreues Bild davon, wie anders nun alles in der Nachkriegszeit war. 1948 beklagte sich Mário de Noronha, das Bildungsministerium würde ihn unter offensichtlich fadenscheinigen Vorwänden verfolgen, die mit seinen sportlichen Aktivitäten zu tun hatten[192]. Ob diese Verfolgung wohl in seinem Konflikt mit Américo Tomás zu suchen ist, den er gegenüber Salazar mit einer mangelnden Geschäftsmoral des damaligen Marineministers und künftigen Präsidenten der Republik rechtfertigte[193]? Oder war es etwa sein Umgang mit Flesche und Voetelink, der ihn nach dem Sieg der Alliierten praktisch gesellschaftsunfähig machte? Gewiß ist, daß schon damals Salazars Schutz genoß, wer nicht so sehr im Rampenlicht stand. Der Nazi Otto Eckert zum Beispiel war dem Diktator dankbar, daß er seine Familie zu sich nach Sintra holen durfte[194]. Die Firma Gellweiler erfreute sich weiterhin des Wohlstands, den sie während des Krieges vermehrt hatte. Inzwischen standen auch in Holland infolge des Kalten Krieges die Aktien gut für die Rehabilitierung des Kollaborateurs Voetelink, der in den 1950er Jahren bis zu seinem Tod 1956[195] in Amsterdam verschiedene einträgliche Ämter ausübte[196].

Als die holländischen Kläger den Prozeß eröffneten, waren die Verhandlungen zwischen Portugal und der TGC so gut wie abgeschlossen. Eines der ständig vom Leiter der portugiesischen Delegation, Oberst Tomás Fernandes, vorgebrachten Argumente war, Portugal habe zu keiner Zeit Güter angenommen, die von Privatpersonen konfisziert worden waren. Sollte enteignetes Gold angenommen worden sein, fügte Fernandes noch hinzu, so stammte es ausschließlich von der belgischen beziehungsweise holländischen Zentralbank. Nach Meinung von Fernandes taten die NS-Behörden wohl nichts Unrechtes, diese Zentralbanken zu enteignen. Und er berief sich auf das Recht des Stärkeren, das in der Haager Landkriegsordnung von 1907 schriftlich niedergelegt wurde und der Besatzungsmacht das Recht zugestand, sich die Güter des unterworfenen Staates anzueignen, nicht aber die seiner Bürger[197]. Heute ist es möglich, die Argumentation von Tomás Fernandes gegenüber der TGC sehr kritisch zu betrachten.

Zusammenfassend läßt sich aus den Fakten schließen, daß die portugiesische Regierung sich nicht grundsätzlich und in allen Fällen geweigert hat, an der Diskussion über das Schicksal privater Vermögenswerte teilzunehmen. Als Voetelink im Dezember 1942 nach Lissabon kam, suchte er sich beim portugiesischen Staat Rückendeckung zu verschaffen, die Konversionsfrist der Auslandsschuld zu erneuern. Die Verhandlungen waren erfolgreich, ließen jedoch ein wichtiges Problem außer acht, das den deutschen Behörden ein dringendes Anliegen war, nämlich die Frage, wie die Titel in Escudos umgewandelt werden könnten. Mit dem Täuschungsmanöver, eine Umwandlung in Aussicht zu stellen, zogen sie die Titel der vorwiegend nichtjüdischen Eigentümer ein. Dank des Abkommens mit dem portugiesischen Staat gelang es der LiRo, circa 8.000 Titel in ihre Hände zu bekommen.

Einmal im Besitz dieser Titel, ignorierte sie den Auftrag der Eigentümer und machte sich daran, sie zu verkaufen, anstatt sie umzuwandeln – was man im Juristenjargon für gewöhnlich Vertrauensmißbrauch nennt. Die Zensur der Post half den deutschen Besatzern, die holländischen Eigentümer in Unkenntnis darüber zu belassen, was in Portugal mit ihren Vermögenswerten angestellt wurde. Im Gegensatz zur „roofbank" enteignete die alte LiRo Juden und Nichtjuden unter dem Anschein, ihnen einen Dienst zu erweisen. Als im September 1944 die deutschen Behörden die Enteignung anordneten, löste sich diese Illusion in Luft auf.

Der portugiesische Staat selbst kaufte keine Schuldverschreibungen, die sich die Deutschen durch Betrug verschafft hatten. Die Verkäufe dieser Schuldverschreibungen auf dem portugiesischen Markt können der Regierung in Lissabon allerdings nicht verborgen geblieben sein, zumal sie bereits über die Absichten der Deutschen vorgewarnt war. Dennoch erfolgte keine Warnung, wie sie von der Vereeniging voor den Effectenhandel in Holland gegenüber der „roofbank" ausgesprochen wurde. Wenn der portugiesische Staat diese Verkäufe tolerierte, strich er keine direkten Gewinne ein, begünstigte damit aber portugiesische Einrichtungen, die diese Papiere zu einem Gelegenheitspreis in ihren Besitz brachten.

Anmerkungen zu Kapitel 4 – Die Banco de Portugal und die Herkunft des Reichsbankgoldes

1 Boelcke, 1985, S. 115.
2 Steinberg, 1998, S. 8.
3 Smith, 1989, S. 28.
4 Zabludoff, 1997. Die Bergier-Kommission setzt hingegen für ihre Berechnung der Reichsbankreserven den September 1939 an, den Zeitpunkt des Überfalls auf Polen. Die Beschlagnahmen vor dem Krieg bleiben damit

etwas unlogisch von den übrigen losgelöst. Andererseits beinhaltet der Bericht der Kommission präzise Angaben, die bei Zabludoff fehlen. Darunter fallen die äußerst wichtigen Angaben über die Aufteilung der enteigneten Vermögenswerte jedes betroffenen Landes in einzelne Parzellen, die zum Beispiel Aufschluß darüber geben, ob es sich um Gold von Zentralbanken oder Einzelpersonen handelt. Die Berechnung des insgesamt der Reichsbank während des Krieges zur Verfügung stehenden Goldes schwankt zwischen 890 Millionen Dollar bei der Bergier-Kommission und 930 Millionen bei Zabludoff. Bergier, 1998, S. 42. Es sei vermerkt, daß die Zeittafel der Bergier-Kommission mit jener der europäischen Alliierten übereinstimmt, die die NS-Expansionsbestrebungen bis zur Invasion Polens tolerierten, und somit auch die Beschlagnahme des österreichischen sowie tschechischen Goldes. Auf diese Weise sollten die Alliierten nach dem Krieg auch die Schwere der Raubzüge danach bemessen, ob sie vor bzw. nach ihrem Bruch mit dem Nationalsozialismus stattgefunden hatten. Die Vereinigten Staaten bilden eine Ausnahme, da sie als letzte damit brachen, zu einem Zeitpunkt, zu dem sämtliche Zentralbanken bereits ausgeplündert waren. Die Amerikaner neigten daher dazu, die Beschlagnahmen gleich zu bewerten, unabhängig davon, ob sie bereits sehr früh, wie zum Beispiel in Österreich, stattgefunden haben, oder relativ spät, wie zum Beispiel in Belgien. Die Standpunkte von Smith und Zabludoff stimmen dahingehend ebenfalls überein.

5 Bei Zahlungen an andere Zentralbanken gab sie 518 Millionen Dollar aus. Zabludoff, 1997, S. 23.
6 Bzw. 149 Millionen Dollar laut Zabludoff, woraus sich für „legales Gold" ein Betrag von etwa 217 Millionen Dollar ergibt.
7 Memorandum der portugiesischen Delegation über das Gold, das seitens der Banco de Portugal von Deutschland erworben wurde, 24.9.46. AHD-MNE, P2-A7-M626.
8 Laut einer widersprüchlichen Angabe von Roger Vaidie soll auch noch ein Teil des luxemburgischen Goldes nach Dakar verschifft und schließlich von den Deutschen an sich gebracht worden sein (90 Kisten). Informationen über belgisches Gold, die Tomás Fernandes zugegangen sind, 7.1.48. AH-MNE, P2-A7-M626.
9 Arthur Smith zitiert ein Dokument der National Archives, Washington, in dem Johannes Hemmen, der frühere NS-Chefunterhändler bei der französischen Kapitulation, behauptet, im Mai 1941 wäre ein – sicherlich geringerer – Teil des belgischen Goldes, das auf dem üblichen Weg in Casablanca eingelangt war, nicht nach Marseille, sondern direkt nach Lissabon weitergeleitet worden. Dort soll es in der Anglo-American Bank

deponiert und später dazu verwendet worden sein, deutsche Ankäufe in den Vereinigten Staaten zu finanzieren, die noch nicht in den Krieg eingetreten waren. Smith, 1989, S. 49. Die Verbindungen zu Marokko, in dessen Zentralbank der Vize-Gouverneur der Banco de Portugal, Carlos Soares Branco, vertreten war, sind übrigens ein Aspekt, der bis jetzt kaum untersucht wurde und eine ganze Reihe von weiteren Indizien für mögliche Machenschaften liefert. Noch bevor damit begonnen wurde, belgisches Gold von Dakar zurückzuschaffen, bemühte sich der Leiter der Vichy-Gesandtschaft in Lissabon beim portugiesischen Außenministerium um die Zusage, daß für Zahlungen an Portugal französisches, in Casablanca deponiertes Gold akzeptiert werde. Auf diese Weise sollten Frankreichs Schulden für den Import von Konserven beglichen und möglicherweise etwa 200 Goldbarren (2,5 Tonnen) einer Verwendung zugeführt werden, bevor die Deutschen auf die Idee kamen, dieses Gold wie das von Dakar rückzuführen. Das Problem wurde beachtlich zügig behandelt, und einige Tage später befand sich das Gold bereits in Lissabon. Vermerk von J. Carneiro über ein Gespräch mit dem französischen Gesandten, 28.9.40. Vermerk von Carneiro über ein Telefongespräch mit dem französischen Gesandten, 4.10.40. AOS/CO/NE-2D, Mappe 30.

10 Informationen über belgisches Gold, die Tomás Fernandes zugegangen sind, 7.1.48. AH-MNE, P2-A7-M626.
11 Bergier, 1998, S. 42 ff.
12 Steinberg, 1998, S. 20.
13 Bähr, 1999, S. 26.
14 Steinberg, 1998, S. 25 ff.
15 Bähr, 1999, S. 27.
16 Bähr, 1999, S. 23.
17 Memorandum der portugiesischen Delegation über das Gold, das die Banco de Portugal von Deutschland erwarb. 24.9.46. AHD-MNE, P2-A7-M626.
18 Bähr, 1999, S. 58.
19 Smith, 1989, S. 34.
20 Neue Zürcher Zeitung, 23./24.8.97.
21 Informationen über belgisches Gold, die Tomás Fernandes zugegangen sind, 7.1.48. AH-MNE, P2-A7-M626.
22 Memorandum der alliierten Delegationen über Raubgold, 9.9.46. AHD-MNE, P2-A7-M626.
23 Die Reichsbank war übrigens von der Zwecklosigkeit überzeugt, sich bei den Erwerbern auf das „Beuterecht" zu beziehen, und hatte nichts dagegen einzuwenden, das Problem einigermaßen streng rechtlich zu sehen und die Vierjahresplan-Behörde darauf hinzuweisen, daß dieses „Recht"

im Fall des belgischen Goldes nicht anwendbar sei. Es stimmt, daß die portugiesischen Diplomaten nach dem Krieg in ihrer Verzweiflung versuchen sollten, den Druck der Alliierten auf Rückerstattung des Goldes abzuschwächen, indem sie den Nationalsozialisten jenes „Beuterecht" zuerkannten, an das sie selbst nicht recht glauben wollten. Eine andere Frage wäre, wie die Banco de Portugal während des Krieges reagiert hätte, wenn ihr mit diesem Argument die Annahme belgischer Barren unterbreitet worden wäre. Spekulationen darüber erübrigen sich jedoch an dieser Stelle. Viel wichtiger ist die Feststellung, daß die Reichsbank selbst die Berufung auf das „Beuterecht" als unzureichend ansah und deshalb kein Risiko eingehen wollte. Daher die massive Umschmelzung von belgischen Barren. Nach dem Krieg sollten die alliierten Unterhändler sich daran stoßen, daß die Portugiesen sich auf ein vermeintliches „Beuterecht" der Deutschen beriefen: „Es ist seltsam, daß die portugiesische Regierung es für notwendig befand, den Deutschen eine Rechtfertigung einzuräumen, die sich Deutschland selbst aus Angst, das Gold nicht verkaufen zu können, nicht zugestanden hat". Britische Botschaft an das portugiesische Außenministerium, 2.2.49. AHD-MNE, P2-A7-M626. Bähr, S. 24, 25 – Anmerkungen.
24 Bähr, 1999, S. 26.
25 Bähr, 1999, S. 65.
26 Bähr, 1999, S. 41.
27 Bähr, 1999, S. 81 f.
28 Bähr, 1999, S. 89 f.
29 Wirtén, 1998, S. 73.
30 Zitiert von Fior, 1996, S. 47.
31 Wirtén, 1998, S. 93.
32 Bergier, 1998, S. 131. Vergleiche Fior, 1996, S. 48.
33 Zitiert von Fior, 1996, S. 47.
34 Roger Vaidie an den Gouverneur der Banque de France, Monick. Rapport sur les négociations luso-alliées. Bern, 17.4.47. ABF, Boîte 20, 101069, N°557.
35 Bauer, 1994, S. 12 ff.
36 Wirtén, 1998, S. 62.
37 Lacroix-Riz, 1998, vervielfältigtes Exemplar.
38 Wirtén, 1998, S. 85.
39 Ich entschied mich hier dafür, die von der Bergier-Kommission getroffene Anordnung leicht abzuwandeln und das „Melmer-Gold" als Unterkategorie in die Rubrik „konfisziertes und geraubtes Gold" einzureihen.
40 Bergier, 1998, S. 133.
41 Bergier, 1998, S. 100.

42 Wirtén, 1998, S. 60.
43 Wirtén, 1998, S. 93 f.
44 Wirtén, 1998, S. 84.
45 Bergier, 1998, S. 134.
46 Nach dem Krieg war Abs noch viele Jahre lang die markanteste Führungspersönlichkeit der Deutschen Bank, und auch die einflußreichste, was die Ausrichtung ihrer internationalen Geschäftspolitik anging. In Portugal ist nichts von einer Intervention seinerseits vor 1963 bekannt. Zu diesem Zeitpunkt, zwei Jahre nach Ausbruch der Kolonialkriege, suchte er Salazar auf und beglückwünschte ihn zu seinen „Leistungen" und zur Währungsstabilität Portugals. Über einen handschriftlichen Vermerk Salazars weiß man, daß der Diktator ihm eine Woche später antwortete. Eine Kopie dieser Anwort ist jedoch nicht aufzufinden. Steinberg, 1998, S. 40. AOS/CP-3, Abs an Salzar, 3.12.63.
47 Bähr, 1999, S. 123. Siehe auch Kopper, FAZ, 27.2.98.
48 In Wirklichkeit wurde die gesamte Transaktion von Gold, das von der Reichsbank stammte und von der Banco de Portugal bei der BIZ erworben wurde, an einem einzigen Tag abgewickelt, dem 10. Februar 1941. Es handelt sich dabei um 38 Barren, insgesamt etwa 475 kg. Sie konnten nicht aus dem Beutezug in der Tschechoslowakei stammen, da die BIZ bei dieser vor dem Krieg begangenen Aneignung nicht die geraubten Barren selbst erhielt, sondern andere. Diese Barren konnten weitgehend auch nicht aus den Beutezügen in Holland und Belgien stammen. Von diesen insgesamt 38 Barren waren bereits im Februar und März 1940 24 bei der BIZ eingegangen, somit vor der Invasion in diesen beiden Ländern. Die restlichen 14 Barren gingen im September 1940 ein und können daher theoretisch aus Holland, nicht jedoch aus Belgien stammen. *Note on Gold Operations,* Anhang 5, S. 1.
49 Protokolle des SNB-Direktoriums, 18.6.42, zitiert von Fior, 1996, S. 30.
50 BP.CExt/12/3. Transaktionen mit der SNB. Ausgänge/Sendungen an Lissabon. AH-BP.
51 Fior, 1996, S. 31 f.
52 Protokolle des SNB-Direktoriums, 11./14.12.42, zitiert von Fior, 1996, S. 34.
53 Roger Vaidie an den Gouverneur der Banque de France, Monick. Rapport sur les négociations luso-alliées. Bern, 17.4.47. ABF, Boîte 20, 101069, Nr. 557.
54 Informationen über belgisches Gold, die Tomás Fernandes zugegangen sind, 7.1.48. AH-MNE, P2-A7-M626.
55 Britische Botschaft an das portugiesische Außenministerium, 2.2.49. AHD-MNE, P2-A7-M626.

56 Das portugiesische Außenministerium an die Botschaft der Vereinigten Staaten, 8.7.48. AHD-MNE, P2-A7-M626. António Louçã. „Portugal e o ouro roubado pelos nazis. Da receptação às negociações do pós-guerra" (Portugal und das NS-Raubgold. Von der Hehlerei bis zu den Nachkriegsverhandlungen), im portugiesischen Monatsmagazin História, Oktober 1996.
57 Rodrigues Pereira (Sektionschef im portugiesischen Außenministerium) an den Botschafter in Washington, Pedro Theotónio Pereira, 11.5.48. Britische Botschaft an das portugiesische Außenministerium, 2.2.49. AHD-MNE, P2-A7-M626.
58 Französische Gesandtschaft an das portugiesische Außenministerium, 18.5.48. AHD-MNE, P2-A7-M626.
59 Roger Vaidie an den Gouverneur der Banque de France, Monick. Rapport sur les négociations luso-alliées. Bern, 17.4.47. ABF, Boîte 20, 101069, Nr. 557.
60 Wirtén, 1998, S. 51 ff.
61 Der Weg zur Vertiefung dieser Frage ist mit Hindernissen gepflastert, und dies betrifft nicht nur die chaotischen russischen Archive nach Glasnost, sondern auch die deutschen Archive, wo bereits in den 1970er Jahren die 26 „Melmer-Hefte", die Aufschluß darüber geben könnten, auf „mysteriöse" Art und Weise verschwanden. Diese Hefte waren nach dem Krieg der Bank Deutscher Länder übergeben worden, aus der später die Bundesbank hervorging, und sie lösten sich sozusagen in Luft auf, ohne die geringste Spur zu hinterlassen und ohne wenigstens auf Mikrofilmen festgehalten worden zu sein. Steinberg, 1998, S. 27 f.
62 *Dez anos...*, Band XIV, 1991, Dok. 321, Armindo Monteiro, Botschafter in London, an das portugiesische Außenministerium, 20.8.40.
63 Protokolle der Stabilisierungs-Kommission, 11.6.40. AH-BP.
64 Protokolle der Stabilisierungs-Kommission, 25.6.40. AH-BP.
65 Bergier, 1998, S. 132.
66 Diese Worte wurden von den TGC-Unterhändlern nach dem Krieg gebraucht. Antwort der alliierten Delegationen, 20.11.47 (vermutlicher Fehler in der Datierung, das Dokument müßte aus dem Jahr 1946 stammen). AHD-MNE, P2-A7-M626.
67 Trepp, 1993, S. 62 f.
68 Schreiben von SNB-Direktor Pfenninger an Generaldirektor Schnorf, 21.6.42. Zitiert im Bergier-Bericht, 1998, S. 92.
69 Roger Vaidie an den Gouverneur der Banque de France, Monick. Rapport sur les négociations luso-alliées. Bern, 17.4.47. ABF, Boîte 20, 101069, Nr. 557.
70 Gibbs an Stopford, 23.4.42. Telo, 1999, dokumentarischer Anhang.

71 Memorandum der portugiesischen Delegation über das Gold, das die Banco de Portugal von Deutschland ankaufte, 24.9.46. AHD-MNE, P2-A7-M626.
72 Bergier, 1998, S. 129.
73 Bergier, 1998, S. 102.
74 Bergier, 1998, S. 133.
75 Bergier, 1998, S. 129.
76 Hedin, Elgemyr, 1997, S. 6 ff.
77 Wirtén, 1998, S. 93.
78 Schreiben von Marcel van Zeeland Reuleaux an Ivar Rooth, 8.9.44. A-BIZ.
79 Steinberg, 1998, S. 6.
80 Zitiert von Fior, 1996, S. 31.
81 Wirtén, 1998, S. 16.
82 Lagerbuchhaltung der Kunden Golddepots in den Jahren 1939 bis 1945. 1997; SNB, Zürich.
83 Banco de Portugal an die SNB, 14.7.42. BP.CExt/12/4. Transaktionen mit der SNB. Konto C. Eingänge/Ankäufe, Nr. 1, Blatt 3. AH-BP.
84 Soares, 1999, S. 14.
85 Gutachten von Tomás Fernandes, 1.3.49. AHD-MNE, P2-A7-M626. Der Vollständigkeit halber sei die sachgemäße Definition der schwedischen Kommission über den Begriff „earmarked" hinzugefügt: „Bars in a central bank are sometimes said to be earmarked on someone else´s behalf. This means that a person with gold to receive from the central bank is also entitled to the very gold bars which have been earmarked for his claim. He need not accept other gold bars instead". Wirtén, 1998, S. 16.
86 Als Extrembeispiele dieser fixen Idee, das Gold zu horten, seien zwei Fälle angeführt, in denen die Banco de Portugal es ablehnte, Gold auf dem internationalen Markt zu verkaufen, obwohl der in Aussicht gestellte Gewinn ausgesprochen lohnend schien. Beide Angebote kamen von Bankfilialen in Istanbul, die aus bereits bekannten Gründen über eine äußerst große Gewinnspanne verfügten und für das portugiesische Gold gute Preise bieten konnten. Eine der Banken, die sich im Herbst 1942 mit einer diesbezüglichen Anfrage an die Banco de Portugal wandte, war die Filiale der Dresdner Bank in Istanbul. Bei der anderen handelte es sich um die Filiale der Banca Commerciale Italiana in derselben Stadt. Soweit bekannt ist, gab ihnen die Banco de Portugal nicht einmal die Gelegenheit, ähnlich verführerische Preise zu bieten, wie sie an die Reichsbank bezahlt wurden. Beide Anfragen wurden bereits im Keim erstickt. Banca Commerciale Italiana, Istanbul, an die Banco de Portugal.

30.9.42. Deutsche Orientfiliale der Dresdner Bank-Istambul an die Banco de Portugal, 17.10.42. Anfrage und Offert bezüglich Gold. Bewegungen der Goldwährung, Allgemeines, Konto B. AH-BP.

87 Protokolle des Verwaltungsrats, Buch 109, Wortmeldung von Fernando Ulrich in der Sitzung vom 17.7.42. AH-BP.

88 Laut Álvaro de Sousa „verkauften die Gewerbetreibenden ihrerseits das Gramm Feingold für Esc. 40$00 und mehr, das sie bei der Banco de Portugal für Esc. 28$975 angekauft hatten, und sie schafften es gleichzeitig auch noch, die ‚Kontrolle' der Grémios und Eichämter zu umgehen". Protokolle des Verwaltungsrats, Buch 109, Sitzung vom 26.1.43. AH-BP. Siehe auch Bähr, 1999, S. 41.

89 Protokolle des Verwaltungsrats, Buch 109, Sitzung vom 26.1.43. AH-BP.

90 Der Verkauf wurde vom 28. November 1942 bis zum 6. Februar 1943 ausgesetzt. Als er wieder aufgenommen wurde, kassierte die Banco de Portugal Esc. 31$53 pro Gramm von den Grémios und Esc. 31$97 von Banken, Buchmachern und „anderen Verbänden von einwandfreiem Ruf wie Versicherungsgesellschaften etc.". In den beiden darauffolgenden Jahren sollten sich diese Preise relativ stabil halten, wobei sie Anfang Februar 1945 ihren größten Anstieg verzeichneten und auf Esc. 34$37 bzw. Esc. 34$85 kletterten. Beim Verkauf an Grémios sollten sie schon bald auf die oben erwähnten Esc. 31$53 zurückfallen. Die Verkäufe an Banken und andere „respektable" Einrichtungen waren ab 22. Februar 1945 ausgesetzt. Archiv des Verwaltungsratsmitglieds Salgado (provisorische Bezeichnung des Nachlasses von António Alves Salgado Júnior, der am 18.2.1955 Cabral Pessoa als Generalsekretär der Banco de Portugal ablöste). AH-BP, 1999.

91 Vorerst auf 70 kg pro Woche, die nicht übertragbar waren, und in den letzten Kriegswochen auf 50 kg. Protokolle des Verwaltungsrats, Buch 113, Sitzung vom 23.2.45. AH-BP. Schenkt man jedoch den Berechnungen der Banque de France Glauben, so verkaufte die Banco de Portugal in den letzten vier Kriegsmonaten das meiste Gold an die Grémios. Und tatsächlich gingen die Verkäufe in diesen Monaten beinahe um das Dreifache über dieses neue Limit hinaus, während der wöchentliche Durchschnitt in den beiden Jahren davor die Obergrenze von 70 kg nicht zu überschreiten schien. Die Differenz zwischen dem Gesamtverkauf von 1942-1945 und dem Gesamtverkauf von 1942-1944 beträgt nicht weniger als 2.451 kg, auf die 17 Wochen des Jahres 1945 beschränkt, in denen noch Krieg herrschte, und konzentriert auf die Verkäufe an Grémios, zumal mit Entscheidung vom 22. Februar 1945 die Verkäufe an Banken und Buchmacher ausgesetzt wurden. Die Verdopplung der durchschnittlichen wöchentlichen Verkäufe zu einem Zeitpunkt, zu dem die behörd-

lichen Anordnungen genau ins Gegenteil umschlugen, verstärkt den Eindruck einer Flucht in das Gold. All dies unter der Voraussetzung, daß die Berechnungen der Banque de France stimmen. Recherche de l'or belge chez la Banque du Portugal. Direction Général des Etudes et Services Etrangers de la Banque de France, 21.10.46. ABF, Boîte 13, 10601950/3. Siehe auch Protokolle der Stabiliserungs-Kommission, Buch 6, Sitzung vom 23.4.45; sowie Protokolle des Verwaltungsrats, Buch 113, Sitzung vom 23.2.45. AH-BP.

92 Gold Imports into Portugal, 9.10.44. NA, External Assets and Looted Gold, RG 43, Box 48.
93 Wirtén, 1998, S. 83.
94 Gold Imports into Portugal, 9.10.44. NA, External Assets and Looted Gold, RG 43, Box 48.
95 Die Banque de France, Treuhänderin der belgischen Goldreserven, mußte die belgische Nationalbank noch vor Kriegsende für den Raub entschädigen, den sie begünstigt hatte. Daher ihr großes Engagement, einen Teil dieses Goldes in Portugal und in anderen Ländern wiederzuerlangen, in denen es gelandet war. Zusammen mit der Beteiligung der PCF an der französischen Regierung sollte dieser Umstand nach Kriegsende zu besonders gespannten Beziehungen zwischen Portugal und Frankreich führen. Zu dieser Zeit war Portugal von einem anti-kommunistischen Klima geprägt, das häufig in eine anti-französische Paranoia ausartete. Die bereits zitierte Unterredung von Álvaro de Sousa mit einem amerikanischen Diplomaten beleuchtet auf interessante Weise diese Mischung. Bei dieser Gelegenheit äußerte Sousa die Angst, daß mit der Deckung des Internationalen Währungsfonds „Rußland zum Beispiel in der Lage wäre, ungehindert Escudos zu kaufen, um mit diesen dann Eigentum in Portugal zu erwerben bzw. Spionage zu treiben und andere subversive Tätigkeiten auszuüben". Und er fügte noch die Möglichkeit hinzu, daß auch die Crédit Lyonnais und ihre Tochterbank Crédit Franco-Portugais aufgrund ihrer „strategisch günstigen Position, an Informationen heranzukommen", ebensolche Spionagetätigkeiten ausführen könnten. Laut Sousa wäre zu befürchten gewesen, daß „jedwede vertrauliche Anweisung seitens der Banco de Portugal an die örtliche französische Bank gleich direkt an den Quai d'Orsay gesandt werden könnte". Memorandum von James E. Wood an Harry D. White, 7.12.45. RG 84. Embassy Lisbon. Subject Files of Financial Attaché James E. Wood, 1942-1945. NA, Washington.
96 Recherche de l'or belge chez la Banque du Portugal, Direction Générale des Etudes et Services Etrangers de la Banque de France, 21.10.46. ABF, Boîte 13, 106019501/3.

97 Konzentriert auf eine Werkstätte in der Rua da Misericórdia, Lissabon, und in erster Linie auf die portugiesische Münzstätte selbst (Casa da Moeda). Gold Imports into Portugal, 9.10.44. NA, External Assets and Looted Gold, RG 43, Box 48.

98 Bergier, 1998, S. 133.

99 Note der Amerikanischen Botschaft in Warschau an den Staatssekretär, unterzeichnet von Keith, 6.5.47. Artikel in der Schweizer Tageszeitung Journal de Montreux, 7.5.47. A-MNE, RQE. P3-A25-M14.

100 Aide-mémoire an das Eidgenössische Politische Departement, vorgelegt von der Französischen Botschaft in Bern, 14.4.47. A-SNB.

101 Protokollauszug des SNB-Direktoriums, 17.4.47. SNB-Archiv. Bernardo Jerosch-Herold, Sohn des ehemaligen Firmeninhabers, konnte trotz all seiner Bereitschaft bei der Klärung dieses Punktes nicht helfen, wie er es während dieser Untersuchung bei anderen Fragen zu tun vermochte.

102 Roger Vaidie an den Gouverneur der Banque de France, Monick. Rapport sur les négociations luso-alliées. Bern, 17.4.47. Archives de la Banque de France (ABF), Boîte 20, 101069, Nr. 557.

103 Laut einem ersten Entwurf dieses Schreibens, das im SNB-Archiv aufbewahrt wurde, beabsichtigte Rossy der Banco de Portugal ganz trocken mitzuteilen, daß die SNB bei über die Schweiz laufenden Zahlungen kein Gold mehr annehmen würde. Aus irgendeinem Grund wurde der diesbezügliche Absatz in der nach Lissabon gesandten Fassung gestrichen, in der lediglich von der Absicht die Rede war, die Banco de Portugal zu informieren. Entwurf und Endfassung des Schreibens, 21.4.47. A-SNB.

104 Funktelegramm der Banco de Portugal an die SNB, 23.4.47. A-SNB.

105 Schreiben der SNB an die Banco de Portugal, 30.4.47. A-SNB.

106 „Das polnische Hauptausfuhrprodukt Kohle wird hier seines hohen Preises wegen schon nicht mehr importiert". Schreiben der Portugiesischen Gesandtschaft in Den Haag an das portugiesische Außenministerium, 7.11.52. A-MNE, RQE. P2-A-52-M36.

107 Schreiben der Kommission für Wirtschaftskoordination des Wirtschaftsminister-Kabinetts an den Sektionschef der Wirtschafts- und Konsularabteilung des portugiesischen Außenministeriums, 17.10.52. A-MNE, RQE. P2-A52-M36.

108 1947 lag der Tonnenpreis von polnischer Steinkohle bereits um 16 Prozentpunkte über dem Durchschnittspreis auf dem internationalen Markt. Dieser Preisunterschied sollte Spitzen von 27 Prozentpunkten im Jahre 1951 erreichen und 22 im darauffolgenden Jahr, 1956 dann 30 Prozentpunkte. Zwischen 1947 und 1956 sollte der Preis für polnische Steinkohle nur zwei Mal unter dem Durchschnittspreis anderer Liefe-

ranten liegen: 1950 und 1955, mit bescheidenen Preisvorteilen von 2 bis 7 Prozentpunkten. Comércio Externo, Ed. Portugiesisches Statistikamt INE, Bände von 1946 bis 1956.

109 Hug, Perrenoud, 1996. Siehe auch Neue Zürcher Zeitung Nr. 246 vom 22.10.96, Nr. 251 vom 28.10.96, Nr. 253 vom 30.10.96, Nr. 297 vom 20.12.96.

110 Fernandes, 2000, S. 794 f.

111 NYT vom 11.8.47, laut Fernandes, 2000, S. 48.

112 Der portugiesische Botschafter in London, Palmella, überreichte aus diesem Grund am 23.6.49 der britischen Regierung eine Protestnote. Fernandes, 2000, S. 63.

113 Insbesondere des Konteradmirals Russel Berkey anläßlich seines Besuchs in Macau am 3.9.49, und des Chefs der amerikanischen diplomatischen Vertretung, John Foster Dulles, im Zuge der Unterzeichnung eines Kommuniqués gemeinsam mit seinem portugiesischen Amtskollegen Paulo Cunha am 2.12.55. Fernandes, 2000, S. 67 und 137.

114 Fernandes, 2000, S. 47, 52 f.

115 Laut Erklärungen von Fernando Brito, die am 11. Juni 1997 im portugiesischen Fernsehen im Rahmen des Programms „A Guerra do Ouro" („Der Krieg um das Gold") übertragen wurden (Sendereihe „Enviado Especial", RTP-1, Lissabon, von Rui Araújo und António Louçã). Die ausführlichere Version dieses Interviews unter dem Titel „O ouro nazi e os bastidores da Revolução Cultural em Macau" (Das Nazigold und die Kulissen der Kulturrevolution in Macau) wurde im Monatsmagazin „História" Nr. 34, August/September 1997, veröffentlicht.

116 Laut „Time Magazine" vom 20.8.51 ca. 2,10 Hongkong-Dollar für Lobo und 35 Centimes für die öffentliche Verwaltung, zitiert von Fernandes, 2000, S. 101.

117 Laut Fernandes Ernennung am 24.11.59, 2000, S. 166.

118 In einem Schreiben vom 2.7.65. Zitiert von Fernandes, 2000, S. 223.

119 Fernandes, 2000, S. 794 f.

120 Ho Yin war auch der Vater von Edmundo Ho, dem Regierungschef von Macau seit der Rückkehr der Kolonie unter chinesische Oberhoheit.

121 In einem Interview mit António Melo von der portugiesischen Tageszeitung „Público" gab Brito an, zwischen 1. Januar und 30. Juni 1966 dieser Kommission angehört zu haben. „Público", 11.1.98.

122 Brito, Interview für das portugiesische Monatsmagazin „História", 1997.

123 Brito, Interview für die portugiesische Tageszeitung „Público", 1998.

124 Schreiben der Banco de Portugal an die Banco Pinto de Magalhães, 17.7.75. Veröffentlicht in der portugiesischen Zeitschrift Visão, 30.3.2000.

125 Die 103 Barren machten insgesamt 106 kg aus. Einige wogen 1 kg, andere um die 250 g, und vier – jene, um die es hier geht – schwankten zwischen jeweils etwas mehr als 13,5 und etwas weniger als 14 kg und machten somit mehr als die Hälfte der gesamten zurückgegebenen Menge aus. Carvalho, Visão, 3.3.00.

126 Bei den restlichen 99 Barren handelt es sich zum größten Teil (bei 89) um Barren mit der Bezeichnung „Damião", während es sich bei den übrigen zehn um Barren verschiedener Provenienz handelt. Allesamt, selbst die Barren von 1 kg oder weniger, verfügen über einen hohen Goldgehalt (zwischen 999 und 1000g/kg). Dies zeigt auf, daß sie aus Feingold umgeschmolzen wurden, das in den Transaktionen zwischen den Zentralbanken verwendet wurde. Allein die vier Barren der Preußischen Staatsmünze, 1942, haben einen deutlich niedrigeren Goldgehalt (900g/kg), was auf die bereits erwähnte Mischung weist. Fotokopie des Barrenverzeichnisses des „Golddepots auf dem Konto des Santuário de Nossa Senhora de Fátima", mit unleserlicher Unterschrift des Bankrates der Banco Pinto de Magalhães, 14.6.76, freundlicherweise von Miguel Carvalho zur Verfügung gestellt.

127 Alfred Flesche an die Deutsche Gesandtschaft in Lissabon, 12.12.42. BA-B, Bilder E694710-E694712.

128 Komtur des Christusordens und des Santiago-Ordens. Grande Enciclopédia Portuguesa e Brasileira.

129 Unter anderem war er Mitglied der Gesellschaft für Werbung für Portugal, für Geographie, des Tierschutzvereins, der Liga der Kriegsteilnehmer und der Hilfsorganisation für Schiffbrüchige. Voetelink lehrte außerdem an der Gemeinde Universität von Amsterdam Portugiesisch.

130 Aus diesem Jahr existiert eine Privatkorrespondenz Voetelinks an Salazar. Voetelink an Salazar, 7.10.31. AOS/CP-283, 7.283.47.

131 Personenbeschreibung von Johan Voetelink, 5.6.43. Archiv Yad Vashem (AYV), 7.6.43 (2). Flesche an Bühler, 7.6.43. Anhang von 5.6.43. AYV, 7.6.43 (2).

132 So wurde er in der Bescheinigung der Deutschen Handelskammer für die Niederlande genannt, 2.6.43. AYV, 7.6.43 (2).

133 Er war einer der fünf Zeichnungsberechtigten der Bank. File Notice über die LiRo, 10.2.48. NID 13754. AYV, N11/698/E.

134 Mário de Noronha, Grande Enciclopédia Portuguesa e Brasileira. Protokoll Nr. 32, vom 6.8.52. Archiv des Instituto de Gestão do Crédito Público (Institut für Öffentliche Kredite).

135 Die portugiesischen Schatzanweisungen erfreuten sich natürlich ebenfalls einer erhöhten Nachfrage. Zumindest in einem Fall weiß man von holländischen Bürgern, die kurz vor der Invasion ihres Landes bei der

Union de Banques Suisses (Schweizerischer Bankverein) Anleihen aus dem Jahre 1902 kaufen ließen. Diese Anleihen sollten schließlich im Mai 1940 auf dem schwierigen Weg zwischen der Schweiz und den Niederlanden abhanden kommen. Ein holländischer Anleger mag schon versucht gewesen sein, sein Vermögen in Sicherheit zu bringen, indem er Auslandsanleihen des Staates Portugal ankaufte, aber diese Sicherheit hing nicht allein von der wirtschaftlichen Zuverlässigkeit der erworbenen Werte ab. Es war ebenso nötig, diese Werte in Sicherheit zu bringen, was zu jener Zeit in einem vom Krieg gezeichneten Westeuropa nicht immer einfach war. Schreiben der Union de Banques Suisses an die Schweizer Gesandtschaft in Lissabon, 15.10.40. Schweizerisches Bundesarchiv, Bestand E 2200-54, Band 14.
136 Aalders, 1996 (b).
137 Moore, 1997, S. 242.
138 Aalders, 1997.
139 Aalders, 1999, S. 164.
140 Moore, 1997, S. 105.
141 Moore, 1997, S. 173.
142 Von 107.000 deportierten holländischen Juden überlebten nur 5.200. Gemessen an einer jüdischen Gemeinde, die in Holland insgesamt 135.000 Personen umfaßte, war der Anteil an Deportierten extrem hoch. Aalders, 1997. Siehe auch Hess, 1992, S. 75.
143 Im März 1942 veräußerte sie fortgesetzt Wertpapiere ohne Verkaufsauftrag ihrer Eigentümer. Der holländische Effektenhandelsverband machte sie nun darauf aufmerksam und stellte auch einige verfängliche Fragen, vor allem über die angezweifelte Echtheit eines benützten Stempelaufdrucks und über verdächtige Verkaufspreise, die stark von den börsenüblichen abwichen. Vereeniging voor den Effectenhandel an die LiRo, 5.3.42. AYV, 7.6.43 (2). Zwei Monate danach reagierte man auf die Bedenken des Verbandes mit einer Verordnung, die rückwirkend die in Frage stehenden Transaktionen legalisierte. Aussage von Walter von Karger, Geschäftsführer der LiRo-Sarphatistraat, 24.9.47. NID 13904. AYV, Nr. 8867.
144 Aalders, 1999, S. 156.
145 In einer davon diskutierte man vor allem im Beisein von Fischböck, Holz, Bühler, Flesche, Karger und Vertretern der deutschen Banken Handelstrust West, Rebholz, Rheinische Handelsbank und Bary den Stand der von den Nationalsozialisten durchgeführten „Arisierungs"-Kampagne. Aussage von Walter von Karger, Geschäftsführer der LiRo-Sarphatistraat, 24.9.47. NID 13904. AYV, N11/698/E.
146 Laut Aalders war das Devisenschutzkommando (DSK) dafür, die beiden Direktoren in Freiheit zu belassen, solange man der Meinung war, sie

könnten bei der Abwicklung der „Devisentransaktion" mit Portugal von Nutzen sein, bei der man 70 bis 80 Millionen Escudos herauszuschlagen trachtete. Aalders, 1999, S. 150.
147 Aalders, 1999, S. 155.
148 Die Informationen, die er kurz vor der Invasion im Jahre 1940 den Deutschen zutrug, veranlaßten die holländischen Behörden, ihn einige Tage lang, bis zum Einmarsch und Zusammenbruch des Landes, festzuhalten. 1949 sollte die Spionagegeschichte wieder ausgegraben werden und die Grundlage für seine Verurteilung zu fünf Jahren Haft bilden.
149 Er war sowohl Präsident der LiRo als auch der Bank für Westeuropäische Wirtschaft. File Notice über die LiRo, 10.2.48. NID 13754. AYV, N11/698/E.
150 File Notice über die LiRo, 10.2.48. NID 13754. AYV, N11/698/E.
151 Der deutschen Firma, von der, wie bereits erwähnt, Goldgegenstände von Privatpersonen umgeschmolzen wurden. Flesche war auch Präsident des Aufsichtssrates der holländischen Filiale der Degussa, der Rhodius-Koenig Handelmaatschapij. Aus ihr sollte die Cellatics hervorgehen, ein Unternehmen, das von einigen Autoren, wie Peter Edel, mit der Produktion von angereichertem Uran für das gescheiterte Projekt einer deutschen Atombombe in Zusammenhang gebracht wurde. Und es ist auch die Finanzierung dieses Projektes, die nach derselben Theorie die intensive Aktivität Flesches an der Spitze der LiRo erklären würde und um die sich all sein Einfallsreichtum bei der Devisenbeschaffung drehte.
152 Die Zinsen der äußeren Anleihe betrugen 3%, die der inneren 4%. Die Interessenten würden für vier Schuldverschreibungen der alten Anleihe drei neue erhalten. Der Nominalwert der ersteren betrug 1.500 Escudos pro Stück, der der letzteren 2.000 Escudos. Bald schon wichen jedoch die Quotierungen erheblich von diesen Werten ab.
153 Alfred Flesche an die Deutsche Gesandtschaft in Lissabon, 12.12.42. BA-B, Bild E694710-E694712.
154 Barreiros Tavares, Generaldirektor der JCP, an Voetelink, 29.7.42. AYV, 7.6.43 (2).
155 Voetelink an Flesche, 22.8.42. AYV, 7.6.43 (2).
156 Flesche an Hauptmann Scharrer, Amsterdam, 5.1.43. AYV, 7.6.43 (2).
157 In den zur Verfügung gestellten Protokollauszügen hielt die JCP lediglich die damals von Voetelink hergestellten Kontakte fest. Protokoll Nr. 54, vom 18.12.42, der JCP. Archiv des Institutes für Öffentliche Kredite.
158 Alfred Flesche an die Deutsche Gesandtschaft in Lissabon, 12.12.42. BA-B, Bilder E694710-E694712.

159 Hoyningen-Huene an das Auswärtige Amt, 17.12.42. BA-B, Bild E694708.
160 „...wobei es als sehr erwünscht für Portugal bezeichnet wurde, diese äußere Verschuldung in eine innere umzuwandeln". Alfred Flesche an die Deutsche Gesandtschaft in Lissabon, 12.12.42. BA-B, Bilder E694710-E694712.
161 Alfred Flesche an die Deutsche Gesandtschaft in Lissabon, 12.12.42. BA-B, Bilder E694710-E694712.
162 Die deutsche Seite hatte guten Grund zur Befürchtung, die anfänglich positive Reaktion der JCP und des Ministeriums könnte einer ablehnenden Haltung Platz machen. Vor allem Flesche befürchtete, die portugiesische Seite würde ihr Wort zurücknehmen, und empfahl der Deutschen Gesandtschaft „Geheimhaltung soweit wie möglich zwecks Ausschaltung einer unerwünschten Beeinflussung der portugiesischen Stellen von dritter Seite". Alfred Flesche an die Deutsche Gesandtschaft in Lissabon, 12.12.42. BA-B, Bilder E694710-E694712.
163 Die JCP äußerte ebenfalls ihr Interesse daran, daß alles unauffällig vonstatten ging. Am 19. Dezember 1942 sandte sie ein Schreiben an die LiRo, in dem sie die im Prinzip getroffene Übereinkunft bestätigte. Im selben Atemzug entband sie die Bank davon, die Eigentümer in der holländischen Presse über die Umwandlung der Anleihen zu benachrichtigen. Etwa einen Monat später antwortete die Bank aus Amsterdam, sie hielte es nach wie vor für angebracht, die Ankündigung zu veröffentlichen. Andererseits äußerte sie ihre Sorge, die Übergabe einer Eigentümer-Namensliste an die JCP würde den Vorgang beträchtlich verzögern. Sie würde ihr diese nur dann aushändigen, wenn es für unbedingt notwendig erachtet werde. Es ist nicht bekannt, ob die JCP schließlich auf dieser berühmten Liste bestanden hat, die ihr von der LiRo niemals ausgefolgt wurde. Man weiß aber, daß die Bank darauf bestand, die Ankündigungen in Holland zu veröffentlichen, und daß sie im April 1943 ihr Vorhaben in die Tat umsetzte.
164 Flesche an Bühler, 7.6.43. AYV, 7.6.43 (2).
165 Flesche an Scharrer, 12.4.43. AYV, 7.6.43 (2). Wenn in Portugal die deutsche Intervention in den Hintergrund trat, um das Bild eines portugiesisch-holländischen Geschäftes zu vermitteln, dann tat sie dies nach der Erklärung Flesches in Holland, „um den Charakter der Freiwilligkeit der Konvertierung nicht zu gefährden". Flesche an Scharrer, 12.4.43. Flesche an Scharrer, 18.4.43. AYV, 7.6.43 (2).
166 Flesche an Scharrer, 12.4.43. Flesche an Scharrer, 18.4.43. AYV, 7.6.43 (2).
167 Die LiRo entschuldigte sich bei der JCP, die Titel nicht gemäß Verein-

barung entwertet zu haben, und teilte mit, daß die Eigentümer es vorgezogen hätten, sie schließlich zu verkaufen. Ein möglicher Grund für die Änderung der Pläne ist die Tatsache, daß die alten Schuldverschreibungen auf dem Finanzmarkt Lissabon gut quotiert waren, was ihren Direktverkauf interessanter als eine Konversion machte. In der Tat waren vier Schuldverschreibungen zu 3% 7.960 Escudos wert, während die dafür angebotenen drei Schuldverschreibungen zu 4% nur 7.200 Escudos wert waren. LiRo an die JCP, 7.5.43. Dok. Nr. 3. Prozeß Nr. 187/1954. 6. Zivilgericht, Sektion 3. Amtsgericht Lissabon. Gerichtsarchiv Boa-Hora.
168 Bescheinigung. Deutsche Handelskammer für die Niederlande, 12.8.43. AYV, 7.6.43 (2).
169 Auf dem Weg nach Lissabon nahmen Flesche und Voetelink in Spanien nicht näher bekannten Kontakt mit dem bereits erwähnten Zuständigen der Sofindus, Johannes Bernhardt, auf. Flesche an Raskop, 16.9.43. AYV, 7.6.43 (2).
170 Gesandtschaft der Niederlande an Salazar, 23.5.46. Dok. Nr. 6. Prozeß Nr. 187/1954. 6. Zivilgericht, Sektion 3. Amtsgericht Lissabon. Gerichtsarchiv Boa Hora.
171 Flesche an Scharrer, 10.8.43. AYV, 7.6.43 (2).
172 Hoyningen-Huene an das Auswärtige Amt, 18.9.43. BA-B, Bild E694713.
173 Nazi Party Membership Records. 1946: Government Printing Office, Washington, S. 567.
174 Gesandtschaft der Niederlande an Salazar, 23.5.46. Dok. Nr. 6. Prozeß Nr. 187/1954. 6. Zivilgericht, Sektion 3. Amtsgericht Lissabon. Gerichtsarchiv Boa-Hora.
175 Noch im Juni 1943 hatte Flesche den zuständigen deutschen Behörden vorgeschlagen, Voetelink für seine Verdienste im Fall der portugiesischen Schuldverschreibungen auszuzeichnen. Der Vorschlag wurde angenommen, und im August 1943 war alles zu seiner Durchführung bereit. Bescheinigung. Deutsche Handelskammer für die Niederlande, 2.6.43. Flesche an Bühler, 7.6.43. Herbig an Flesche, 2.8.43. AYV, 7.6.43 (2).
176 Ein hoher Funktionär der Besatzungsmacht forderte Bühler im Februar 1944 auf, Voetelink daran zu erinnern, „daß die Vergünstigungen, die sowohl seiner Firma durch eine langsamere Liquidation wie auch den jüdischen Inhabern der Firma von Seite der hiesigen Dienststellen eingeräumt werden, nur dann und solange weiterhin in Kraft bleiben können, als die portugiesische Angelegenheit allen Beteiligten hierfür ein ausreichendes Argument zu sein scheint". Und er fügte hinzu, daß dies

das Mittel sei, „damit er weiß, worauf es für ihn ankommt, und sich stets wieder die nötige Mühe macht". Schreiben an Bühler, ohne Unterschrift, vermutlich von Seyß-Inquart oder Hans Fischböck, 11.2.44. AYV, 7.6.43 (2).

177 Laut Aalders wurden 70% der geplünderten Vermögenswerte zwischen September 1944 und April 1945 erbeutet. Aalders, 1999, S. 28.

178 Der fixierte Preis lag bei 141,6 Gulden pro Titel. Das entsprach 1944 1.894,2 Escudos. Der Gulden hielt sich in den Jahren 1942-1944 bei einem Kurs von 13,377 Escudos. Mittlere Verkaufskurse Lissabons auf den wichtigsten ausländischen Finanzmärkten. In: Relatório do Banco de Portugal (Bericht der Banco de Portugal), 1946, S. 82.

179 Protokoll Nr. 42 der JCP, vom 25.9.56. Archiv des Instituts für Öffentliche Kredite. Laut Gesandtschaft der Niederlande in Lissabon war die Ersparnis höher, und die Ausgaben machten ca. die Hälfte der Summe aus, die dafür veranschlagt worden war. Gesandtschaft der Niederlande an Salazar, 23.5.46. Dok. Nr. 6. Prozeß Nr. 187/1954. 6. Zivilgericht, Sektion 3. Amtsgericht Lissabon. Gerichtsarchiv Boa-Hora.

180 Unter den 96 Klägern im Prozeß gegen den portugiesischen Staat befanden sich lediglich drei Überlebende bzw. Nachkommen von Opfern von Vernichtungslagern. Gemäß einer Analyse der Klägerliste durch Esther Mucznik könnten insgesamt 14, ihrem Namen nach zu schließen, Juden gewesen sein. Was die Gesamtheit der Titel angeht, so kann man auf einen höheren jüdischen Anteil an Eigentümern schließen, da sie vor den Deportationen ausgegeben wurden. Es scheint widersinnig, daß die Papiere von jüdischen Eigentümern im Frühling 1943 noch in das Kontingent miteinbezogen wurden, das konvertiert werden sollte, als ihre Enteignung durch die andere LiRo, die „roofbank", bereits längst vorgegeben war. Diese scheinbare Widersinnigkeit könnte mit den Fällen erklärt werden, in denen die Papiere bei der LiRo-Niewe Spiegelstraat deponiert wurden und ihren jüdischen Eigentümern der Zugriff darauf verwehrt blieb.

181 Genauer gesagt 991.087,56 Gulden. Ein Betrag, der gut gereicht haben müßte, die Eigentümer von 7.000 Titeln zu entschädigen und die Version der JCP glaubhafter macht als jene der Gesandtschaft.

182 Aalders, 1999, S. 194.

183 Note der Gesandtschaft der Niederlande in Lissabon an das portugiesische Außenministerium, 10.5.44, und Aide-Mémoire des Handelsbeauftragten der Niederlande, 30.8.44. AOS/CO/NE-2E. Mappe 34.

184 Gesandtschaft der Niederlande an das portugiesische Außenministerium, 7.11.44. National Archives, Washington. RG84, Embassy Lisbon. Files of Financial Attaché James E. Wood, 1942-1945.

185 Das Protokoll Nr. 48 vom 26.11.48, JCP, Archiv des Institutes für öffentliche Kredite, erklärt folgendes: „Es lagen die Schreiben (...) von Julius Plant vor, wohnhaft in den Vereinigten Staaten von Amerika, der um die Namensnennung der Personen ersuchte, die die Zinsen für die Auslandsanleihe einhoben, die er 1934 erworben und 1938 bei seiner Ausreise nach Amerika bei seinem Vater Jakob Plant zurückgelassen hatte, der nach seinen Angaben im Konzentrationslager Auschwitz vergast wurde".

186 Feststellung von Pedro Croft de Moura gegenüber António Louçã, 20.9.99.

187 Moore, idem, S. 245.

188 Laut Bob Moore erklärt sich dies durch die Haltung der holländischen Behörden: „The state was happier dealing with financial rather than social questions, happier dealing with the interests of property rather than the person, more at ease dealing with the interests of the middle class than those of the disposessed". Moore, idem, S. 244.

189 In einem Fall, in dem aus der Schweiz in die Niederlande gesandte Titel abhanden kamen, hatte die Union de Banques Suisses über ihre Partnerbank in Lissabon, die Banco Pinto & Sotto Mayor, sowie über die Schweizer Gesandtschaft vergebens versucht, die Junta do Crédito Público zu überzeugen, die Titel zu ersetzen, die erwiesenermaßen verlorengegangen waren. Mit einem lückenhaften Gesetz konfrontiert, hatte die Union de Banques Suisses ihr Befremden über die Ungeniertheit keineswegs verhehlt, mit der der portugiesische Staat aus den Verlusten Gewinn zu schlagen beschloß, indem er jegliche Möglichkeit eines Ersatzes verweigerte. Schreiben der Union de Banques Suisses an die Schweizer Gesandtschaft in Lissabon, 15.10.40 und 11.7.41. Schweizerisches Bundesarchiv, Bestand E 2200-54, Bd. 14.

190 Von Aníbal de Matos Viegas e Costa, Generaldirektor der Junta do Crédito Público ausgefertigte Bescheinigung, 2.7.55. Dok. Nr. 7, Prozeß Nr. 187/1954. 6. Zivilgericht, Sektion 3. Amtsgericht Lissabon. Gerichtsarchiv Boa-Hora.

191 Protokoll Nr. 49, vom 13.11.56, der JCP, Archiv des Institutes für Öffentliche Kredite.

192 Noronha an Salazar, 7.6.48. AOS/CP-194, 5.3.6/35.

193 Erklärung von Henrique de Noronha, Sohn von Mário de Noronha, gegenüber António Louçã, 18.3.99.

194 Eckert an Salazar, 8.1.48. AOS/CP-138, 4.2.4/6.

195 Grande Enciclopédia Portuguesa e Brasileira.

196 Insbesondere im September 1953 nahm er, neuerlich in den Diensten der LiRo, als Gerichtsdolmetscher beim Amtsgericht Amsterdam am

Prozeß gegen den portugiesischen Staat teil. Seltsamerweise gab es keinerlei Vorbehalte wegen einer möglichen Befangenheit des Übersetzers. Dok. Nr. 22, Prozeß Nr. 187/1954, 6. Zivilgericht, Sektion 3. Urheber: Cornélia Jacoba Adriana de Wilde und weitere. Angeklagte: JCP, der Staat und Unbekannt. Gerichtsarchiv Boa-Hora.
197 Hier wurde von der – ebenfalls juristischen – Spitzfindigkeit Abstand genommen, daß die Banque de Belgique ad hoc privatisiert wurde, um dem „Beuterecht" zu entgehen.

Schlußbetrachtung

Die allgemein als „Nazigold" bekannte Problematik weist zwei unterschiedliche, eng miteinander verbundene Aspekte auf, die streng differenziert werden müssen: den Beitrag zur deutschen Kriegsanstrengung einerseits und die Hehlerei mit geraubten Vermögenswerten andererseits. In den drei ersten Kapiteln dieses Buches wurde versucht, einige der Mechanismen aufzuzeigen, mit deren Hilfe der portugiesische Beitrag zur deutschen Kriegswirtschaft erfolgte. In diese Mechanismen waren auch die Goldzahlungen eingebunden, wobei zunächst einmal vollkommen außer acht gelassen wurde, ob die Herkunft dieses Goldes rechtmäßig war oder nicht. Im vierten und letzten Kapitel ging es in erster Linie um die Herkunft der Barren und Münzen, die von den Nationalsozialisten im internationalen Zahlungsverkehr eingesetzt wurden.

Der Beitrag Portugals zur deutschen Kriegswirtschaft muß vor dem Hintergrund der Bedingungen gesehen werden, die damals in Europa ab der Kapitulation Frankreichs bis zur Öffnung der Zweiten Front in der Normandie gegeben waren. Deutschland schien nach der Schaffung eines „Neuen Europa" zu trachten und dabei den größten Teil der europäischen Länder in reine Lieferanten von Arbeitskräften und Rohstoffen für den „arischen", industriellen, zivilisierten Kern des Kontinents verwandeln zu wollen. Paradoxerweise war diese für den Jahrtausendfrieden des Nationalsozialismus konzipierte „Neuordnung Europas" allerdings nur bis zur Reichweite seiner Bajonettspitzen wirksam.

Was die Arbeitskräfte angeht, so lag es in der Natur des Krieges selbst, daß dieses Problem nicht zu lösen war. Einen Kreuzzug gegen die „minderwertigen Rassen" zu starten, war grundsätzlich unvereinbar damit, Millionen von Menschen, die als Untermenschen klassifiziert wurden, für den Erfolg des Unternehmens arbeiten zu lassen. Dies war nicht nur eine technische Unmöglichkeit: Die NS-Größen tüftelten verschiedenste, mehr oder minder findige Pläne aus, um einen Ausweg zu finden. Ihre Bemühungen, Freiwillige anzulocken, scheiterten so gut wie vollkommen, und selbst in den Einzugsgebieten ihrer militärischen Macht gelang es ihnen nicht, genügend Zwangsarbeiter gefangenzunehmen beziehungsweise aus ihnen die erwartete Arbeitsleistung herauszuholen. Mit seiner Einstellung, Arbeitskräfte als reine *horsepower* zu betrachten, mußte der Nationalsozialismus zwangsläufig dabei scheitern, außerhalb von Deutschland echte Bereitschaft zum Mitmachen zu finden. Der fatale Mangel an „Menschenmaterial" sollte das Ende eines Krieges gegen die Menschlichkeit vorprogrammieren.

Was nun die Rohstoffe anlangt, so wurden sie zwar von den nicht besetzten Ländern geliefert, allerdings zu überhöhten Preisen. Ob es sich um neutrale Länder oder auf der Seite der Deutschen kämpfende Länder der Achse handelte, sie alle nützten ihre starke Handelsposition um so mehr aus, je weiter sie geographisch gesehen von Deutschland entfernt und aus dem Schußfeld der Wehrmacht waren. Auf diese Weise versuchten die Rumänen, aus ihrem Rohöl Profit zu ziehen, wie die neutralen Länder Portugal und die Türkei Vorteile aus ihren kriegswichtigen Erzen herausschlugen. Und sie alle zahlten so wenig wie möglich für die Kompensationslieferungen eines Deutschlands, dessen Tauschbedingungen unweigerlich immer schlechter wurden. Der Mangel an kriegswichtigen Rohstoffen und ihre Überteuerung machten die doktrinäre Arroganz der Nationalsozialisten geradezu lächerlich. In der Bedrängnis des Krieges mußten sie horrende Preise für Güter bezahlen, die sie immer als minderwertig betrachteten.

Nach Kriegsende sollte der eine oder andere wirtschaftliche Beitrag zur deutschen Kriegsanstrengung von den darin verwickelten Hauptpersonen mit der Angst vor einer militärischen Okkupation gerechtfertigt werden. Und zweifelsohne stellte der wirtschaftliche Aspekt einen entscheidenden Beweggrund für den Expansionstrieb der Nationalsozialisten dar. Weitaus fraglicher erscheint jedoch, ob jeder einzelne Schritt in der Ausweitung des „Lebensraums" auf die unmittelbaren wirtschaftlichen Gewinne hin berechnet wurde, die dieser konkrete Schritt zu versprechen schien. Gewiß vermochte ein Militärökonom wie Georg Thomas zu kalkulieren, was eine Invasion in die UdSSR kosten und einbringen würde. Diese Kosten-Nutzen-Rechnung wurde jedoch außerhalb des Entscheidungsprozesses erstellt. Die nichtbesetzten Handelspartner verstanden sehr gut, wie die Dinge liefen, und hegten zu keiner Zeit Befürchtungen, die Hyperinflationierung der Exportpreise könne sie jener Schwelle gefährlich näherbringen, bei der sich eine deutsche Invasion als rentabel erweisen würde.

Portugal bildete darin keine Ausnahme. Auch wenn die Preise von Produkten wie Konserven beziehungsweise Wolfram behördlich kontrolliert waren, erreichten sie im Vergleich zur Vorkriegszeit unglaubliche Höhen. Trotz der horrenden Preise war für die Deutschen der Ankauf von Wolfram weiterhin lohnend. Die Störkäufe der Alliierten erschwerten und verteuerten die Wolframkäufe der Deutschen, stellten sie jedoch nie wirklich in Frage. Das Erz war unverzichtbar. Sämtliche Beschaffungsalternativen verhielten sich wie eine Flüssigkeit in kommunizierenden Röhren und erhöhten letzten Endes den Druck am entscheidenden Punkt, dem Mangel an

Arbeitskräften. Die Berechnungen der Alliierten, die bei der einen oder anderen Gelegenheit vorauszusehen suchten, wie lange der Krieg noch dauern könnte, wenn man in Betracht zog, für wie viele Wochen, Monate oder Jahre man von deutscher Seite noch über Vorräte an einem kritischen Rohstoff verfügte, waren bei weitem zu linear. Auf dieser Denkweise beruht auch die berühmte Diskussion über die Beiträge der neutralen Länder zur „Verlängerung des Krieges". Und letzten Endes beruhen darauf auch die Spekulationen über die Zwangsläufigkeit eines militärischen NS-Angriffs gegen all jene, die über kriegswichtige Rohstoffe verfügten und sich weigerten, diese zu verkaufen. Diese verschiedenen Interpretationen gehen am eigentlichen Problem vorbei: Für NS-Deutschland war kein importierter Rohstoff allein für sich eine Existenzfrage – eine Frage, die den Konflikt entscheidend verkürzt oder verlängert und zu Neutralität, Kriegführung oder Invasion Veranlassung gegeben hätte. Eine Existenzfrage war vielmehr die Gesamtheit der Wirtschaftsbeiträge, die von den europäischen Ländern geleistet wurden.

Neben der wesentlichen Rolle, die andere Exporte und insbesondere die Konserven spielten, gliederte sich der deutsch-portugiesische Handel in **drei strukurbestimmende Posten** [Hervorhebung durch den Autor]: Wolfram auf portugiesischer Seite, Waffen und Gold auf deutscher. Die entsprechenden Werte dieser einzelnen Posten lassen sich nicht immer einfach berechnen. Über das Gold existieren Zahlenangaben, die insgesamt noch am zuverlässigsten sind. Alle wichtigen Transaktionen sind in der Dokumentation der Banco de Portugal erfaßt und archiviert, und sie stimmen mit den von der SNB aufbewahrten Angaben überein. Über den in gewiß begrenztem Umfang von der Deutschen Gesandtschaft betriebenen Goldhandel hinaus ist kein weiterer Kanal von Bedeutung erkennbar, und es gibt auch keine Verdachtsmomente dafür, daß irgendein Betrag fehlt. Die offiziellen Angaben überraschen im Gegenteil sogar wegen ihrer beträchtlichen Höhe: Das bei den Zentralbanken „der deutschen Interessensphäre" (SNB und Reichsbank) angekaufte Gold übersteigt bei weitem die Summe der Handelsdefizite, die die entsprechenden Länder mit Portugal verzeichneten. Der Wert des Goldes erreicht tatsächlich beinahe das Dreifache des Wertes jener Waren, die von Deutschland und der Schweiz zwischen 1940 und 1944 nicht mit anderen Gütern kompensiert wurden.

Über Wolfram gibt es offizielle Statistiken, die mit größtem Vorbehalt zu betrachten sind, da man nicht davon ausgehen kann, daß lediglich verschwindend geringe Mengen geschmuggelt wurden. Was Spanien angeht, so berechnete das Auswärtige Amt in Berlin den Schmuggel im Jahre 1944 auf die Hälfte der Gesamtmenge. Es gibt jedoch Anlaß zu der

Annahme, daß hier ein Rechenfehler vorliegt. Für Portugal berechnete Álvaro de Sousa für denselben Zeitraum Werte zwischen einem Viertel und einem Drittel der Gesamtmenge, und alles deutet darauf hin, daß er zumindest nicht übertrieben hat. In bezug auf Waffen stößt man in den offiziellen portugiesischen Statistiken auf eisiges Schweigen – es wird lediglich der Nebenposten leichte Waffen mit der entsprechenden Munition angeführt. Die Nachforschungen von Willi Boelcke brachten jedoch zutage, daß die Rüstungslieferungen Werte ausmachten, die weit über jeder anderen Importsparte aus Deutschland lagen. Im Jahre 1941 beliefen sie sich auf Werte, die höher als die der gesamten anderen Importe waren, und im Fall von 1943 räumten sie das deutsche Defizit im legalen Handel so gut wie aus. Daher ist es unmöglich, über die „zuverlässigen Statistiken", von denen Salazar zu sprechen pflegte, auch nur einen annähernden Begriff vom tatsächlich stattgefundenen deutsch-portugiesischen Handel zu bekommen. In jedem Fall war das deutsche Defizit inklusive Waffenlieferungen letzten Endes viel niedriger, als man für gewöhnlich angenommen hatte – was die große Diskrepanz zwischen dem von Portugal bei der „deutschen Interessensphäre" angekauften Goldwert und den Handelssalden, die es bei Geschäften mit dieser „Sphäre" zu seinen Gunsten verzeichnete, noch weniger plausibel macht.

Ungeachtet dieser Diskrepanz hielt die von der portugiesischen Regierung mit einer Untersuchung zu diesem Thema beauftragte Soares-Kommission den Schluß für möglich, daß „das Gold, das Portugal während des Krieges von Deutschland erhielt, als Warenausgleich im legitimen, den Alliierten bekannten und von ihnen akzeptierten Geschäftsverkehr erworben wurde"[1]. Ich möchte an dieser Stelle betonen, daß in der hier vorliegenden Arbeit bewußt nicht darüber diskutiert wird, ob der deutsch-portugiesische Handel moralisch „legitim" war. Ich muß nicht fürchten, daß mir die Entscheidung, hier auf diese Frage nicht einzugehen, als Unschlüssigkeit ausgelegt wird. Es geht hier einfach darum, die Motivationen der verschiedenen Hauptakteure dieses Prozesses zu verstehen. Offensichtlich haben moralische Überlegungen wenig dabei zu suchen, zumal die Moral für die Nationalsozialisten nicht die treibende Kraft war, im übrigen auch nicht für die portugiesische Diktatur und nicht einmal für die Alliierten, und ebensowenig war es auch die Moral, die irgendeine Entscheidung verhinderte, die als wirtschaftlich rentabel oder militärisch opportun angesehen wurde.

Betrachten wir nun nach diesem Einschub nochmals das Urteil der Soares-Kommission, und zwar in der Auslegung, die dieses am ehesten zuläßt, nämlich der, daß das Gold möglicherweise die Kompensationslieferung in einem legalen und durchschaubaren Handelsgeschäft war. Allerdings ist dies nicht gerade das, was aus den existierenden Dokumenten und offiziellen Statistiken hervorgeht. In Wirklichkeit erklärt sich **nur ein Teil** [Hervorhebung durch den Autor] – etwa ein Drittel – der Goldankäufe aus dem Ungleichgewicht des Handels, der in den offiziellen deutschen Statistiken verzeichnet ist. Diese sind am vollständigsten, da sie auch das Rüstungsmaterial anführen, das von den portugiesischen Statistiken ausgespart wird. Die Kommission kann vollkommen richtig in der Annahme sein, all dieses Gold wäre eine Kompensationslieferung für irgend etwas gewesen: Mit Sicherheit wurde im Nationalsozialismus kein Gold verschenkt, und der Salazarismus versagte es sich ebenso gewiß nicht, Güter und Dienstleistungen zu liefern, die für die deutsche Kriegsanstrengung wichtig waren und die man sich mit diesem Gold zu verschaffen suchte. Es wäre jedoch angebracht, daß die Verfechter dieser Argumentation nachforschten, worin nun genau der Salazarismus dieser Kriegsanstrengung zu Diensten war, und für welche Gegenlieferungen ihm genau das dafür bezahlte Gold zustand. Mit den legal exportierten Gütern allein ist diese Frage nicht beantwortet – und in dieser restriktiven und legalisierenden Version kann die plausible Theorie „Gold gegen Güter" auch keineswegs als sanktioniert angesehen werden.

In der Untersuchung dieser Problematik ließ man zu Unrecht sowohl das Rüstungsmaterial als auch die Depots A und B der Banco de Portugal bei der SNB außer acht. Dies läßt sich nur damit erklären, daß sie in erster Linie vom juristischen Standpunkt aus beleuchtet wurde. Über diese beiden Depots erhielt die Banco de Portugal Gold, das sie mit Escudos oder Schweizerfranken bezahlte. Ein Teil dieses Goldes wurde der SNB durch die Reichsbank ausgefolgt, nachdem es davor vor allem der holländischen Zentralbank geraubt worden war. Als die Banco de Portugal es aus den Händen der SNB entgegennahm, befand sie sich sozusagen in der Position einer „Subsidiarhaftung": Da sie nicht als erster Käufer auftrat, konnte niemand von ihr verlangen, das geraubte Gold rückzuerstatten. Diese „Wäsche", die die Depots A und B für die TGC irrelevant machte, darf jedoch keine Rechtfertigung dafür sein, daß diese Depots in die historische Untersuchung nicht miteinbezogen wurden. In der Tat hatten die beiden Depots im schweizerisch-portugiesischen wie auch im deutsch-portugiesischen Handel ein und dieselbe Funktion. In der Eingangsphase hing der gesamte portugiesische Beitrag zur deutschen Kriegswirtschaft von ihnen ab. Deutschland folgte der SNB Gold und der Banco de Portugal Schweizerfranken aus; diese wiederum lieferte Deutschland Güter und erhielt von der SNB über das Depot B Gold. Deutschland und die Schweiz erhielten auch Escudos für Gold, sei es über Schweizer Geschäftsbanken, sei es über das Depot A, und sie benutzten sie, um portugiesische Güter zu bezahlen. Ab dem Sommer 1942 ließ die Reichsbank als Gegenleistung für Escudos Gold zum Großteil belgischer Herkunft im sogenannten Depot C deponieren, das die Banco de Portugal in Bern eröffnet hatte.

Die Untersuchung der Rolle dieser „Konten" in der deutsch-portugiesischen wirtschaftlichen Zusammenarbeit verleitet dazu, die Fazilitäten, die seitens Portugal England (in etwa acht Milliarden Escudos) und direkt oder indirekt Deutschland (fast vier Milliarden) eingeräumt wurden, in Zahlen zu vergleichen. Dieser Versuchung muß jedoch widerstanden werden, da die Zahlen sich auf qualitativ unterschiedliche Fakten beziehen, mit Pros und Kontras, die beide Seiten für ihre jeweiligen eigenen Interessen entdecken konnten (im Fall Englands wurden die Escudos über einen Kredit mit Golddeckung zur Verfügung gestellt, im Fall Deutschlands über effektive Goldlieferungen; im Fall Englands waren die Ankäufe in Portugal leicht ersetzbar und wurden zum Großteil aufrechterhalten, um den Deutschen die erwünschten Güter streitig zu machen, im Fall Deutschlands war die Möglichkeit, in Portugal einzukaufen, praktisch entscheidend und somit effektiv Gold wert).

Den Alliierten war relativ gut bekannt, daß Portugals Beitrag zur deutschen Kriegswirtschaft auf den Säulen Gold-Waffen-Wolfram beruhte, und übereinstimmend versuchten sie diese zu attackieren, wenn auch mit unterschiedlichen Methoden. Ihr Hauptziel lag darin, die portugiesischen Wolframlieferungen an Deutschland einzuschränken und ab einem bestimmten Zeitpunkt vollkommen zum Erliegen zu bringen. Ab dem Jahr 1943 versuchten sie, dieses Ziel auf indirektem Weg über einen Angriff auf die beiden anderen Säulen der deutsch-portugiesischen Handelsbeziehung zu erreichen: Sie überschwemmten den portugiesischen Markt mit Angeboten für Waffenlieferungen zu Dumpingpreisen und offerierten modernere Modelle als die Deutschen sie lieferten; und über die Erklärung vom Januar 1943 lancierten sie schließlich eine Kampagne, mit deren Hilfe sie die deutschen Zahlungsmittel in Mißkredit brachten und auf ihre unrechtmäßige Herkunft aufmerksam machten.

Die grundlegende Komponente im System der deutschen Kompensationslieferungen – das Kriegsmaterial – wurde von den britischen Waffenangeboten empfindlich getroffen. Im Jahre 1944 kam noch einiges deutsches Artilleriegerät nach Portugal, jedoch vermutlich in Erfüllung von im Jahr davor unterzeichneten Verträgen und zu Werten, die sich nicht quantifizieren ließen. Das Reichsbankgold hingegen wurde trotz aller Warnungen weiterhin von den portugiesischen Behörden akzeptiert. Sie gingen lediglich dazu über, vorsorglich die Spuren dieser kompromittierenden Beziehung zu verwischen. Die nur bedingte Wirksamkeit eines Ablenkungsmanövers in Form eines Waffenangebotes und die beinahe vollständige Wirkungslosigkeit der warnenden Hinweise auf das Gold nötigten die Alliierten dazu, die Wolframlieferungen im Frontalangriff eines Embargos zu attackieren. Sie gingen schließlich zu diesem Angriff über, stießen jedoch bei Salazar auf erbitterten Widerstand. Die deutsche Dokumentation über die Gespräche zwischen Salazar und Ernst Eisenlohr sowie Hoyningen-Huene bezeugt in dieser Endphase eine antisowjetische Solidarität des Diktators, die entscheidend zu seiner Hartnäckigkeit beitrug. Davon sollte er bis unmittelbar vor der Landung der Alliierten in der Normandie nicht abrücken. Mehr noch als die Verhängung des Embargos leitete im August 1944 die Unterbrechung der Landwege die entscheidende Wende ein und beendete schließlich den Schmuggel mit Wolfram, die Zahlungen in Gold und die Kompensationslieferungen von Waffen.

Daß die Banco de Portugal stets Schweizerfranken als von deutscher Seite zu leistendes Zahlungsmittel und das Gold als Wertanlage vorzog, stellt ein Paradoxon dar, das einige Aufmerksamkeit verdient. Vom Standpunkt strenger wirtschaftlicher Rationalität ist die Präferenz einer Bezahlung in Schweizerfranken verwunderlich. Trotz seiner bekannten Solidität war der Franken einer ganzen Reihe von wirtschaftlichen, politischen und militärischen Faktoren unterworfen, die ständig dazu zwangen, eine eventuelle Abwertung beziehungsweise zeitweilige Aufhebung der Konvertibilität einkalkulieren zu müssen. In den Verhandlungen mit Deutschland ersuchte die Banco de Portugal jedoch stets um eine Begleichung der Außenstände in Schweizerfranken – selbst wenn sie daran ging, diese gleich anschließend in Gold umzutauschen, wie dies regelmäßig der Fall war.

Als sich die SNB Mitte des Jahres 1942 entschloß, den Einsatz des Franken als Zahlungsmittel im deutsch-portugiesischen Handel in dermaßen großem Umfang zu unterbinden, unterbreitete die Banco de Portugal der Reichsbank als erstes den Vorschlag, sie möge sich nicht um die Einwände seitens der Schweiz kümmern und damit fortfahren, ihr die Defizite in Franken zu begleichen. Lediglich die mangelnde Bereitschaft der Deutschen, diese Lösung zu akzeptieren, brachte die Vertreter der portugiesischen Zentralbank dazu, die Annahme von Goldzahlungen ins Auge zu fassen. Selbst dann noch sollte sich Monate später der Generalsekretär der Banco de Portugal in einem Gespräch mit einem Gesandten der SNB überzeugt geben, dieses Zahlungsmittel würde nur vorübergehend eingesetzt und im Prinzip würde „Portugal nicht direkt von der Reichsbank Gold ankaufen". Es gab jedoch keine Alternative, und die Banco de Portugal fand sich schließlich in den zwei folgenden Jahren mit Goldzahlungen der Reichsbank ab. Im Februar 1944 unternahm sie dann noch einen letzten Vorstoß, in Franken anstatt in Gold bezahlt zu werden, obwohl infolge der Umkehrung des portugiesisch-schweizerischen Handelssaldos in diesem speziellen Fall schon nicht mehr von wirtschaftlicher Irrationalität die Rede sein konnte und inzwischen ein echter Mangel an Franken herrschte.

Die einzig mögliche Erklärung für dieses widersprüchliche Verhalten liegt darin, daß die Banco de Portugal Vorkehrungen in bezug auf Gold verdächtiger Herkunft treffen wollte. Man wußte, daß die NS-Behörden die Reserven der Zentralbanken in besetzen Ländern zu beschlagnahmen pflegten. Und man wußte ebenfalls, daß die Reichsbank Goldzahlungen leistete, die weit über dem Wert der Bestände lagen, über die sie zu Kriegsbeginn verfügt hatte. Erwiesenermaßen in Holland geraubte Barren, die in die Depots A und B der Banco de Portugal in Bern gelangt waren, bestätigten inzwischen die folgerichtigen Annahmen darüber, wie Deutschland die Früchte seiner Beutezüge einsetzte. Zu Beginn machte die Banco de Portugal „Schwierigkeiten", diese Barren in ihren Depots zu akzeptieren, aber es ist nichts darüber verzeichnet, daß sie über dieses Thema debattierte, wie ihre europäischen Kollegen dies taten. Ab der Warnung der Alliierten im Januar 1943 ging die Banco de Portugal dazu über, sich durch verschiedene Methoden des erworbenen Goldes zu entledigen.

Der Druck der Alliierten gegen die Goldtransaktionen war von strategischen Überlegungen bestimmt und nicht, wie vorhin bereits erwähnt, von moralischen oder juristischen. Die Alliierten wußten von Kriegsbeginn an von den Beutezügen und wiesen schon früh die portugiesischen Behörden inoffiziell darauf hin, wie Rudolf Pfenninger bezeugte. Das Timing des Übergangs zu öffentlichen Verwarnungen und Androhungen von Sanktionen hat nichts mit irgendeiner „Entdeckung" über die Vorfälle zu tun, sondern vielmehr mit einer konzertierten Aktion auf der ganzen Linie, die schließlich zur Öffnung der Zweiten Front führen sollte. Wie man in der schwedischen und schweizerischen Zentralbank über dieses Thema debattierte, verdient ebenfalls Beachtung. Diese Debatten drehten sich für gewöhnlich um die Vorsichtsmaßnahmen, die zu treffen waren, um den Banken wegen des Handels mit Reichsbankgold unerwünschte Konsequenzen zu ersparen. Unter den verschiedenen Diskussionen, von denen man weiß, gibt es keine einzige, bei der die aufgeworfenen Probleme über die bloße Sorge hinausgegangen wären, wie man die Interessen der in Frage stehenden Banken schützen könnte. Man kennt nicht einen einzigen Fall, in dem ein Vertreter der schwedischen oder der schweizerischen Zentralbank vorgeschlagen hätte, aus Solidarität mit einer ausgeraubten Zentralbank Reichsbankgold zurückzuweisen. Die einzige Ausnahme scheint der Gouverneur der Banque de France gewesen zu sein, der in der Endphase des Krieges die Bemühungen der Belgischen Nationalbank gegen die Manöver einer Legitimierung der Plünderung seitens der Reichsbank unterstützte – ein Verhalten, das übrigens die Banque de France nicht von ihrer Verantwortung dafür befreit und sich eher mit der Angst erklären läßt, die belgische Zentralbank entschädigen zu müssen – wie es schließlich auch geschah.

Hätten die portugiesische Regierung und die Banco de Portugal keine Ahnung davon gehabt, was da im Gange war, beziehungsweise hätten sie irgendwelchen Opfern die Hand entgegengestreckt, bildeten sie europaweit wahrhaft eine Ausnahme. Keine einzige bisher in Untersuchungen veröffentlichte wie auch keine einzige im Zuge der vorliegenden Nachforschungen gewonnene Erkenntnis stützt die Hypothese, die portugiesischen Verhaltensmuster hätten sich von den in der schwedischen und schweizerischen Zentralbank geltenden und in den Arbeiten der Untersuchungskommissionen der entsprechenden Länder beschriebenen Verhaltensmustern unterschieden.

Anmerkung zu den Schlußbetrachtungen

1 Soares-Bericht, S. 47.

Nachwort

Portugal und die Polemik um das Nazigold

Ein persönlicher Kommentar zum Thema Archive

Noch bevor die öffentliche Polemik um das Nazigold entfacht wurde, ersuchte ich den Gouverneur der Banco de Portugal schriftlich, mir zum dokumentarischen, den Zweiten Weltkrieg betreffenden Fundus des historischen Bankarchivs Zugang zu gewähren. Zu jenem Zeitpunkt, im Jahre 1996, sollte gemäß portugiesischem Gesetz das Dokumentationsmaterial bereits freigegeben und der Öffentlichkeit zugänglich gemacht sein.

Im Oktober 1996 wurde mit einem ausführlichen, von mir geschriebenen und im portugiesischen Monatsmagazin „História" veröffentlichten Artikel sowie einige Wochen später mit einem Artikel von Michael Hirsch und Christopher Dickey in der amerikanischen Zeitschrift „Newsweek"[1] die Debatte über die Rolle Portugals im Handel mit Nazigold eröffnet. Auf diese Enthüllungen reagierte die Bank am 18. Januar 1997 mit der Ankündigung, den Wirtschaftshistoriker Joaquim da Costa Leite mit der Sichtung des betreffenden Archivs zu beauftragen.

Zwei Monate später, am 19. März, hatte ich mit dem Gouverneur der Banco de Portugal, António de Sousa, eine Unterredung unter vier Augen, in der ich zu eruieren versuchte, wann ich mit einem Zugang zum Dokumentationsmaterial über die Kriegsjahre rechnen könnte. Sousa sah sich jedoch nicht in der Lage, mir diese Frage präzise zu beantworten.

Am 6. April 1997 kündigte der portugiesische Ministerpräsident António Guterres anläßlich eines Besuches in den Vereinigten Staaten die unverzügliche Öffnung sämtlicher portugiesischer Archive zu Forschungszwecken an, die der Banco de Portugal mit eingeschlossen. Doch die Archive in Portugal blieben weiterhin geschlossen.

Am 17. April gab die Banco de Portugal bekannt, daß Costa Leite selbst Nachforschungen anstellen würde, und es wurde die Gründung einer „Begleitkommission" angekündigt, die ihn dabei unterstützen sollte.

Der Kommission stand eine einflußreiche Persönlichkeit vor – Mário Soares, ehemaliger Ministerpräsident und Altpräsident Portugals. Ebenso gehörte ihr Israel Singer an, Leiter des Jüdischen Weltkongresses und wohnhaft in New York, sowie Jaime Reis, ein angesehener Forscher auf dem

Gebiet der Wirtschaftsgeschichte. Reis, Verfasser eines Buches über die Geschichte der Banco de Portugal, unter deren Schirmherrschaft der erste Band bereits herausgegeben wurde, war das einzige Kommissionsmitglied mit Erfahrungen in wissenschaftlicher Arbeit, ging allerdings zu jenem Zeitpunkt seiner Lehrtätigkeit in Florenz nach.

Die Kommission sollte von der Presse wiederholt angegriffen werden, da ihre Aufgaben nicht genau definiert waren und sie selbst sich sehr verschlossen gab, vor allem aber, da sie den Zugang zu Archiven allgemeinen Interesses für sich allein beanspruchte. Elf Tage nach Bildung der Kommission führte ich ein weiteres Gespräch mit dem Gouverneur der Banco de Portugal, das abermals keine merkliche Veränderung bezüglich der Archivsituation mit sich brachte.

Anfang Februar 1998 wurde ich anläßlich meiner Teilnahme an einer Konferenz in New York von den Leitern des Jüdischen Weltkongresses Elan Steinberg und Avi Becker zu einer Besprechung eingeladen, bei der eine Bestandsaufnahme der Debatte um das Nazigold in Portugal auf dem Programm stand. Steinberg befürwortete die Bildung einer weiteren, offeneren und aktiveren Kommission und bekundete mir gegenüber das Interesse des JWK an meiner Teilnahme. Ich vertrat die Auffassung, eine neue Kommission nütze nur wenig, wenn die Archive nicht unverzüglich für sämtliche Wissenschaftler geöffnet würden. Würde das geschehen, dann könne eine neue Kommission von Nutzen sein, sofern sie pluralistisch und offen genug für sämtliche Forschungsprojekte sei, die mit dem vorliegenden Thema in Zusammenhang stünden. Steinberg ersuchte mich, meine Vorschläge schriftlich niederzulegen, was ich auch in Form eines Memorandums tat, das ich einige Tage später aus Lissabon nach New York sandte.

Am 27. und 28. Februar 1998 fand in Lissabon eine internationale Konferenz statt, die vom Goethe Institut und dem Institut für Zeitgeschichte an der Universidade Nova in Lissabon organisiert wurde. Ich habe als Vertreter des Institutes die Veranstaltung mitgestaltet. Bei dieser Konferenz wurden die unterschiedlichsten Standpunkte dargelegt, und es nahmen Costa Leite und der Historiker António Telo daran teil, der heute an der Militärischen Akademie lehrt. Die Situation der portugiesischen Archive war schließlich Gegenstand allgemeiner Kritik, die von Avi Becker, Sébastien Guex (Universität Lausanne), Gerard Aalders (Institut voor Oorlogsdocumentatie von Amsterdam), Jakob Tanner und Thomas Sandkühler (von der Bergier-Kommission) auch zum Ausdruck gebracht wurde. Diese geballte Kritik verfehlte keineswegs ihre Wirkung. Von der portugiesischen Presse wurden Avi Becker und der Schweizer Forscher Gian Trepp danach ausführlich zum Thema interviewt.

Einen Monat später löste die portugiesische Regierung die erste Kommission auf und gab die Nominierung einer zweiten bekannt, die ebenfalls von Soares geleitet wurde, und an der ebenfalls Jaime Reis und Costa Leite teilnahmen. Neu hinzukamen der bereits erwähnte Historiker António Telo, Campos Cunha (vom Verwaltungsrat der Banco de Portugal) und Joshua Ruah (der damalige Präsident der Israelitischen Gemeinde von Lissabon)[2]. Auf die Archive der Banco de Portugal erhob diese zweite Kommission ebenso wie die erste alleinigen Anspruch.

Im Januar 1999 schloß die Kommission ihren Bericht ab, hielt ihn jedoch geheim und beschränkte sich darauf, dem Jüdischen Weltkongreß eine Kopie zukommen zu lassen. Erst Anfang Mai 1999 kam einer portugiesischen Wochenzeitung[3] die Information zu, daß der Bericht schon seit Monaten fertig und bereits im Februar 1999 der Regierung übergeben worden war.

Zu diesem Zeitpunkt übte ich erneut vermehrten Druck auf die Banco de Portugal aus, und nach mehreren mündlichen Bemühungen richtete ich am 20. Juni 1999 abermals ein Schreiben an die Bank, auf das ich wenige Stunden später per Fax eine Antwort erhielt, mit der mir endlich die Bewilligung erteilt wurde, die Dokumentation der Jahre 1939 bis 1945 einzusehen[4].

Stand der Dinge unmittelbar vor Veröffentlichung des Soares-Berichts[5]

Der Bericht der Soares-Kommission über das Nazigold wurde im Februar 1999 der Regierung vorgelegt und wartete ungefähr ein halbes Jahr darauf, veröffentlicht zu werden. Das Finanzministerium erklärte den Informationsausfall damit, daß die Publikation ähnlicher Untersuchungen in anderen involvierten Ländern unmittelbar bevorstehe und der Jüdische Weltkongreß ausdrücklich darum gebeten habe, diesen nicht vorzugreifen[6]. Daß der JWK vorschlug, die Veröffentlichung aufzuschieben, hatte jedoch einen ganz anderen Grund. Er war der Auffassung, der Bericht benötige noch Zeit, um von vorne bis hinten überarbeitet zu werden. Allein, die Zurückhaltung seitens des JWK gab der portugiesischen Regierung den nötigen Manövrierspielraum, sich zwecks Rechtfertigung des Aufschubs auf ihn zu berufen, wie Gian Trepp trefflich beobachtete[7].

Wie auch immer, die Befürchtungen, der portugiesische Bericht würde vielleicht vor der Zeit erscheinen, waren völlig unbegründet. Bedenklich war allerdings schon lange die Verspätung seiner Veröffentlichung. Zweieinhalb Jahre nach Eröffnung der internationalen Debatte gab es kaum ein

Land, dessen Regierungen beziehungsweise Zentralbanken nicht irgendeine Position zu seiner jeweiligen Beteiligung bezogen hätten. Selbst in China – wo Schweigen angeblich Gold ist – hatte sich das Außenministerium im Januar 1998 der Aufgabe gestellt, seine, wenn auch nicht besonders exakte Version über die Geschäfte mit dem Nazigold darzulegen, das durch Macau geflossen war[8]. Unterdessen hatten fast alle Kommissionen zumindest eine Hausaufgabe gemacht. Einige, wie die argentinische Kommission, hatten mehrere thematisch geordnete Einzelberichte in Druck gegeben.

Selbst Länder, die nur einem mäßigen internationalen Druck ausgesetzt waren, besaßen genügend Initiative, engagierte und produktive Kommissionen zu bilden. In Kanada beschrieb ein Bericht mit der Unterschrift von Duncan McDowall im November 1997 den „swap" von schweizerischem Gold in Ottawa gegen portugiesisches Gold in Bern, der die Kontrolle durch die alliierten Behörden zu umgehen vermochte. Mit dieser Beschreibung kam eine lange Reihe von Enthüllungen über die Banco de Portugal in Gang, von denen die portugiesischen Forscher über ausländische Archive und ausländische Berichte Kenntnis erhalten sollten.

Auch in Spanien wurde im Januar 1998 ein Bericht vorgelegt, der die legalen sowie illegalen Mechanismen des spanisch-deutschen Handels darlegte. Die umfangreiche Arbeit nahm mit Bedacht davon Abstand, die Flüchtlingspolitik Francos zu berühren. Um das Thema derart schönzufärben, bedurfte es schon der Unbekümmertheit von Außenminister Abel Matutes der Rechten sowie des Übereifers des Ex-Justizministers der Linken, Enrique Mugica. Für Mugica, der mit der Untersuchungsarbeit nicht vertraut war, war es als Leiter der Kommission von Vorteil, eingefleischter Antifaschist und Nachfahre von Juden zu sein. Falsches wird jedoch nicht richtig, nur weil es von jemandem mit einer entsprechenden Vergangenheit im Untergrund geäußert wird.

Was die von der schweizerischen Regierung nominierte Bergier-Kommission angeht, so präsentierte sie Ende 1997 und im Mai 1998 Zwischenberichte, die einige Schlußfolgerungen enthielten, die denen der Schweden ähnelten: Auch in Bern akzeptierte man ab 1941 Gold, von dem man wußte, daß es aus Holland und Belgien stammte. In ihrem zweiten Bericht verwies die Bergier-Kommission auf schweizerische Versicherungsgesellschaften, die eine der treibenden Kräfte für den letzten, im Jahr 1945 getätigten Goldankauf bei der Reichsbank waren. In einem drei Monate später abgefaßten Kurzbericht sollte die Kommission erneut die Frage der Lebensversicherungen aufgreifen, die von Filialen schweizerischer Versicherungsgesellschaften in Deutschland an Juden verkauft worden waren.

Schließlich machte in der Schweiz noch die BIZ ihre Archive zugänglich, und die SNB veröffentlichte im März 1999 eine Studie zweier mit der

Untersuchung Beauftragter des Hauses, Vincent Crettol und Patrick Halbeisen, in der die Entstehung des Dreiecks Berlin-Bern-Lissabon zur Reinwaschung des Goldes erläutert wurde.

In Schweden wurden zwei Berichte veröffentlicht, und zwar im August und Dezember 1998. Schon bald stellte man fest, daß die Zentralbank ab 1941 Kenntnis davon gehabt hatte, Gold zu erhalten, das der holländischen und belgischen Zentralbank geraubt worden war. Das Hauptproblem lag in der Frage, was es mit den übrigen Goldquellen auf sich hatte. Die schwedische Kommission betonte, daß Minister und Bankiers über alle Angaben verfügten, die darauf schließen ließen, ein Teil dieses Gold hätte aus Konzentrationslagern gestammt.

Einen weiteren wesentlichen Bezugspunkt bilden die beiden Arbeiten der amerikanischen Kommission unter der Leitung von Stuart Eizenstat. Während die erste Arbeit noch als Anklageschrift gegen die Schweiz zu verstehen war, enthielt der zweite, im Juni 1998 publizierte Bericht wichtige neue Informationen über weitere neutrale Länder. Ganz besonders im Visier war der Vatikan, in dessen Archiven wertvolle Spuren über den Verbleib von Gütern im Wert von 80 Millionen Dollar zu finden sein sollen, die Juden, Serben und Zigeunern von kroatischen Faschisten geraubt worden sind. Letztendlich zeigte der zweite Bericht auch auf, daß die Firmen Ford und General Motors Gewinne ihrer deutschen Filialen einstrichen, selbst als die Vereinigten Staaten bereits in den Krieg eingetreten waren.

Unter all den seinerzeitigen Reaktionen auf diesen Bericht verdient die der türkischen Presse besondere Beachtung. Auf die Behauptung, die Türkei hätte Raubgold im Gegenwert von 15 Millionen Dollar angenommen, reagierte man in Ankara mit der Beauftragung einer Untersuchungskommission, die eine, wenn auch späte, Erklärung über die vom Eizenstat-Team dargelegten Fakten ausarbeiten sollte. In der Türkei war man jedoch nicht irritiert, weil man sich in dem Bericht ungerecht angegriffen fühlte. Vielmehr waren die Obrigkeiten in Ankara in erster Linie um das Einvernehmen zwischen Israel und der Türkei besorgt, und sie hatten Angst, die Enthüllungen könnten die Armenier dazu ermutigen, für den Genozid von 1915 Wiedergutmachung zu verlangen. Resultat all dieser Besorgnis war die Zusage, auch die Türkei würde einen Bericht vorlegen.

Es wäre im übrigen den türkischen Forschern bestimmt möglich gewesen, für die im amerikanischen Bericht beschriebenen Geschäfte eine Erklärung zu finden, wären sie nicht der Diktatur in Ankara verpflichtet gewesen. Anfang 1999 wurde im Bähr-Bericht des Hannah-Arendt-Instituts eine auf Grund des Austauschs von Waffen gegen Chromerz[9] ausgewogene Struktur der deutsch-türkischen Geschäftsbeziehungen dargelegt, die mit den deutsch-portugiesischen vergleichbar waren. Im Geschäft mit dem türkischen Gold spielte nicht die Reichsbank die Hauptrolle, sondern es taten dies die Deutsche Bank und die Dresdner Bank, und es lief in viel bescheideneren Dimensionen ab, als es im Dreieck Berlin-Bern-Lissabon der Fall war.

Ohne die Arbeit der Kommissionen der verschiedenen Ländern zu beschönigen oder die begründete Kritik über Methodik beziehungsweise Versäumnisse außer acht zu lassen, mußte der Fortschritt sehr wohl zur Kenntnis genommen werden, den die Forschung im Laufe von zweieinhalb Jahren verzeichnen konnte. In Portugal hingegen sorgte die Kandidatur von Mário Soares für das Europäische Parlament zu Beginn des Sommers 1999 dafür, daß man weiterhin einen günstigen Zeitpunkt für die Veröffentlichung eines umstrittenen Berichtes abwartete. Obwohl die Kommission über eine abgeschlossene Arbeit verfügte, versteifte sie sich darauf, diese nicht zu veröffentlichen, und bildete somit mit ihren von der Regierung in Ankara beauftragten Kollegen weltweit das Schlußlicht.

Der Soares-Bericht

Der Bericht der von der portugiesischen Regierung nominierten Kommission wurde somit erst veröffentlicht, nachdem Mário Soares die Liste der Sozialistischen Partei in den Wahlen vom Juni 1999 angeführt und den Wettlauf um die Präsidentschaft des Europäischen Parlaments gegen Nicole Fontaine verloren hatte. Mit der Beendigung dieser beiden politischen Schlachten ließen sich die Ärgernisse im Zusammenhang mit der Veröffentlichung des Berichts auf ein Minimum reduzieren. Eines Berichts, der – darüber war man sich von vornherein im klaren – heftige Polemik entfachen würde. Seine Veröffentlichung fand nun 1999 statt, und zwar Anfang August, ein Monat, der in Portugal als Sauregurkenzeit bekannt ist und den die öffentliche Meinung wie betäubt und geistesabwesend am Strand zubringt.

Der gesamte Bericht liest sich wie ein nicht besonders geglücktes Remake der Argumentation, die zwischen 1946 und 1953 von den diplomatischen Vertretern Salazars den Repräsentanten der TGC vorgelegt wurde. Man bedenke jedoch, daß, geradeso wie sich die Geschichte in zwei Versionen wiederholt, nämlich einer tragischen und einer komischen, auch die Geschichtsschreibung eine logische und eine absurde Variante aufweist. Vor fünfzig Jahren suchten die portugiesischen Diplomaten einer Kompensationszahlung für Hehlerei mit Raubgold zu entgehen. Zumindest folgte die Aufstellung ihrer Theorien dieser Logik. 1999 kämpfte die Soares-Kommission aber lediglich gegen Windmühlen und gegen Forderungen, die im

Endeffekt niemand stellte. Man muß den Widersinn etwas näher betrachten, der aus dieser absurden Haltung resultiert.

Richtig ist die Behauptung des Berichts, die Alliierten hätten sich nicht vorrangig darum gekümmert, inwieweit die Herkunft des Reichsbankgoldes legitim war. Als sie die neutralen Länder unter Druck zu setzen begannen, dieses Gold nicht mehr zu akzeptieren, taten sie dies mit der Absicht, den Zahlungsfluß zum Stocken zu bringen, der es den Nationalsozialisten erlaubte, kriegswichtige Güter zu erwerben. Die Alliierten setzten darauf, daß mit dem Ausbleiben von Zahlungen auch die Lieferungen gestoppt würden. Entgegen den Behauptungen der Kommission verloren sie diese Schlacht jedoch. Es spielte sich genau umgekehrt ab: Erst nachdem es den Alliierten gelungen war, einen Lieferstopp zu erzwingen, konstatierten sie die Einstellung der Zahlungen. Im Falle Portugals erreichten sie im Juni 1944, daß Salazar den Export von Wolfram verbot. Doch erst im Juli dieses Jahres sollte die Banco de Portugal in Bern die letzten Zahlungen in Reichsbankgold entgegennehmen.

Um den Gedanken des Einverständnisses seitens der Alliierten noch ein wenig weiterzuspinnen, spürten die Verfasser des Berichts in einem nicht näher erklärten Kontext eine Äußerung von Churchill auf, in der er die portugiesischen Wolframlieferungen an Deutschland gutheißt. Anfang der 1990er Jahre zeigte António Telo, einer der Unterzeichner des Berichts, jedoch eindeutig auf, wie aufgebracht die Alliierten 1942 und 1943 waren, als sie vor die vollendete Tatsache eines heimlich zwischen Deutschland und Portugal ausgehandelten Wolframabkommens gestellt wurden. In beiden Fällen schlug die entsprechende Nachricht mit den Worten Telos „wie eine Bombe" bei ihnen ein und veranlaßte sie dazu, wirtschaftliche und militärische Sanktionen zu erwägen und sogar, einen Putsch gegen Salazar anzustacheln. Neben der umfangreichen Untersuchung der Fakten durch Telo drängt sich die offensichtliche Logik auf, mitten in einem Wirtschaftskrieg wäre man nur mit solch einer Haltung weitergekommen.

Da die im Bericht dermaßen vereinfachte Darstellung unhaltbar war, mußte Telo bald darauf in einer Arbeit im Auftrag des portugiesischen Außenministeriums[10] auf dieses Thema zurückkommen. Klugerweise ließ er die Version außer acht, nach der die Alliierten die Wolframlieferungen an Deutschland gutheißen, und versuchte eine andere Verteidigungsstrategie. Nach seiner Behauptung hätte die Taktik, an alle kriegführenden Parteien zu verkaufen, den Alliierten mehr Vorteile gebracht als den Achsenmächten, da es die Alliierten waren, die den größten Teil des portugiesischen Wolframs kauften.

Aber auch bei dieser Überlegung wird ein wesentliches Detail des Problems übergangen. Die Deutschen hätten auf die 20 bis 25% Wolfram, die sie von Portugal kauften, weitaus weniger verzichten können als die Alliierten auf die viel größeren Mengen, die an sie gegangen sind. Und es ist kein Zufall, daß es die Alliierten waren, die ein totales Embargo forderten, und die Deutschen, die dieses auf das entschlossenste bekämpften.

Das Argument, Nazigold sei als Kompensation für an Deutschland gelieferte Güter zu verstehen, kann wohl kaum als Rechtfertigung für diesbezügliche Ankäufe akzeptiert werden, vor allem nicht von jemandem wie der Soares-Kommission, die im Sanktus der Alliierten das Maß aller Dinge sieht. In der Tat bewerteten die Alliierten das nach Deutschland gelieferte Wolfram als weitaus höheren Schaden als das Gold, das dafür von Deutschland bezahlt wurde. **Das Gold mit den Wolframlieferungen legitimieren zu wollen bedeutet, ein Leumundszeugnis für den geleisteten Beitrag zur nationalsozialistischen Kriegsanstrengung zu erbitten**.

Abgesehen vom Wolframproblem, das sehr fragwürdig behandelt wird, umgeht die Kommission systematisch alles, was sich auf den Beitrag Portugals zur deutschen Kriegswirtschaft bezieht. Ihr Anliegen, kosmetische Korrekturen vorzunehmen, kommt beredt zum Ausdruck, wenn zwei Punkte auf unerhörte Weise totgeschwiegen werden. Beim ersten handelt es sich um die Waffengeschäfte, beim zweiten um einen wesentlichen Teil der Geschäfte der Banco de Portugal in der Schweiz (die sie zum einen mit der BIZ und zum anderen über ihre Depots A und B in Bern tätigte).

Was nun die Waffengeschäfte angeht, so werden im Bericht die diversen Güter aufgezählt, die die portugiesische Regierung als Gegenleistung für Wolfram zu erwerben suchte, ohne jedoch ein einziges Wort über die wesentliche Sparte Waffen zu verlieren. Auf diese Weise wurde die Warenliste des Berichts geziemend von ihrem wichtigsten Posten gesäubert und mit einem zivilen Anstrich versehen. Die Waffen konnten jedoch nicht unbemerkt bleiben, waren sie doch Gegenstand konstanten unerbittlichen Verhandelns zwischen den Portugiesen und Deutschen, worüber keine Entscheidung ohne die Zustimmung von Hitler und Salazar getroffen wurde. Bereits in den 1990er Jahren hat António Telo eine Reihe treffender Kommentare zum großen Stellenwert der deutschen Waffenlieferungen für Portugal abgegeben. Es ist unentschuldbar, daß die Verfasser des Berichts, darunter Telo selbst, diese seine frühere Arbeit kommentarlos übergingen.

Diese Auslassung war im übrigen dermaßen verfänglich, daß sich Telo selbst in der Ausführung des bereits erwähnten Auftrags des portugiesischen Außenministeriums bemüßigt fühlte, dieses so leichtfertig im Bericht ausgesparte Thema näher zu behandeln. Sehen wir einmal davon ab, daß Telo auf diese Weise in seiner Arbeit, die er im Juli 1999 dem Ministerium übergab, den Bericht disqualifizierte, den er im Januar desselben Jahres mitunterzeichnet hatte. Worauf es in diesem Fall ankommt, ist die Tatsache, daß Telo dieses Mal dem Kernproblem der Waffenlieferungen von Deutschland an Portugal nicht ausgewichen ist. Er begegnete diesem Problem jedoch mit der überraschenden Annahme, die Alliierten hätten die deutschen Waffenverkäufe an Portugal mit Wohlwollen betrachtet, da es „in ihrem Interesse lag, daß Deutschland an Portugal Produkte lieferte, die für die eigene Kriegsanstrengung wichtig waren".

Damit vergißt er, daß ab 1941 die Entscheidung, Artilleriegerät an Portugal zu liefern, Deutschland erlaubte, weiterhin Konserven- und Wolframlieferungen in Naturalien zu kompensieren. Bei dem riesigen Arsenal, das für die Ostfront mobilisiert wurde, würden die paar Geschütze, die Deutschland an Portugal abgab, wohl kaum zu spüren sein. Der Mangel an Wolfram hingegen hätte die deutsche Kriegsindustrie lähmen können, oder zumindest fürchtete man bis zu einem gewissen Grad, daß dies der Fall hätte sein können. Nach Abwägen aller Für und Wider entschlossen sich die zuständigen Nationalsozialisten, Portugal die gewünschte Artillerie zu liefern. Die Obrigkeiten der Alliierten ihrerseits suchten die Waffenexporte der Deutschen zu erschweren, indem sie in Konkurrenz zu diesen traten und ihnen ab 1943 mit britischen Waffenangeboten, teilweise zu Dumping-Preisen, den portugiesischen Kunden streitig machten.

Des weiteren ist an dem Bericht zu kritisieren, daß er keinerlei Analyse der Ankäufe der Banco de Portugal bei der BIZ und ihrer Ankäufe bei der SNB über die Depots A und B enthält. Obwohl die Kommissionsmitglieder zwei Jahre lang den Zugang zu den Archiven der Banco de Portugal für sich alleine beanspruchten, prüften sie lediglich die Bewegungen des Depots C. Als Instrument der direkten Goldkäufe von Deutschland wäre tatsächlich nur das Depot C relevant, um die Hehler des Raubgoldes juristisch zur Verantwortung zu ziehen. Und doch waren die Depots A und B als Instrument indirekter Ankäufe für die Untersuchung der Handelsbeziehungen zwischen den beiden Ländern sehr wohl von größter Bedeutung – und sie zu untersuchen wäre somit eine Pflicht für jeden Historiker gewesen, der sich mit diesem Zeitraum näher beschäftigt.

Was nun das Raubgold angeht, so baute die Kommission ihren gesamten Bericht auf der These des „guten Glaubens" auf. Da sowohl im schwedischen als auch im schweizerischen Bericht aus dem Jahr 1998 nachdrücklich behauptet wird, die Obrigkeiten des jeweiligen Landes hätten von der unrechtmäßigen Herkunft des Goldes Kenntnis gehabt, hätte der Bericht der Soares-Kommission sich allenfalls auf den „guten Glauben" der portugiesischen Behörden berufen können, wenn er aufzeigte, daß sie im Gegensatz zu ihren schwedischen und schweizerischen Amtskollegen mit Blindheit geschlagen waren. Um dieser unmöglichen Mission aus dem Weg zu gehen, umgingen die Verfasser des Berichts die Realität und strichen aus der Bibliographie die Berichte aus Schweden und der Schweiz, wie übrigens etliche andere auch.

Wohl wissend, daß die Kommission zu weit gegangen war, indem sie Salazar einen „guten Glauben" attestierte, flüchtete Telo sich in Unwissenheit. Der „gute Glaube" von Politikern könne nicht bewiesen werden, da man nicht weiß, was in ihren Köpfen vorgeht. Doch aus dem Verhalten jener Politiker läßt sich bisweilen sehr deutlich schließen, was sich in ihren Gehirnen abspielte. Stalin zum Beispiel fuhr bis zum Vorabend des „Unternehmens Barbarossa" damit fort, NS-Deutschland mit Getreide zu versorgen. Dieses Getreide türmte sich an der damaligen Grenzlinie zwischen den deutschen und den sowjetischen Besatzern Polens auf, da die deutschen Züge, die mit den Vorbereitungsbewegungen der Invasion vollkommen ausgelastet waren, den Getreidetransport innerhalb des Reiches schon nicht mehr durchführen konnten. Über verschiedene Quellen kamen ihm gleichzeitig Warnungen vor einem bevorstehenden Überraschungsangriff zu. Trotzdem wurden die sowjetischen Luftstreitkräfte noch auf dem Boden vernichtet, und in den ersten Stunden des Angriffs erhielt die Rote Armee keinerlei Verteidigungsinstruktionen. Einleuchtende Schlußfolgerung: Stalin vertraute Hitler in „gutem Glauben" beziehungsweise blind, eine Haltung, die für gewöhnlich nicht seine Art war.

Auch im Fall Portugals gibt es Umstände, die die Regierung in Lissabon nicht ignorieren konnte, und sie legte ein Verhalten an den Tag, das sich nur damit erklären läßt, daß sie sehr wohl über die Herkunft des Goldes Bescheid gewußt haben muß. Es war zum Beispiel unmöglich, nicht zu erkennen, daß die Nationalsozialisten mit weitaus mehr Gold bezahlten, als sie erwiesenermaßen vor Kriegsausbruch in ihren Tresoren liegen hatten. Es war unmöglich, nichts davon zu wissen, daß ihr plötzlicher Reichtum mit der ebenfalls bekannten Ausplünderung der Zentralbanken Belgiens, Hollands, Luxemburgs und Frankreichs zu tun hatte. Da Salazar das Schicksal der beraubten Banken bekannt war, beeilte er sich im Oktober 1940, die Reserven der Banco de Portugal in die Vereinigten Staaten verschiffen zu lassen. Es war ausgeschlossen, nichts von der englisch-deutschen Polemik über die deutschen Beutezüge in den besetzten Ländern zu wissen, die im Januar 1943 in der größten portugiesischen Tageszeitung entfacht wurde. Angesichts dieser Umstände und Verhaltensweisen ist jede Argumentation im Juristenjargon inakzeptabel, die mangels schriftlicher Beweise darauf plädiert, vom guten Glauben des „Angeklagten" auszugehen.

Selbst vor Gericht wird diese Argumentation heutzutage schon nicht mehr akzeptiert. Vor kurzem wollte der britische Revisionist der extremen Rechten, David Irving, die These aufstellen, Hitler hätte eine durchaus humanitäre Haltung an den Tag gelegt. Er argumentierte damit, daß von einem schriftlichen Befehl des Führers zur Judenvernichtung nichts bekannt sei. Theatralisch bekräftigte er, demjenigen eintausend Pfund anzubieten, der ihm diesen schriftlichen Befehl zeigen könne. Dank der Aussagen einer Reihe von herausragenden Holocaust-Forschern und insbesondere dank der systematischen Demontage von Irvings Scheinbeweisen durch Peter Longerich wurde jedoch der Prozeß im Jahr 2001 mit dem vollkommenen Gesichtsverlust Irvings abgeschlossen. Longerich zeigte auf, daß eine stattliche Sammlung von Indizien und eine ganze Reihe von Umständen für die Existenz eines **ungeschriebenen Befehls** sprechen, die über jeden Zweifel erhaben ist.

Im Verlauf der ganzen nach Veröffentlichung des Soares-Berichts entstandenen Polemik behauptete António Telo kategorisch, es gäbe keinen Beweis dafür, daß die Banco de Portugal über die Herkunft des Raubgoldes Bescheid gewußt habe. Schließlich wisse man nichts von einer schriftlichen Anordnung Salazars, dieses Gold in Empfang zu nehmen. Doch so wie in Deutschland die Suche nach einem schriftlichen Befehl Hitlers erfolglos war, wird man wahrscheinlich in Portugal genauso ohne Erfolg nach einem schriftlichen und vom dafür zu listigen Salazar eigenhändig unterschriebenen Befehl zur Annahme von Raubgold suchen. Und aus all den bereits angeführten Gründen wird die Gewißheit über die Rolle der beiden Diktatoren bei diesen Vorgängen keineswegs dadurch geschmälert, daß darüber keine Dokumente existieren.

Im Soares-Bericht wird noch als Rechtfertigung vorgebracht, die portugiesischen Obrigkeiten hätten Wert darauf gelegt, Reichsbankgold lediglich über die Schweiz anzunehmen. Der Weg über die Schweiz macht jedoch die Herkunft des Goldes keineswegs weniger kriminell – er machte es nur schwieriger, die Spur zu verfolgen. Das Drängen der Banco de Portugal auf diesen Zwischenstopp bei jeder Goldlieferung ist höchstens als zusätzliches Indiz ihrer verschwörerischen Umsicht und umfassenden Kenntnis der Vorgänge zu sehen.

Abgesehen von der subjektiven Behandlung der Frage des „guten Glaubens" weicht die Kommission der objektiven Gegebenheit aus, die von den Diplomaten Salazars nach dem Krieg bereits zugegeben wurde: dem Eingang von Raubgold in den Tresoren der Banco de Portugal. Und die Autoren wissen sehr wohl, daß es sich so verhielt. Schließlich lasen sie bei Michel Fior nach und lasen ebenso die Dokumentation des portugiesischen

Außenministeriums über die Nachkriegsverhandlungen. Nirgendwo berichten sie jedoch, was sie dort eigentlich gelesen haben. Darauf gibt im übrigen auch der später ausgearbeitete Bericht von António Telo keine klare Antwort.

Der Soares-Bericht wurde als Reaktion auf die Kritik und den Druck der öffentlichen Meinung in Auftrag gegeben. Er ist kein Produkt aus der Retorte und sollte auch nicht für ein solches gehalten werden wollen. Die Haltung, über die existierenden Kontroversen hinwegzugehen, kommt ihm keinesfalls zugute. Die Kommission hätte die Pflicht gehabt, den Wyatt-Bericht zu kommentieren, und sei es nur darum gewesen, die darin zitierten Verbindungen der Banco de Portugal mit verdächtigen Operationen anzufechten. Die Kommission wäre ebenso verpflichtet gewesen, die konsultierten Werke aufmerksam zu lesen sowie den schweizerischen und schwedischen Bericht von Mai und Juli 1998 einzusehen, wie auch den Mugica-Bericht, den Steinberg-Bericht über die Deutsche Bank, den Bähr-Bericht über die Dresdner Bank, den Hug-Perrenoud-Bericht über das schweizerisch-polnische Abkommen, den McDowall-Bericht über die portugiesisch-schweizerischen Transaktionen in Kanada und noch einige mehr. Sie hat das nicht getan, da schon allein die Konfrontation mit dem Inhalt dieser Arbeiten die ihr so wichtige Schlußfolgerung zunichte gemacht hätte, die Banco de Portugal hätte in „gutem Glauben" gehandelt.

Die Vorgangsweise der gegenwärtigen schwedischen und schweizerischen Behörden unterscheidet sich beträchtlich von der eben beschriebenen der portugiesischen Obrigkeiten. Die beiden alten Demokratien suchten das Vertrauen in ihre Institutionen wiederherzustellen, das vom Gespenst der wirtschaftlichen Kollaboration mit dem Nationalsozialismus erschüttert war. Zu diesem Zweck wurden Kommissionen zusammengestellt, die, abgesehen von einigen Aspekten, die zu kritisieren wären, dazu beitrugen, die Öffentlichkeit über die in Frage stehende Zusammenarbeit genauer zu unterrichten. Es bedarf keineswegs der „Voreingenommenheit eines Marxisten", um zu erkennen, daß der Finanzplatz Schweiz nach wie vor an der Beständigkeit der parlamentarischen Demokratie höchst interessiert ist, und daß die Enthüllungen der Bergier-Kommission zu einem kritischen Zeitpunkt womöglich ein Bauernopfer im Sinne besagter Beständigkeit darstellten. Auf die Verantwortung der SNB, der Geschäftsbanken und Versicherungen hinzuweisen war zu einer Grundbedingung geworden, die die Güte des Systems unterstreichen sollte. Wie auch immer, selbst Kritiker des Systems müssen die Verdienste der gewählten Vorgehensweise anerkennen, wie auch den Einfallsreichtum und die Raffinessen, die aus diesem Selbsterhaltungstrieb hervorgehen.

Die portugiesischen Behörden hingegen hielten die Dokumente, die für die historische Untersuchungsarbeit notwendig waren, unter Verschluß und bestellten bei der Soares-Kommission einen Bericht, der wie ein Plädoyer für die Banco de Portugal aufgebaut war. Um dem Bericht Glaubwürdigkeit zu verleihen, ließen sie nicht locker, bis ein Kreis von großen Historikern zusammengerufen war, unter denen lediglich der angesehene Name von Fernando Rosas fehlte, der wegen seiner kritischen und vom offiziellen Standpunkt aus unverbesserlichen Haltung wieder ausgeladen wurde. Der Bericht wurde also veröffentlicht und entfachte einen öffentlichen Skandal. Es sah ganz nach einem Fiasko aus. Es gelang damit nicht, Salazar und seinen Bankiers eine weiße Weste zu verschaffen, vielmehr wurden schließlich und endlich die Regierung der Sozialistischen Partei Portugals und das „Dreamteam" von drei angesehenen Forschern der Zeitgeschichte kompromittiert.

Dabei schien doch die Lage der jungen portugiesischen Republik in dieser Hinsicht behaglicher zu sein als die Schwedens beziehungsweise der Schweiz. Die Regierung der Sozialistischen Partei PS (1995-2002) hätte sich auf die durch die Nelkenrevolution gesetzte Zäsur von 1974/75 berufen können, um jegliche Verantwortung für die Machenschaften faschistischer Bankiers vor einem halben Jahrhundert von sich zu weisen. Sie hätte nicht einmal ein Bauernopfer bringen müssen, wie es die schwedische und die schweizerische Regierung taten. Es hätte genügt anzuerkennen, daß sich die Institutionen der Diktatur aus Habgier und Gewinnsucht ihres Beitrags zur NS-Kriegsanstrengung schuldig gemacht haben. Wenn sie diese Angelegenheit lieber reinzuwaschen versuchte, dann tat sie es in erster Linie, um jeden Beitrag zur Entwicklung einer Kritikkultur angesichts derselben Habgier und Gewinnsucht zu behindern, die heute unter dem wilden Liberalismus im Lande ihre Blüten treiben.

Der Kampf um die historische Wahrheit kann die Gegenwart nicht ändern, und das ist auch gar nicht das Ziel. Er kann jedoch verhindern, daß ein Einheitsdenken die Forschung versklavt und ihr eine Weltanschauung aufdiktiert, mit der die realen sozialen und politischen Verhältnisse am schicklichsten zu rechtfertigen sind.

Anmerkungen zum Nachwort – Portugal und die Polemik um das Nazigold

1 Newsweek, 4.11.96.
2 Portugiesische Tageszeitung Público, 9.4.98.
3 O Independente, 7.5.99.

4 Es sei an dieser Stelle angemerkt, daß die Archive lediglich für die Zeitspanne des Krieges geöffnet wurden, und nicht für die 1930er Jahre und ebensowenig für die Jahre nach 1945. Damit bleibt zum Beispiel der Zugang zu Reaktionen der Bank auf die Nachkriegsverhandlungen zwischen Portugal und der Tripartite Gold Commission verwehrt, ganz abgesehen von der lächerlichen Tatsache, daß aus den zur Verfügung gestellten Dokumenten sämtliche Passagen gestrichen wurden, in denen Namen von Firmen beziehungsweise Personen angeführt waren...

5 Vgl. Bekanntmachung in der portugiesischen Wochenzeitung Expresso, 15.5.99.

6 O Independente, 7.5.99.

7 Trepp in einem Interview für die portugiesische Tageszeitung Público, 8.11.99: „Unvermittelt wurde grundlegende Kritik [von Elan Steinberg] laut, nachdem der Generalsekretär des JWK selbst, Israel Singer, neben Mário Soares und portugiesischen Historikern der Kommission der Banco de Portugal angehört hatte. Anstatt am Ende einen Skandal heraufzubeschwören, wäre es meiner Meinung nach bei weitem besser gewesen, die ganze Arbeit der Kommission für das gesamte interessierte Publikum transparent zu gestalten und sie nicht hinter verschlossenen Türen abzuhandeln. Der JWK behandelt alles im verborgenen bis zu dem Moment, in dem die Divergenzen zur Explosion kommen".

8 „A Guerra do Ouro" („Der Krieg um das Gold"), Beitrag von Rui Araújo und António Louçã zur Sendereihe „Enviado Especial", RTP1, 11.06.97.

9 Bähr, 1999, S. 76.

10 António José Telo. *A Neutralidade portuguesa e o ouro nazi* (Portugals Neutralität und das Nazigold). Quetzal, Lissabon, 2000. Vgl. História, Dezember 1999. Die Kommentare basieren auf der vervielfältigten Version, die in der Bibliothek des MNE zum Zeitpunkt ihrer Abfassung einzusehen waren.

Quellen und Bibliographie

Archive

Archiv der Deutschen Bundesbank, Frankfurt
Archiv der Schweizerischen Nationalbank, Zürich
Archives de la Banque de France, Paris
Archives du Ministère des Affaires Étrangères, Paris
Arquivo da Junta do Crédito Público, Lissabon
Arquivo do Tribunal da Boa-Hora, Lissabon
Arquivo Geral da Administração do Porto de Lisboa, Lissabon
Arquivo Histórico-Diplomático do Ministério dos Negócios Estrangeiros, Lissabon
Arquivo Histórico do Banco de Portugal, Lissabon
Arquivo Histórico, Museu Militar, Lissabon
Arquivo Nacional da Torre do Tombo. Arquivo Oliveira de Salazar, Lissabon
Bundesarchiv, Berlin
Centro de Documentação e Informação da Casa da Moeda, Lissabon
Yad Vashem Archives, Jerusalem

Veröffentlichte Dokumentation

Banco de Portugal. Legislação própria, Band 6 (1931-1946). Banco de Portugal, Lissabon, 1946.
Dez Anos de Política Externa. A Nação Portuguesa e a Segunda Guerra Mundial, Band XIV. MNE, Lissabon, 1991.
Dez Anos de Política Externa. A Nação Portuguesa e a Segunda Guerra Mundial, Band XV. MNE, Lissabon, 1993.
Documents Diplomatiques Suisses, Band 14 (1941-1943). Benteli Verlag, Bern, 1997.
Hofer, Walther (Koord.). *Der Nationalsozialismus. Dokumente 1933-1945*. Fischer, Frankfurt am Main, 1957.

Berichte und Statistiken

Estatísticas do Comércio Externo (1938-1945). Instituto Nacional de Estatística.

Relatório de Contas e Elementos Estatísticos (1941). Hafenverwaltung von Lissabon.

Relatório do Banco de Portugal (1938-1946).

Berichte und Studien von Kommissionen

Deutschland

BÄHR, Johannes. *Der Goldhandel der Dresdner Bank im Zweiten Weltkrieg. Ein Bericht des Hannah-Arendt-Instituts.* Gustav Kiepenheuer Verlag, Dresden/Leipzig, 1999.

STEINBERG, Jonathan (Koord.). *The Deutsche Bank and its gold transactions during the Second World War.* Beck'sche Verlagsbuchhandlung (Oscar Beck), München, 1998.

Großbritannien

RIFKIND, Malcolm (Koord.). Foreign and Commonwealth Office. „Nazi Gold: Information from the British Archives". In: *History Notes*, Nr. 11, London, September 1996.

RIFKIND, Malcolm (Koord.). Foreign and Commonwealth Office. „Nazi Gold: Information from the British Archives". In: *History Notes*, Nr. 11, London (Zweite, im Januar 1997 zwecks Berichtigung von Unklarheiten bezüglich im Original ausgewiesener Dollar- und Schweizerfranken überarbeitete Ausgabe).

Kanada

MCDOWALL, Duncan. *Due Diligence, A Report on the Bank of Canada's Handling of Foreign Gold During World War II. Earmarked Gold in Canada.* Ottawa, November 1997.

Portugal

SOARES, Mário (Leiter der Kommission). *Relatório da Comissão de Investigação sobre as transacções de ouro efectuadas entre as autoridades portuguesas e alemãs durante o período compreendido entre 1936 e 1945.* Lissabon, Januar 1999.

Schweden

WIRTÉN, Rolf (Leiter der Kommission). Commission on Jewish Assets in Sweden at the Time of the Second World War. *The Nazigold and the Swedish Riksbank*, Interim Report, Stockholm, August 1998.

WIRTÉN, Rolf (Leiter der Kommission). Commission on Jewish Assets in Sweden at the Time of the Second World War. *Summary. Sweden and Jewish Assets*. Final Report. Stockholm, März 1999, vervielfältigtes Exemplar.

Schweiz
BERGIER, Jean-François (Leiter der Kommission). Unabhängige Expertenkommission Schweiz – Zweiter Weltkrieg. *Goldtransaktionen im Zweiten Weltkrieg: Kommentierte statistische Übersicht. Ein Beitrag zur Goldkonferenz in London, 2.-4. Dezember 1997*. UEK, Bern, 1997, vervielfältigtes Exemplar.
BERGIER, Jean-François (Leiter der Kommission). Unabhängige Expertenkommission Schweiz – Zweiter Weltkrieg. *Die Schweiz und die Goldtransaktionen im Zweiten Weltkrieg*, Zwischenbericht. UEK, Bern, Mai 1998.
BERGIER, Jean-François (Leiter der Kommission). Unabhängige Expertenkommission Schweiz – Zweiter Weltkrieg. *Die Schweiz und die deutschen Lösegelderpressungen in den besetzten Niederlanden. Vermögensentziehung, Freikauf, Austausch. 1940-1945*. UEK, Bern, 1999.
BIZ. *Note on Gold Operations involving the Bank for International Settlements and the German Reichsbank*. Basel, 12.05.97. On-line-Version.
HUG, Peter und PERRENOUD, Marc. *Assets in Switzerland of victims of Nazism and the compensation agreements with East Bloc countries*. Federal Department of Foreign Affairs, Task Force, Bern, 29.10.96.
SNB. *Lagerbuchhaltung der Kunden Golddepots in den Jahren 1939 bis 1945*. Zürich, 1997.
SNB. *Révision ‚Gold Transaktionen 1939-1945'*. Zürich, März 1997, vervielfältigtes Exemplar.

Spanien
MUGICA, Enrique (Leiter der Kommission). *Informe para la Comisión de Investigación de las Transacciones de Oro Procedente del Tercer Reich durante la Segunda Guerra Mundial*. Madrid, 1998.

Vereinigte Staaten von Amerika
EIZENSTAT, Stuart (Koord.). *US and Allied Efforts to Recover and Restore Gold and Other Assets Stolen or Hidden by Germany During World War II. Preliminary Study*. Washington, Mai 1997.
EIZENSTAT, Stuart (Koord.). *US and Allied Wartime and Postwar Relations and Negotiations with Argentina, Portugal, Spain, Sweden and Turkey on Looted Gold and German External Assets and US Concerns about*

the Fate of the Wartime Ustasha Treasury. Supplement to Preliminary Study on US and Allied Efforts to Recover and Restore Gold and Other Assets Stolen or Hidden by Germany During World War I. Washington, Juni 1998.

Bibliographie

Der Krieg, die deutsche Wirtschaft und die deutsch-portugiesischen Geschäftsbeziehungen

ALEXANDRA, Nair. „O holocausto português". In: *História*, Lissabon, Mai 1995.

ALMEIDA, Carlos und BARRETO, António. *Capitalismo e Emigração em Portugal*. Prelo Editora, Lissabon, 1976.

AVNI, Haïm. „L'Espagne, le Portugal et les Juifs sépharades au XX siècle. Proposition pour une étude comparée". In: Esther Benbassa (Koord.). *Mémoires Juives d'Espagne et du Portugal*. Publisud, Jerusalem, 1996.

BARROS, Arnaldo Monteiro de. „Bergbau in Portugal", in: *Europäische Wirtschaft 1943. Sonderheft der Zeitschrift Berlin-Rom-Tokio*. Steiniger Verlag, Berlin, September 1943.

BARTOV, Omer. *Hitlers Wehrmacht. Soldaten, Fanatismus und die Brutalisierung des Krieges*. Rowohlt, Hamburg, 1995.

BOELCKE, Willi A.. *Deutschland als Welthandelsmacht. 1930-1945.* Verlag W. Kohlhammer, Stuttgart/Berlin/Köln, 1994.

BOELCKE, Willi A. (Koord.). *Deutschlands Rüstung im Zweiten Weltkrieg. Hitlers Konferenzen mit Albert Speer 1942-1945*. Akademische Verlagsgesellschaft Athenaion, Frankfurt am Main, 1969.

BOELCKE, Willi A.. *Die Kosten von Hitlers Krieg. Kriegsfinanzierung und finanzielles Kriegserbe in Deutschland 1933-1948*. Ferdinand Schöningh, Paderborn, 1985.

BROWNING, Christopher. *The Path to Genocide. Essays on Launching the Final Solution.* Cambridge University Press, Cambridge, 1992.

CASTELLAN, Georges. *Le rearmement clandestin du Reich. 1930-1935. Vu par le 2e Bureau de l'Etat-Major Français*. Librairie Plon, Paris, 1954.

CHURCHILL, Winston S.. *The Second World War*. Ed. Cassell, London, 1964.

DANKELMANN, Otfried. *Franco zwischen Hitler und den Westmächten*. VEB Deutscher Verlag der Wissenschaften, Berlin, DDR, 1970.

EICHHOLTZ, Dietrich. *Geschichte der deutschen Kriegswirtschaft 1939-1945*, Band II, 1941-1943. Akademie Verlag, Berlin, 1985.

FRIEDENSBURG, Ferdinand. *Die Rohstoffe und Energiequellen im neuen Europa.* Gerhard Stalling Verlagsbuchhandlung, Oldenburg/Berlin, 1943.
INGLIN, Oswald. *Der stille Krieg. Der Wirtschaftskrieg zwischen Großbritannien und der Schweiz im Zweiten Weltkrieg.* Verlag Neue Zürcher Zeitung, Zürich, 1991.
JÄGER, Jörg-Johannes. *Die wirtschaftliche Abhängigkeit des Dritten Reiches vom Ausland, dargestellt am Beispiel der Stahlindustrie.* Berlin Verlag, Berlin, 1969.
KUZCYNSKI, Jürgen. *Die Geschichte der Lage der Arbeiter in Deutschland von 1789 bis in die Gegenwart.* 1933-1945, Band II, Erster Teil, Tribüne. Verlag und Druckereien des FDGB, Berlin, DDR, 1953.
LOUÇÃ, António. „Colaboração portuguesa com a economia de guerra alemã. 1940-1944". In: *Comunicações ao XX Encontro da Associação Portuguesa de História Económica e Social*, Porto, 23./24. November 2000, Band 2.
MELO, António. „O testemunho de Simões Cascas. O ‚nosso cônsul' na Holanda". In: *Público-Magazine*, Lissabon, 3.12.95.
MILWARD, Alan S.. *Die deutsche Kriegswirtschaft.* 1939-1945. Deutsche Verlags-Anstalt, Stuttgart, 1966.
MILWARD, Alan S.. *La Segunda Guerra Mundial.* 1939-1945. Editorial Crítica, Barcelona, 1986.
MOMMSEN, Hans und GRIEGER, Manfred. *Das Volkswagenwerk und seine Arbeiter im Dritten Reich.* Econ Verlag, Düsseldorf, 1996.
MÜLLER, Rolf-Dieter. „Grundzüge der deutschen Kriegswirtschaft 1939 bis 1945", in Karl-Dietrich Bracher, Manfred Funke, Hans-Adolf Jacobsen (Koord.), *Deutschland 1933-1945. Neue Studien zur nationalsozialistischen Herrschaft.* Bundeszentrale für politische Bildung, Bonn, 1992.
NUNES, João Paulo Avelãs, „Volfrâmio Português e o Ouro do Terceiro Reich Durante a Segunda Guerra Mundial (1938-1947), Comunicação à conferência *Economia de Guerra e Ouro Nazi.* Goethe Institut Lissabon/Institut für Zeitgeschichte – FCSH, Lissabon, Februar 1998, vervielfältigtes Exemplar.
NUNES, João Paulo Avelãs. *Portugal, Espanha, o volfrâmio e os beligerantes durante e após a Segunda Guerra Mundial.* 1999, vervielfältigtes Exemplar.
OVERY, Richard J.. „'Blitzkriegswirtschaft?' Finanzpolitik, Lebensstandard und Arbeitseinsatz in Deutschland 1939-1942", in *Vierteljahreshefte für Zeitgeschichte*, V, Juli 1988.
PÉREZ, Rafael Garcia. *Franquismo y Tercer Reich. Las relaciones económicas hispano-alemanas durante la Segunda Guerra Mundial.* Centro de Estudios Constitucionales, Madrid, 1994.

PETZINA, Dieter. *Autarkiepolitik im Dritten Reich. Der nationalsozialistische Vierjahresplan.* Deutsche Verlags-Anstalt, Stuttgart, 1968.
PIPER, Franciszek und SWIEBOCKA, Teresa (Koord.). *Auschwitz. Nazi Death Camp.* Memorial Foundation for Victims of the Death Camp Auschwitz-Birkenau in Oswiecim, Krakau, 1996.
PRITZKOLEIT, Kurt. *Wem gehört Deutschland. Eine Chronik von Besitz und Macht.* Verlag Kurt Desch, München/Wien/Basel, 1957.
PUCHERT, Berthold. „Der deutsche Außenhandel im Zweiten Weltkrieg", in Dietrich Eichholtz (Koord.), *Geschichte der deutschen Kriegswirtschaft, 1939-1945,* Band II. Akademie Verlag, Berlin, 1996.
RODRIGUES, Joaquim. *A indústria de conservas de peixe no Algarve* (1865-1945), Zweiter Teil, Tese de Mestrado, Lissabon, FSCH-UNL, 1997.
ROSAS, Fernando. „O Pacto Ibérico e a neutralização da Península na II Guerra Mundial", in *História* Nr. 57, Lissabon, 1983.
ROSAS, Fernando. *Portugal entre a Paz e a Guerra. Estudo do Impacte da Segunda Guerra Mundial na Economia e na Sociedade Portuguesas (1939-1945).* Ed. Estampa, Lissabon, 1990.
RUHL, Hans-Jörg. *Spanien im Zweiten Weltkrieg. Franco, die Falange und das Dritte Reich,* Hamburg, 1975.
TELO, António. *Portugal na Segunda Guerra* (1941-1945), 2 Bände. Ed. Vega, Lissabon, 1991.
THOMAS, Georg. *Geschichte der deutschen Wehr- und Rüstungswirtschaft (1918-1943/45).* Koord. Wolfgang Birkenfeld, Harald Boldt Verlag, Boppard am Rhein, 1966.
VALÉRIO, Nuno. *As Finanças Públicas Portuguesas entre as duas Guerras Mundiais.* Edições Cosmos, Lissabon, 1994.
WHEELER, Douglas L.. „The Price of Neutrality: Portugal, the Wolfram Question and World War II", in *Luso-Brazilian Revue,* Band 23, N° 1, 1986.

Die deutsch-schweizerisch-portugiesischen Beziehungen im Bereich Finanzen

BECKER, Avi. „Unmasking National Myths. Europeans Challenge Their History". In: *Policy Study,* Nr. 9: Institute of the World Jewish Congress, Jerusalem, 1997.
CRETTOL, Vincent und HALBEISEN, Patrick. *Die währungspolitischen Hintergründe der Goldtransaktionen der Schweizerischen Nationalbank im Zweiten Weltkrieg.* SNB, Zürich, 1999.
DINIZ, Manuel Joaquim Alves. „Política bancária (V)". In: *Seara Nova,* Lissabon, Nr. 1028, 12.4.47.

DURRER, Marco. *Die schweizerisch-amerikanischen Finanzbeziehungen im Zweiten Weltkrieg. Von der Blockierung der schweizerischen Guthaben in den USA über die „Safehaven"-Politik zum Washingtoner Abkommen. 1940-1946.* Verlag Paul Haupt, Bern/Stuttgart, 1984.

FIOR, Michel. *La Banque Nationale Suisse et l'or allemand. 1939-1945*, Mémoire de Licence, Université de Neuchâtel, Institut d'Histoire, 1996, vervielfältigtes Exemplar.

FIOR, Michel. *Die Schweiz und das Gold der Reichsbank. Was wußte die Schweizerische Nationalbank?* Chronos Verlag, Zürich 1997.

GUEX, Sébastien. „Swiss Secret. Secret bancaire et développement de la place financiére suisse". In: *Page Deux*, Lausanne, Mai 1997.

HESS, Steven. „Disproportionate Destruction. The Annihilation of the Jews in the Netherlands: 1940-1945". In: Colijn, G. Jan und Littell, Marcia. *The Netherlands and Nazi Genocide. Papers of the 21rst Annual Scholars' Conference. Symposium Series*, Band 32. 1992: The Edwin Mellen Press. Lewiston, Queenston, Lampeter.

LIECHTI, Myriam. *Le Portugal et la Suisse: des relations étonnantes de 1941 à 1943*. Mémoire de licence sous la direction du Prof. Philippe Marguerat, vervielfältigtes Exemplar.

LEITE, Joaquim da Costa. *Nota Breve sobre as Transacções de Ouro do Banco de Portugal (1939-1945)*. Lissabon, April 1997, vervielfältigtes Exemplar.

LOUÇÃ António. „Portugal e o ouro roubado pelos nazis. Da receptação às negociações do pós-guerra". In: *História*, Oktober 1996.

LOUÇÃ, António. „Nazi Gold and the Swiss-Portuguese Connection". In: *Cardozo Law Review,* Band 20, Nr. 2, Dezember 1998.

RINGS, Werner. *Raubgold aus Deutschland. Die „Golddrehscheibe Schweiz" im Zweiten Weltkrieg.* Chronos Verlag, Zürich, 1996.

SERRA, Paula. „Portugal pediu ouro aos nazis". In: *Visão*, 26.3.97.

TELO, António. *O Ouro Nazi, Relações Económicas e Financeiras entre Portugal e a Alemanha 1938-1958*. Lissabon, 1999, vervielfältigtes Exemplar.

TELO, António. *A Neutralidade portuguesa e o ouro nazi*. Quetzal, Lissabon, 2000.

TREPP, Gian. *Die Bank für Internationalen Zahlungsausgleich im Zweiten Weltkrieg. Bankgeschäfte mit dem Feind. Von Hitlers Europabank zum Instrument des Marshallplans.* Rotpunktverlag, Zürich, 1993.

UNGERER, Martin. „Der Kampf der BIZ um ihre ‚Unschuld'. Gespanntes Verhältnis zur SNB während des Zweiten Weltkriegs", in *Neue Zürcher Zeitung*, 15./16.8.98.

Die Zentralbanken und die Herkunft des Goldes

AALDERS, Gerard und WIEBES, Cees. *The Art of Cloaking Ownership. The secret collaboration and protection of the German war industry by the neutrals. The case of Sweden*. Amsterdam University Press, Amsterdam, 1996 (a).

AALDERS, Gerard. „Plundering of Jewish Assets during the Second World War". In: *Spoils of War*, Nr. 3, Dezember 1996 (b), Bremen.

AALDERS, Gerard. „The Looting of Jewish property in the Netherlands during World War II". Vortrag im *Holocaust Memorial Museum*, Washington, 30.4.97. Vervielfältigtes Exemplar.

AALDERS, Gerard. *Roof. De ontvreemding van joods bezit tijdens de Tweede Wereldoorlog.* Sdu Uitgevers, Den Haag, 1999.

BAUER, Yehuda. *Jews for Sale? Nazi-Jewish Negotiations, 1933-1945*. Yale University Press, London/New Haven, 1994.

BRITO, Fernando Quitério. Interview mit António Louçã, mit dem Titel „O ouro nazi e os bastidores da revolução cultural em Macau". In: *História*, N° 34, August/September 1997, 2. Teil.

CARVALHO, Miguel. „Ouro nazi. O quarto segredo de Fátima". In: *Visão*, 3.3.00.

„Fehlendes Unrechtsbewußtsein der Dresdner Bank". In: *Frankfurter Allgemeine Zeitung*, 30.1.98.

FERNANDES, Moisés Silva. *Sinopse de Macau nas Relações Luso-Chinesas. 1945-1995. Cronologia e documentos*. Fundação Oriente, Lissabon, 2000.

FRIEDLÄNDER, Saul. *Pio XII e a Alemanha Nazi*. Übersetzung ins Portugiesische, Morais Ed., Lissabon, 1967.

HEDIN, Sven Fredrik und ELGEMYR, Göran. „Sweden and the Shoah. The Untold Chapters". In: *Policy Study* Nr. 11, Institute of the World Jewish Congress, Jerusalem, 1997.

JANEIRO, Helena Pinto. *Salazar e Pétain. Relações Luso-Francesas Durante a II Guerra Mundial (1940-1944)*. Ed. Cosmos, Lissabon, 1998.

KOPPER, Christopher. „Punktuelles Verantwortungsbewußtsein". In: *Frankfurter Allgemeine Zeitung*, 27.2.98.

KRAKOWSKI, Shmuel. „Holocaust in the Polish Underground Press", in *Yad Vashem Studies*, XVI, 1984.

LACROIX-RIZ, Annie. „Collaboration économique franco-allemande e aryanisation". Beitrag zur *conferência Economia de Guerra e Ouro Nazi*. Goethe Institut – Lissabon/Institut für Zeitgeschichte – FCSH, Lissabon, 27./28. Februar 1998, vervielfältigtes Exemplar.

LOUÇÃ, António. *Negócios com os nazis. Ouro e outras pilhagens*, 1933-1945. Ed. Fim de Século, Lissabon, 1997 (a).

LOUÇÃ, António. „Salazar, o Holocausto e o ouro nazi". In: *História*, April 1997 (b).

LOUÇÃ, António. „Portugalskie slady polskiego zlota. Z reki do reki". In: *Polityka*, 23.05.1998, Warschau.

LOUÇÃ, António. „Portugal's Double Game: Between the Nazis and the Allies". In: Becker, Avi (Ed.). *The Plunder of Jewish Property During the Holocaust. Confronting European History*. Houndmills: Palgrave, 2001.

MACARTNEY, Carlyle Ailmer. *October Fifteenth. A History of Modern Hungary. 1929-1945*. Zweiter Teil, Edinburgh, University Press, 1957.

MAISSEN, Thomas. „Raubgold aus den Niederlanden als Präzedenzfall? Eine Darstellung auf Grund bisher unveröffentlichter Dokumente". In: *Neue Zürcher Zeitung*, 23./24.8.97.

MARRUS, Michael R.. *The Holocaust in History*. Penguin Books, London, 1987.

MARSH, David. *Die Bundesbank. Geschäfte mit der Macht*. Übersetzung ins Deutsche, Goldmann Verlag, München, 1995.

MELO, António. „Onde está o ouro de Macau?". In: *Público*, 11.1.98.

MOORE, Bob. Victims and Survivors. *The Nazi persecution of the Jews in the Netherlands. 1940-1945*. 1997: Arnold. London, New York, Sydney, Auckland.

MÜHLEN, Patrick von zur. *Fluchtweg Spanien-Portugal. Die deutsche Emigration und der Exodus aus Europa 1933-1945*. Dietz, Bonn, 1992.

SCHÄFER, Ansgar und LOUÇÃ, António. „Portugal and the Nazi Gold: The ‚Lisbon Connection' in the Sales of Looted Gold by the Third Reich". In: *Yad Vashem Studies*. 1999, Jerusalem, Nr. XXVII, S. 106-122.

SHARF, Andrew. „The British Press and the Holocaust", in *Yad Vashem Studies*, V, 1963.

SMITH, Arthur. *Hitler's Gold. The Story of the Nazi War Loot*. Berg Publishers Ltd., Oxford, 1989.

ZABLUDOFF, Sidney. „Movements of Nazi Gold. Uncovering the Trail". In: *Policy Study* Nr. 10, Institute of the World Jewish Congress, Jerusalem, Februar 1997.

ZIEGLER, Jean. *A Suiça, o ouro e os mortos. A questão do ouro nazi*. Ed. Terramar, Lissabon, 1997.

Anhang I

Tabellen, Graphiken und Diagramme

Tabelle I – Anzahl der Firmen, die auf die „schwarze Liste" der Alliierten gesetzt wurden

Datum	Argentinien	Portugal	Spanien	Schweden	Schweiz
13.09.39	35	10	-	8	10
23.12.39	40	11	17	8	14
23.04.40	66	14	24	11	29
03.08.40	154	69	127	20	100
04.02.41	211	141	179	24	272
25.04.41	244	195	220	27	289
08.12.41	367	474	353	65	416
14.01.42	419	532	411	94	451
28.04.42	574	641	539	119	542
18.08.42	729	797	695	160	655
20.02.43	1032	965	909	202	893
21.07.43	1355	1096	1098	306	1059
23.11.43	1544	1121	1183	357	1178
14.03.44	1632	1159	1205	393	1220
09.05.44	1152*	1252	1242	404	1239
26.09.44	1694	1188	1292	508	1342
17.01.45	1687	1173	1308	540	1330
18.06.45	1749	890	1036	464	1049
18.09.45	1645	892	1042	467	1044
12.02.46	739	195	480	361	616
11.06.46	693	195	461	361	616

* Die von Inglin gelieferte Zahl erweckt Zweifel (handelt es sich um einen Druckfehler? Sollte sie 1652 heißen, wie man aus der Serie schließen könnte?)
Vereinfachte Tabelle, basierend auf einer Darstellung von Inglin, S. 311 ff., die besonders ab 1942 Daten aufweist, die zwischen den einzelnen Monaten bzw. halben Monaten nur unerheblich schwanken.

Tabelle II – Anteil der Waffen am portugiesischen Gesamtimport aus Deutschland (in Mio. Escudos)

	1936	1937	1938	1939	1940	1941	1942	1943
Gesamtimporte*	281,5	353,8	386,5	275,7	39,1	199,5	312,8	481,2
Leichte Waffen*	1,0	26,9	43,5	38,9	-	2,1	-	-
Patronen*	0,2	11,9	0,2	0,1	-	8,1	0,2	0,4
LW + P	0,4%	11,0%	11,3%	14,1%	0,1%	5,1%	0,1%	0,1%
Schwere Waffen** außerhalb d. normalen Clearings	-	199,4	54,4	0,1	0,6	289	10,1	365,5

* Basierend auf den Außenhandelsstatistiken des INE.
** Basierend auf W. Boelcke, 1994.

Tabelle III – Gesamtproduktion und -export von Kriegsmaterial/Deutschland (in Mio. Reichsmark)

	1938	1939	1940	1941	1942	1943	1944
Produktion	540,8	700,0	1.536,5	2.120,3	2.500,0	2.601,5	3.264,2
Export	244,8	468,5	707,7	726,9	1.250,0	1.303,8	838,0
Nach Portugal	5,4	0,01	0,06	28,7	1,0	36,3	?

Quelle: Boelcke, 1994.

Tabelle IV – Verhältnis Waren/Devisen, zu verschiedenen Zeitpunkten von Deutschland für Kompensationslieferungen an Portugal akzeptiert

	Waren	Devisen	Gesamt
a) Dezember 1941	65	35	100
b) Januar 1942	70	30	100
c) Dezember 1942	75	25	100
d) April 1943 (1. Vorschlag)	80	20	100
e) April 1943 (2. Vorschlag)	90	10	100

Ausarbeitung auf Basis von a) Vorschläge für ein Kompensationsabkommen, 2.12.41, ohne Unterschrift.
AOS/CO/NE-2, Mappe 16, Blatt 311; b) Entwurf einer Note der Deutschen Gesandtschaft, 23.1.42.
AOS/CO/NE-2, Mappe 16, Blatt 331; Vermerk über ein Gespräch Salazars mit Eltze, 12.12.42. AOS/CO/NE-2, Mappe 16, Blatt 426; Verbalnote der Deutschen Gesandtschaft, 14.4.43. AOS/CO/NE-2, Mappe 16, Blatt 462; c) Vermerk eines Gesprächs von Francisco de Paula Brito mit Eisenlohr, Eckert und Koppelmann, 14.4.43. AOS/CO/NE-2, Mappe 16, Blatt 456.

Anhang 1 − Tabellen, Graphiken und Diagramme

Tabelle V − Handelsbilanz Portugals mit Deutschland nach den Statistiken des INE (in 1.000 Escudos)

	1939	1940	1941	1942	1943	1944
Exporte*	121.087	29.360	565.410	959.732	854.543	360.622
Importe*	275.714	39.124	199.521	312.833	481.151	314.020
Importe (mit Waffen)**	275.814	39.724	488.521	322.933	846.651	>314.020
Saldo (ohne Waffen)	-154.627	-9.764	365.889	646.899	373.392	46.602
Saldo (mit Waffen)	-154.727	-10.364	76.889	636.799	7.892	<46.602

Quellen: * Außenhandelsstatistik (NB: inklusive leichte Waffen und dazugehörige Munition)
        ** Boelcke, 1994.

Tabelle VI − Handelssalden Portugals mit Deutschland und der Schweiz (in 1.000 Escudos)

	1940	1941	1942	1943	1944	Gesamt ohne Waffen	Gesamt mit Waffen*
Deutschland	-9.764	365.889	646.889	373.392	46.602	1.423.018	757.818
Schweiz	-22.884	390.314	309.428	18.420	-168.212	527.066	
Gesamt						1.950.084	1.284.884

* bezieht sich nur auf die Jahre 1940–1943. Die Differenz würde noch deutlicher zutage treten, verfügte man über den Wert der 1944 importierten Waffen (bereits ohne diesen Wert war das deutsche Handelsdefizit auf ein Minimum reduziert). Ausgearbeitet auf Basis der Außenhandelsstatistik, INE; sowie Boelcke, 1994.

Graphik I
deutsch-portugiesischer Handelsüberschuß, mit und ohne Waffen (in 1.000 Escudos)

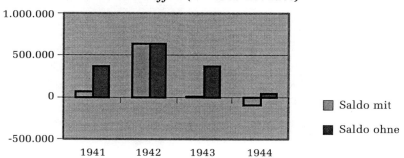

Tabelle VII – Mittlere Escudo-Wechselkurse

	Engl. Pfund	Dollar	Reichsmark	Schweizerfranken
1939	109.94	24,94	10.00	5,62
1940	102.70	27.56	10.77	6.23
1941	100.50	25.20	9.94	5.83
1942	100.50	25.05	9.91	5.77
1943	100.50	25.05	9.90	5.78
1944	100.50	24.98	9.90	5.84
1945	100.50	24.92	9.90	5.82

Quelle: Bericht der Banco de Portugal, 1946, S. 82.

Tabelle VIII – Goldtransaktionen der Banco de Portugal über die Berner Depots (in 1.000 Escudos)

	Depot A		Depot B		Depot C	
	Käufe	Verkäufe	Käufe	Verkäufe	Käufe	Verkäufe
1941	425.465	0	925.535	0	0	0
1942	312.453	0	1.290.952	0	240.647	0
1943	0	0	0	188.934	869.968	46.688
1944	0	14.161	0	128.702	241.491	93.892
Gesamt	737.918	14.161	2.216.487	317.636	1.352.106	140.580

Basierend auf AH-BP. Bewegungen der Goldwährung. Transaktionen mit der SNB.
Bemerkung: In den Fällen, in denen der Gegenwert in Reichsmark bzw. Schweizerfranken bezahlt wurde, ermittelte man die Umrechnung über die Wechselkurse 9,9 bzw. 5,8, die in dieser Angleichung an die Dezimalstellen in den Jahren 1941–1944 keine Änderung erfuhren.

Tabelle IX – Nettosalden der Goldtransaktionen der Banco de Portugal (in 1.000 Escudos)

	Depot A	Depot B	Depot C	Gesamt/Jahr
1941	425.465	925.535	0	1.351.000
1942	312.453	1.290.952	240.647	1.844.052
1943	0	-188.934	823.280	634.346
1944	-14.161	-128.702	147.599	4.376
Salden (in 1.000 Esc)	723.757	1.898.851	1.211.526	3.834.134
Salden (in Tonnen)*	25,6	59,3	43,9	128,8

* Basierend auf den Angaben von: *Banco de Portugal. Ouro. 1937–1946.* 1997, Lissabon.
Ausarbeitung auf Basis von Tabelle VIII.

Anhang 1 – Tabellen, Graphiken und Diagramme

Tabelle X – An die Banco de Portugal verkauftes Gold in Gegenüberstellung mit den Handelsdefiziten der Verkäuferländer (in 1.000 Escudos)

Herkunft	Gold	Handelsdefizit*
Schweiz	2.622.608	527.066
Deutschland	1.211.526	757.818
Schweiz + Deutschland	3.834.134	1.284.884

* Gesamtdefizite von 1940-1941, die deutschen Waffenverkäufe an Portugal außerhalb des Clearings mit inbegriffen.
Ausarbeitung auf Basis von Tabelle V und IX.

Graphik II
Eingegangenes Gold und Handelsüberschüsse Portugals mit Deutschland und der Schweiz (in 1.000 Escudos)

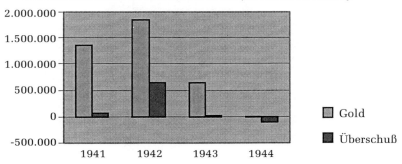

Tabelle XI – Goldverkäufe der BIZ (in kg Feingold)

Verkäufe an	1939	1940	1941	1942	1943	1944	1945	Gesamt
Federal Reserve Bank	6.106	11.501			2.659			17.607
Swiss National Bank		2.278	3.518		2.084		1.007	9.462
National Bank of Rumania			1.950	5.043				9.077
Banco de Portugal			6.187	300				6.487
Reichsbank	2.007	2.773	700					5.480
Sweriges Riksbank	1.402		1.932	1.007				4.341
National Bank of Yugoslavia		1.495	1.495					2.990
National Bank of Bulgaria			37	1.785	86	29		1.937
Schröder Banking C°		1.004						1.004
National Bank of Spain						837		837
Bank of England				212	202	168		582
Banca d'Italia	223							223
Comm. Europ. Danube	69							69
GESAMT	9.515	19.343	15.819	8.347	5.031	1.034	1.007	60.096

Quelle: *Introductory Note on the Bank for International Settlements 1930–1945*, Basel, 1997.

Tabelle XII – Herkunft des Reichsbankgoldes nach Zabludoff (in Mio US-Dollar)

Bestände vor den Beschlagnahmen	149,1
Raubgold	753,5
Währungsgold	670,8
Österreich	(a) 102,6
Tschechoslowakei	42,6
Danzig	4,3
Polen	(a) 7,3
Holland	(a) 163,8
Belgien	(a) 222,9
Luxemburg	(a) 4,8
Albanien	0,1
Griechenland	(a) 8,4
Jugoslawien	(a) 3,8
Italien	(b) 78,0
Ungarn	32,2
Nichtwährungsgold	82,7
„Melmer-Gold"	4,0
Anderes	78,7
Ankäufe im Ausland	27,2
Ankäufe von der UdSSR	23,0
Ankäufe von Japan	4,2
GESAMT	929,8

(a) inklusive Zwangsverkäufe von Privatpersonen
(b) inklusive 9,4 Mio. Dollar von Jugoslawien und 7,4 Mio. Dollar von Frankreich, die von der italienischen Besatzungsmacht geraubt wurden.
Quelle: Zabludoff, 1997.

Tabelle XIII – Herkunft des in Deutschland existierenden Goldes, nach der Bergier-Kommission (in Mio. US-Dollar)

Vorkriegsbestände	256,7
Ausgewiesene Reserven	28,6
Stille Reserven	82,7
Andere deutsche Banken	12,1
Österreichische Reserven	99,0
Tschechische Reserven	34,3
Reserven anderer Zentralbanken	483,2
Niederländische Nationalbank	137,2
Belgische Nationalbank	225,9
Luxemburgische Nationalbank	4,8
Ungarische Nationalbank	(33,3)*
Italienische Nationalbank	71,9
Andere	10,1
Gold privater Herkunft	82,0
Vierjahresplan-Aktivitäten	71,8
„Melmer-Gold"	2,9
Andere	7,3
Käufe im Ausland	67,9
Käufe von der Sowjetunion	67,9
Käufe von Japan	4,2
Käufe von der BIZ	4,2
Goldtransfers sowjetischer Herkunft	38,4
GESAMT	889,8

Quelle: Bergier-Bericht, 1998

* Die Edelmetallbestände der Ungarischen Nationalbank, die von den ungarischen Behörden aus Budapest evakuiert worden waren, wurden im Mai 1945 von US-Truppen auf dem Boden des heutigen Österreichs in Spital am Phyrn beschlagnahmt und zum Sitz des Foreign Exchange Depository in Frankfurt/Main transportiert. Weil das aus Ungarn stammende Edelmetall in mehreren Aufstellungen der US-Behörden über das bei Kriegsende in (Groß-)Deutschland sichergestellte Gold enthalten ist, wird es aus Gründen der Vollständigkeit in die Tabelle aufgenommen, obwohl es nicht durch die Buchung der Reichsbank gelaufen war und insofern eine Ausnahme darstellte.

Tabelle XIV – Gold, das von der Reichsbank über ihr Depot bei der SNB an die Banco de Portugal verkauft wurde (in Tonnen)

An die Banco de Portugal verkaufte Gesamtmenge (Depot C), davon	48,9
Holländische Barren im Originalzustand*	3,9
Aus belgischem Gold umgeschmolzene Barren*	20,3
Aus holländischem Gold umgeschmolzene Barren	14,5
Herkunft unbekannt	10,5

* errechnet über Multiplikation der Anzahl von Barren zu je 12,25 kg.
Quellen: Französische Gesandtschaft an das portugiesische Außenministerium, 18.5.48. AHD-MNE, P2-A7-M626. Soares-Bericht, 1999, S. 59.

Tabelle XV – Gesamtmenge des Goldes, das von der Reichsbank über ihr Depot bei der SNB verkauft wurde (1941–1945)

Käuferbanken	Millionen Schweizerfranken	In Prozent
Banco de Portugal	225.589	61
Riksbank (Schweden)	78.859	21
BIZ	32.831	9
Slowakische Nationalbank	15.709	4
Rumänische Nationalbank	8.660	2
Banco de España	7.055	2
GESAMT	368.703	100

Quelle: Fior, 1996, Anhang

Diagramm I
Die Reichsbank und ihre Zahlungen in Schweizerfranken an die Banco de Portugal

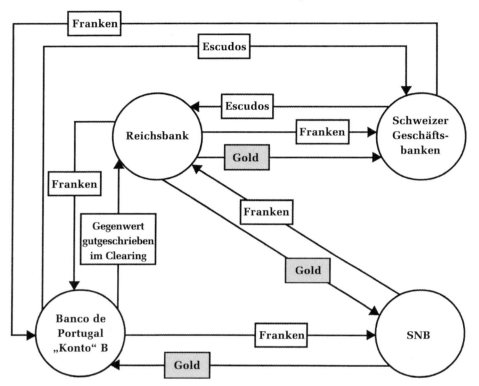

Diagramm II
Die Reichsbank und ihre Zahlungen in Escudos an die Banco de Portugal

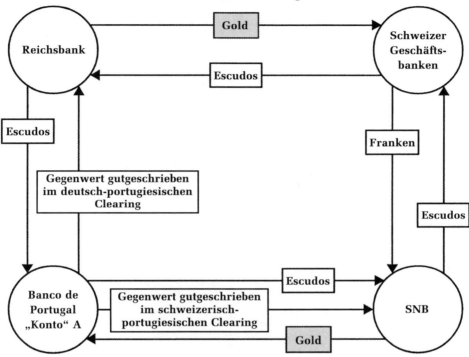

Der Bergier-Zwischenbericht von 1998 sowie der Schlußbericht von 2002 deuten darauf hin, daß abgesehen von dem hier aufgezeigten Kreislauf von der SNB gegen Gold Escudos an die Reichsbank verkauft wurden.

Anhang II

Zeittafel

1938 **12. März:** Einmarsch deutscher Truppen in Österreich.
17. März: Auflösung der Österreichischen Nationalbank. Beginn der Überführung der österreichischen Goldbestände in die Deutsche Reichsbank.
30. Juni: Abschluß der Überführung des Goldes der Österreichischen Nationalbank in die Deutsche Reichsbank.
29. September: Die Regierungen von Großbritannien, Frankreich, Italien und Deutschland unterzeichnen das Münchner Abkommen, das Hitler den Weg für den Einmarsch ins Sudetenland freimacht.

1939 **15. März:** Einmarsch der Deutschen in Böhmen und Mähren.
17. März: Francospanisch-portugiesischer Freundschafts- und Nichtangriffspakt.
20. März: Deutschland fordert von der BIZ den Transfer des in London deponierten Goldes der tschechischen Nationalbank auf das Konto der Reichsbank.
27. März: Beitritt der Franco-Regierung zum Antikominternpakt (am 25.11.1936 von Deutschland und Japan unterzeichnetes Abkommen, dem Italien am 6.11.1937 beitrat).
1. April: Franco erklärt den Bürgerkrieg für beendet.
2. Mai: Hans Eltze reagiert negativ auf das Interesse, das seitens des portugiesischen Heeres auf „in der Tschechoslowakei beschlagnahmtes Kriegsmaterial" signalisiert wird.
5. Mai: Deutschland setzt in London den Transfer des tschechischen Goldes durch.
18. Mai: Öffentlicher Skandal in London auf Grund der toleranten Haltung der britischen Behörden gegenüber den deutschen Manövern, sich des tschechischen Goldes zu bemächtigen.
5. Juni: Diskussion über die Frage des tschechischen Goldes im Britischen Unterhaus.
23. August: Deutsch-Sowjetischer Nichtangriffspakt und Geheimabkommen.
1. September: Einmarsch der Deutschen in Polen. Kriegserklärung der Engländer und Franzosen.
6. Oktober: Friedensangebot Hitlers an die Westmächte.

Ende Oktober: Nach einer abenteuerlichen Flucht mit Stationen in Rumänien, in der Türkei und im Libanon gelangen die polnischen Goldreserven nach Frankreich.

1940 **April:** Es wird ab nun eine starke Nachfrage nach Escudos seitens der Schweizer Geschäftsbanken festgestellt.
9. April: Einmarsch der Deutschen in Dänemark und Norwegen.
30. April: Errichtung des ersten Ghettos durch die Nationalsozialisten in Lodz, Polen.
10. Mai: Beginn der deutschen Westoffensive.
15. Mai: Kapitulation der Niederlande vor den deutschen Truppen.
22. Mai: Die Banque de France übernimmt die Gewähr, das Gold der polnischen Zentralbank in die Vereinigten Staaten zu schaffen.
28. Mai: Kapitulation Belgiens.
10. Juni: Eintritt Italiens in den Krieg.
22. Juni: Kapitulation Frankreichs. Verschiffung des Goldes der Banque de France nach Dakar.
25. Juni: Beschluß innerhalb der Banco de Portugal, vorsichtshalber die Goldreserven in die Vereinigten Staaten zu schaffen.
Ende Juli: Entschluß Hitlers, die UdSSR anzugreifen.
5. August: Erteilung von Instruktionen aus Berlin an die Deutsche Gesandtschaft in Lissabon, Informationen über ausländische Kapitalbeteiligungen an der portugiesischen Wirtschaft einzuholen, deren sich Deutschland bemächtigen könnte.
20. August: Schreiben von Armindo Monteiro an Salazar mit einer Beschreibung der Plündermethoden, die im Zuge der deutschen Besatzung in verschiedenen Ländern zur Anwendung kamen.
7. September: Schwerste Verluste der Luftwaffe über England. Übergang zu Nachtangriffen.
23. Oktober: Treffen zwischen Hitler und Franco in Hendaye.
28. Oktober: Angriff Italiens auf Griechenland.
November: Eine in Portugal angereiste britische Kommission droht, die Ausstellung von Navicerts für Weißblech zu stoppen, wenn die Lieferungen von portugiesischen Konserven an Deutschland nicht eingestellt werden.
11. November: Zahlungsabkommen zwischen der portugiesischen und englischen Zentralbank. Die Deutsche Gesandtschaft interveniert beim portugiesischen Außenministerium mit einer Beschwerde über die Lieferung von Konserven, die angeblich für die Schweiz bestimmt sind.
Dezember: Hitler billigt Verhandlungen im Hinblick auf Waffenverkäufe an Portugal und Spanien. Beginn der Transporte von belgi-

schem Gold von Dakar nach Europa, die etwa eineinhalb Jahre dauern werden.

1941 **26. Januar:** Die italienische Regierung ersucht um portugiesische Mithilfe, um ein Entgegenkommen Spaniens im portugiesisch-italienischen Schmuggel zu erwirken.
Februar: Hitler bewilligt die Lieferung eines Teils der von Portugal gewünschten Waffen. Reise einer deutschen Delegation zu Verhandlungen nach Portugal.
6. Februar: Die Spanische Botschaft in Lissabon schlägt einen Schmuggel von portugiesischen Waren in Richtung Deutschland vor.
10. Februar: Beginn der Phase der intensivsten Goldverkäufe der BIZ an die Banco de Portugal, die bis zum 17. November dieses Jahres andauern wird.
11. März: Die Vereinigten Staaten verabschieden das Leih- und Pachtgesetz („lend-lease") und unterstützen mit Krediten die britische Kriegsanstrengung.
6. April: Deutscher Angriff auf Griechenland und Jugoslawien.
15. Mai: Unterzeichnung des Geheimabkommens „Konserven gegen Waffen" zwischen Deutschland und Portugal.
Juni: Breite Pressebekanntmachung des Gerichtsprozesses der belgischen Exilregierung, die von der Banque de France für den Raub des belgischen Goldes Entschädigung verlangt.
14. Juni: Einfrierung sämtlicher, in den Vereinigten Staaten deponierter Vermögenswerte der europäischen Länder. Portugiesische Vermögenswerte in der Größenordnung von 157 Millionen Dollar sind davon betroffen.
22. Juni: Angriff Deutschlands auf die UdSSR ohne vorherige Kriegserklärung.
Ende Juni: Abschluß der Verhandlungen der Banco de Portugal mit der SNB, die zur Einrichtung der Depots A und B zwecks Ankauf von Gold gegen Escudos und Franken führen.
22. August: Spanien verpflichtet sich, Arbeitskräfte nach Deutschland zu entsenden.
September: Einleitung von Bemühungen der SNB, in New York einen Goldtransfer zugunsten der Banco de Portugal zu erwirken. Die Britische Botschaft in Washington warnt die amerikanische Regierung, daß diese Escudos der deutschen Kriegswirtschaft zugute kommen würden.
Oktober: Die SNB ersucht die Reichsbank, sämtliches für den Schweizer Markt verfügbare Gold nur an sie zu verkaufen.

1. Oktober: Deutschland geht dazu über, die Zinnkäufe Italiens, Bulgariens und Ungarns in Portugal, später auch die Rumäniens, zu kontrollieren.
2. Oktober: Die Eintragungspflicht für neue Wolfram- und Zinnminen in Portugal wird aufgehoben.
20. Oktober: Die Britische Botschaft in Portugal hält einen von der Banco de Portugal beabsichtigten Silberimport für verdächtig und verweigert die Ausstellung eines entsprechenden Navicerts.
Anordnung der ersten Deportierungen aus dem Reich.
November: Gründung einer Dienststelle innerhalb der Deutschen Gesandtschaft in Lissabon, die für die NS-Kontrolle deutscher, am portugiesischen Markt aktiver Importeure zuständig ist.
Heftige Tumulte in der Grube von Bejanca: Bergarbeiter erheben sich gegen die Deutschen, die dort für den Abbau zuständig sind. Auf Wunsch des Unternehmens greift die Polizei ein.
8. November: Die portugiesische Regierung kündigt die behördliche Fixierung der Wolframpreise an. Die Deutsche Gesandtschaft erteilt den von ihr kontrollierten Firmen Instruktionen, in großem Rahmen auf dem freien Markt Wolfram zu kaufen.
5. Dezember: Beginn der russischen Gegenoffensive in Moskau.
7. Dezember: Japan greift den amerikanischen Marinestützpunkt Pearl Harbor an.
11. Dezember: Italien und Deutschland erklären den Vereinigten Staaten den Krieg.
12. Dezember: Die australischen und holländischen Streitkräfte gehen in der portugiesischen Kolonie Timor an Land. In der Folge Spannung in den britisch-portugiesischen Beziehungen.
Ende 1941: Das ständige Vergasungslager in Chelmno bei Posen wird eingerichtet.

1942 **Januar:** Die Mehrzahl der lateinamerikanischen Länder bricht ihre Beziehungen zu Deutschland ab. BIZ-Präsident McKittrick trifft sich in Lissabon mit Allen Dulles, dem zuständigen Vertreter des amerikanischen Geheimdienstes in Genf.
16. Januar: Beginn des japanischen Feldzugs gegen Birma, wodurch den britischen Importen von birmanischem Wolfram Einhalt geboten wird.
19. Januar: Besetzung Timors durch japanische Truppen.
20. Januar: Wannseekonferenz.
24. Januar: Unterzeichnung des ersten deutsch-portugiesischen Wolframabkommens.

Februar: Die Banco de Portugal besteht darauf, daß sämtliche Goldkäufe auf portugiesischem Gebiet ihrer vorherigen Zustimmung bedürften. Eine Woche später nimmt sie wieder Abstand davon.
23. März: Die PVDE (Polícia de Vigilância e Defesa do Estado), aus der dann die portugiesische Staatspolizei PIDE (Polícia Internacional e de Defesa do Estado) hervorgeht, zerschlägt das britische Spionagenetz „Shell".
April: Die Deutsche Bank und die Dresdner Bank beginnen auf dem freien Markt von Istanbul mit ihren Goldverkäufen, die zwei Jahre lang fortgesetzt werden.
21. April: Instruktionen der SNB an die Bank of Canada für den Transfer von vier Tonnen Gold auf ein Depot der Banco de Portugal in Ottawa. Die Portugiesen wiederum sollen in Bern dafür vier Tonnen Gold an die Schweizer transferieren.
Mai: Ein Beamter des deutschen Wirtschaftsministeriums und ein Reichsbankdirektor besuchen Lissabon und vereinbaren mit der Banco de Portugal, künftig an sie Goldzahlungen über das Reichsbankdepot in Bern zu leisten.
Ende Mai: Abschluß der Transporte von belgischem Gold von Dakar nach Europa.
Juni: Beteiligung der Deutschen Gesandtschaft in Lissabon am Kupferschmuggel. Mit Dekret 32078 verfügt die Banco de Portugal über das Monopol auf Goldimporte und -exporte.
26. Juni: SNB-Direktor Rudolf Pfenninger informiert seinen Kollegen Schnorf darüber, daß die Engländer Druck auf die Portugiesen ausgeübt haben, die Annahme von Reichsbankgold zu verweigern.
August: SS-Hauptsturmführer Bruno Melmer übergibt der Reichsbank 76 Sendungen Gold, das Holocaust-Opfern abgenommen worden war. Erster Goldankauf der Banco de Portugal vom Reichsbank-Depot in Bern.
Im Einverständnis mit dem portugiesischen Kriegsministerium beteiligt sich die Deutsche Gesandtschaft in Lissabon am Kautschukschmuggel.
28. August: Brasilien erklärt Deutschland den Krieg.
23. Oktober: Beginn der britischen Offensive in El Alamein.
26. Oktober: Abreise des SNB-Beauftragten Victor Gautier aus Lissabon, ohne für die vordringlichsten Schwierigkeiten zwischen den beiden Zentralbanken zu einer Lösung gekommen zu sein.
7. November: Beginn der Landung der Alliierten in Nordafrika.
11. November: Besetzung der französischen, von der Vichy-Regierung kontrollierten Gebiete durch die Wehrmacht. Unterbrechung der Goldtransporte von Bern nach Lissabon.

Dezember: Alfred Flesche und Johan Voetelink treffen in Lissabon mit der Absicht ein, die Konvertierung der Auslandsanleihen des Staates Portugal in Inlandsanleihen mit der Junta do Crédito Público zu vereinbaren.

12. Dezember: Hans Eltze übermittelt Salazar das deutsche Interesse, nun das Kriegsmaterial zu liefern, das zuvor nicht zur Verfügung stand.

1943 Januar: Beginn der Umschmelzung von belgischem Gold in der Preußischen Münze.

5. Januar: Die Alliierten sprechen die erste Warnung an die neutralen Länder aus, geraubte Vermögenswerte anzunehmen. Veröffentlichung des Textes in der portugiesischen Presse.

7. Januar: Die Deutsche Gesandtschaft in Lissabon veröffentlicht in der portugiesischen Presse eine Antwort auf die Warnung der Alliierten.

24. Januar: Beendigung der Konferenz von Casablanca, in der von den Amerikanern und Briten die bedingungslose Kapitulation Deutschlands gefordert wird.

2. Februar: Die Rote Armee geht aus der Schlacht um Stalingrad als Sieger hervor.

4. März: Unterzeichnung des Seefahrt-Abkommens zwischen Deutschland und Portugal.

21. April: Unterzeichnung des zweiten Wolframabkommens zwischen Deutschland und Portugal, in dem Kompensationslieferungen von deutschen Waffen eine bedeutende Rolle spielen.

Mai: Américo Tomás handelt mit deutschen Reedern die Bedingungen für die Abtretung von Schiffen aus, die in Häfen Angolas und Moçambiques festgehalten werden. Sie bringt den Deutschen 187 Millionen Escudos ein.

12. Mai: Kapitulation der letzten Achsen-Streitkräfte in Nordafrika.

10. Juli: Landung alliierter Truppen auf Sizilien.

25. Juli: Sturz Mussolinis.

August: Neue Kontaktaufnahme Voetelinks mit der Junta do Crédito Público. Scheitern des Geschäftes mit den Auslandsanleihen des Staates Portugal. Die Nationalsozialisten gehen dazu über, die Papiere auf dem Lissabonner Schwarzmarkt zu verkaufen.

3. September: Italien kapituliert vor den Alliierten.

Ende September: Die deutschen Besatzungstruppen besetzen Rom und bringen das Gold der Banca d'Italia nach Mailand.

23. September: Die Banque de France teilt der Reichsbank schriftlich mit, daß das Angebot einer Ausgleichszahlung in Reichsmark für enteignetes belgisches Gold nicht angenommen wird.
12. Oktober: Beginn der Einrichtung des britischen Stützpunktes auf den Azoren.
13. Oktober: Die italienische Regierung von Badoglio erklärt Deutschland den Krieg.
26. Oktober: Die belgische Zentralbank dankt der Banque de France für die Ablehnung der angebotenen Zahlung seitens der Reichsbank, womit diese den Versuch gemacht hatte, der Aneignung des belgischen Goldes legale Deckung zu verschaffen.
19. November: Beginn der sowjetischen Gegenoffensive bei Stalingrad.
1. Dezember: Beendigung der britisch-sowjetisch-amerikanischen Konferenz von Teheran.
Dezember: Das italienische Gold wird von Mailand nach La Fortezza gebracht.

1944 **22. Februar:** Die Alliierten sprechen die zweite Warnung an die neutralen Länder aus, geraubte Vermögenswerte, insbesondere Gold, anzunehmen.
25. Februar: Die Banco de Portugal ersucht die Reichsbank, ihre Defizite anstatt mit Gold in Schweizerfranken auszugleichen. Die Reichsbank lehnt dies ab und setzt ihre Goldzahlungen fort.
März: Die Alliierten rufen zu einem totalen Embargo portugiesischer Wolframexporte auf.
Ende April: Um Deutschland die Fortsetzung von getarnten Importen zu erleichtern, schlägt der deutsche Diplomat Ernst Eisenlohr Salazar vor, für ein künftiges Wolframabkommen eine zweideutige Formulierung auszuarbeiten. Salazar lehnt diesen Vorschlag ab.
9. Mai: Die Zahl der portugiesischen Firmen auf der „schwarzen Liste" der Alliierten erreicht mit 1.252 ihren höchsten Stand während des ganzen Krieges. Portugal befindet sich verglichen mit den weiteren, in dieser Liste angeführten Ländern an vorderster Stelle.
6. Juni: Landung der alliierten Truppen in der Normandie.
Juli: In der Tagung von Bretton Woods werden die neutralen Länder vor einer wirtschaftlichen Zusammenarbeit mit Deutschland gewarnt, und man beschließt die Auflösung der BIZ.
20. Juli: Attentats- und Staatsstreichversuch der deutschen Opposition gegen Hitler.

Mitteilung der Banco de Portugal an die Reichsbank, auf Grund von Schwierigkeiten seitens der SNB künftig kein Gold mehr für deutsche Zahlungen akzeptieren zu können.
15. August: Landung der Alliierten in Südfrankreich. Unterbrechung des Landweges zwischen Deutschland und der Iberischen Halbinsel.

1945 **11. Februar:** Beendigung der Jalta-Konferenz.
Beginn der Reichsbank-Goldtransporte von Berlin in die Merkers-Mine, Thüringen.
8. März: Currie-Abkommen – die Schweiz verpflichtet sich, kein Gold mehr von der Reichsbank anzunehmen.
5. April: Zwei Zwangsarbeiterinnen, die in der Merkers-Mine eingesetzt waren, berichten den amerikanischen Truppen von der Existenz und vom Aufenthaltsort des Goldes.
13. April: Die Schweiz nimmt noch Gold aus der Reichsbankfiliale in Konstanz als Bezahlung von Fälligkeiten schweizerischer Versicherungsgesellschaften in Deutschland an.
8. Mai: Kapitulation Deutschlands.

Anhang III

Die wichtigsten Abkürzungen

AA	Auswärtiges Amt
ABF	Archives de la Banque de France (Archiv der Banque de France)
A-BIZ	Archiv der BIZ
AGK	Ausfuhrgemeinschaft für Kriegsgerät
AH-BP	Arquivo Histórico do Banco de Portugal (Historisches Archiv der Banco de Portugal)
AHD-MNE	Arquivo Histórico-Diplomático do MNE (Historisch-Diplomatisches Archiv des Portugiesischen Außenministeriums)
AHM	Arquivo Histórico Militar (Historisches Militärarchiv)
A-MAE	Archives du Ministère des Affaires Étrangères (Archiv des Französischen Außenministeriums)
AOS	Arquivo de Oliveira Salazar (Archiv Oliveira Salazar)
A-SNB	Archiv der Schweizerischen Nationalbank
AYV	Archiv Yad Vashem
BA-B	Bundesarchiv Berlin
BESCL	Banco Espírito Santo & Comercial de Lisboa
BIZ	Bank für Internationalen Zahlungsausgleich
CRCM	Comissão Reguladora do Comércio de Metais (Kommission zur Regulierung des Metallhandels)
Degussa	Deutsche Gold- und Silber-Scheideanstalt
Fed	Federal Reserve Bank (Zentralbank der USA)
Flak	Fliegerabwehrkanone
GfE	Gesellschaft für Elektrometallurgie
HaPol	Handelspolitischer Ausschuß
INE	Instituto Nacional de Estatística (Portugiesisches Statistikamt)
IPCP	Instituto Português de Conservas de Peixe (Portugiesisches Institut für Fischkonserven)
JCP	Junta do Crédito Público (Ausschuß für Öffentliche Kredite)
JWK	Jüdischer Weltkongreß
Kgf	Kilogramm Feingold
Lator	Lateinische Münzunion
LiRo	Lippmann-Rosenthal Bank
MEW	Ministry for Economic Warfare (Britisches Ministerium für wirtschaftliche Kriegführung)

MNE	Ministério dos Negócios Estrangeiros (Portugiesisches Außenministerium)
OKW	Oberkommando der Wehrmacht
Pak	Panzerabwehrkanone
PIDE	Polícia Internacional e de Defesa do Estado
RM	Reichsmark
RMEL	Reichsministerium für Ernährung und Landwirtschaft
RWM	Reichswirtschaftsministerium
SNB	Schweizerische Nationalbank
TGC	Tripartite Gold Commission (aus Engländern, Amerikanern und Franzosen bestehende Kommission zur Restitution von monetärem Gold)
WiRüAmt	Wehrwirtschafts- und Rüstungsamt

Personen- und Sachregister

(Die Abkürzung NN bedeutet, daß der Vorname dieser Person nicht überliefert, nicht gesichert oder nicht eruierbar ist.)

Aalders, Gerard 194, 232
Abs, Hermann Joseph 171
Ahlfeld, NN 41
Ambros, Otto 31, 37
Ansaldo 49
Araújo, Rui 17
Auboin, Roger 199

Bachmann, Gottlieb 168
Banken (siehe Register der Banken am Ende des Personen- und Sachregisters)
Beck, Domingos Holstein 149
Becker, Avi 232
Beralt Tin 67
Bernhardt, Johannes 47, 70f
Bethke, Friedrich 70f
Bichelonne, Jean 40
BMW 90
Boelcke, Willi 16, 47, 81, 90, 224, 256f
Brito, Fernando Quitério de 190
Brito, Francisco de Paula 76, 91, 256
Bruggmann, Charles 127
Bühler, Anton 194, 198
Bürkel, NN 34
Burmester Martins, Vasco 69

Cado 67
Caldas, Francisco Castro 78, 91
Campbell, Ronald 89
Campos Cunha, Luís 233
Carceller, Demetrio 97

Carmona, NN 193
Carvalho, Miguel 191
Cazengo 67
Chorin, Ferenc 114
Churchill, Winston 237
Costa Leite, Joaquim de 231ff
Costa, Fernando Santos 78, 82, 90, 97, 99, 115, 148
Crettol, Vincent 235

Daguet, Léon 167
Dalton, Hugh 16, 24
Degussa 163, 166, 195
Dickey, Christopher 231
Diniz, Manuel Joaquim Alves 148f
Dithmer, Kurt 69
DKW 90
Dollfuß, Engelbert 11

Eccles, David 12
Eckert, Otto 62, 76, 198, 201
Eisenlohr, Ernst 98, 99, 227, 256, 273
Eizenstat, Stuart 43, 235
Elgemyr, Göran 178f
Eltze, Hans 69, 71, 74, 83, 85, 91, 256, 267, 272
Emaúz, João 147f
Espírito Santo, Ricardo 85

Fernandes, Tomás Wyllie 146, 182, 185, 201
Ferrostaal 69
Fiat 49

Fior, Michel 140, 241, 263
Flesche, Alfred 195ff, 201, 272
Fontaine, Nicole 236
Ford 14, 235
Franco Bahamonde, Francisco 11f, 70, 97, 234, 267f
Friedensburg, Ferdinand 42
Fuld, Edgar 195
Funk, Walther 23, 25, 159, 162

Gautier, Victor 116, 127, 131, 139, 140f, 271
Gellweiler, Joseph 198, 201
General Motors 235
Goebbels, Joseph 29, 80
Göring, Hermann 21, 23, 26ff, 71
Graupner, Karl 144
Grimm, Robert 116
Grünfeld, Paul 69
Guderian, Heinz 27
Guex, Sébastien 232
Guterres, António 231

Hägglöf, Gunnar 48f
Halbeisen, Patrick 235
Handelspolitischer Ausschuß (HaPol) 16, 77, 122
Hechler, Paul 119, 121
Hedin, Sven Fredrik 178f
Hemmen, Johannes 161
Herold Ltda 186
Hindenburg, Paul von 20
Hirs, Alfred 115f, 140, 168
Hirsch, Michael 231
Hisma 69f
Hisma-Rowak 70
Hitler, Adolf 11f, 20ff, 26ff, 34ff, 42, 44, 49, 61, 63, 79, 81f, 92, 94, 97, 238, 240f, 267ff, 273
Ho Yin 190
Hoyningen-Huene, Oswald von 49, 63, 72ff, 78, 84, 85, 87, 92, 94, 122, 196, 198, 227

IG-Farben 21, 26, 37, 69
Irving, David 241

Jacobsson, Per 119f
Jäger, Jörg-Johannes 41f
Jagwitz, Eberhard von 70f, 73f
Junta do Crédito Público 193, 196ff, 272

Keitel, Wilhelm 61, 84
Knigge, Odal von 48, 71
Koppelmann, Friedrich 64, 79, 256
Krauch, Carl 29, 37
Krupp 69

Laval, Pierre 149f, 161
Lenin, Wladimir Iljitsch 116
Liechti, Myriam 92, 95
Lobar 69, 73
Lobo, Pedro José 189f
Longerich, Peter 241
Lumbrales, NN 150

Magalhães, Fernandes de 191
Maissen, Thomas 164
Manfred Weiss (Rüstungsfirma) 25, 144
Martin, Henri 127
Mata, José Caeiro da 117, 149f
Matutes, Abel 234
Maurras, Charles 11
May, Robert 195
McDowall, Duncan 234
McKittrick, Thomas 119, 121ff, 138, 176, 270
Melmer, Bruno 163, 271
Metallurgische Forschungsgesellschaft mbH 20

Milward, Alan S. 25, 42
Minero-Silvícola 69, 70ff, 74
Mommsen, Hans 33
Montan GmbH 28
Monteiro, Armindo 73, 175f, 268
Montgomery, NN 85
Moura, Pedro Croft de 200
Mugica, Enrique 234
Mussolini, Benito 11f, 35, 162, 272

Nationalistische Volkspartei Chinas Kuomintag 188
Nehaba Corporation 186
Nobs, Ernst 116
Norman, Montagu C. 20, 130, 176
Noronha, Mário de 19, 196, 200f
Nunes, Avelãs 43, 148

Otto Wolff (Firma Otto Wolff) 69, 78, 126, 144f

Pacheco, Duarte 75
Palmella (siehe Beck, Domingos Holstein)
Paulus, NN 83
Pérez, Rafael Garcia 97
Pessoa, Albino Cabral 117, 121, 124, 131ff, 139
Pétain, Philipe 149
Pfenninger, Rudolf 177, 228, 271
Pilotti, Raffaele 119
Preußische Staatsmünze 165, 173ff, 191, 272
Puhl, Emil 23, 115f, 124, 141, 162, 170, 178f

Rebholz, Otto 194
Reis, Jaime 231f
Ribbentrop, Joachim von 77
Rodrigues, Camacho 116
Rodrigues, Joaquim 65

Rohland, Walter 45
Rooth, Ivar 117, 120, 167, 178
Rosas, Fernando 136, 243
Rossy, Paul 116, 139f, 172, 186
Rowak 70
Ruah, Joshua 233

Sabath, Hermann 39, 40, 63, 72
Sacor 67
Salazar, António de Oliveira 7, 11ff, 44, 49, 71f, 75, 78, 82, 85, 87, 89f, 93f, 97ff, 115ff, 148ff, 175, 187f, 190, 193, 201, 224, 227, 236ff, 240, 241, 243, 256, 268, 272f
Sampaio, Luís Teixeira de 87
Sandkühler, Thomas 232
Santos, Francisco Bahia dos 200
Santos, Lopes dos 189
Sauckel, Fritz 35, 38
Schacht, Horace Greeley Hjalmar 20ff, 32, 70, 159
Scharrer, NN 197
Schnorf, Fritz 126, 135, 167f, 271
Schröder, Erich Emil 71
Seyß-Inquart, Arthur von 195, 199
Siepmann, Harry 146
Silva, Alfredo da 51, 85
Silva, Fernando Emídio da 116
Singer, Israel 231
Škoda 25
Smith, Arthur 159, 160, 165
Soares Branco, Carlos 116f, 146f
Soares, Mário 231, 233, 236
Société Générale 193
Sofindus 70f, 94
Sonimi 69
Sousa, Álvaro Pedro de 96, 116ff, 123, 126, 133, 137, 139, 147ff, 179, 182ff, 224
Sousa, António de 231

Speer, Albert 28ff, 33, 34, 36, 40, 71, 80, 84
Stahlunion 69
Stalin, Josef 240
Steinberg, Elan 232
Suñer, Serrano 12

Tanner, Jakob 232
Telo, António 81, 86, 88, 97, 134, 232, 238ff
Thoebe 69
Thomas, Georg 21, 28, 39, 222
Todt, Fritz 19, 28
Tomás, Américo 86, 201, 272
Tomberg, NN 23
Towers, NN 130
Trepp, Gian 232f
Treue, Hans 79, 132f, 164
Tripartite Gold Commission (TGC) 16, 146, 168, 177, 185ff, 201, 225, 236
Tschiang Kai-schek 65

United Kingdom Commercial Corporation 67

Vaidie, Roger 168, 177, 185
Voetelink, Johan 192f, 196ff, 201f, 272

Wallenberg, Jacob 178f
Wallenberg, Marcus 179
Ward, Dudley 137
Weber, Ernst 115
Wehrwirtschafts- und Rüstungsamt (WiRüAmt) 21, 26, 39
Wheeler, NN 41, 71
Wimmer, Hans 62, 64, 69, 71
Wood, James E. 126
Wyatt, Stanley 90, 183, 185

Zabludoff, Sidney 159, 160, 261
Zeeland (Releaux), Marcel van 117, 119ff, 137, 179
Zickermann, NN 69
Ziegler, Jean 115f

Banken:

Banca d'Italia 147, 162, 272
Banco de Portugal 7, 13, 15f,, 46f, 77, 79, 91ff, 95f, 116ff, 129ff, 149, 159, 164, 171ff, 190f, 222, 225ff, 231ff, 237ff, 258f, 263ff, 268ff, 274
Banco Espírito Santo & Comercial de Lisboa (BESCL) 143, 183f, 200
Banco Fernandes de Magalhães 201
Banco Fonsecas Santos & Viana 116ff, 184
Banco Lisboa & Açores 118, 143, 196
Banco Nacional Ultramarino 184
Banco Pinto & Sotto Mayor 201
Banco Pinto de Magalhães 191f
Banco Português do Atlântico 200
Bank für Internationalen Zahlungsausgleich (BIZ) 20, 117ff, 134f, 138,160, 171f, 176, 234, 238f, 260, 267, 273
Bank of Canada 130, 135, 271
Bank of England 13, 20, 45, 130f, 146, 164, 176
Banque de France 16, 119ff, 162, 165, 176, 183f, 186, 229, 269f, 273
Banque Nationale de Belgique 229
Barings-Bank 193

Crédit Franco-Portugais 200
Crédit Lyonnais 193
Crédit Suisse 118
Crédito Predial Português 184
Deutsche Bank 166, 171, 236, 242, 271
Deutsche Reichsbank 13, 15, 19ff, 23, 32, 49, 91, 93, 118, 122, 124ff, 128, 131, 133ff, 137, 139ff, 149, 159ff, 170ff, 177ff, 184, 186, 225ff, 234, 236, 263ff, 267, 269, 273f
Dresdner Bank 163, 166f, 171, 193, 236, 271
Enskilda Bank 178
Federal Reserve Bank 129
José Henriques Totta 193, 200
Leu & Co. 118
Lippmann-Rosenthal Bank (LiRo) 192ff, 200ff
Montepio Geral 184
Österreichische Nationalbank 160, 267
Schweizerische Nationalbank 16, 33, 92f, 115ff, 120ff, 138ff, 143ff, 166, 168, 170ff, 177ff, 185f, 223, 225, 227, 234, 239, 242, 258, 263, 265, 269, 271, 274
Sveriges Riksbank 120, 167, 170, 178, 180